U0670763

税务公务员
税费及法律基础知识
学习手册

（2022 年版）

《税务公务员税费及法律基础知识学习手册》编写组　编

中国税务出版社

图书在版编目（CIP）数据

税务公务员税费及法律基础知识学习手册：2022 年
版/《税务公务员税费及法律基础知识学习手册》编写
组编 . ——北京：中国税务出版社，2022.3
ISBN 978 – 7 – 5678 – 1183 – 6

Ⅰ . ①税⋯　Ⅱ . ①税⋯　Ⅲ . ①税收管理 – 中国 – 手册
②税法 – 中国 – 手册　Ⅳ . ①F812. 423 – 62②D922. 22 – 62

中国版本图书馆 CIP 数据核字（2022）第 049864 号

书　　名：税务公务员税费及法律基础知识学习手册（2022 年版）
作　　者：《税务公务员税费及法律基础知识学习手册》编写组　编
责任编辑：王忠丽
责任校对：姚浩晴
技术设计：刘冬珂
出版发行：中国税务出版社
　　　　　北京市丰台区广安路 9 号国投财富广场 1 号楼 11 层
　　　　　邮政编码：100055
　　　　　网址：https：//www. taxation. cn
　　　　　投稿：https：//www. taxation. cn/qt/zztg
　　　　　发行中心电话：（010）83362083/85/86
　　　　　传真：（010）83362047/48/49
经　　销：各地新华书店
印　　刷：天津嘉恒印务有限公司
规　　格：787 毫米×1092 毫米　1/16
印　　张：37. 25
字　　数：590000 字
版　　次：2022 年 3 月第 1 版　2022 年 3 月第 1 次印刷
书　　号：ISBN 978 – 7 – 5678 – 1183 – 6
定　　价：98. 00 元

编者说明

为满足税务系统更新知识的学习培训需要，帮助税务干部特别是新录用税务公务员全面掌握税费及法律基础知识，快速提升执法能力水平，我们编写了《税务公务员税费及法律基础知识学习手册（2022年版)》。

本书具有以下特点：一是内容全，既包括税务干部应知应会的税费基础知识，也包括执法相关法律基础知识、落实《关于进一步深化税收征管改革的意见》相关内容；二是政策新，内容按照截至2022年3月底的最新税费政策编写，如收入新的组合式税费支持政策，并将其独立设为一节；三是方便学，本书将税费、法律政策梳理整合为知识点，便于学习掌握，每章后设置单项选择题、多项选择题、判断题等多种题型，帮助读者进一步巩固所学知识。

由于时间及能力所限，书中疏漏在所难免，不妥之处恳请读者批评指正。具体修改意见和建议，请发送至邮箱：ywnlcs@163.com，或者与QQ：2676857559联系，以便修订时更正。

编　者

C ONTENTS 目 录

第一章
税收概论

>> 第一节
初识税收

一 税收的概念

【知识点】 税收的概念

税收是国家为了满足社会公共需要，凭借政治权力，强制、无偿、固定地参与社会产品分配，以取得财政收入所形成的一种特殊分配关系。

税收是国家公共财政最主要的收入形式和来源。

税收在国家治理中发挥着基础性、支柱性、保障性作用。

二 税收的分类

【知识点1】 按征税对象分类

按征税对象不同，税收可以划分为货物与劳务税、所得税、资源税和财产税及行为目的税。

1. 货物与劳务税

货物与劳务税，是指在生产、流通及服务领域中，以销售商品或提供劳务而取得的销售收入额或营业收入额为征税对象的各税种名称。

2. 所得税

所得税，是指以所得额为征税对象的各税种名称。所得额，是指法人或自然人在一定期间内提供劳务、销售货物、转让各项财产或权利、进行投资、接受捐赠和其他方面的所得。

3. 资源税

资源税是以各种应税自然资源为征税对象、为了调节资源级差收入并体现国有资源有偿使用而征收的各税种总称。

4. 财产税

财产税，是指以各种财产为征税对象的各税种总称。

5. 行为目的税

行为目的税,是指为达到特定目的,对特定对象和行为发挥调节作用而征收的各税种名称。

【知识点2】 按计税依据分类

按计税依据不同,税收可以分为从量税与从价税。

1. 从量税

从量税,是指以征税对象的自然计量单位(重量、面积、件数等)为依据,按固定税额计征的税收。从量税实行定额税率,计算简便。

2. 从价税

从价税,是指以征税对象的价值量为依据,按一定比例计征的税收。从价税实行比例税率和累进税率,税收负担比较合理。

【知识点3】 按税收与价格关系分类

按税收与价格关系不同,税收可分为价内税与价外税。

1. 价内税

价内税,是指税款包含在应税商品价格内,作为商品价格组成部分。

2. 价外税

价外税,是指税款独立于商品价格之外,不作为商品价格的组成部分。

【知识点4】 按税收管理和支配权限的归属分类

按税收管理和支配权限的归属不同,税收可分为中央税、地方税、中央与地方共享税。

1. 中央税

中央税,是指由中央政府征收和管理使用或由地方政府征收后全部划归中央政府所有并支配使用的税收。

2. 地方税

地方税,是指由地方政府征收和管理使用的税收。

3. 中央与地方共享税

中央与地方共享税,是指税收的管理权和使用权属中央政府和地方政府共同拥有的税收。

【知识点5】 按税收负担是否易于转嫁分类

按税收负担是否易于转嫁，税收可分为直接税与间接税。

1. 直接税

直接税，是指税负不易转嫁，纳税主体直接承担税负的税收，即纳税人与负税人为同一人。

2. 间接税

间接税，是指纳税主体通过一定方式，将缴纳税收的部分或全部转嫁给他人负担的税收。

三 税收的职能

【知识点1】 税收的财政职能

组织财政收入是税收的最基本职能。

税收与其他财政收入形式相比具有强制性、无偿性和固定性的特征，因此，税收能确保国家能及时、稳定、足额地取得财政收入，成为国家公共财政的最主要收入形式和来源。

【知识点2】 税收的调节职能

税收作为国家强制参与国民收入分配的主要形式，在筹集财政收入的同时，也改变了各阶级、阶层、社会成员及各经济组织的经济利益。物质利益的多寡，诱导着他们的社会经济行为。因此，国家有目的地利用税收体现其有关的社会经济政策，通过对各种经济组织和社会成员的经济利益的调节，使他们的微观经济行为尽可能符合国家预期的社会经济发展方向，以有助于社会经济的顺利发展，从而使税收成为国家调节社会经济活动的重要经济杠杆。税收自产生之日起，就具有调节社会经济的杠杆功能。

>> 第二节
税收制度

一 税收制度概述

税收制度，简称税制，是国家制定的关于税收的法律法规的总称，是税收征纳双方在税收分配活动中应当遵循的行为规范。税收制度是国家财政制度的主要内容，主要反映国家与纳税人之间的经济关系。

广义的税制不仅涵盖各税种的法律法规，还包括为保证这些法律法规得以实施的税收征管制度和税收管理体制等。

狭义的税制是各税种基本法律法规的总称，即关于税种及其内容的规范。

二 税制构成要素

税制构成要素一般包括：纳税人、征税对象、税目、税率、计税依据、纳税环节、纳税期限、纳税地点、税收优惠和法律责任等要素。其中纳税人、征税对象、税率是构成税制的 3 个最基本要素。

【知识点 1】 纳税人

纳税人又称纳税义务人，是指税法规定的直接负有纳税义务的实体，包括自然人和法人。

税收实践中还要注意区别以下与纳税人紧密相连的概念：

(1) 负税人。负税人，是指实际负担税款的单位和个人。纳税人与负税人的区别在于：负税人是经济学中的概念，即税收的实际负担者；而纳税人是法律用语，即依法缴纳税收的人。税法只规定纳税人，不规定负税人。二者有时可能相同，有时不尽相同。

(2) 扣缴义务人。扣缴义务人，是指法律、行政法规规定负有代扣代缴、代收代缴税款义务的单位和个人。扣缴义务人既非纯粹意义上的纳税人，也非实际负担税款的负税人，只是负有代为扣税并缴纳税款法定职责的义务人。

【知识点2】 征税对象

征税对象又称征税客体，是指税法规定对什么征税。征税对象是各个税种之间相互区别的根本标志，不同的征税对象构成不同的税种。

与征税对象相关的基本概念有以下两个：

（1）计税依据。计税依据又称税基，是指计算应纳税额的依据，是征税对象的量的表现。其数额同税额成正比例，计税依据的数额越多，应纳税额也越多。计税依据和征税对象存在十分紧密的关系，因为计税依据是征税对象的数量表现，征税对象是从质的方面对征税的规定，即对什么征税；计税依据则是从量的方面对征税的规定，即如何计量。有些税的征税对象和计税依据是一致的，如所得税；有些税的征税对象和计税依据是不一致的，如房产税。

（2）税目。税目是征税对象的具体化，也是各个税种所规定的具体征税项目。税目反映征税的范围，代表征税的广度。

税目的制定一般采用列举法和概括法。规定税目的主要目的是区别不同的具体对象，规定高低不同的税率，以体现国家的税收政策。

【知识点3】 税率

税率是应纳税额与征税对象之间的数量关系或比例，是计算税额的尺度。其体现征税的深度，是国家在一定时期内税收政策的主要表现形式，也是税收制度的核心要素。

税率主要有比例税率、累进税率和定额税率三种基本形式。

1. 比例税率

比例税率，是指对同一征税对象不论数额大小，都按同一比例征税，税额占征税对象的比例总是相同的。比例税率的优点是具有横向公平性，计算简便，便于征收和缴纳。

2. 累进税率

累进税率，是指按征税对象数额的大小规定不同的等级，随着征税对象数量增大而随之提高的税率。累进税率的特点是税基越大，税率越高，税负呈累进趋势，比较符合公平原则。

3. 定额税率

定额税率又称固定税率，是指按征税对象的计量单位直接规定应纳税额的税率形式，征税对象的计量单位主要有吨、升、平方米、千立方米、辆等。定额税率的基本特点是，税收与征税对象数量紧密相关，而与征税对象的价值量无关。

【知识点 4】 纳税环节

纳税环节，是指税法规定的征税对象在从生产到消费的流转过程中应当缴纳税款的环节。任何税种都要确定纳税环节。按照纳税环节的多少，税收课征制度可以分为一次课征制和多次课征制。

【知识点 5】 纳税期限

纳税期限，是指纳税人的纳税义务发生后应依法缴纳税款的期限，或者税法规定的纳税主体向税务机关缴纳税款的具体时间。

【知识点 6】 纳税地点

纳税地点，是指纳税人具体申报缴纳税款的地点。纳税地点一般为纳税人的住所地，也有规定在营业地、财产所在地或特定行为发生地。

【知识点 7】 税收优惠

税收优惠，是指税法对某些特定的纳税人或征税对象给予鼓励和照顾的一种免除规定，包括减免税、税收抵免等多种形式。税收优惠按照优惠目的通常可以分为照顾性和鼓励性两种；按照优惠范围可以分为区域性和产业性两种。具体内容包括以下三个方面。

1. 减税和免税

减税是对应纳税款少征一部分税款；免税是对应纳税额全部免征。

2. 起征点

起征点是税法规定对征税对象开始征税的起点数额。征税对象数额达到起征点的，对征税对象全部数额按规定的税率计算缴税；未达到起征点的免予征税。

3. 免征额

免征额是税法规定的征税对象全部数额中免予征税的数额，适用于所有纳税人。

【知识点8】 税收法律责任

税收法律责任是税收法律关系的主体因违反税法所应当承担的法律后果，包括经济责任、行政责任和刑事责任。

1. 经济责任

经济责任包括补缴税款、加收滞纳金等。

2. 行政责任

行政责任包括罚款、税收保全及强制执行等。

3. 刑事责任

对违反税法情节严重构成犯罪的行为，要依法承担刑事责任。

无论纳税人还是征税人违反税法规定，都将依法承担法律责任。

三 税制分类

【知识点1】 按征税对象分类

按征税对象分类，一般分为货物和劳务税、所得税、财产税、行为目的税和资源环境税。

1. 货物和劳务税，是指以货物或劳务销售额为征税对象的税种统称，货物和劳务税类税源广泛、计算相对简单，纳税人取得销售收入后就要缴纳税款，不受成本费用影响。我国现行增值税、消费税就属于货物和劳务税。

2. 所得税，是指以所得额为征税对象的各税种的统称。所得额是总收入扣除相关成本、费用和税金后的余额。所得多者多征、所得少者少征、无所得者不征，对调节纳税人的收益具有特殊作用。我国现行所得税主要是企业所得税和个人所得税。

3. 财产税，是指以各种财产为征税对象的各税种的统称。财产税对社会财富存量征税，有利于缩小贫富差距，对于促进纳税人加强财产管理、提高财产使用效果具有特殊的作用。我国现行房产税、车船税就属于财产税。

4. 行为目的税，是指为达到特定的目的，对特定对象和行为发挥调节作用而征收的各税种的统称。行为目的税或者针对特定应税行为，或者强调具体征税目标，或者明确税款专项用途，政策导向清晰、调节作用精准。我国现行印花税、城市维护建设税就属于行为目的税。

习惯上把财产税和行为目的税统称为财产行为税。

5. 资源环境税，是指对特定自然资源开发和污染排放征税的各税种的统称。征收资源环境税的主要目的是合理利用自然资源、防治环境污染。我国现行资源税、环境保护税就属于资源环境税。

【知识点2】 按计税依据计量标准分类

按计税依据计量标准分类，可分为从价税和从量税。

1. 从价税是指以征税对象的价格为计税依据，按比例计算应纳税额的税种。从价税受价格变动影响明显，税额多少与征税对象价格变化成正比，税收负担相对稳定。

2. 从量税是指以征税对象的重量、数量、容积、面积等指标为计税依据，按定额计算应纳税额的税种。从量税一般适用于价格相对稳定的商品，税额不受商品价格波动的影响。

【知识点3】 按税收和价格的关系为标准分类

按税收和价格关系为标准分类，可分为价内税和价外税。

1. 凡税款包含在征税对象价格之中的税即为价内税。购买者按约定支付价款时，该价款中已包含销售者需向国家缴纳的税款，价内税计税依据包含税款，我国现行消费税就是价内税。

2. 凡税款独立于征税对象价格之外的税即为价外税。购买者除需支付约定价款外，还须额外支付按规定计算出来的税款，我国现行增值税就是价外税。

【知识点4】 按税收负担能否转嫁为标准分类

按税收负担能否转嫁为标准分类可分为直接税与间接税。

1. 直接税是指难以实现税负转嫁的税种，一般而言，与收益密切相关的所得税和财产税相对难以转嫁。

2. 间接税是指容易发生税负转嫁的税种，一般而言，与价格关系密切的货物和劳务税相对容易转嫁。

【知识点5】 按税收的管理和使用权限为标准分类

我国实行分税制财政管理体制，其主要内容是在建立起政府间财政转移支付制度的基础上，明确划分中央与地方财政支出和收入。

根据事权与财权结合原则，将税种划分中央税、地方税和中央与地方共享税。税收收入归属中央财政的税种为中央税，如现行消费税；税收收入归属地方财政的税种为地方税，如现行城镇土地使用税；税收收入在中央财政和地方财政之间进行分配的税种为中央与地方共享税，如现行增值税。

>> 第三节
税收管理

【知识点】 我国的税务机关

我国税务机关是指各级税务局、税务分局、税务所和省以下税务局的稽查局。

为适应财政管理体制的需要，我国现行税务机关按照行政级次和行政区划分为总局、省局、市局和县局共四级税务机关。中央政府设立国家税务总局，是国务院主管税务工作的直属机构。省及省以下税务机关实行以国家税务总局为主与省（自治区、直辖市）政府双重领导的管理体制，具体承担所辖区域内各项税收、非税收入和社会保险费的征管等职责，既是从属于上级税务机关的基层单位，又是政府的职能部门。

国家税务总局在全国设立 6 个特派办,主要承担对管辖范围内各省级税务机关贯彻执行党中央、国务院决策部署情况的督查、税收执法合规性检查、财务内审、跨区域涉税大案要案稽查等任务。

>> 习题演练

一 单项选择题

1. 国家对纳税人涉税违法行为进行处罚,体现了税收的(   )。

A. 无偿性   B. 固定性

C. 规律性   D. 强制性

【参考答案】D

【答案解析】本题涉及的知识点是税收的特征。国家征税凭借政治权力,征收过程具有强制性。

2. 税收区别于其他财政收入形式的基本标志是税收的(   )。

A. 征收依据   B. 本质内涵

C. 形式特征   D. 法律规定

【参考答案】C

【答案解析】本题涉及的知识点是税收的特征。税收的特征是税收区别于其他财政收入形式的基本标志,它反映了不同社会形态下税收的共性。

3. 税收分配的对象是(   )。

A. 生产资料   B. 生活资料

C. 社会产品   D. 社会剩余产品

【参考答案】D

【答案解析】本题涉及的知识点是税收的内涵。税收产生的直接原因就是要合理分配剩余产品。

4. 现代税收的社会公平,是指(   )。

A. 税额的绝对公平   B. 税负的绝对公平

C. 相对公平   D. 横向公平和纵向公平

【参考答案】D

【答案解析】本题涉及的知识点是税收原则。横向公平，就是纳税能力相同的人应负担相同的税；纵向公平，就是纳税能力不同的人，负担的税负则不应相同，纳税能力越强，其承担的税负应越重。

5. 对同一课税对象，无论其数额大小，都按照相同比例征税的税率是（　　）。

A. 比例税率　　　　　　　　　B. 累进税率

C. 定额税率　　　　　　　　　D. 幅度税率

【参考答案】A

【答案解析】本题涉及的知识点是税制要素。比例税率指对同一征税对象或同一税目，不分数额大小，以百分比形式规定相同的征税比例。

6. 在征税对象的全部数额中免予征税的数额是（　　）。

A. 起征点　　　　　　　　　　B. 计税依据

C. 免征额　　　　　　　　　　D. 免税收入

【参考答案】C

【答案解析】本题涉及的知识点是税制要素。免征额是在征税对象的全部数额中免予征税的数额。

7. 税务机关的核心业务，一是税收征管，一是（　　）。

A. 纳税服务　　　　　　　　　B. 税务稽查

C. 组织收入　　　　　　　　　D. 税制改革

【参考答案】A

【答案解析】本题涉及的知识点是税收核心业务。税收核心业务包括纳税服务和税收征管两个方面。

8. 下列还未由全国人民代表大会立法征税的税种是（　　）。

A. 增值税　　　　　　　　　　B. 车辆购置税

C. 耕地占用税　　　　　　　　D. 烟叶税

【参考答案】A

【答案解析】增值税尚未完成立法，车辆购置税、耕地占用税，烟叶税三个税种均已完成立法。

二 多项选择题

1. 税收与其他财政收入形式不同，其特征包括（　　　）。

A. 强制性　　　　B. 无偿性　　　　C. 固定性　　　　D. 法律性

【参考答案】ABC

【答案解析】本题涉及的知识点是税收的特征。税收与其他分配方式相比，具有强制性、无偿性和固定性的特征，习惯上称为税收的"三性"。

2. 构成税制的三个最基本的要素包括（　　　）。

A. 纳税人　　　　　　　　　B. 课税对象

C. 税率　　　　　　　　　　D. 纳税环节

【参考答案】ABC

【答案解析】本题涉及的知识点是税制要素。税制三个最基本的要素是纳税人、课税对象、税率。

3. 税率的形式一般包括（　　　）。

A. 比例税率　　　　　　　　B. 临时税率

C. 定额税率　　　　　　　　D. 累进税率

【参考答案】ACD

【答案解析】本题涉及的知识点是税制要素。税率一般分为比例税率、定额税率和累进税率三种。

4. 我国现行税制的纳税期限的形式包括（　　　）。

A. 按期纳税

B. 按需纳税

C. 按次纳税

D. 按年计征，分期预缴，年终汇算清缴

【参考答案】ACD

【答案解析】本题涉及的知识点是税制要素。不存在按需纳税。

5. 按税法内容分类，可将税法分为（　　　）。

A. 税收实体法　　　　　　　B. 国内税法

C. 税收程序法　　　　　　　D. 国际税法

【参考答案】AC

【答案解析】本题涉及的知识点是税收法治基础。国内税法与国际税法的划分依据是主权国家行使税收管辖权的不同。

6. 关于税收法治的基本内涵，下列说法正确的有（　　　）。

A. 税收法治的基本价值取向是树立法律至上的现代法治观念

B. 税收法治最基本的原则是税收法定

C. 税收法治的核心是有效规范和限制公权力

D. 税收法治的基本特征是良法与善治的统一

【参考答案】ABCD

【答案解析】本题涉及的知识点是税收法治基础，属于基础型知识点。

三　简答题

1. 请简要论述税制构成要素有哪些。

【答案解析】税制构成要素一般包括：纳税人、征税对象、税目、税率、计税依据、纳税环节、纳税期限、纳税地点、税收优惠和法律责任等要素。其中纳税人、征税对象、税率是构成税制的三个最基本要素。

2. 请简要论述税收的职能。

【答案解析】税收的职能包括：

一是财政职能。组织财政收入是税收的最基本职能。税收与其他财政收入形式相比具有强制性、无偿性和固定性的特征，因此，税收能确保国家能及时、稳定、足额地取得财政收入，成为国家公共财政的最主要收入形式和来源。

二是调节职能。税收作为国家强制参与国民收入分配的主要形式，在筹集财政收入的同时，也改变了各阶级、阶层、社会成员及各经济组织的经济利益。物质利益的多寡，诱导着他们的社会经济行为。因此，国家有目的地利用税收体现其有关的社会经济政策，通过对各种经济组织和社会成员的经济利益的调节，使他们的微观经济行为尽可能符合国家预期的社会经济发展方向，以有助于社会经济的顺利发展，从而使税收成为国家调节社会经济活动的重要经济杠杆。税收自产生之日起，就具有调节社会经济的杠杆功能。

3. 请辨析起征点和免征额有何不同。

【答案解析】起征点是征税对象达到一定数额开始征税的起点。当征税对象数额超过起征点时，要就其全额征税。免征额是在征税对象的全部数额中免于征税的数额。当征税对象数额超过免征额时，仅就超过部分征税。相同点：它们都属于税基式的减免税方式，都减轻了纳税人的负担。不同点：起征点只能照顾一部分纳税人，而免征额可以照顾适用范围内的所有纳税人。

第二章
税费管理

>> 第一节
增值税

一 增值税基本政策

【知识点 1】 纳税人与扣缴义务人

在中华人民共和国境内销售货物或者加工、修理修配劳务（以下简称劳务），销售服务、无形资产、不动产以及进口货物的单位和个人，为增值税的纳税人。

1. 纳税人的分类

按会计核算水平和经营规模，增值税纳税人分为一般纳税人和小规模纳税人。一般纳税人包括：

（1）年应税销售额超过规定标准的纳税人。

年应税销售额，即纳税人在连续不超过 12 个月或四个季度的经营期内累计应征增值税销售额，包括纳税申报销售额、稽查查补销售额、纳税评估调整销售额。

自 2018 年 5 月 1 起，年销售额标准统一为 500 万元（不再划分行业）。

（2）年应税销售额未超过规定标准的纳税人，会计核算健全，能够提供准确税务资料的，可以向主管税务机关办理一般纳税人资格登记，成为一般纳税人。

2. 一般纳税人登记

（1）增值税一般纳税人资格实行登记制，符合一般纳税人条件的纳税人应当向主管税务机关办理一般纳税人资格登记。

纳税人在年应税销售额超过规定标准的月份（或季度）的所属申报期结束后 15 日内办理相关手续；未按规定时限办理的，主管税务机关应当在规定时限结束后 5 日内制作《税务事项通知书》，告知纳税人应当在 5 日内向主管税务机关办理相关手续；逾期仍不办理的，次月起按销售额依照增值税税率计算应纳税额，不得抵扣进项税额，直至纳税人办理相关手续为止。

一般纳税人资格生效之日，可以是办理一般纳税人资格登记相关手续的当月1日，也可以是次月1日，由纳税人自行选择。

（2）除国家税务总局另有规定外，纳税人一经登记为一般纳税人后，不得转为小规模纳税人。

同时符合以下条件的一般纳税人，2020年12月31日前，可转登记为小规模纳税人，其未抵扣的进项税额作转出处理：

转登记日前连续12个月（以1个月为1个纳税期）或者连续4个季度（以1个季度为1个纳税期）累计应征增值税销售额（以下简称应税销售额）未超过500万元。

转登记日前经营期不满12个月或者4个季度的，按照月（季度）平均应税销售额估算上述规定的累计应税销售额。

3. 扣缴义务人

（1）境外的单位或者个人在境内提供加工、修理修配劳务，在境内未设有经营机构的，以其境内代理人为扣缴义务人；在境内没有代理人的，以购买方为扣缴义务人。

（2）境外单位或者个人在境内发生销售服务、无形资产或者不动产行为，在境内未设有经营机构的，以购买方为增值税扣缴义务人。财政部和国家税务总局另有规定的除外。

【知识点2】 征税范围

1. 增值税征税项目

（1）销售货物。

货物，是指有形动产，包括电力、热力、气体在内。

（2）提供加工、修理修配劳务。

提供加工、修理修配劳务，是指有偿提供加工、修理修配劳务。

加工，是指受托加工货物，即委托方提供原料及主要材料，受托方按照委托方的要求制造货物并收取加工费的业务。

修理修配，是指受托对损伤和丧失功能的货物进行修复，使其恢复原状和功能的业务。

（3）销售服务。

销售服务，是指有偿提供交通运输服务、邮政服务、电信服务、建筑服务、金融服务、现代服务、生活服务。

①交通运输服务。

交通运输服务，是指利用运输工具将货物或者旅客送达目的地，使其空间位置得到转移的业务活动。包括陆路运输服务、水路运输服务、航空运输服务和管道运输服务。

水路运输的程租、期租业务，属于水路运输服务。航空运输的湿租业务，属于航空运输服务。无运输工具承运业务，按照交通运输服务缴纳增值税。

②邮政服务。

邮政服务，是指中国邮政集团公司及其所属邮政企业提供邮件寄递、邮政汇兑和机要通信等邮政基本服务的业务活动。包括邮政普遍服务、邮政特殊服务和其他邮政服务。

③电信服务。

电信服务，是指利用有线、无线的电磁系统或者光电系统等各种通信网络资源，提供语音通话服务，传送、发射、接收或者应用图像、短信等电子数据和信息的业务活动。包括基础电信服务和增值电信服务。

④建筑服务。

建筑服务，是指各类建筑物、构筑物及其附属设施的建造、修缮、装饰，线路、管道、设备、设施等的安装以及其他工程作业的业务活动。包括工程服务、安装服务、修缮服务、装饰服务和其他建筑服务。

⑤金融服务。

金融服务，是指经营金融保险的业务活动。包括贷款服务、直接收费金融服务、保险服务和金融商品转让。融资性售后回租按照贷款服务缴纳增值税。

⑥现代服务。

现代服务，是指围绕制造业、文化产业、现代物流产业等提供技术性、知识性服务的业务活动。包括研发和技术服务、信息技术服务、文化创意服务、物流辅助服务、租赁服务、鉴证咨询服务、广播影视服务、商务辅助服务和其他现代服务。

A. 研发和技术服务，包括研发服务、合同能源管理服务、工程勘察勘探服务、专业技术服务。

B. 信息技术服务，包括软件服务、电路设计及测试服务、信息系统服务、业务流程管理服务和信息系统增值服务。

C. 文化创意服务，包括设计服务、知识产权服务、广告服务和会议展览服务。

D. 物流辅助服务，包括航空服务、港口码头服务、货运客运场站服务、打捞救助服务、装卸搬运服务、仓储服务和收派服务。

E. 租赁服务，包括融资租赁服务和经营租赁服务。按照标的物的不同，融资租赁服务可分为有形动产融资租赁服务和不动产融资租赁服务。融资性售后回租不按照融资租赁服务缴纳增值税，而是按贷款服务纳税。按照标的物的不同，经营租赁服务可分为有形动产经营租赁服务和不动产经营租赁服务。车辆停放服务、道路通行服务（包括过路费、过桥费、过闸费等）等按照不动产经营租赁服务缴纳增值税。水路运输的光租业务、航空运输的干租业务，属于经营租赁。

F. 鉴证咨询服务，包括认证服务、鉴证服务和咨询服务。

G. 广播影视服务，包括广播影视节目（作品）的制作服务、发行服务和播映（含放映）服务。

H. 商务辅助服务，包括企业管理服务、经纪代理服务、人力资源服务、安全保护服务。

I. 其他现代服务，是指除研发和技术服务、信息技术服务、文化创意服务、物流辅助服务、租赁服务、鉴证咨询服务、广播影视服务和商务辅助服务以外的现代服务。

⑦生活服务。

生活服务，是指为满足城乡居民日常生活需求提供的各类服务活动。包括文化体育服务、教育医疗服务、旅游娱乐服务、餐饮住宿服务、居民日常服务和其他生活服务。

（4）销售无形资产。

销售无形资产，是指有偿转让无形资产所有权或者使用权的业务活动。无形资产，是指不具实物形态，但能带来经济利益的资产，包括技术、商标、著作权、商誉、自然资源使用权和其他权益性无形资产。

（5）销售不动产。

销售不动产，是指有偿转让不动产所有权的业务活动。

不动产，是指不能移动或者移动后会引起性质、形状改变的财产，包括建筑物、构筑物等。建筑物，包括住宅、商业营业用房、办公楼等可供居住、工作或者进行其他活动的建造物。构筑物，包括道路、桥梁、隧道、水坝等建造物。

（6）进口货物。

进口货物，是指申报进入我国海关境内的货物。只要是报关进口的货物，均属于增值税征税范围，在进口环节缴纳增值税（享受免税政策的货物除外）。

2. 应税销售行为在境内

（1）在境内销售货物或者提供应税劳务，是指销售货物的起运地或者所在地在境内以及提供的应税劳务发生在境内。

（2）在境内销售服务、无形资产或者不动产，是指：

①服务（租赁不动产除外）或者无形资产（自然资源使用权除外）的销售方或者购买方在境内；

②所销售或者租赁的不动产在境内；

③所销售自然资源使用权的自然资源在境内；

④财政部和国家税务总局规定的其他情形。

（3）下列情形不属于境内销售服务或者无形资产：

①境外单位或者个人向境内单位或者个人销售完全在境外发生的服务；

②境外单位或者个人向境内单位或者个人销售完全在境外使用的无形资产；

③境外单位或者个人向境内单位或者个人出租完全在境外使用的有形动产；

④财政部和国家税务总局规定的其他情形。

3. 非经营活动和不征税项目

（1）非经营活动。

纳税人有偿销售货物，有偿提供应税劳务，有偿销售服务、无形资产或者不动产，应缴纳增值税。但不包括下列非经营活动的情形：

①行政单位收取的同时满足以下条件的政府性基金或者行政事业性收费：由国务院或者财政部批准设立的政府性基金，由国务院或者省级人民政府及其财政、价格主管部门批准设立的行政事业性收费；收取时开具省级以上（含省级）财政部门监（印）制的财政票据；所收款项全额上缴财政。

②单位或者个体工商户聘用的员工为本单位或者雇主提供取得工资的服务。

③单位或者个体工商户为聘用的员工提供服务。

④单位或者个体工商户聘用的员工为本单位或者雇主提供加工、修理修配劳务。

⑤财政部和国家税务总局规定的其他情形。

（2）不征税项目。

下列项目不征收增值税：

①根据国家指令无偿提供的铁路运输服务、航空运输服务，属于用于公益事业的服务。

②存款利息。

③被保险人获得的保险赔付。

④房地产主管部门或者其指定机构、公积金管理中心、开发企业以及物业管理单位代收的住宅专项维修资金。

⑤在资产重组过程中，通过合并、分立、出售、置换等方式，将全部或部分实物资产以及与其相关联的债权、负债和劳动力一并转让给其他单位和个人，其中涉及的不动产、土地使用权、货物转让行为。

⑥执照、牌照工本费收入。

对国家管理部门行使其管理职能，发放的执照、牌照和有关证书等取得的工本费收入，不征收增值税。

⑦免费防疫苗。

卫生防疫站调拨生物制品和药械，属于销售货物行为，可按照小规模纳税人 3%的增值税征收率征收增值税。对卫生防疫站调拨或发放的由政府财政负担的免费防疫苗不征收增值税。

⑧财政补贴。

纳税人取得的财政补贴收入，与其销售货物、劳务、服务、无形资产、不动产的收入或者数量直接挂钩的，应按规定计算缴纳增值税。纳税人取得的其他情形的财政补贴收入，不属于增值税应税收入，不征收增值税。

⑨燃油电厂发电补贴。

各燃油电厂从政府财政专户取得的发电补贴不属于规定的价外费用，不计入应税销售额，不征收增值税。

⑩会费收入。

各党派、共青团、工会、妇联、中科协、青联、台联、侨联收取党费、团费、会费，以及政府间国际组织收取会费，属于非经营活动，不征收增值税。

⑪供应或开采天然水。

供应或开采未经加工的天然水（如水库供应农业灌溉用水，工厂自采地下水用于生产），不征收增值税。

⑫单用途商业预付卡。

单用途卡发卡企业或者售卡企业（以下统称"售卡方"）销售单用途卡，或者接受单用途卡持卡人充值取得的预收资金，不缴纳增值税。售卡方可按照《国家税务总局关于营改增试点若干征管问题的公告》（国家税务总局公告2016年第53号）的规定，向购卡人、充值人开具增值税普通发票，不得开具增值税专用发票。

⑬支付机构预付卡。

支付机构销售多用途卡取得的等值人民币资金，或者接受多用途卡持卡人充值取得的充值资金，不缴纳增值税。支付机构可按照国家税务总局公告2016年第53号文件的规定，向购卡人、充值人开具增值税普通发票，不得开具增值税专用发票。

⑭非保本投资收益。

《销售服务、无形资产、不动产注释》（财税〔2016〕36号附件1）第一条第（五）项第1点所称"保本收益、报酬、资金占用费、补偿金"，是指合同中明确承诺到期本金可全部收回的投资收益。金融商品持有期间（含到期）取得的非保本的上述收益，不属于利息或利息性质的收入，不征收增值税。

⑮水资源费改税后城镇公共供水水费收入。

自 2017 年 12 月 1 日起，原对城镇公共供水用水户在基本水价（自来水价格）外征收水资源费的试点省份，在水资源费改税试点期间，按照不增加城镇公共供水企业负担的原则，城镇公共供水企业缴纳的水资源税所对应的水费收入，不计征增值税，按"不征税自来水"项目开具增值税普通发票。

4. 视同销售

（1）视同销售货物。

单位或者个体工商户的下列行为，视同销售货物：

①将货物交付其他单位或者个人代销；

②销售代销货物；

③设有两个以上机构并实行统一核算的纳税人，将货物从一个机构移送至其他机构用于销售，但相关机构设在同一县（市）的除外；

④将自产、委托加工的货物用于非增值税应税项目；

⑤将自产、委托加工的货物用于集体福利或者个人消费；

⑥将自产、委托加工或者购进的货物作为投资，提供给其他单位或者个体工商户；

⑦将自产、委托加工或者购进的货物分配给股东或者投资者；

⑧将自产、委托加工或者购进的货物无偿赠送其他单位或者个人。

（2）视同销售服务、无形资产或者不动产。

下列情形视同销售服务、无形资产或者不动产：

①单位或者个体工商户向其他单位或者个人无偿提供服务，但用于公益事业或者以社会公众为对象的除外。

②单位或者个人向其他单位或者个人无偿转让无形资产或者不动产，但用于公益事业或者以社会公众为对象的除外。

③财政部和国家税务总局规定的其他情形。

5. 混合销售、兼营

（1）混合销售。

一项销售行为如果既涉及货物又涉及服务，为混合销售。从事货物的生产、批发或者零售的单位和个体工商户的混合销售行为，按照销售货物缴纳增值税；其他单位和个体工商户的混合销售行为，按照销售服务缴纳增值税。

上述从事货物的生产、批发或者零售的单位和个体工商户，包括以从事货物的生产、批发或者零售为主，并兼营销售服务的单位和个体工商户在内。

（2）兼营。

纳税人销售货物、加工修理修配劳务、服务、无形资产或者不动产适用不同税率或者征收率的，应当分别核算适用不同税率或者征收率的销售额，未分别核算销售额的，按照以下方法适用税率或者征收率：

①兼有不同税率的销售货物、加工修理修配劳务、服务、无形资产或者不动产，从高适用税率。

②兼有不同征收率的销售货物、加工修理修配劳务、服务、无形资产或者不动产，从高适用征收率。

③兼有不同税率和征收率的销售货物、加工修理修配劳务、服务、无形资产或者不动产，从高适用税率。

（3）纳税人提供电信服务时，附带赠送用户识别卡、电信终端等货物或者电信服务的，应将其取得的全部价款和价外费用进行分别核算，按各自适用税率计算缴纳增值税。

（4）自 2017 年 5 月 1 日起，纳税人销售活动板房、机器设备、钢结构件等自产货物的同时提供建筑、安装服务，不属于混合销售，应分别核算货物和建筑服务的销售额，分别适用不同的税率或者征收率。

【知识点3】 税率及征收率

1. 税率

（1）13% 税率。

增值税一般纳税人销售或者进口货物，提供应税劳务，除适用 9% 的税率外，税率一律适用 13%；增值税一般纳税人提供有形动产租赁服务适用 13% 税率。

（2）9% 税率。

①纳税人销售或者进口下列货物，税率为 9%。

农产品（含粮食）、自来水、暖气、石油液化气、天然气、食用植物油、冷气、热水、煤气、居民用煤炭制品、食用盐、农机、饲料、农药、农膜、化肥、沼气、二甲醚、图书、报纸、杂志、音像制品、电子出版物，以及国务院规定的其他货物。

②纳税人发生下列应税行为，税率为9%。

提供交通运输、邮政、基础电信、建筑、不动产租赁服务，销售不动产，转让土地使用权。

（3）6%税率。

增值税一般纳税人发生下列应税行为，税率为6%：增值电信服务、金融服务、现代服务（不包括有形动产租赁服务、不动产租赁服务）、生活服务、销售无形资产（不包括转让土地使用权）。

自2020年5月1日起，纳税人受托对垃圾、污泥、污水、废气等废弃物进行专业化处理，即运用填埋、焚烧、净化、制肥等方式，对废弃物进行减量化、资源化和无害化处理处置，按照以下规定适用增值税税率：

①采取填埋、焚烧等方式进行专业化处理后未产生货物的，受托方属于提供《销售服务、无形资产、不动产注释》（财税〔2016〕36号附件1）"现代服务"中的"专业技术服务"，其收取的处理费用适用6%的增值税税率。

②专业化处理后产生货物，且货物归属委托方的，受托方属于提供"加工劳务"，其收取的处理费用适用13%的增值税税率。

③专业化处理后产生货物，且货物归属受托方的，受托方属于提供"专业技术服务"，其收取的处理费用适用6%的增值税税率。受托方将产生的货物用于销售时，适用货物的增值税税率。

（4）零税率。

纳税人出口货物税率为零。国务院另有规定的除外。

境内单位和个人发生的跨境应税行为，税率为零。具体范围由财政部和国家税务总局另行规定。

2. 小规模纳税人的征收率

小规模纳税人法定征收率为3%，但财政部和国家税务总局另有规定的除外。

（1）小规模纳税人转让其取得的不动产，按照5%的征收率计算应纳税额。

（2）小规模纳税人出租其取得的不动产，按照5%的征收率计算应纳税额。其中个人（含个体工商户）出租住房，按照5%的征收率减按1.5%计算应纳税额。

（3）小规模纳税人提供劳务派遣服务，以取得的全部价款和价外费用为销售额，按照简易计税方法依3%的征收率计算应纳税额；也可以选择差额纳税，以取得的全部价款和价外费用，扣除代用工单位支付给劳务派遣员工的工资、福利和为其办理社会保险及住房公积金后的余额为销售额，按照简易计税方法依5%的征收率计算应纳税额。

3. 一般纳税人简易计税项目及征收率

（1）一般纳税人销售自产的下列货物，可选择按照简易办法依照3%征收率计算缴纳增值税：

①县级及县级以下小型水力发电单位生产的电力。小型水力发电单位，是指各类投资主体建设的装机容量为5万千瓦以下（含5万千瓦）的小型水力发电单位。

②建筑用和生产建筑材料所用的砂、土、石料。

③以自己采掘的砂、土、石料或其他矿物连续生产的砖、瓦、石灰（不含粘土实心砖、瓦）。

④用微生物、微生物代谢产物、动物毒素、人或动物的血液或组织制成的生物制品。

⑤自来水。

⑥商品混凝土（仅限于以水泥为原料生产的水泥混凝土）。

（2）一般纳税人销售货物属于下列情形之一的，暂按简易办法依照3%征收率计算缴纳增值税：

①寄售商店代销寄售物品（包括居民个人寄售的物品在内）；

②典当业销售死当物品。

（3）一般纳税人从事下列项目可以选择简易计税方法依照3%征收率计算缴纳增值税：

①公共交通运输服务。公共交通运输服务，包括轮客渡、公交客运、地铁、城市轻轨、出租车、长途客运、班车。

②经认定的动漫企业为开发动漫产品提供的动漫脚本编撰、形象设计、背景设计、动画设计、分镜、动画制作、摄制、描线、上色、画面合成、配音、配乐、音效合成、剪辑、字幕制作、压缩转码（面向网络动漫、手机动

漫格式适配）服务，以及在境内转让动漫版权（包括动漫品牌、形象或者内容的授权及再授权）。

③电影放映服务、仓储服务、装卸搬运服务、收派服务和文化体育服务。

④以纳入营改增试点之日前取得的有形动产为标的物提供的经营租赁服务。

⑤在纳入营改增试点之日前签订的尚未执行完毕的有形动产租赁合同。

（4）下列建筑服务可以选择适用简易计税方法依照3%征收率计算缴纳增值税：

①一般纳税人以清包工方式提供的建筑服务，可以选择适用简易计税方法计税。

以清包工方式提供建筑服务，是指施工方不采购建筑工程所需的材料或只采购辅助材料，并收取人工费、管理费或者其他费用的建筑服务。

②一般纳税人为甲供工程提供的建筑服务，可以选择适用简易计税方法计税。

甲供工程，是指全部或部分设备、材料、动力由工程发包方自行采购的建筑工程。

一般纳税人销售自产机器设备的同时提供安装服务，应分别核算机器设备和安装服务的销售额，安装服务可以按照甲供工程选择适用简易计税方法计税。

一般纳税人销售外购机器设备的同时提供安装服务，如果已经按照兼营的有关规定，分别核算机器设备和安装服务的销售额，安装服务可以按照甲供工程选择适用简易计税方法计税。

③一般纳税人为建筑工程老项目提供的建筑服务，可以选择适用简易计税方法计税。

建筑工程老项目，是指：

A.《建筑工程施工许可证》注明的合同开工日期在2016年4月30日前的建筑工程项目；

B. 未取得《建筑工程施工许可证》的，建筑工程承包合同注明的开工日期在2016年4月30日前的建筑工程项目。

（5）建筑工程总承包单位为房屋建筑的地基与基础、主体结构提供工程服务，建设单位自行采购全部或部分钢材、混凝土、砌体材料、预制构件的，适用简易计税方法依照3%征收率计税。

（6）自2018年5月1日起，增值税一般纳税人生产销售和批发、零售抗癌药品，可选择按照简易办法依照3%征收率计算缴纳增值税。

自2019年3月1日起，增值税一般纳税人生产销售和批发、零售罕见病药品，可选择按照简易办法依照3%征收率计算缴纳增值税。

自2018年5月1日起，对进口抗癌药品，减按3%征收进口环节增值税。

自2019年3月1日起，对进口罕见病药品，减按3%征收进口环节增值税。

（7）自2016年5月1日起，一般纳税人销售或者出租其2016年4月30日前取得的不动产，可以选择适用简易计税方法依照5%征收率征收增值税。

（8）房地产开发企业中的一般纳税人，销售自行开发的房地产老项目，可以选择适用简易计税方法按照5%的征收率计税。

（9）纳税人转让2016年4月30日前取得的土地使用权，可以选择适用简易计税方法，以取得的全部价款和价外费用减去取得该土地使用权的原价后的余额为销售额，按照5%的征收率计算缴纳增值税。

（10）属于增值税一般纳税人的药品经营企业销售生物制品，可以选择简易办法按照生物制品销售额和3%的征收率计算缴纳增值税。

药品经营企业，是指取得（食品）药品监督管理部门颁发的《药品经营许可证》，获准从事生物制品经营的药品批发企业和药品零售企业。

属于增值税一般纳税人的兽用药品经营企业销售兽用生物制品，可以选择简易办法按照兽用生物制品销售额和3%的征收率计算缴纳增值税。

兽用药品经营企业，是指取得兽医行政管理部门颁发的《兽药经营许可证》，获准从事兽用生物制品经营的兽用药品批发和零售企业。

（11）属于增值税一般纳税人的单采血浆站销售非临床用人体血液，可以按照简易办法依照3%征收率计算应纳税额。

卫生防疫站调拨生物制品和药械，属于销售货物行为，应当按照现行税收法规的规定征收增值税。根据《中华人民共和国增值税暂行条例实施细则》第二十九条及有关规定，对卫生防疫站调拨生物制品和药械，可按照小规模纳税人3%的增值税征收率征收增值税。

（12）金融服务。

①中国农业发展银行总行及其各分支机构提供涉农贷款取得的利息收入，

可以选择适用简易计税方法按照 3% 的征收率计算缴纳增值税。

②农村信用社、村镇银行、农村资金互助社、由银行业机构全资发起设立的贷款公司、法人机构在县（县级市、区、旗）及县以下地区的农村合作银行和农村商业银行提供金融服务收入，可以选择适用简易计税方法按照 3% 的征收率计算缴纳增值税。

村镇银行，是指经中国银行保险监督管理委员会依据有关法律、法规批准，由境内外金融机构、境内非金融机构企业法人、境内自然人出资，在农村地区设立的主要为当地农民、农业和农村经济发展提供金融服务的银行业金融机构。

农村资金互助社，是指经银行业监督管理机构批准，由乡（镇）、行政村农民和农村小企业自愿入股组成，为社员提供存款、贷款、结算等业务的社区互助性银行业金融机构。

由银行业机构全资发起设立的贷款公司，是指经中国银行保险监督管理委员会依据有关法律、法规批准，由境内商业银行或农村合作银行在农村地区设立的专门为县域农民、农业和农村经济发展提供贷款服务的非银行业金融机构。

县（县级市、区、旗），不包括直辖市和地级市所辖城区。

③对中国农业银行纳入"三农金融事业部"改革试点的各省、自治区、直辖市、计划单列市分行下辖的县域支行和新疆生产建设兵团分行下辖的县域支行（也称县事业部），提供农户贷款、农村企业和农村各类组织贷款取得的利息收入，可以选择适用简易计税方法按照 3% 的征收率计算缴纳增值税。

农户贷款，是指金融机构发放给农户的贷款，但不包括 2016 年 12 月 31 日前，金融机构农户小额贷款。小额贷款，是指单笔且该农户贷款余额总额在 10 万元（含本数）以下的贷款。

所称农户，是指长期（一年以上）居住在乡镇（不包括城关镇）行政管理区域内的住户，还包括长期居住在城关镇所辖行政村范围内的住户和户口不在本地而在本地居住一年以上的住户，国有农场的职工和农村个体工商户。位于乡镇（不包括城关镇）行政管理区域内和在城关镇所辖行政村范围内的国有经济的机关、团体、学校、企事业单位的集体户；有本地户口，但举家外出谋生一年以上的住户，无论是否保留承包耕地均不属于农户。农户以户为统计单位，既可以从事农业生产经营，也可以从事非农业生产经营。农户贷款的判定应以贷款发放时的承贷主体是否属于农户为准。

农村企业和农村各类组织贷款，是指金融机构发放给注册在农村地区的企业及各类组织的贷款。

④自 2018 年 7 月 1 日至 2023 年 12 月 31 日，对中国邮政储蓄银行纳入"三农金融事业部"改革的各省、自治区、直辖市、计划单列市分行下辖的县域支行，提供农户贷款、农村企业和农村各类组织贷款取得的利息收入，可以选择适用简易计税方法按照 3% 的征收率计算缴纳增值税。

所称农户，是指长期（一年以上）居住在乡镇（不包括城关镇）行政管理区域内的住户，还包括长期居住在城关镇所辖行政村范围内的住户和户口不在本地而在本地居住一年以上的住户，国有农场的职工和农村个体工商户。位于乡镇（不包括城关镇）行政管理区域内和在城关镇所辖行政村范围内的国有经济的机关、团体、学校、企事业单位的集体户；有本地户口，但举家外出谋生一年以上的住户，无论是否保留承包耕地均不属于农户。农户以户为统计单位，既可以从事农业生产经营，也可以从事非农业生产经营。农户贷款的判定应以贷款发放时的借款人是否属于农户为准。

所称农村企业和农村各类组织贷款，是指金融机构发放给注册在农村地区的企业及各类组织的贷款。

⑤自 2018 年 1 月 1 日起，资管产品管理人运营资管产品过程中发生的增值税应税行为，暂适用简易计税方法，按照 3% 的征收率缴纳增值税。

（13）公路经营企业中的一般纳税人收取试点前开工的高速公路的车辆通行费，可以选择适用简易计税方法，减按 3% 的征收率计算应纳税额。

一般纳税人收取试点前开工的一级公路、二级公路、桥、闸通行费，可以选择适用简易计税方法，按照 5% 的征收率计算缴纳增值税。

试点前开工，是指相关施工许可证注明的合同开工日期在 2016 年 4 月 30 日前。

【知识点 4】 计税方法

1. 一般计税方法和简易计税方法

（1）一般计税方法。

一般计税方法适用于增值税一般纳税人。

采用一般计税方法计税的，应纳税额为当期销项税额抵扣当期进项税额后的余额。

应纳税额计算公式：

$$应纳税额 = 当期销项税额 - 当期进项税额$$

销项税额 = 不含税销售额 × 税率 = 含税销售额 ÷（1 + 税率）× 税率

当期销项税额小于当期进项税额不足抵扣时，其不足部分可以结转下期继续抵扣，符合增值税期末留抵税额退税条件的，也可申请退税。

（2）简易计税方法。

简易计税方法适用于小规模纳税人和一般纳税人选择或适用简易计税的项目。

采用简易计税方法计税的，按照销售额和增值税征收率计算增值税额，不得抵扣进项税额。应纳税额计算公式为：

应纳税额 = 不含税销售额 × 征收率 = 含税销售额 ÷（1 + 征收率）× 征收率

2. 销售额确定

（1）全部价款和价外费用。

纳税人销售货物、应税劳务、服务、无形资产或者不动产销售额为向购买方收取的全部价款和价外费用，但是不包括收取的增值税。

根据《国家税务总局关于取消增值税扣税凭证认证确认期限等增值税征管问题的公告》（国家税务总局公告 2019 年第 45 号）规定，自 2020 年 1 月 1 日起，纳税人取得的财政补贴收入，与其销售货物、劳务、服务、无形资产、不动产的收入或者数量直接挂钩的，应按规定计算缴纳增值税。纳税人取得的其他情形的财政补贴收入，不属于增值税应税收入，不征收增值税。该公告实施前，纳税人取得的中央财政补贴继续按照《国家税务总局关于中央财政补贴增值税有关问题的公告》（国家税务总局公告 2013 年第 3 号）执行；已经申报缴纳增值税的，可以按现行红字发票管理规定，开具红字增值税发票将取得的中央财政补贴从销售额中扣减。

价外费用包括价外向购买方收取的手续费、补贴、基金、集资费、返还利润、奖励费、违约金、滞纳金、延期付款利息、赔偿金、代收款项、代垫款项、包装费、包装物租金、储备费、优质费、运输装卸费以及其他各种性质的价外收费。但下列项目不包括在内：

①受托加工应征消费税的消费品所代收代缴的消费税。

②同时符合以下条件的代垫运输费用：承运部门的运输费用发票开具给购买方的；纳税人将该项发票转交给购买方的。

③同时符合以下条件代为收取的政府性基金或者行政事业性收费：由国务院或者财政部批准设立的政府性基金，由国务院或者省级人民政府及其财政、价格主管部门批准设立的行政事业性收费；收取时开具省级以上财政部门印制的财政票据；所收款项全额上缴财政。

④销售货物的同时代办保险等而向购买方收取的保险费，以及向购买方收取的代购买方缴纳的车辆购置税、车辆牌照费。

（2）销售额的核定。

①纳税人销售货物价格明显偏低并无正当理由或发生视同销售货物行为而无销售额的，由主管税务机关按下列顺序核定其销售额：

A. 按纳税人最近时期同类货物的平均销售价格确定；

B. 按其他纳税人最近时期同类货物的平均销售价格确定；

C. 按组成计税价格确定。组成计税价格的公式为：

$$组成计税价格 = 成本 \times (1 + 成本利润率)$$

属于应征消费税的货物，其组成计税价格中应加计消费税税额。

公式中的成本是指，销售自产货物的为实际生产成本，销售外购货物的为实际采购成本。公式中的成本利润率由国家税务总局确定。除应征消费税的货物外，一般货物的成本利润率按10%确定。

②纳税人销售服务、无形资产或者不动产价格明显偏低或者偏高且不具有合理商业目的的，或者视同销售服务、无形资产或者不动产而无销售额的，主管税务机关有权按照下列顺序确定销售额：

A. 按照纳税人最近时期销售同类服务、无形资产或者不动产的平均价格确定。

B. 按照其他纳税人最近时期销售同类服务、无形资产或者不动产的平均价格确定。

C. 按照组成计税价格确定。组成计税价格的公式为：

$$组成计税价格 = 成本 \times (1 + 成本利润率)$$

成本利润率由国家税务总局确定。

不具有合理商业目的，是指以谋取税收利益为主要目的，通过人为安排，减少、免除、推迟缴纳增值税税款，或者增加退还增值税税款。

（3）差额征税。

①金融商品转让差额确定销售额的规定。

金融商品转让，按照卖出价扣除买入价后的余额为销售额。

无论是一般纳税人还是小规模纳税人，无论采用一般计税方法还是采用简易计税方法，均按差额确定销售额。

转让金融商品出现的正负差，按盈亏相抵后的余额为销售额。若相抵后出现负差，可结转下一纳税期与下期转让金融商品销售额相抵，但年末时仍出现负差的，不得转入下一个会计年度。

金融商品的买入价，可以选择按照加权平均法或者移动加权平均法进行核算，选择后 36 个月内不得变更。

金融商品转让，不得开具增值税专用发票。

②纳税人提供旅游服务差额确定销售额的规定。

纳税人提供旅游服务，可以选择以取得的全部价款和价外费用，扣除向旅游服务购买方收取并支付给其他单位或者个人的住宿费、餐饮费、交通费、签证费、门票费和支付给其他接团旅游企业的旅游费用后的余额为销售额。

上述规定，无论是一般纳税人还是小规模纳税人，无论采用一般计税方法还是采用简易计税方法，均可以选择差额确定销售额。当然，如果纳税人不选择差额确定销售额，就要按取得的全部价款和价外费用确定销售额。

③一般纳税人提供客运场站服务差额确定销售额的规定。

一般纳税人提供客运场站服务，以其取得的全部价款和价外费用，扣除支付给承运方运费后的余额为销售额。

上述规定，只适用于一般纳税人，小规模纳税人提供客运场站服务要全额确定销售额。

④纳税人提供劳务派遣服务差额确定销售额的规定。

一般纳税人提供劳务派遣服务，按规定以取得的全部价款和价外费用为销售额，按照一般计税方法计算缴纳增值税；也可以选择差额纳税，以取得的全部价款和价外费用，扣除代用工单位支付给劳务派遣员工的工资、福利和为其办理社会保险及住房公积金后的余额为销售额，按照简易计税方法依5%的征收率计算缴纳增值税。

小规模纳税人提供劳务派遣服务，以取得的全部价款和价外费用为销售额，按照简易计税方法依3%的征收率计算缴纳增值税；也可以选择差额纳税，以取得的全部价款和价外费用，扣除代用工单位支付给劳务派遣员工的工资、福利和为其办理社会保险及住房公积金后的余额为销售额，按照简易计税方法依5%的征收率计算缴纳增值税。

上述规定，要求纳税人一经选择差额确定销售额，则必须按照简易计税方法依5%的征收率计算缴纳增值税。

⑤纳税人提供建筑服务差额确定销售额的规定。

一般纳税人提供建筑服务，选择适用简易计税方法计税的，应以取得的全部价款和价外费用扣除支付的分包款后的余额为销售额，按照3%的征收率计算应纳税额。

小规模纳税人提供建筑服务，应以取得的全部价款和价外费用扣除支付的分包款后的余额为销售额，按照3%的征收率计算应纳税额。

分包款，是指支付给分包方的全部价款和价外费用。

上述规定，只适用于纳税人简易计税方法下销售额的确定。一般纳税人提供建筑服务，适用一般计税方法计税的，应以取得的全部价款和价外费用为销售额计算应纳税额，不得差额确定销售额。

⑥一般纳税人销售自行开发的房地产项目差额确定销售额的规定。

一般纳税人销售自行开发的房地产项目，适用一般计税方法计税，按照取得的全部价款和价外费用，扣除当期销售房地产项目对应的向政府部门支付的土地价款后的余额为销售额。

销售额的计算公式如下：

销售额 = (全部价款和价外费用 − 当期允许扣除的土地价款) ÷ (1 + 9%)

当期允许扣除的土地价款 = (当期销售房地产项目建筑面积 ÷ 房地产项目可供销售建筑面积) × 支付的土地价款

当期销售房地产项目建筑面积，是指当期进行纳税申报的增值税销售额对应的建筑面积。

房地产项目可供销售建筑面积，是指房地产项目可以出售的总建筑面积，不包括销售房地产项目时未单独作价结算的配套公共设施的建筑面积。

支付的土地价款，是指向政府、土地管理部门或受政府委托收取土地价款的单位直接支付的土地价款。包括土地受让人向政府部门支付的征地和拆迁补偿费用、土地前期开发费用和土地出让收益等。纳税人向其他单位或个人支付的拆迁补偿费用也允许在销售额中扣减，但当一般纳税人销售其自行开发的房地产项目是选择适用简易计税办法的房地产老项目时，不可扣除。

房地产老项目，是指《建筑工程施工许可证》注明的合同开工日期在2016 年 4 月 30 日前的房地产项目。

纳税人按上述规定扣除土地价款时，应当取得省级以上（含省级）财政部门监（印）制的财政票据；扣除拆迁补偿费用时，应提供拆迁协议、拆迁双方支付和取得拆迁补偿费用凭证等能够证明拆迁补偿费用真实性的材料。

上述规定，只适用于一般纳税人一般计税方法下销售额的确定，小规模纳税人以及适用简易计税的一般纳税人销售自行开发的房地产项目不得扣减任何费用，按取得的全部价款和价外费用确定销售额。

⑦一般纳税人销售其 2016 年 4 月 30 日前取得（不含自建）的不动产，可以选择适用简易计税方法，以取得的全部价款和价外费用减去该项不动产购置原价或者取得不动产时的作价后的余额为销售额，按照 5% 的征收率计算应纳税额。

小规模纳税人销售其取得（不含自建）的不动产（不含个体工商户销售购买的住房和其他个人销售不动产），应以取得的全部价款和价外费用减去该项不动产购置原价或者取得不动产时的作价后的余额为销售额，按照 5% 的征收率计算应纳税额。

⑧纳税人转让 2016 年 4 月 30 日前取得的土地使用权，可以选择适用简易计税方法，以取得的全部价款和价外费用减去取得该土地使用权的原价后的余额为销售额，按照 5% 的征收率计算缴纳增值税。

⑨其他差额征税情形。

A. 航空运输销售代理企业境外代理服务收入，以取得的全部价款和价外费用，扣除向客户收取并支付给其他单位或者个人的境外航段机票结算款和相关费用后的余额为销售额。其中，支付给境内单位或者个人的款项，以发票或行程单为合法有效凭证；支付给境外单位或者个人的款项，以签收单据为合法有效凭证，税务机关对签收单据有疑义的，可以要求其提供境外公证机构的确认证明。

B. 融资租赁，以收取的全部价款和价外费用，扣除支付的借款利息、发行债券利息和车辆购置税后的余额为销售额。

融资性售后回租服务，以取得的全部价款和价外费用（不含本金），扣除对外支付的借款利息、发行债券利息后的余额作为销售额。

C. 航空运输业，销售额扣除代收的机场建设费和代售其他航空运输企业客票而代收转付的价款。

D. 经纪代理服务以取得的全部价款和价外费用，扣除向委托方收取并代为支付的政府性基金或者行政事业性收费后的余额为销售额。

E. 电信、移动、联通公司及成员单位为公益性机构接受捐款，以其取得的全部价款和价外费用，扣除支付给公益性机构捐款后的余额为销售额。其接受的捐款，不得开具增值税专用发票。

F. 物业管理服务中收取自来水水费。向服务接收方收取的自来水水费，以扣除其对外支付的自来水水费后的余额为销售额，按照简易计税办法依3%的征收率计算缴纳增值税。

G. 教辅单位为境外单位提供境内考试服务。境外单位通过教育部考试中心及其直属单位在境内开展考试，教育部考试中心及其直属单位应以取得的考试费收入扣除支付给境外单位考试费后的余额为销售额，按提供"教育辅助服务"缴纳增值税；就代为收取并支付给境外单位的考试费统一扣缴增值税。教育部考试中心及其直属单位代为收取并支付给境外单位的考试费，不得开具增值税专用发票，可以开具增值税普通发票。一般纳税人提供教育辅助服务，可以选择简易计税方法按照3%征收率。

H. 签证代理服务。纳税人提供签证代理服务，以取得的全部价款和价外费用，扣除向服务接受方收取并代为支付给外交部和外国驻华使（领）馆的签证费、认证费后的余额为销售额。

3. 进项税额

（1）准予抵扣的进项税额。

进项税额，是指纳税人购进货物、应税劳务、服务、无形资产或者不动产，支付或者负担的增值税额。准予从销项税额中抵扣的进项税额包括：

①从销售方取得的增值税专用发票（含税控机动车销售统一发票）上注明的增值税额。

②从海关取得的海关进口增值税专用缴款书上注明的增值税额。

③购进农产品准予抵扣的进项税额。

A. 自 2019 年 4 月 1 日起，纳税人购进农产品，从按照简易计税方法依照 3% 征收率计算缴纳增值税的小规模纳税人取得增值税专用发票的，以增值税专用发票上注明的金额和 9% 的扣除率计算进项税额；取得（开具）农产品销售发票或收购发票的，以农产品销售发票或收购发票上注明的农产品买价和 9% 的扣除率计算进项税额。纳税人购进用于生产、销售或委托加工 13% 税率货物的农产品，按照 10% 的扣除率计算进项税额。

纳税人购进农产品既用于生产、销售或委托、受托加工 13% 税率货物又用于生产、销售其他货物服务的，应当分别核算用于生产、销售或委托、受托加工 13% 税率货物和其他货物服务的农产品进项税额。未分别核算的，统一以增值税专用发票或海关进口增值税专用缴款书上注明的增值税额为进项税额，或以农产品收购发票或销售发票上注明的农产品买价和 9% 的扣除率计算进项税额。

B. 自 2012 年 7 月 1 日起，以购进农产品为原料生产销售液体乳及乳制品、酒及酒精、植物油的增值税一般纳税人，其购进农产品无论是否用于生产上述产品，购进农产品增值税进项税额，实施核定扣除办法。营改增后有条件的地区，应在餐饮行业推行农产品进项税额核定扣除办法。

核定扣除的方法有投入产出法、成本法、参照法，省级（包括计划单列市）税务机关应根据上述顺序，确定纳税人适用的农产品增值税进项税额核定扣除方法。

④自 2018 年 1 月 1 日起，纳税人支付的道路、桥、闸通行费按照以下规定抵扣进项税额：

A. 纳税人支付的道路通行费，按照收费公路通行费增值税电子普通发票上注明的增值税额抵扣进项税额。

B. 纳税人支付的桥、闸通行费，暂凭取得的通行费发票上注明的收费金额按照下列公式计算可抵扣的进项税额：

$$桥、闸通行费可抵扣进项税额 = 桥、闸通行费发票上$$
$$注明的金额 \div (1 + 5\%) \times 5\%$$

通行费，是指有关单位依法或者依规设立并收取的过路、过桥和过闸费用。

⑤从境外单位或者个人购进劳务、服务、无形资产或者不动产，自税务机关或者扣缴义务人取得的解缴税款的完税凭证上注明的增值税额。

纳税人凭完税凭证抵扣进项税额的，应当具备书面合同、付款证明和境外单位的对账单或者发票。资料不全的，其进项税额不得从销项税额中抵扣。

⑥纳税人购进国内旅客运输服务的抵扣。

纳税人未取得增值税专用发票的，暂按照以下规定确定进项税额：

A. 取得增值税电子普通发票的，为发票上注明的税额；

B. 取得注明旅客身份信息的航空运输电子客票行程单的，为按照下列公式计算的进项税额：

$$航空旅客运输进项税额 = （票价 + 燃油附加费）÷（1 + 9\%）× 9\%$$

C. 取得注明旅客身份信息的铁路车票的，为按照下列公式计算的进项税额：

$$铁路旅客运输进项税额 = 票面金额 ÷（1 + 9\%）× 9\%$$

D. 取得注明旅客身份信息的公路、水路等其他客票的，为按照下列公式计算的进项税额：

$$公路、水路等其他旅客运输进项税额 = 票面金额 ÷（1 + 3\%）× 3\%$$

国内旅客运输服务，限于与本单位签订了劳动合同的员工，以及本单位作为用工单位接受的劳务派遣员工发生的国内旅客运输服务。

纳税人购进国内旅客运输服务，以取得的增值税电子普通发票上注明的税额为进项税额的，增值税电子普通发票上注明的购买方"名称""纳税人识别号"等信息，应当与实际抵扣税款的纳税人一致，否则不予抵扣。

纳税人允许抵扣的国内旅客运输服务进项税额，是指纳税人2019年4月1日及以后实际发生，并取得合法有效增值税扣税凭证注明的或依据其计算的增值税税额。以增值税专用发票或增值税电子普通发票为增值税扣税凭证的，为2019年4月1日及以后开具的增值税专用发票或增值税电子普通发票。

⑦不动产进项税额的抵扣。

A. 2016年5月1日至2019年3月31日取得并在会计制度上按固定资产

核算的不动产或者 2016 年 5 月 1 日至 2019 年 3 月 31 日取得的不动产在建工程，其进项税额自取得之日起分 2 年从销项税额中抵扣，第一年抵扣比例为 60%，第二年抵扣比例为 40%。取得不动产，包括以直接购买、接受捐赠、接受投资入股、自建以及抵债等各种形式取得不动产，不包括房地产开发企业自行开发的房地产项目。融资租入的不动产以及在施工现场修建的临时建筑物、构筑物，其进项税额不适用上述分 2 年抵扣的规定。

B. 纳税人 2016 年 5 月 1 日至 2019 年 3 月 31 日购进货物和设计服务、建筑服务，用于新建不动产，或者用于改建、扩建、修缮、装饰不动产并增加不动产原值超过 50% 的，其进项税额依照上述规定分 2 年从销项税额中抵扣。

自 2019 年 4 月 1 日起，纳税人取得不动产或者不动产在建工程的进项税额不再分 2 年抵扣。此前按照上述规定尚未抵扣完毕的待抵扣进项税额，可自 2019 年 4 月税款所属期起从销项税额中抵扣。

C. 按照规定不得抵扣进项税额的不动产，发生用途改变，用于允许抵扣进项税额项目的，按照下列公式在改变用途的次月计算可抵扣进项税额。

可抵扣进项税额＝增值税扣税凭证上注明或计算的进项税额×不动产净值率

⑧进项税额的加计抵减。

自 2019 年 4 月 1 日至 2022 年 12 月 31 日，允许生产、生活性服务业纳税人按照当期可抵扣进项税额加计 10%，抵减应纳税额（以下称加计抵减政策）。

A. 生产、生活性服务业纳税人，是指提供邮政服务、电信服务、现代服务、生活服务（以下称四项服务）取得的销售额占全部销售额的比重超过 50% 的纳税人。四项服务的具体范围与增值税征税范围的相关规定相同。

销售额，包括纳税申报销售额、稽查查补销售额、纳税评估调整销售额。其中，纳税申报销售额包括一般计税方法销售额，简易计税方法销售额，免税销售额，税务机关代开发票销售额，免、抵、退办法出口销售额，即征即退项目销售额。

稽查查补销售额和纳税评估调整销售额，计入查补或评估调整当期销售额确定适用加计抵减政策；适用增值税差额征收政策的，以差额后的销售额确定适用加计抵减政策。

2019 年 3 月 31 日前设立的纳税人，自 2018 年 4 月至 2019 年 3 月的销售额（经营期不满 12 个月的，按照实际经营期的销售额）符合上述规定条件的，自 2019 年 4 月 1 日起适用加计抵减政策。

2019 年 4 月 1 日后设立的纳税人，自设立之日起 3 个月的销售额符合上述规定条件的，自登记为一般纳税人之日起适用加计抵减政策。

纳税人确定适用加计抵减政策后，当年内不再调整，以后年度是否适用，根据上年度销售额计算确定。

纳税人可计提但未计提的加计抵减额，可在确定适用加计抵减政策当期一并计提。

B. 纳税人应按照当期可抵扣进项税额的 10% 计提当期加计抵减额。按照现行规定不得从销项税额中抵扣的进项税额，不得计提加计抵减额；已计提加计抵减额的进项税额，按规定作进项税额转出的，应在进项税额转出当期，相应调减加计抵减额。计算公式如下：

$$当期计提加计抵减额 = 当期可抵扣进项税额 \times 10\%$$

$$当期可抵减加计抵减额 = 上期末加计抵减额余额 + 当期计提$$
$$加计抵减额 - 当期调减加计抵减额$$

C. 纳税人应按照现行规定计算一般计税方法下的应纳税额（以下称抵减前的应纳税额）后，区分以下情形加计抵减：

第一，抵减前的应纳税额等于零的，当期可抵减加计抵减额全部结转下期抵减。

第二，抵减前的应纳税额大于零，且大于当期可抵减加计抵减额的，当期可抵减加计抵减额全额从抵减前的应纳税额中抵减。

第三，抵减前的应纳税额大于零，且小于或等于当期可抵减加计抵减额的，以当期可抵减加计抵减额抵减应纳税额至零。未抵减完的当期可抵减加计抵减额，结转下期继续抵减。

D. 纳税人出口货物劳务、发生跨境应税行为不适用加计抵减政策，其对应的进项税额不得计提加计抵减额。

纳税人兼营出口货物劳务、发生跨境应税行为且无法划分不得计提加计抵减额的进项税额，按照以下公式计算：

$$不得计提加计抵减额的进项税额 = 当期无法划分的全部进项税额 \times$$
$$当期出口货物劳务和发生跨境应税行为的销售额 \div 当期全部销售额$$

E. 纳税人应单独核算加计抵减额的计提、抵减、调减、结余等变动情况。骗取适用加计抵减政策或虚增加计抵减额的，按照《中华人民共和国税收征收管理法》（以下简称《税收征管法》）等有关规定处理。

F. 加计抵减政策执行到期后，纳税人不再计提加计抵减额，结余的加计抵减额停止抵减。

G. 2019 年 10 月 1 日至 2022 年 12 月 31 日，允许生活性服务业纳税人按照当期可抵扣进项税额加计 15%，抵减应纳税额。计算公式如下：

$$当期计提加计抵减额 = 当期可抵扣进项税额 \times 15\%$$

生活性服务业纳税人，是指提供生活服务取得的销售额占全部销售额的比重超过 50% 的纳税人。2019 年 9 月 30 日前设立的纳税人，自 2018 年 10 月至 2019 年 9 月的销售额（经营期不满 12 个月的，按照实际经营期的销售额）符合上述规定条件的，自 2019 年 10 月 1 日起适用加计抵减 15% 政策。

2019 年 10 月 1 日后设立的纳税人，自设立之日起 3 个月的销售额符合上述规定条件的，自登记为一般纳税人之日起适用加计抵减 15% 政策。

（2）不予抵扣的进项税额。

纳税人取得的增值税扣税凭证不符合法律、行政法规或者国家税务总局有关规定的，其进项税额不得从销项税额中抵扣。除此之外，一般纳税人发生下列项目的进项税额不得从销项税额中抵扣：

①用于简易计税方法计税项目、免征增值税项目、集体福利或者个人消费的购进货物、加工修理修配劳务、服务、无形资产和不动产。

其中涉及的固定资产、无形资产、不动产，仅指专用于上述项目的固定资产、无形资产（不包括其他权益性无形资产）、不动产。

固定资产，是指使用期限超过 12 个月的机器、机械、运输工具以及其他与生产经营有关的设备、工具、器具等有形动产。纳税人的交际应酬消费属于个人消费。

②非正常损失的购进货物，以及相关的加工修理修配劳务和交通运输服务。

③非正常损失的在产品、产成品所耗用的购进货物（不包括固定资产）、加工修理修配劳务和交通运输服务。

④非正常损失的不动产，以及该不动产所耗用的购进货物、设计服务和

建筑服务。

⑤非正常损失的不动产在建工程所耗用的购进货物、设计服务和建筑服务。

纳税人新建、改建、扩建、修缮、装饰不动产，均属于不动产在建工程。

上述第④点、第⑤点所称货物，是指构成不动产实体的材料和设备，包括建筑装饰材料和给排水、采暖、卫生、通风、照明、通讯、煤气、消防、中央空调、电梯、电气、智能化楼宇设备及配套设施。

上述第②点至第⑤点所称的非正常损失，是指因管理不善造成货物被盗、丢失、霉烂变质，以及因违反法律法规造成货物或者不动产被依法没收、销毁、拆除的情形。

⑥购进的贷款服务、餐饮服务、居民日常服务和娱乐服务。

纳税人接受贷款服务向贷款方支付的与该笔贷款直接相关的投融资顾问费、手续费、咨询费等费用，其进项税额不得从销项税额中抵扣。

⑦财政部和国家税务总局规定的其他情形。

（3）进项税额的扣减（转出）和转入。

①适用一般计税方法计税的纳税人，因销货退回，销售折让，劳务、服务中止而收回的增值税额，应当从当期的进项税额中扣减。

②适用一般计税方法的纳税人，兼营简易计税方法计税项目、免征增值税项目而无法划分不得抵扣的进项税额，按照下列公式计算不得抵扣的进项税额：

不得抵扣的进项税额＝当期无法划分的全部进项税额×（当期简易计税方法计税项目销售额＋免征增值税项目销售额）÷当期全部销售额

主管税务机关可以按照上述公式依据年度数据对不得抵扣的进项税额进行清算。

③已抵扣进项税额的购进货物（不含固定资产）、劳务、服务，发生改变用途用于集体福利、个人消费或者非正常损失等不得抵扣进项税额的情形（简易计税方法计税项目、免征增值税项目除外）的，应当将该进项税额从当期进项税额中扣减；无法确定该进项税额的，按照当期实际成本计算应扣减的进项税额。

④已抵扣进项税额的固定资产、无形资产或者不动产，发生不得抵扣情

形的，按照下列公式计算不得抵扣的进项税额：

不得抵扣的进项税额＝固定资产、无形资产或者不动产净值×适用税率

固定资产、无形资产或者不动产净值，是指纳税人根据财务会计制度计提折旧或摊销后的余额。

⑤不得抵扣且未抵扣进项税额的固定资产、无形资产、不动产，发生用途改变，用于允许抵扣进项税额的应税项目，可在用途改变的次月按照下列公式，依据合法有效的增值税扣税凭证，计算可以抵扣的进项税额：

可以抵扣的进项税额＝固定资产、无形资产、不动产净值÷

（1＋适用税率）×适用税率

上述可以抵扣的进项税额应取得合法有效的增值税扣税凭证。

⑥自 2019 年 4 月 1 日起，已抵扣进项税额的不动产，发生非正常损失，或者改变用途，专用于简易计税方法计税项目、免征增值税项目、集体福利或者个人消费的，按照下列公式计算不得抵扣的进项税额，并从当期进项税额中扣减：

不得抵扣的进项税额＝已抵扣进项税额×不动产净值率

不动产净值率＝（不动产净值÷不动产原值）×100%

按照规定不得抵扣进项税额的不动产，发生用途改变，用于允许抵扣进项税额项目的，按照下列公式在改变用途的次月计算可抵扣进项税额：

可抵扣进项税额＝增值税扣税凭证注明或计算的进项税额×不动产净值率

二 特定企业（或交易行为）的增值税政策

【知识点 1】 资管产品的增值税政策

1. 纳税人

资管产品运营过程中发生的增值税应税行为，以资管产品管理人为增值税纳税人。

资管产品，包括银行理财产品、资金信托（包括集合资金信托、单一资金信托）、财产权信托、公开募集证券投资基金、特定客户资产管理计划、集合资产管理计划、定向资产管理计划、私募投资基金、债权投资计划、股权投资计划、股债结合型投资计划、资产支持计划、组合类保险资产管理产品、

养老保障管理产品。

资管产品管理人，包括银行、信托公司、公募基金管理公司及其子公司、证券公司及其子公司、期货公司及其子公司、私募基金管理人、保险资产管理公司、专业保险资产管理机构、养老保险公司。

2. 计税方法

资管产品管理人运营资管产品过程中发生的增值税应税行为（以下称资管产品运营业务），暂适用简易计税方法，按照3%的征收率缴纳增值税。

资管产品管理人应分别核算资管产品运营业务和其他业务的销售额和增值税应纳税额。未分别核算的，资管产品运营业务不得适用简易计税方法。

【知识点2】 建筑服务业增值税政策

1. 纳税人的特殊规定

建筑企业与发包方签订建筑合同后，以内部授权或者三方协议等方式，授权集团内其他纳税人（以下称第三方）为发包方提供建筑服务，并由第三方直接与发包方结算工程款的，由第三方缴纳增值税并向发包方开具增值税发票，与发包方签订建筑合同的建筑企业不缴纳增值税。发包方可凭实际提供建筑服务的纳税人开具的增值税专用发票抵扣进项税额。

2. 预缴税款

（1）跨县（市、区）提供建筑服务预缴税款。

跨县（市、区）提供建筑服务，需要按照规定的预征率在项目所在地预缴增值税，向机构所在地主管税务机关申报纳税。纳税人在同一地级行政区范围内跨县（市、区）提供建筑服务，不适用上述规定。

①一般纳税人跨县（市、区）提供建筑服务，适用一般计税方法计税的，以取得的全部价款和价外费用扣除支付的分包款后的余额，按照2%的预征率计算应预缴税款。

应预缴税款＝（全部价款和价外费用－支付的分包款）÷（1＋9%）×2%

②一般纳税人跨县（市、区）提供建筑服务，选择适用简易计税方法计税的，以取得的全部价款和价外费用扣除支付的分包款后的余额，按照3%的征收率计算应预缴税款。

应预缴税款 = (全部价款和价外费用 – 支付的分包款) ÷ (1 + 3%) × 3%

③小规模纳税人跨县(市、区)提供建筑服务,以取得的全部价款和价外费用扣除支付的分包款后的余额,按照 3% 的征收率计算应预缴税款。

应预缴税款 = (全部价款和价外费用 – 支付的分包款) ÷ (1 + 3%) × 3%

(2)取得预收款预缴税款。

纳税人提供建筑服务取得预收款,应在收到预收款时,以取得的预收款扣除支付的分包款后的余额,按照规定的预征率预缴增值税。

适用一般计税方法计税的项目预征率为 2%,适用简易计税方法计税的项目预征率为 3%。

按照现行规定应在建筑服务发生地预缴增值税的项目,纳税人收到预收款时在建筑服务发生地预缴增值税。按照现行规定无须在建筑服务发生地预缴增值税的项目,纳税人收到预收款时在机构所在地预缴增值税。

【知识点 3】 房地产开发企业预缴增值税政策

1. 一般纳税人预缴税款

一般纳税人采取预收款方式销售自行开发的房地产项目,应在收到预收款时按照 3% 的预征率预缴增值税。

应预缴税款按照以下公式计算:

应预缴税款 = 预收款 ÷ (1 + 适用税率或征收率) × 3%

适用一般计税方法计税的,按照 9% 的适用税率计算;适用简易计税方法计税的,按照 5% 的征收率计算。

一般纳税人应在取得预收款的次月纳税申报期向主管税务机关预缴税款。

2. 小规模纳税人预缴税款

房地产开发企业中的小规模纳税人(以下简称小规模纳税人)采取预收款方式销售自行开发的房地产项目,应在收到预收款时按照 3% 的预征率预缴增值税。

应预缴税款按照以下公式计算:

应预缴税款 = 预收款 ÷ (1 + 5%) × 3%

小规模纳税人应在取得预收款的次月纳税申报期或主管税务机关核定的纳税期限向主管税务机关预缴税款。

【知识点4】 转让不动产增值税政策

1. 一般纳税人转让不动产

一般纳税人转让其取得的不动产，按照以下规定缴纳增值税：

（1）一般纳税人转让其2016年4月30日前取得（不含自建）的不动产，可以选择适用简易计税方法计税，以取得的全部价款和价外费用扣除不动产购置原价或者取得不动产时的作价后的余额为销售额，按照5%的征收率计算应纳税额。纳税人应按照上述计税方法向不动产所在地主管税务机关预缴税款，向机构所在地主管税务机关申报纳税。

（2）一般纳税人转让其2016年4月30日前自建的不动产，可以选择适用简易计税方法计税，以取得的全部价款和价外费用为销售额，按照5%的征收率计算应纳税额。纳税人应按照上述计税方法向不动产所在地主管税务机关预缴税款，向机构所在地主管税务机关申报纳税。

（3）一般纳税人转让其2016年4月30日前取得（不含自建）的不动产，选择适用一般计税方法计税的，以取得的全部价款和价外费用为销售额计算应纳税额。纳税人应以取得的全部价款和价外费用扣除不动产购置原价或者取得不动产时的作价后的余额，按照5%的预征率向不动产所在地主管税务机关预缴税款，向机构所在地主管税务机关申报纳税。

（4）一般纳税人转让其2016年4月30日前自建的不动产，选择适用一般计税方法计税的，以取得的全部价款和价外费用为销售额计算应纳税额。纳税人应以取得的全部价款和价外费用，按照5%的预征率向不动产所在地主管税务机关预缴税款，向机构所在地主管税务机关申报纳税。

（5）一般纳税人转让其2016年5月1日后取得（不含自建）的不动产，适用一般计税方法，以取得的全部价款和价外费用为销售额计算应纳税额。纳税人应以取得的全部价款和价外费用扣除不动产购置原价或者取得不动产时的作价后的余额，按照5%的预征率向不动产所在地主管税务机关预缴税款，向机构所在地主管税务机关申报纳税。

（6）一般纳税人转让其2016年5月1日后自建的不动产，适用一般计税方法，以取得的全部价款和价外费用为销售额计算应纳税额。纳税人应以取得的全部价款和价外费用，按照5%的预征率向不动产所在地主管税务机关预缴税款,向机构所在地主管税务机关申报纳税。

2. 小规模纳税人转让不动产

小规模纳税人转让其取得的不动产,除个人转让其购买的住房外,按照以下规定缴纳增值税:

(1) 小规模纳税人转让其取得(不含自建)的不动产,以取得的全部价款和价外费用扣除不动产购置原价或者取得不动产时的作价后的余额为销售额,按照 5% 的征收率计算应纳税额。

(2) 小规模纳税人转让其自建的不动产,以取得的全部价款和价外费用为销售额,按照 5% 的征收率计算应纳税额。

除其他个人之外的小规模纳税人,应按照上述规定的计税方法向不动产所在地主管税务机关预缴税款,向机构所在地主管税务机关申报纳税;其他个人按照上述规定的计税方法向不动产所在地主管税务机关申报纳税。

3. 其他个人以外的纳税人转让不动产

其他个人以外的纳税人转让其取得的不动产,区分以下情形计算应向不动产所在地主管税务机关预缴的税款:

(1) 以转让不动产取得的全部价款和价外费用作为预缴税款计算依据的,计算公式为:

$$应预缴税款 = 全部价款和价外费用 \div (1 + 5\%) \times 5\%$$

(2) 以转让不动产取得的全部价款和价外费用扣除不动产购置原价或者取得不动产时的作价后的余额作为预缴税款计算依据的,计算公式为:

$$应预缴税款 = (全部价款和价外费用 - 不动产购置原价或者$$
$$不动产时的作价) \div (1 + 5\%) \times 5\%$$

4. 个人转让其购买的住房

个人转让其购买的住房,按照以下规定缴纳增值税:

(1) 个人转让其购买的持有 2 年以内的住房,按照有关规定全额缴纳增值税,以取得的全部价款和价外费用为销售额,按 5% 的征收率计算缴纳税额。

(2) 北京、上海、深圳、广州四地区以外的个人转让其购买的持有 2 年以上(含 2 年)的住房,免征增值税。

(3) 北京、上海、深圳、广州四地区的个人转让其购买的持有 2 年以上（含 2 年）的非普通住房，按有关规定差额缴纳增值税，以取得的全部价款和价外费用扣除购买住房价款后的余额为销售额，按 5% 的征收率计算缴纳税额；转让其购买的持有 2 年以上（含 2 年）的普通住房，免征增值税。

【知识点 5】 不动产经营租赁增值税政策

1. 一般纳税人出租不动产

一般纳税人出租不动产，按照以下规定缴纳增值税：

（1）一般纳税人出租其 2016 年 4 月 30 日前取得的不动产，可以选择适用简易计税方法，按照 5% 的征收率计算应纳税额。

不动产所在地与机构所在地不在同一县（市、区）的，纳税人应按照上述计税方法向不动产所在地主管税务机关预缴税款，向机构所在地主管税务机关申报纳税。

不动产所在地与机构所在地在同一县（市、区）的，纳税人向机构所在地主管税务机关申报纳税。

（2）一般纳税人出租其 2016 年 5 月 1 日后取得的不动产，适用一般计税方法计税。

不动产所在地与机构所在地不在同一县（市、区）的，纳税人应按照 3% 的预征率向不动产所在地主管税务机关预缴税款，向机构所在地主管税务机关申报纳税。

不动产所在地与机构所在地在同一县（市、区）的，纳税人应向机构所在地主管税务机关申报纳税。

一般纳税人出租其 2016 年 4 月 30 日前取得的不动产适用一般计税方法计税的，按照上述规定执行。

2. 小规模纳税人出租不动产

小规模纳税人出租不动产，按照以下规定缴纳增值税：

（1）单位和个体工商户出租不动产（不含个体工商户出租住房），按照 5% 的征收率计算应纳税额。个体工商户出租住房，按照 5% 的征收率减按 1.5% 计算应纳税额。

不动产所在地与机构所在地不在同一县（市、区）的，纳税人应按照上述计税方法向不动产所在地主管税务机关预缴税款，向机构所在地主管税务机关申报纳税。

不动产所在地与机构所在地在同一县（市、区）的，纳税人应向机构所在地主管税务机关申报纳税。

（2）其他个人出租不动产（不含住房），按照 5% 的征收率计算应纳税额，向不动产所在地主管税务机关申报纳税。其他个人出租住房，按照 5% 的征收率减按 1.5% 计算应纳税额，向不动产所在地主管税务机关申报纳税。

3. 其他个人出租不动产

其他个人出租不动产，按照以下公式计算应纳税款：

（1）出租住房：

$$应纳税款 = 含税销售额 \div (1 + 5\%) \times 1.5\%$$

（2）出租非住房：

$$应纳税款 = 含税销售额 \div (1 + 5\%) \times 5\%$$

4. 预缴税款的计算

（1）纳税人出租不动产适用一般计税方法计税的，按照以下公式计算应预缴税款：

$$应预缴税款 = 含税销售额 \div (1 + 9\%) \times 3\%$$

（2）纳税人出租不动产适用简易计税方法计税的，除个人出租住房外，按照以下公式计算应预缴税款：

$$应预缴税款 = 含税销售额 \div (1 + 5\%) \times 5\%$$

（3）个体工商户出租住房，按照以下公式计算应预缴税款：

$$应预缴税款 = 含税销售额 \div (1 + 5\%) \times 1.5\%$$

纳税人出租的不动产所在地与其机构所在地在同一直辖市或计划单列市但不在同一县（市、区）的，由直辖市或计划单列市税务局决定是否在不动产所在地预缴税款。

纳税人出租不动产，按照规定需要预缴税款的，应在取得租金的次月纳税申报期或不动产所在地主管税务机关核定的纳税期限预缴税款。

三 增值税优惠政策

【知识点1】 免税

下列项目免征增值税：

1. 农业生产者销售的自产农产品。

2. 避孕药品和用具。

3. 古旧图书，即向社会收购的古书和旧书。

4. 直接用于科学研究、科学试验和教学的进口仪器、设备。

5. 外国政府、国际组织无偿援助的进口物资和设备。

6. 由残疾人的组织直接进口供残疾人专用的物品。

7. 销售自己使用过的物品。自己使用过的物品，是指其他个人自己使用过的物品。

8. 托儿所、幼儿园提供的保育和教育服务。

9. 养老机构提供的养老服务。

10. 残疾人福利机构提供的育养服务。

11. 婚姻介绍服务。

12. 殡葬服务。

13. 残疾人员本人为社会提供的服务。

14. 医疗机构提供的医疗服务。

15. 从事学历教育的学校提供的教育服务。

16. 学生勤工俭学提供的服务。

17. 农业机耕、排灌、病虫害防治、植物保护、农牧保险以及相关技术培训业务，家禽、牲畜、水生动物的配种和疾病防治。

18. 纪念馆、博物馆、文化馆、文物保护单位管理机构、美术馆、展览馆、书画院、图书馆在自己的场所提供文化体育服务取得的第一道门票收入。

19. 寺院、宫观、清真寺和教堂举办文化、宗教活动的门票收入。

20. 行政单位之外的其他单位收取的符合《营业税改征增值税试点实施办法》（财税〔2016〕36号文件附件1）第十条规定条件的政府性基金和行政事业性收费。

21. 个人转让著作权。

22. 个人销售自建自用住房。

23. 纳税人提供的直接或者间接国际货物运输代理服务。

24. 纳税人提供技术转让、技术开发和与之相关的技术咨询、技术服务。

25. 将土地使用权转让给农业生产者用于农业生产。

26. 涉及家庭财产分割的个人无偿转让不动产、土地使用权。

27. 台湾航运公司、航空公司从事海峡两岸海上直航、空中直航业务在大陆取得的运输收入。

28. 以下利息收入。

（1）国家助学贷款。

（2）国债、地方政府债。

（3）人民银行对金融机构的贷款。

（4）住房公积金管理中心用住房公积金在指定的委托银行发放的个人住房贷款。

（5）外汇管理部门在从事国家外汇储备经营过程中，委托金融机构发放的外汇贷款。

（6）统借统还业务中，企业集团或企业集团中的核心企业以及集团所属财务公司按不高于支付给金融机构的借款利率水平或者支付的债券票面利率水平，向企业集团或者集团内下属单位收取的利息。

统借方向资金使用单位收取的利息，高于支付给金融机构借款利率水平或者支付的债券票面利率水平的，应全额缴纳增值税。

29. 被撤销金融机构以货物、不动产、无形资产、有价证券、票据等财产清偿债务。

30. 保险公司开办的一年期以上人身保险产品取得的保费收入。

31. 下列金融商品转让收入。

（1）合格境外投资者（QFII）委托境内公司在我国从事证券买卖业务。

（2）香港市场投资者（包括单位和个人）通过沪港通买卖上海证券交易所上市 A 股。

（3）对香港市场投资者（包括单位和个人）通过基金互认买卖内地基金份额。

（4）证券投资基金（封闭式证券投资基金，开放式证券投资基金）管理人运用基金买卖股票、债券。

（5）个人从事金融商品转让业务。

32. 金融同业往来利息收入。

33. 同时符合下列条件的担保机构从事中小企业信用担保或者再担保业务取得的收入（不含信用评级、咨询、培训等收入）3 年内免征增值税：

（1）已取得监管部门颁发的融资性担保机构经营许可证，依法登记注册为企（事）业法人，实收资本超过 2000 万元。

（2）平均年担保费率不超过银行同期贷款基准利率的 50%。

$$平均年担保费率 = 本期担保费收入/（期初担保余额 +$$
$$本期增加担保金额）×100\%$$

（3）连续合规经营 2 年以上，资金主要用于担保业务，具备健全的内部管理制度和为中小企业提供担保的能力，经营业绩突出，对受保项目具有完善的事前评估、事中监控、事后追偿与处置机制。

（4）为中小企业提供的累计担保贷款额占其两年累计担保业务总额的 80% 以上，单笔 800 万元以下的累计担保贷款额占其累计担保业务总额的 50% 以上。

（5）对单个受保企业提供的担保余额不超过担保机构实收资本总额的 10%，且平均单笔担保责任金额最多不超过 3000 万元人民币。

（6）担保责任余额不低于其净资产的 3 倍，且代偿率不超过 2%。

担保机构免征增值税政策采取备案管理方式。符合条件的担保机构应到所在地县（市）主管税务机关和同级中小企业管理部门履行规定的备案手续，自完成备案手续之日起，享受 3 年免征增值税政策。3 年免税期满后，符合条件的担保机构可按规定程序办理备案手续后继续享受该项政策。

34. 国家商品储备管理单位及其直属企业承担商品储备任务，从中央或者地方财政取得的利息补贴收入和价差补贴收入。

35. 同时符合下列条件的合同能源管理服务：

（1）节能服务公司实施合同能源管理项目相关技术，应当符合国家市场监督管理总局和国家标准化管理委员会发布的《合同能源管理技术通则》（GB/T 24915—2010）规定的技术要求。

（2）节能服务公司与用能企业签订节能效益分享型合同，其合同格式和内容，符合《中华人民共和国合同法》和《合同能源管理技术通则》（GB/T 24915—2010）等规定。

36. 政府举办的从事学历教育的高等、中等和初等学校（不含下属单位），举办进修班、培训班取得的全部归该学校所有的收入。

37. 政府举办的职业学校设立的主要为在校学生提供实习场所、并由学校出资自办、由学校负责经营管理、经营收入归学校所有的企业，从事《销售服务、无形资产或者不动产注释》中"现代服务"（不含融资租赁服务、广告服务和其他现代服务）、"生活服务"（不含文化体育服务、其他生活服务和桑拿、氧吧）业务活动取得的收入。

38. 家政服务企业由员工制家政服务员提供家政服务取得的收入。

39. 福利彩票、体育彩票的发行收入。

40. 军队空余房产租赁收入。

41. 为了配合国家住房制度改革，企业、行政事业单位按房改成本价、标准价出售住房取得的收入。

42. 土地所有者出让土地使用权和土地使用者将土地使用权归还给土地所有者。

43. 县级以上地方人民政府或自然资源行政主管部门出让、转让或收回自然资源使用权（不含土地使用权）。

44. 随军家属就业。

（1）为安置随军家属就业而新开办的企业，自领取税务登记证之日起，其提供的应税服务 3 年内免征增值税。

享受税收优惠政策的企业，随军家属必须占企业总人数的 60%（含）以上，并有军（含）以上政治和后勤机关出具的证明。

（2）从事个体经营的随军家属，自办理税务登记事项之日起，其提供的应税服务 3 年内免征增值税。

45. 军队转业干部就业。

（1）从事个体经营的军队转业干部，自领取税务登记证之日起，其提供的应税服务 3 年内免征增值税。

（2）为安置自主择业的军队转业干部就业而新开办的企业，凡安置自主择业的军队转业干部占企业总人数 60%（含）以上的，自领取税务登记证之日起，其提供的应税服务3年内免征增值税。

【知识点2】 减税

1. 两项费用抵减税额

（1）增值税纳税人2011年12月1日（含）以后初次购买增值税税控系统专用设备（包括分开票机）支付的费用，可凭购买增值税税控系统专用设备取得的增值税专用发票，在增值税应纳税额中全额抵减（抵减额为价税合计额），不足抵减的可结转下期继续抵减。增值税纳税人非初次购买增值税税控系统专用设备支付的费用，由其自行负担，不得在增值税应纳税额中抵减。

增值税税控系统包括增值税防伪税控系统、货物运输业增值税专用发票税控系统、机动车销售统一发票税控系统和公路、内河货物运输业发票税控系统。

增值税防伪税控系统的专用设备包括金税卡、IC卡、读卡器或金税盘和报税盘；货物运输业增值税专用发票税控系统专用设备包括税控盘和报税盘；机动车销售统一发票税控系统和公路、内河货物运输业发票税控系统专用设备包括税控盘和传输盘。

（2）增值税纳税人2011年12月1日以后缴纳的技术维护费（不含补缴的2011年11月30日以前的技术维护费），可凭技术维护服务单位开具的技术维护费发票，在增值税应纳税额中全额抵减，不足抵减的可结转下期继续抵减。技术维护费按照价格主管部门核定的标准执行。

营改增以后，纳税人提供技术维护服务改征增值税，所以应凭技术维护服务单位开具的增值税发票，在增值税应纳税额中全额抵减。

（3）增值税一般纳税人支付的两项费用在增值税应纳税额中全额抵减的，其增值税专用发票不作为增值税抵扣凭证，其进项税额不得从销项税额中抵扣。

2. 销售使用过的物品

（1）纳税人销售旧货的，按照简易办法依照3%征收率减按2%征收增值税。

旧货，是指进入二次流通的具有部分使用价值的货物（含旧汽车、旧摩托车和旧游艇），但不包括自己使用过的物品。

（2）小规模纳税人（除其他个人外）销售自己使用过的固定资产，依照 3% 征收率减按 2% 征收增值税。

（3）一般纳税人销售自己使用过的属于《增值税暂行条例》规定不得抵扣且未抵扣进项税额的固定资产，依照 3% 征收率减按 2% 征收增值税。

纳税人购进或者自制固定资产时为小规模纳税人，认定为一般纳税人后销售该固定资产，可依照 3% 征收率减按 2% 征收增值税。

纳税人发生按简易计税方法征收增值税应税行为，销售其按照规定不得抵扣且未抵扣进项税额的固定资产，依照 3% 征收率减按 2% 征收增值税。

纳税人销售自己使用过的 2008 年 12 月 31 日以前，或在本地区扩大增值税抵扣范围试点以前购进或者自制的固定资产，依照 3% 征收率减按 2% 征收增值税。

一般纳税人销售自己使用过的营改增试点以前购进或者自制的固定资产，可依照 3% 征收率减按 2% 征收增值税。

增值税一般纳税人销售自己使用过的固定资产，属于以下两种情形的，可按简易办法依照 3% 征收率减按 2% 征收增值税：

① 购进或者自制固定资产时为小规模纳税人，认定为一般纳税人后销售该固定资产。

② 增值税一般纳税人发生按简易办法征收增值税应税行为，销售其按照规定不得抵扣且未抵扣进项税额的固定资产。

3. 支持个体工商户复工复业

自 2020 年 3 月 1 日至 2022 年 3 月 31 日，对湖北省增值税小规模纳税人，适用 3% 征收率的应税销售收入，免征增值税；适用 3% 预征率的预缴增值税项目，暂停预缴增值税。2021 年 4 月 1 日至 2022 年 3 月 31 日，湖北省增值税小规模纳税人适用 3% 征收率的应税销售收入，减按 1% 征收率征收增值税；适用 3% 预征率的预缴增值税项目，减按 1% 预征率预缴增值税。

自 2020 年 3 月 1 日至 2022 年 3 月 31 日，除湖北省外，其他省、自治区、直辖市的增值税小规模纳税人，适用 3% 征收率的应税销售收入，减按 1% 征收率征收增值税；适用 3% 预征率的预缴增值税项目，减按 1% 预征率预缴增值税。

4. 住房租赁企业

住房租赁企业中的增值税一般纳税人向个人出租住房取得的全部出租收入，可以选择适用简易计税方法，按照 5% 的征收率减按 1.5% 计算缴纳增值税，或适用一般计税方法计算缴纳增值税。住房租赁企业中的增值税小规模纳税人向个人出租住房，按照 5% 的征收率减按 1.5% 计算缴纳增值税。

住房租赁企业向个人出租住房适用上述简易计税方法并进行预缴的，减按 1.5% 预征率预缴增值税。

5. 二手车经销

自 2020 年 5 月 1 日至 2023 年 12 月 31 日，从事二手车经销的纳税人销售其收购的二手车，由原按照简易办法依 3% 征收率减按 2% 征收增值税，改为减按 0.5% 征收增值税。

6. 退役士兵创业就业

①自主就业退役士兵从事个体经营的，自办理个体工商户登记当月起，在 3 年（36 个月，下同）内按每户每年 12000 元为限额依次扣减其当年实际应缴纳的增值税、城市维护建设税、教育费附加、地方教育附加和个人所得税。限额标准最高可上浮 20%，各省、自治区、直辖市人民政府可根据本地区实际情况在此幅度内确定具体限额标准。

纳税人年度应缴纳税款小于上述扣减限额的，减免税额以其实际缴纳的税款为限；大于上述扣减限额的，以上述扣减限额为限。纳税人的实际经营期不足 1 年的，应当按月换算其减免税限额。换算公式为：

$$减免税限额 = 年度减免税限额 \div 12 \times 实际经营月数$$

城市维护建设税、教育费附加、地方教育附加的计税依据是享受本项税收优惠政策前的增值税应纳税额。

②企业招用自主就业退役士兵，与其签订 1 年以上期限劳动合同并依法缴纳社会保险费的，自签订劳动合同并缴纳社会保险当月起，在 3 年内按实际招用人数予以定额依次扣减增值税、城市维护建设税、教育费附加、地方教育附加和企业所得税优惠。定额标准为每人每年 6000 元，最高可上浮 50%，各省、自治区、直辖市人民政府可根据本地区实际情况在此幅度内确定具体定额标准。

企业按招用人数和签订的劳动合同时间核算企业减免税总额，在核算减免税总额内每月依次扣减增值税、城市维护建设税、教育费附加和地方教育附加。企业实际应缴纳的增值税、城市维护建设税、教育费附加和地方教育附加小于核算减免税总额的，以实际应缴纳的增值税、城市维护建设税、教育费附加和地方教育附加为限；实际应缴纳的增值税、城市维护建设税、教育费附加和地方教育附加大于核算减免税总额的，以核算减免税总额为限。

纳税年度终了，如果企业实际减免的增值税、城市维护建设税、教育费附加和地方教育附加小于核算减免税总额，企业在企业所得税汇算清缴时以差额部分扣减企业所得税。当年扣减不完的，不再结转以后年度扣减。

自主就业退役士兵在企业工作不满 1 年的，应当按月换算减免税限额。计算公式为：

$$企业核算减免税总额 = \sum 每名自主就业退役士兵本年度$$

$$在本单位工作月份 \div 12 \times 具体定额标准$$

城市维护建设税、教育费附加、地方教育附加的计税依据是享受本项税收优惠政策前的增值税应纳税额。

上述税收政策的执行期限为 2019 年 1 月 1 日至 2023 年 12 月 31 日。

7. 重点群体就业创业

①建档立卡贫困人口、持《就业创业证》（注明"自主创业税收政策"或"毕业年度内自主创业税收政策"）或《就业失业登记证》（注明"自主创业税收政策"）的人员，从事个体经营的，自办理个体工商户登记当月起，在 3 年（36 个月，下同）内按每户每年 12000 元为限额依次扣减其当年实际应缴纳的增值税、城市维护建设税、教育费附加、地方教育附加和个人所得税。限额标准最高可上浮 20%，各省、自治区、直辖市人民政府可根据本地区实际情况在此幅度内确定具体限额标准。

纳税人年度应缴纳税款小于上述扣减限额的，减免税额以其实际缴纳的税款为限；大于上述扣减限额的，以上述扣减限额为限。

上述人员具体包括：纳入全国扶贫开发信息系统的建档立卡贫困人口；在人力资源社会保障部门公共就业服务机构登记失业半年以上的人员；零就业家庭、享受城市居民最低生活保障家庭劳动年龄内的登记失业人员；毕业年度内高校毕业生。高校毕业生是指实施高等学历教育的普通高等学校、成人高等学校应届毕业的学生；毕业年度是指毕业所在自然年，即1月1日至12月31日。

②企业招用建档立卡贫困人口，以及在人力资源社会保障部门公共就业服务机构登记失业半年以上且持《就业创业证》或《就业失业登记证》（注明"企业吸纳税收政策"）的人员，与其签订1年以上期限劳动合同并依法缴纳社会保险费的，自签订劳动合同并缴纳社会保险当月起，在3年内按实际招用人数予以定额依次扣减增值税、城市维护建设税、教育费附加、地方教育附加和企业所得税优惠。定额标准为每人每年6000元，最高可上浮30%，各省、自治区、直辖市人民政府可根据本地区实际情况在此幅度内确定具体定额标准。城市维护建设税、教育费附加、地方教育附加的计税依据是享受本项税收优惠政策前的增值税应纳税额。

按上述标准计算的税收扣减额应在企业当年实际应缴纳的增值税、城市维护建设税、教育费附加、地方教育附加和企业所得税税额中扣减，当年扣减不完的，不得结转下年使用。

上述企业是指属于增值税纳税人或企业所得税纳税人的企业等单位。

上述税收政策的执行期限为2019年1月1日至2025年12月31日。

自2016年2月1日起，纳税人销售自己使用过的固定资产，适用简易办法依照3%征收率减按2%征收增值税政策的，可以放弃减税，按照简易办法依照3%征收率缴纳增值税，并可以开具增值税专用发票。

【知识点3】 即征即退

下列项目实行增值税即征即退政策：

1. 一般纳税人提供管道运输服务，对其增值税实际税负超过3%的部分实行增值税即征即退政策。

2. 经人民银行、银保监会或者商务部批准从事融资租赁业务的试点纳税人中的一般纳税人，提供有形动产融资租赁服务和有形动产融资性售后回租服务，对其增值税实际税负超过3%的部分实行增值税即征即退政策。商务部授权的省级商务主管部门和国家经济技术开发区批准的从事融资租赁业务和融资性售后回租业务的试点纳税人中的一般纳税人，2016年5月1日后实收资本达到1.7亿元的，从达到标准的当月起按照上述规定执行；2016年5月1

日后实收资本未达到1.7亿元但注册资本达到1.7亿元的，在2016年7月31日前仍可按照上述规定执行，2016年8月1日后开展的有形动产融资租赁业务和有形动产融资性售后回租业务不得按照上述规定执行。

3. 增值税一般纳税人销售其自行开发生产的软件产品，按其基本税率（2018年5月1日前为17%，2018年5月1日至2019年3月31日为16%，2019年4月1日起为13%）征收增值税后，对其增值税实际税负超过3%的部分实行即征即退政策。

4. 自2018年5月1日至2023年12月31日，对动漫企业增值税一般纳税人销售其自主开发生产的动漫软件，按照基本税率征收增值税后，对其增值税实际税负超过3%的部分，实行即征即退政策。

5. 对安置残疾人的单位和个体工商户，实行由税务机关按纳税人安置残疾人的人数，限额即征即退增值税的办法。

月应退增值税税额 = 纳税人本月安置残疾人员人数 × 本月月最低工资标准的4倍

6. 增值税一般纳税人销售自产的资源综合利用产品和提供资源综合利用劳务，可享受增值税即征即退政策。

7. 纳税人销售自产的列入《享受增值税即征即退政策的新型墙体材料目录》的新型墙体材料，实行增值税即征即退50%的政策。

8. 自2015年7月1日起，对纳税人销售自产的利用风力生产的电力产品，实行增值税即征即退50%的政策。

9. 纳税人自上海钻石交易所销往国内市场的成品钻石，进口环节增值税实际税负超过4%的部分由海关实行即征即退。

10. 上海期货交易所应对黄金期货交割并提货环节的增值税税款实行单独核算，并享受增值税即征即退政策，同时免征城市维护建设税、教育费附加。

11. 自2000年1月1日起，对飞机维修劳务增值税实际税负超过6%的部分实行由税务机关即征即退的政策。

12. 国内铂金生产企业自产自销的铂金实行增值税即征即退政策。

【知识点4】 增值税期末留抵税额退还

1. 自2019年4月1日起，试行增值税期末留抵税额退税制度。

（1）同时符合以下条件的纳税人，可以向主管税务机关申请退还增量留抵税额：

①自2019年4月税款所属期起，连续6个月（按季纳税的，连续2个季度）增量留抵税额均大于零，且第6个月增量留抵税额不低于50万元；

②纳税信用等级为A级或者B级；

③申请退税前36个月未发生骗取留抵退税、出口退税或虚开增值税专用发票情形的；

④申请退税前36个月未因偷税被税务机关处罚两次及以上的；

⑤自2019年4月1日起未享受即征即退、先征后返（退）政策的。

（2）增量留抵税额，是指与2019年3月底相比新增加的期末留抵税额。

（3）纳税人当期允许退还的增量留抵税额，按照以下公式计算：

$$允许退还的增量留抵税额 = 增量留抵税额 \times 进项构成比例 \times 60\%$$

进项构成比例，为2019年4月至申请退税前一税款所属期已抵扣的增值税专用发票（含带有"增值税专用发票"字样全面数字化的电子发票、税控机动车销售统一发票）、收费公路通行费增值税电子普通发票、海关进口增值税专用缴款书、解缴税款完税凭证注明的增值税额占同期全部已抵扣进项税额的比重。

（4）纳税人申请办理留抵退税，应于符合留抵退税条件的次月起，在增值税纳税申报期内，向主管税务机关申请退还留抵税额。

（5）纳税人出口货物劳务、发生跨境应税行为，适用免抵退税办法的，办理免抵退税后，仍符合规定条件的，可以申请退还留抵税额；适用免退税办法的，相关进项税额不得用于退还留抵税额。

（6）纳税人取得退还的留抵税额后，应相应调减当期留抵税额。按照规定再次满足退税条件的，可以继续向主管税务机关申请退还留抵税额。

（7）以虚增进项、虚假申报或其他欺骗手段，骗取留抵退税款的，由税务机关追缴其骗取的退税款，并按照《税收征管法》等有关规定处理。

2. 部分先进制造业纳税人增值税期末留抵税额退税制度。

2019 年 6 月 1 日至 2022 年 3 月 31 日，符合条件的部分先进制造业纳税人，可以自 2019 年 7 月及以后纳税申报期向主管税务机关申请退还增量留抵税额，计算公式如下：

$$允许退还的增量留抵税额 = 增量留抵税额 \times 进项构成比例$$

2019 年 6 月 1 日至 2022 年 3 月 31 日，部分先进制造业纳税人，是指按照《国民经济行业分类》，生产并销售"非金属矿物制品""通用设备""专用设备""计算机、通信和其他电子设备"销售额占全部销售额的比重超过 50% 的纳税人。自 2021 年 4 月 1 日起，部分先进制造业纳税人是指按照《国民经济行业分类》，生产并销售"非金属矿物制品""通用设备""专用设备""计算机、通信和其他电子设备""医药""化学纤维""铁路、船舶、航空航天和其他运输设备""电气机械和器材""仪器仪表"销售额占全部销售额的比重超过 50% 的纳税人。

销售额比重根据纳税人申请退税前连续 12 个月的销售额计算确定；申请退税前经营期不满 12 个月但满 3 个月的，按照实际经营期的销售额计算确定。

纳税人适用增值税留抵退税政策，有纳税信用级别条件要求的，以纳税人向主管税务机关申请办理增值税留抵退税提交《退（抵）税申请表》时的纳税信用级别确定。

在计算允许退还的增量留抵税额的进项构成比例时，纳税人在 2019 年 4 月至申请退税前一税款所属期内按规定转出的进项税额，无须从已抵扣的增值税专用发票、机动车销售统一发票、海关进口增值税专用缴款书、解缴税款完税凭证注明的增值税额中扣减。

3. 自 2018 年 1 月 1 日起至 2023 年 12 月 31 日止，对纳税人从事大型民用客机发动机、中大功率民用涡轴涡桨发动机研制项目而形成的增值税期末留抵税额予以退还。

4. 自 2019 年 1 月 1 日起至 2023 年 12 月 31 日止，对纳税人生产销售新支线飞机暂减按 5% 征收增值税，并对其因生产销售新支线飞机而形成的增值税期末留抵税额予以退还。

5. 自 2019 年 1 月 1 日起至 2023 年 12 月 31 日止，对纳税人从事大型客机研制项目而形成的增值税期末留抵税额予以退还。

6. 对国家批准的集成电路重大项目企业因购进设备形成的增值税期末留抵税额准予退还。购进的设备应属于《中华人民共和国增值税暂行条例实施细则》第二十一条第二款规定的固定资产范围，即固定资产是指使用期限超过 12 个月的机器、机械、运输工具以及其他与生产经营有关的设备、工具、器具等。

自 2022 年 4 月 1 日起，进一步加大增值税期末留抵退税政策实施力度，具体内容见本章第九节。

【知识点 5】 小规模纳税人税收优惠

1. 2019 年 1 月 1 日至 2021 年 3 月 31 日，小规模纳税人发生增值税应税销售行为，合计月销售额未超过 10 万元（以 1 个季度为 1 个纳税期的，季度销售额未超过 30 万元，下同）的，免征增值税。自 2021 年 4 月 1 日至 2022 年 12 月 31 日，小规模纳税人发生增值税应税销售行为，合计月销售额未超过 15 万元（以 1 个季度为 1 个纳税期的，季度销售额未超过 45 万元，下同）的，免征增值税。

2. 2019 年 1 月 1 日至 2021 年 3 月 31 日，小规模纳税人发生增值税应税销售行为，合计月销售额超过 10 万元，但扣除本期发生的销售不动产的销售额后未超过 10 万元的，其销售货物、劳务、服务、无形资产取得的销售额免征增值税。2021 年 4 月 1 日至 2022 年 12 月 31 日，小规模纳税人发生增值税应税销售行为，合计月销售额超过 15 万元，但扣除本期发生的销售不动产的销售额后未超过 15 万元的，其销售货物、劳务、服务、无形资产取得的销售额免征增值税。

3. 适用增值税差额征税政策的小规模纳税人，以差额后的销售额确定是否可以享受上述规定的免征增值税政策。

4. 2019 年 1 月 1 日至 2021 年 3 月 31 日，以 1 个季度为纳税期限的增值税小规模纳税人，因在季度中间成立或注销而导致当期实际经营期不足 1 个季度，当期销售额未超过 30 万元的，免征增值税。

自 2022 年 4 月 1 日起，实施对增值税小规模纳税人免征增值税的政策，具体内容见本章第九节。

【知识点 6】 北京 2022 年冬奥会和冬残奥会优惠政策

1. 对奥林匹克转播服务公司、奥林匹克频道服务公司、国际奥委会电视与市场开发服务公司、奥林匹克文化与遗产基金、官方计时公司取得的与北京冬奥会有关的收入，免征增值税。

2. 对国际赞助计划、全球供应计划、全球特许计划的赞助商、供应商、特许商及其分包商根据协议向北京 2022 年冬奥会和冬残奥会组织委员会提供指定货物或服务，免征增值税、消费税。

3. 国际奥委会及其相关实体的境内机构因赞助、捐赠北京冬奥会以及根据协议出售的货物或服务免征增值税的，对应的进项税额可用于抵扣本企业其他应税项目所对应的销项税额，对在 2022 年 12 月 31 日仍无法抵扣的留抵税额可予以退还。

4. 国际奥委会及其相关实体在 2019 年 6 月 1 日至 2022 年 12 月 31 日，因从事与北京冬奥会相关的工作而在中国境内发生的指定清单内的货物或服务采购支出，对应的增值税进项税额可由国际奥委会及其相关实体凭发票及北京 2022 年冬奥会和冬残奥会组织委员会开具的证明文件，按照发票上注明的税额，向税务总局指定的部门申请退还，具体退税流程由税务总局制定。

【知识点 7】 杭州 2022 年亚运会和亚残运会税收政策

对杭州亚运会组委会（以下简称组委会）取得的电视转播权销售分成收入、赞助计划分成收入（货物和资金），免征增值税。

对组委会市场开发计划取得的国内外赞助收入、转让无形资产（如标志）特许权收入、宣传推广费收入、销售门票收入及所发收费卡收入，免征增值税。

对组委会取得的与中国集邮总公司合作发行纪念邮票收入、与中国人民银行合作发行纪念币收入，免征增值税。

对组委会取得的来源于广播、因特网、电视等媒体收入，免征增值税。

对组委会按亚洲奥林匹克理事会、亚洲残疾人奥林匹克委员会（以下统称亚奥委会）核定价格收取的运动员食宿费及提供有关服务取得的收入，免征增值税。

对组委会赛后出让资产取得的收入，免征增值税和土地增值税。

对企业根据赞助协议向组委会免费提供的与杭州亚运会有关的服务，免征增值税。赞助企业按照《杭州2022年亚运会、亚残运会及其测试赛赞助企业名单（第一批）》执行。

对组委会为举办运动会进口的亚奥委会或国际单项体育组织指定的，国内不能生产或性能不能满足需要的直接用于运动会比赛的消耗品，免征关税、进口环节增值税和消费税。享受免税政策的进口比赛用消耗品的范围、数量清单，由组委会汇总后报财政部会同税务总局、海关总署审核确定。

对组委会进口的其他特需物资，包括：亚奥委会或国际单项体育组织指定的，国内不能生产或性能不能满足需要的体育竞赛器材、医疗检测设备、安全保障设备、交通通信设备、技术设备，在运动会期间按暂时进口货物规定办理，运动会结束后复运出境的予以核销；留在境内或做变卖处理的，按有关规定办理正式进口手续，并照章缴纳关税、进口环节增值税和消费税。

四 增值税征收管理

【知识点1】 纳税义务发生时间

1. 销售货物或者应税劳务的纳税义务发生时间。

销售货物或者应税劳务，为收讫销售款项或者取得索取销售款项凭据的当天；先开具发票的，为开具发票的当天。收讫销售款项或者取得索取销售款项凭据的当天，按销售结算方式的不同，具体为：

（1）采取直接收款方式销售货物，无论货物是否发出，均为收到销售款或者取得索取销售款凭据的当天。

（2）采取托收承付和委托银行收款方式销售货物，为发出货物并办妥托收手续的当天。

（3）采取赊销和分期收款方式销售货物，为书面合同约定的收款日期的当天，无书面合同的或者书面合同没有约定收款日期的，为货物发出的当天。

（4）采取预收货款方式销售货物，为货物发出的当天，但生产销售生产工期超过12个月的大型机械设备、船舶、飞机等货物，为收到预收款或者书面合同约定的收款日期的当天。

（5）委托其他纳税人代销货物，为收到代销单位的代销清单或者收到全部或者部分货款的当天。未收到代销清单及货款的，为发出代销货物满180天的当天。

（6）纳税人发生视同销售货物行为（不包括将货物交付其他单位或者个人代销、销售代销货物），为货物移送的当天。

（7）销售应税劳务，为提供劳务同时收讫销售款或者取得索取销售款的凭据的当天。

2. 销售服务、无形资产、不动产的纳税义务发生时间。

（1）纳税人销售服务、无形资产、不动产并收讫销售款项或者取得索取销售款项凭据的当天；先开具发票的，为开具发票的当天。

收讫销售款项，是指纳税人销售服务、无形资产、不动产过程中或者完成后收到款项。取得索取销售款项凭据的当天，是指书面合同确定的付款日期；未签订书面合同或者书面合同未确定付款日期的，为服务、无形资产转让完成的当天或者不动产权属变更的当天。

（2）纳税人提供租赁服务采取预收款方式的，其纳税义务发生时间为收到预收款的当天。

（3）纳税人从事金融商品转让的，为金融商品所有权转移的当天。

（4）纳税人发生视同销售服务、无形资产、不动产情形的，其纳税义务发生时间为服务、无形资产转让完成的当天或者不动产权属变更的当天。

3. 进口货物，为报关进口的当天。

4. 增值税扣缴义务发生时间为纳税人增值税纳税义务发生的当天。

【知识点2】 纳税期限

1. 增值税的纳税期限分别为1日、3日、5日、10日、15日、1个月或者1个季度。纳税人的具体纳税期限，由主管税务机关根据纳税人应纳税额的大小分别核定；不能按照固定期限纳税的，可以按次纳税。

以1个季度为纳税期限的规定适用于小规模纳税人、银行、财务公司、信托投资公司、信用社，以及财政部和国家税务总局规定的其他纳税人。

纳税人以1个月或者1个季度为1个纳税期的，自期满之日起15日内申报纳税；以1日、3日、5日、10日或者15日为1个纳税期的，自期满之日起 5 日内预缴税款，于次月 1 日起 15 日内申报纳税并结清上月应纳税款。

2. 纳税人进口货物，应当自海关填发海关进口增值税专用缴款书之日起 15 日内缴纳税款。

【知识点 3】 纳税地点

1. 固定业户的纳税地点。

（1）固定业户应当向其机构所在地主管税务机关申报纳税。总机构和分支机构不在同一县（市）的，应当分别向各自所在地主管税务机关申报纳税；经国务院财政、税务主管部门或者其授权的财政、税务机关批准，可以由总机构汇总向总机构所在地主管税务机关申报纳税。

（2）固定业户到外县（市）销售货物或者应税劳务的，应当向其机构所在地主管税务机关报告外出经营事项，并向其机构所在地主管税务机关申报纳税；未报告的，应当向销售地或者劳务发生地主管税务机关申报纳税；未向销售地或者劳务发生地主管税务机关申报纳税的，由其机构所在地主管税务机关补征税款。

（3）纳税人跨省（自治区、直辖市和计划单列市）临时从事生产经营活动的，向机构所在地的税务机关填报《跨区域涉税事项报告表》。纳税人跨区域经营合同延期的，可以向经营地或机构所在地的税务机关办理报验管理有效期限延期手续。跨区域报验管理事项的报告、报验、延期、反馈等信息，通过信息系统在机构所在地和经营地的税务机关之间传递，实时共享。纳税人首次在经营地办理涉税事宜时，向经营地的税务机关报验跨区域涉税事项。纳税人跨区域经营活动结束后，应当结清经营地税务机关的应纳税款以及其他涉税事项，向经营地的税务机关填报《经营地涉税事项反馈表》。经营地的税务机关核对《经营地涉税事项反馈表》后，及时将相关信息反馈给机构所在地的税务机关。纳税人不需要另行向机构所在地的税务机关反馈。

2. 非固定业户增值税纳税地点。

非固定业户销售货物或者提供应税劳务或者发生销售服务、无形资产、不动产行为（以下简称应税行为），应当向销售地或者劳务、应税行为发生地主管税务机关申报纳税。未向销售地或者劳务、应税行为发生地主管税务机关申报纳税的，由其机构所在地或居住地主管税务机关补征税款。

3. 按照现行规定应在建筑服务发生地预缴增值税的项目，纳税人收到预收款时在建筑服务发生地预缴增值税。按现行规定无须在建筑服务发生地预缴增值税的项目，纳税人收到预收款时在机构所在地预缴增值税。

4. 其他个人提供建筑服务，销售或者租赁不动产，转让自然资源使用权，应向建筑服务发生地、不动产所在地、自然资源所在地主管税务机关申报纳税。

5. 纳税人跨县（市）提供建筑服务，在建筑服务发生地预缴税款后，向机构所在地主管税务机关进行纳税申报。

6. 纳税人销售不动产，在不动产所在地预缴税款后，向机构所在地主管税务机关进行纳税申报。

7. 纳税人租赁不动产，在不动产所在地预缴税款后，向机构所在地主管税务机关进行纳税申报。

一般纳税人跨省（自治区、直辖市或者计划单列市）提供建筑服务或者销售、出租取得的与机构所在地不在同一省（自治区、直辖市或者计划单列市）的不动产，在机构所在地申报纳税时，计算的应纳税额小于已预缴税额，且差额较大的，由国家税务总局通知建筑服务发生地或者不动产所在地省级税务机关，在一定时期内暂停预缴增值税。

8. 进口货物增值税纳税地点。

进口货物，应当由进口人或其代理人向报关地海关申报纳税。

扣缴义务人应当向其机构所在地或者居住地的主管税务机关申报缴纳其扣缴的税款。

【知识点 4】 增值税纳税申报表

自 2021 年 8 月 1 日起，增值税、消费税分别与城市维护建设税、教育费附加、地方教育附加申报表整合，启用《增值税及附加税费申报表（一般纳税人适用）》《增值税及附加税费申报表（小规模纳税人适用)》《增值税及附加税费预缴表》及其附列资料和《消费税及附加税费申报表》。

增值税及附加税费申报表

五 增值税发票管理

【知识点1】 增值税发票的种类

1. 增值税专用发票

增值税专用发票由基本联次或者基本联次附加其他联次构成，分为三联版和六联版两种。基本联次为三联：第一联为记账联，是销售方记账凭证；第二联为抵扣联，是购买方扣税凭证；第三联为发票联，是购买方记账凭证。其他联次用途，由纳税人自行确定。纳税人办理产权过户手续需要使用发票的，可以使用增值税专用发票第六联。

（1）专用发票的领购。

①增值税专用发票一般限于增值税一般纳税人领购使用；小规模纳税人和非增值税纳税人一般不得领购使用增值税专用发票。

转登记的小规模纳税人，转登记日前已作增值税专用发票票种核定的，继续通过增值税发票管理系统自行开具增值税专用发票。

②纳税信用 A 级的纳税人可一次领取不超过 3 个月的增值税发票用量；纳税信用 B 级的纳税人可一次领取不超过 2 个月的增值税发票用量。

（2）专用发票的开具。

①一般纳税人发生应税销售行为，应向购买方开具专用发票。

②一般纳税人有下列销售情形之一，不得开具专用发票：

A. 商业企业一般纳税人零售的烟、酒、食品、服装、鞋帽（不包括劳保专用部分）、化妆品等消费品。

B. 发生应税销售行为适用免税规定的。

C. 销售报关出口的货物、在境外销售应税劳务。

D. 将自产货物用于集体福利或个人消费。

E. 将货物无偿赠送他人（如果受赠者为一般纳税人，可根据受赠人的要求开具增值税专用发票）。

F. 向小规模纳税人销售应税项目，可以不开具增值税专用发票。

G. 应税销售行为的购买方为消费者个人的。

H. 城镇公共供水企业缴纳的水资源税对应的水费收入，不计征增值税，按"不征税自来水"项目开具增值税普通发票。

③小规模纳税人需要开具增值税专用发票，可以向主管税务机关申请代开。

自2020年2月1日起，增值税小规模纳税人（其他个人除外）发生增值税应税行为，需要开具增值税专用发票的，可以自愿使用增值税发票管理系统自行开具。选择自行开具增值税专用发票的小规模纳税人，税务机关不再为其代开增值税专用发票。

④补开票或红字专用发票的开具。

自2019年4月1日起，增值税一般纳税人在增值税税率调整前已按原16%、10%适用税率开具的增值税发票，发生销售折让、中止或者退回等情形需要开具红字发票的，按照原适用税率开具红字发票；开票有误需要重新开具的，先按照原适用税率开具红字发票后，再重新开具正确的蓝字发票。

增值税一般纳税人在增值税税率调整前未开具增值税发票的增值税应税销售行为，需要补开增值税发票的，应当按照原适用税率补开。

自2019年9月20日起，纳税人需要通过增值税发票管理系统开具17%、16%、11%、10%税率蓝字发票的，应向主管税务机关提交《开具原适用税率发票承诺书》，办理临时开票权限。临时开票权限有效期限为24小时，纳税人应在获取临时开票权限的规定期限内开具原适用税率发票。纳税人办理临时开票权限，应保留交易合同、红字发票、收讫款项证明等相关材料，以备查验。

2. 增值税普通发票

增值税普通发票包括折叠票和卷票。

增值税普通发票（折叠票）由基本联次或者基本联次附加其他联次构成，分为两联版和五联版两种。基本联次为两联：第一联为记账联，是销售方记账凭证；第二联为发票联，是购买方记账凭证。其他联次用途，由纳税人自行确定。纳税人办理产权过户手续需要使用发票的，可以使用增值税普通发票第三联。

3. 增值税电子普通发票

增值税电子普通发票的开票方和受票方需要纸质发票的，可以自行打印增值税电子普通发票的版式文件，其法律效力、基本用途、基本使用规定等与税务机关监制的增值税普通发票相同。

4. 机动车销售统一发票

从事机动车零售业务的单位和个人，在销售机动车（不包括销售旧机动车）收取款项时，开具机动车销售统一发票。机动车销售统一发票为电脑六联式发票：第一联为发票联，是购货单位付款凭证；第二联为抵扣联，是购货单位扣税凭证；第三联为报税联，车辆购置税征收单位留存；第四联为注册登记联，车辆登记单位留存；第五联为记账联，销货单位记账凭证；第六联为存根联，销货单位留存。

5. 增值税电子专用发票

自 2020 年 12 月 21 日起，在天津、河北、上海、江苏、浙江、安徽、广东、重庆、四川、宁波和深圳等 11 个地区的新办纳税人中实行增值税专用发票电子化（以下简称专票电子化），受票方范围为全国。其中，宁波、石家庄和杭州等 3 个地区已试点纳税人开具增值税电子专用发票的受票方范围扩至全国。

自 2021 年 1 月 21 日起，在北京、山西、内蒙古、辽宁、吉林、黑龙江、福建、江西、山东、河南、湖北、湖南、广西、海南、贵州、云南、西藏、陕西、甘肃、青海、宁夏、新疆、大连、厦门和青岛等 25 个地区的新办纳税人中实行专票电子化，受票方范围为全国。

实行专票电子化的新办纳税人具体范围由国家税务总局各省、自治区、直辖市和计划单列市税务局确定。

【知识点 2】 开具发票的基本要求

1. 增值税一般纳税人销售货物、提供加工修理修配劳务和销售服务、无形资产、不动产，使用增值税发票管理新系统开具增值税专用发票、增值税普通发票、机动车销售统一发票、增值税电子普通发票。

2. 销售商品、提供服务以及从事其他经营活动的单位和个人，对外发生经营业务收取款项，收款方应当向付款方开具发票；特殊情况下，由付款方向收款方开具发票。

3. 纳税人应在发生增值税纳税义务时开具发票。

4. 单位和个人在开具发票时，必须做到按照号码顺序填开，填写项目齐全，内容真实，字迹清楚，全部联次一次打印，内容完全一致，并在发票联和抵扣联加盖发票专用章。

5. 增值税纳税人购买货物、劳务、服务、无形资产或不动产，索取增值税专用发票时，需向销售方提供购买方名称（不得为自然人）、纳税人识别号或统一社会信用代码、地址电话、开户行及账号信息，不需要提供营业执照、税务登记证、组织机构代码证、开户许可证、增值税一般纳税人资格登记表等相关证件或其他证明材料。

6. 国家税务总局编写了《商品和服务税收分类与编码表》，并在增值税发票管理新系统中增加了商品和服务税收分类与编码相关功能。使用新系统的增值税纳税人，应使用新系统选择相应的商品和服务税收分类与编码开具增值税发票。

（六）增值税出口退（免）税政策

【知识点 1】 增值税出口退税的办法

1. 免抵退税办法。生产企业出口自产货物和视同自产货物及对外提供加工修理修配劳务，以及《财政部　国家税务总局关于出口货物劳务增值税和消费税政策的通知》（财税〔2012〕39 号）附件所列名生产企业出口非自产货物，免征增值税，相应的进项税额抵减应纳增值税额（不包括适用增值税即征即退、先征后退政策的应纳增值税额），未抵减完的部分予以退还。

2. 免退税办法。不具有生产能力的出口企业（外贸企业）或其他单位出口货物劳务，免征增值税，相应的进项税额予以退还。

3. 免税办法。境内的单位和个人提供适用增值税零税率的服务或者无形资产，如果属于适用简易计税方法的，实行免征增值税办法。

如果属于适用增值税一般计税方法的，生产企业实行免抵退税办法，外贸企业外购服务或者无形资产出口实行免退税办法，外贸企业直接将服务或自行研发的无形资产出口，视同生产企业连同其出口货物统一实行免抵退税办法。

【知识点 2】 出口退税率

1. 除财政部和国家税务总局根据国务院决定而明确的增值税出口退税率

外，出口货物的退税率为其适用税率。国家税务总局根据上述规定将退税率通过出口货物劳务退税率文库予以发布，供征纳双方执行。

2. 服务和无形资产的退税率为其适用的增值税税率。

3. 根据《财政部　税务总局　海关总署关于深化增值税改革有关政策的公告》（财政部　税务总局　海关总署公告 2019 年第 39 号），自 2019 年 4 月 1 日起，原适用 16% 税率且出口退税率为 16% 的出口货物劳务，出口退税率调整为 13%；原适用 10% 税率且出口退税率为 10% 的出口货物、跨境应税行为，出口退税率调整为 9%。

【知识点 3】 免抵退税的计算

1. 当期应纳税额的计算

当期应纳税额 = 当期销项税额 − （当期进项税额 − 当期不得免征和抵扣税额）

当期不得免征和抵扣税额 = 当期出口货物离岸价 × 外汇人民币折合率 ×

（出口货物适用税率 − 出口货物退税率） − 当期不得免征和抵扣税额抵减额

当期不得免征和抵扣税额抵减额 = 当期免税购进原材料价格 ×

（出口货物适用税率 − 出口货物退税率）

2. 当期免抵退税额的计算

当期免抵退税额 = 当期出口货物离岸价 × 外汇人民币折合率 ×

出口货物退税率 − 当期免抵退税额抵减额

当期免抵退税额抵减额 = 当期免税购进原材料价格 × 出口货物退税率

3. 当期应退税额和免抵税额的计算

（1） 当期期末留抵税额 ≤ 当期免抵退税额，则：

当期应退税额 = 当期期末留抵税额

当期免抵税额 = 当期免抵退税额 − 当期应退税额

（2） 当期期末留抵税额 > 当期免抵退税额，则：

当期应退税额 = 当期免抵退税额

当期免抵税额 = 0

当期期末留抵税额为当期增值税纳税申报表中"期末留抵税额"。

>> 第二节
消费税

一 消费税基本政策

【知识点1】 纳税人与扣缴义务人

1. 纳税义务人

在中华人民共和国境内生产、委托加工和进口规定的消费品的单位和个人,以及国务院确定的销售规定的消费品的其他单位和个人,为消费税的纳税人。

单位,是指企业、行政单位、事业单位、军事单位、社会团体及其他单位。

个人,是指个体工商户及其他个人。

在中华人民共和国境内,是指生产、委托加工和进口属于应当缴纳消费税的消费品的起运地或者所在地在境内。

2. 扣缴义务人

委托加工的应税消费品,除受托方为个人外,受托方为消费税扣缴义务人,由受托方在向委托方交货时代收代缴消费税税款。

【知识点2】 征税范围及税目税率

依照《中华人民共和国消费税暂行条例》（以下简称《消费税暂行条例》）及相关文件规定,目前消费税税目包括烟、酒、小汽车等 15 个税目,部分税目还进一步划分了若干子目;消费税税率采用比例税率和定额税率两种形式,根据不同的税目或子目确定相应的比例税率或单位税额,具体见表 2-1。

表 2 – 1　　　　　　　　　　消费税税目税率表

税　目	税　率		
	生产（进口）环节	批发环节	零售环节
一、烟			
1. 卷烟			11% 加 0.005 元/支
（1）甲类卷烟［每标准条（200 支，下同）调拨价在 70 元（不含增值税）以上（含 70 元）］	56% 加 0.003 元/支		
（2）乙类卷烟［每标准条调拨价在 70 元（不含增值税）以下］	36% 加 0.003 元/支		
2. 雪茄烟	36%		
3. 烟丝	30%		
二、酒			
1. 白酒	20% 加 0.5 元/500 克（500 毫升）		
2. 黄酒	240 元/吨		
3. 啤酒①			

① 无醇啤酒比照啤酒征税。啤酒源、菠萝啤酒应按啤酒征收消费税。果啤属于啤酒，按啤酒征收消费税。对饮食业、商业、娱乐业举办的啤酒屋（啤酒坊）利用啤酒生产设备生产的啤酒应当征收消费税。

续表

税 目	税 率		
	生产（进口）环节	批发环节	零售环节
（1）甲类啤酒 　　每吨出厂价（含包装物及包装物押金，不包括重复使用的塑料周转箱的押金，下同）在 3000 元（含 3000 元，不含增值税，下同）以上的	250 元/吨		
（2）乙类啤酒 　　每吨出厂价在 3000 元以下的	220 元/吨		
4. 其他酒	10%		
三、高档化妆品 包括高档美容、修饰类化妆品、高档护肤类化妆品和成套化妆品。高档美容、修饰类化妆品和高档护肤类化妆品是指生产（进口）环节销售（完税）价格（不含增值税）在 10 元/毫升（克）或 15 元/片（张）及以上的美容、修饰类化妆品和护肤类化妆品。	15%		
四、贵重首饰及珠宝玉石			
1. 金银首饰、铂金首饰和钻石及钻石饰品			5%
2. 其他贵重首饰和珠宝玉石	10%		
五、鞭炮、焰火	15%		
六、成品油			
1. 汽油	1.52 元/升		
2. 柴油	1.20 元/升		
3. 航空煤油	1.20 元/升		
4. 石脑油	1.52 元/升		
5. 溶剂油	1.52 元/升		
6. 润滑油	1.52 元/升		
7. 燃料油	1.20 元/升		

税　目	税　率		
	生产（进口）环节	批发环节	零售环节
七、摩托车			
1. 气缸容量（排气量，下同）为 250 毫升的	3%		
2. 气缸容量在 250 毫升（不含）以上的	10%		
八、小汽车			
1. 乘用车			
（1）气缸容量（排气量，下同）在 1.0 升（含 1.0 升）以下的	1%		
（2）气缸容量在 1.0 升以上至 1.5 升（含 1.5 升）的	3%		
（3）气缸容量在 1.5 升以上至 2.0 升（含 2.0 升）的	5%		
（4）气缸容量在 2.0 升以上至 2.5 升（含 2.5 升）的	9%		
（5）气缸容量在 2.5 升以上至 3.0 升（含 3.0 升）的	12%		
（6）气缸容量在 3.0 升以上至 4.0 升（含 4.0 升）的	25%		
（7）气缸容量在 4.0 升以上的	40%		
2. 中轻型商用客车	5%		
3. 超豪华小汽车 每辆零售价格 130 万元（不含增值税）及以上的乘用车和中轻型商用客车	按乘用车或中轻型商用客车的规定征收		10%
九、高尔夫球及球具	10%		
十、高档手表	20%		

续表

税　目	税　率		
	生产（进口）环节	批发环节	零售环节
十一、游艇	10%		
十二、木制一次性筷子	5%		
十三、实木地板	5%		
十四、电池	4%		
十五、涂料	4%		

　　消费税采用列举法按具体应税消费品设置税目税率，征税界限清楚，一般不易发生错用税率的情况。但是，存在下列情况时，应按适用税率中最高税率征税：①纳税人兼营不同税率的应税消费品，即生产销售两种税率以上的应税消费品时，应当分别核算不同税率应税消费品的销售额或销售数量，未分别核算的，按最高税率征税；②纳税人将应税消费品与非应税消费品以及适用税率不同的应税消费品组成成套消费品销售时，应根据组合产制品的销售金额按应税消费品中适用最高税率的消费品税率征税。

　　自 2021 年 6 月 12 日起，对归入税则号列 27075000，且 200 摄氏度以下时蒸馏出的芳烃以体积计小于 95% 的进口产品，视同石脑油按 1.52 元/升的单位税额征收进口环节消费税。

　　对归入税则号列 27079990、27101299 的进口产品，视同石脑油按 1.52 元/升的单位税额征收进口环节消费税。

　　对归入税则号列 27150000，且 440 摄氏度以下时蒸馏出的矿物油以体积计大于 5% 的进口产品，视同燃料油按 1.2 元/升的单位税额征收进口环节消费税。

【知识点 3】　消费税纳税环节

1. 生产销售环节

（1）生产。

纳税人生产的应税消费品，于销售时纳税。销售，是指有偿转让应税消费品的所有权；有偿，是指从购买方取得货币、货物、劳务或者其他经济利益。

纳税人自产的应税消费品，用于连续生产应税消费品的，不纳税；用于其他方面的，于移送使用时纳税。用于连续生产应税消费品，是指纳税人将自产的应税消费品作为直接材料生产最终应税消费品，自产自用应税消费品构成最终应税消费品的实体。用于其他方面，是指纳税人将自产应税消费品用于生产非应税消费品、在建工程、管理部门、非生产机构、提供劳务、馈赠、赞助、集资、广告、样品、职工福利、奖励等方面。

（2）视为生产。

工业企业以外的单位和个人的下列行为视为应税消费品的生产行为，按规定征收消费税：

①将外购的消费税非应税产品以消费税应税产品对外销售的；

②将外购的消费税低税率应税产品以高税率应税产品对外销售的。

2. 委托加工环节

委托加工的应税消费品，除受托方为个人外，由受托方在向委托方交货时代收代缴税款。委托加工的应税消费品，是指由委托方提供原料和主要材料，受托方只收取加工费和代垫部分辅助材料加工的应税消费品。对于由受托方提供原材料生产的应税消费品，或者受托方先将原材料卖给委托方，然后再接受加工的应税消费品，以及由受托方以委托方名义购进原材料生产的应税消费品，无论在财务上是否作销售处理，都不得作为委托加工应税消费品，而应当按照销售自制应税消费品缴纳消费税。

委托加工的应税消费品收回后直接出售的，不再缴纳消费税。这里的直接销售，是指委托方将收回的应税消费品，以不高于受托方的计税价格出售；如委托方以高于受托方的计税价格出售的，则不属于直接出售，需按照规定申报缴纳消费税，在计税时准予扣除受托方已代收代缴的消费税。

3. 进口环节

进口的应税消费品，由进口报关者于报关进口时纳税。

4. 零售环节

零售环节征收消费税的应税消费品范围仅限于：金、银、铂金首饰；金基、银基合金首饰；金、银和金基、银基合金的镶嵌首饰；钻石、钻石饰品；

超豪华小汽车。在零售环节征收消费税的金银首饰的范围不包括镀金（银）、包金（银）首饰，以及镀金（银）、包金（银）的镶嵌首饰，凡采用包金、镀金工艺以外的其他工艺制成的含金、银首饰及镶嵌首饰，如锻压金、铸金、复合金首饰等，都应在零售环节征收消费税。

纳税人零售金银首饰，其计税依据有以下两种特殊情况：

（1）纳税人采用以旧换新（含翻新改制）方式销售的金银首饰，应按实际收取的不含增值税的全部价款确定计税依据征收消费税。

（2）金银首饰消费税改变纳税环节后，用外购已税珠宝玉石生产的镶嵌首饰，在计税时一律不得扣除已纳的消费税税款。

自 2016 年 12 月 1 日起，"小汽车"税目下增设"超豪华小汽车"子税目。征收范围为每辆零售价格 130 万元（不含增值税）及以上的乘用车和中轻型商用客车，即乘用车和中轻型商用客车子税目中的超豪华小汽车。对超豪华小汽车，在生产（进口）环节按现行税率征收消费税基础上，在零售环节加征消费税，税率为 10%。

5. 批发环节

自 2009 年 5 月 1 日起，对卷烟，除生产环节外，在批发环节加征一道消费税。自 2015 年 5 月 10 日起，提高卷烟批发环节从价税税率，并加征从量税。

缴纳卷烟批发环节的消费税时不得扣除生产环节的消费税。

【知识点 4】 消费税应纳税额计算

根据税率设定的不同，消费税应纳税额的计算方法分为三种：从价定率法、从量定额法和从价定率加从量定额复合计税法。

1. 从价定率法下应纳税额的计算

（1）计算公式：

$$应纳税额 = 销售额 \times 比例税率$$

（2）销售额确定的一般规定。

实行从价计税办法征税的应税消费品，计税依据为应税消费品的销售额。

销售额为纳税人销售应税消费品向购买方收取的全部价款和价外费用。

价外费用，是指价外向购买方收取的手续费、补贴、基金、集资费、返还利润、奖励费、违约金、滞纳金、延期付款利息、赔偿金、代收款项、代垫款项、包装费、包装物租金、储备费、优质费、运输装卸费以及其他各种性质的价外收费。但下列项目不包括在内：

①同时符合以下条件的代垫运输费用：承运部门的运输费用发票开具给购买方的；纳税人将该项发票转交给购买方。

②同时符合以下条件代为收取的政府性基金或者行政事业性收费：由国务院或者财政部批准设立的政府性基金，由国务院或者省级人民政府及其财政、价格主管部门批准设立的行政事业性收费；收取时开具省级以上财政部门印制的财政票据；所收款项全额上缴财政。

销售额不包括应向购货方收取的增值税税款。如果纳税人应税消费品的销售额中未扣除增值税税款或者因不得开具增值税专用发票而发生价款和增值税税款合并收取的，在计算消费税时，应当换算为不含增值税税款的销售额。其换算公式为：

$$应税消费品的销售额 = 含增值税的销售额 \div (1 + 增值税税率或者征收率)$$

（3）销售额确定的特殊情形。

①连同包装物销售的。

应税消费品连同包装物销售的，无论包装物是否单独计价以及在会计上如何核算，均应并入应税消费品的销售额中缴纳消费税。

如果包装物不作价随同产品销售，而是收取押金，此项押金不应并入应税消费品的销售额中征税。但对因逾期未收回的包装物不再退还的或者已收取的时间超过 12 个月的押金，应并入应税消费品的销售额，按照应税消费品的适用税率缴纳消费税。

对既作价随同应税消费品销售，又另外收取押金的包装物的押金，凡纳税人在规定的期限内没有退还的，均应并入应税消费品的销售额，按照应税消费品的适用税率缴纳消费税。

对销售除啤酒、黄酒外的其他酒类产品而收取的包装物押金，无论是否返还以及会计上如何核算，均应并入当期销售额征税。

②通过非独立核算部门销售的。

纳税人通过自设非独立核算门市部销售的自产应税消费品，应当按照门市部对外销售额计算征收消费税。

白酒生产企业销售给销售单位的白酒，生产企业消费税计税价格低于销售单位对外销售价格（不含增值税）70% 以下的，税务机关应核定消费税最低计税价格。

③特殊交易方式的。

纳税人自产的应税消费品用于换取生产资料和消费资料、投资入股和抵偿债务等方面，应当以纳税人同类应税消费品最高销售价格作为计税依据计算消费税。

④计税价格明显偏低且无正当理由的。

纳税人应税消费品的计税价格明显偏低且无正当理由的，由主管税务机关核定其计税价格。计税价格的核定权限规定如下：

A. 卷烟、白酒和小汽车的计税价格由国家税务总局核定，送财政部备案；

B. 其他应税消费品的计税价格由省、自治区和直辖市税务局核定；

C. 进口的应税消费品的计税价格由海关核定。

⑤以外币结算的。

纳税人销售的应税消费品，以人民币以外的货币结算销售额的，其销售额的人民币折合率可以选择销售额发生的当天或者当月 1 日的人民币汇率中间价。纳税人应事先确定采用何种折合率，确定后一年内不得变更。

2. 从量定额法下应纳税额的计算

（1）计算公式：

$$应纳税额 = 销售数量 \times 定额税率$$

（2）销售数量的确定。

销售数量是指应税消费品的数量。具体规定为：

①销售应税消费品的，为应税消费品的销售数量；

②自产自用应税消费品的，为应税消费品的移送数量；

③委托加工应税消费品的，为纳税人收回的应税消费品数量；

④进口应税消费品的，为海关核定的应税消费品进口征税数量；

⑤纳税人通过自设非独立核算门市部销售的自产应税消费品，应当按照门市部对外销售数量计算征收消费税。

（3）从量定额的换算标准。

在实际销售过程中，一些纳税人往往将计量单位混用。为了规范不同产品的计量单位，《中华人民共和国消费税暂行条例实施细则》中具体规定了吨与升两个计量单位的换算标准，具体见表2-2。

表2-2　　　　　　从量定额法下应税消费品计量单位换算标准

应税消费品	换算标准	应税消费品	换算标准	应税消费品	换算标准
黄酒	1吨=962升	石脑油	1吨=1385升	啤酒	1吨=988升
溶剂油	1吨=1282升	汽油	1吨=1388升	润滑油	1吨=1126升
柴油	1吨=1176升	燃料油	1吨=1015升	航空煤油	1吨=1246升

3. 复合计税法下应纳税额的计算

在现行消费税征税范围中，只有卷烟、白酒采用复合计征方法。

计算公式：

$$应纳税额 = 销售额 \times 比例税率 + 销售数量 \times 定额税率$$

4. 应纳税额计算的特殊规定

（1）生产销售环节应纳消费税的计算。

①直接对外销售应纳消费税的计算。

②自产自用应纳消费税的计算。

A. 用于连续生产应税消费品的，不纳税；

B. 用于其他方面的，于移送使用时纳税。有同类消费品销售价格的，按照纳税人生产的同类消费品销售价格计算纳税，没有同类消费品销售价格的，按组成计税价格计算纳税。

③组成计税价格及税额计算。

A. 实行从价定率办法计算纳税的组成计税价格计算公式：

$$组成计税价格 = (成本 + 利润) \div (1 - 比例税率)$$

$$应纳税额 = 组成计税价格 \times 比例税率$$

B. 实行复合计税办法计算纳税的组成计税价格计算公式：

$$组成计税价格 = (成本 + 利润 + 自产自用数量 \times 定额税率) \div (1 - 比例税率)$$

$$应纳税额 = 组成计税价格 \times 适用税率 + 自产自用数量 \times 定额税率$$

式中，成本，是指应税消费品的生产成本；利润，是指根据应税消费品的全国平均成本利润率计算的利润。应税消费品的全国平均成本利润率由国家税务总局确定。

应税消费品全国平均成本利润率规定如下：

甲类卷烟为 10%；乙类卷烟为 5%；雪茄烟为 5%；烟丝为 5%；粮食白酒为 10%；薯类白酒为 5%；其他酒为 5%；化妆品为 5%；鞭炮、焰火为 5%；贵重首饰及珠宝玉石为 6%；摩托车为 6%；高尔夫球及球具为 10%；高档手表为 20%；游艇为 10%；木制一次性筷子为 5%；实木地板为 5%；乘用车为 8%；中轻型商用客车为 5%；电池为 4%；涂料为 7%。

（2）委托加工环节应税消费品应纳消费税的计算。

委托加工应税消费品的，由受托方交货时代扣代缴消费税。按照受托方的同类消费品销售价格计算纳税，没有同类消费品销售价格的，按组成计税价格计算纳税。

①从价定率应纳税额计算。

$$组成计税价格=（材料成本+加工费）÷（1-比例税率）$$

$$应纳税额=组成计税价格×比例税率$$

②复合计税应纳税额计算。

$$组成计税价格=（材料成本+加工费+委托加工数量×$$

$$定额税率）÷（1-比例税率）$$

$$应纳税额=组成计税价格×适用税率+委托加工数量×定额税率$$

（3）进口环节应纳消费税的计算。

进口的应税消费品，于报关进口时缴纳消费税；进口的应税消费品的消费税由海关代征。纳税人进口应税消费品，按照组成计税价格和规定的税率计算应纳税额。

①从价定率计征应纳税额的计算。

$$组成计税价格=（关税完税价格+关税）÷（1-比例税率）$$

$$应纳税额=组成计税价格×比例税率$$

②从量定额计征应纳税额的计算。

$$应纳税额=应税消费品进口数量×定额税率$$

③复合计税办法应纳税额的计算。

$$组成计税价格=（关税完税价格+关税+进口数量×$$

$$定额税率）÷（1-比例税率）$$

$$应纳税额=组成计税价格×适用税率+应税消费品进口数量×定额税率$$

5. 消费税税额的扣除

对外购应税消费品和委托加工收回的应税消费品连续生产应税消费品销售的，可将外购应税消费品和委托加工收回的应税消费品已缴纳的消费税给予扣除。

（1）外购应税消费品已纳税款的扣除。

外购应税消费品用于连续生产应税消费品的，应按当期生产领用数量计算准予扣除外购的应税消费品已纳的消费税。扣除范围包括以下方面：

①外购已税烟丝生产的卷烟；

②外购已税高档化妆品生产的高档化妆品；

③外购已税珠宝玉石生产的贵重首饰及珠宝玉石；

④外购已税鞭炮焰火生产的鞭炮焰火；

⑤外购已税杆头、杆身和握把为原料生产的高尔夫球杆；

⑥外购已税木制一次性筷子为原料生产的木制一次性筷子；

⑦外购已税实木地板为原料生产的实木地板；

⑧外购已税汽油、柴油、石脑油、燃料油、润滑油连续生产的应税成品油。

准予从消费税应纳税额中扣除耗用原料已纳消费税税款的计算公式按照不同行为分别规定如下：

①外购应税消费品实行从价定率计税办法的。

当期准予扣除的外购应税消费品已纳税款 = 当期准予扣除的
外购应税消费品买价 × 外购应税消费品适用税率

当期准予扣除的外购应税消费品买价 = 期初库存的外购应税消费品买价 +
当期购进的外购应税消费品买价 - 期末库存的外购应税消费品买价

外购应税消费品买价为纳税人取得的增值税专用发票（含销货清单）注明的应税消费品的销售额。

②外购应税消费品实行从量定额计税办法的。

当期准予扣除的外购应税消费品已纳税款 = 当期准予扣除的外购应税
消费品数量 × 外购应税消费品单位税额

当期准予扣除的外购应税消费品数量 = 期初库存的外购应税消费品数量 +
当期购进的外购应税消费品数量 - 期末库存的外购应税消费品数量

外购应税消费品数量为纳税人取得的增值税专用发票（含销货清单）注

明的应税消费品的销售数量。

（2）委托加工收回的应税消费品已纳税款的扣除。

委托方收回应税消费品用于连续生产应税消费品的，其已纳税款准予按照规定从连续生产的应税消费品应纳消费税税额中抵扣。按照相关规定，下列连续生产的应税消费品准予从应纳消费税税额中按当期生产领用数量计算准予扣除委托加工收回的应税消费品已纳消费税税款：

①以委托加工收回的已税烟丝为原料生产的卷烟；

②以委托加工收回的已税高档化妆品为原料生产的高档化妆品；

③以委托加工收回的已税珠宝玉石为原料生产的贵重首饰及珠宝玉石；

④以委托加工收回的已税鞭炮、焰火为原料生产的鞭炮、焰火；

⑤以委托加工收回的已税杆头、杆身和握把为原料生产的高尔夫球杆；

⑥以委托加工收回的已税木制一次性筷子为原料生产的木制一次性筷子；

⑦以委托加工收回的已税实木地板为原料生产的实木地板；

⑧以委托加工收回的已税汽油、柴油、石脑油、燃料油、润滑油为原料连续生产的应税成品油。

上述当期准予扣除委托加工收回的应税消费品已纳消费税税款的计算公式为：

当期准予扣除的委托加工应税消费品已纳税款 = 期初库存的委托加工应税消费品已纳税款 + 当期收回的委托加工应税消费品已纳税款 − 期末库存的委托加工应税消费品已纳税款

二 消费税优惠政策

【知识点1】 对出口应税消费品免征消费税

1. 对纳税人出口应税消费品，免征消费税；国务院另有规定的除外。出口应税消费品的免税办法，由国务院财政、税务主管部门规定。

2. 内地销往横琴、平潭与生产有关的货物，视同出口，实行增值税和消费税退税政策。但下列货物不包括在内：

（1）财政部和国家税务总局规定不适用增值税退（免）税和免税政策的出口货物。

（2）横琴、平潭的商业性房地产开发项目采购的货物。

（3）内地销往横琴、平潭不予退税的其他货物。

（4）因主管税务机关发现未按规定单独核算退税或免税的货物，被取消退税或免税资格的企业购进的货物。

横琴、平潭各自的区内企业之间销售其在本区内的货物，免征增值税和消费税。

【知识点2】 对进口应税消费品免征消费税

对部分电池和涂料进口环节免征消费税。

自2015年2月1日起，对无汞原电池、金属氢化物镍蓄电池（又称氢镍蓄电池或镍氢蓄电池）、锂原电池、锂离子蓄电池、太阳能电池、燃料电池、全钒液流电池以及施工状态下挥发性有机物含量低于420克/升（含）的涂料免征进口环节消费税。

【知识点3】 成品油税收优惠政策

1. 航空煤油暂缓征收消费税。

2. 对用外购或委托加工收回的已税汽油生产的乙醇汽油免税。用自产汽油生产的乙醇汽油，按照生产乙醇汽油所耗用的汽油数量申报纳税。

3. 从2009年1月1日起，对成品油生产企业在生产成品油过程中，作为燃料、动力及原料消耗掉的自产成品油，免征消费税。对用于其他用途或直接对外销售的成品油照章征收消费税。

4. 利用废弃的动植物油生产纯生物柴油免征消费税。

从2009年1月1日起，对同时符合下列条件的纯生物柴油免征消费税。

（1）生产原料中废弃的动物油和植物油用量所占比重不低于70%。

（2）生产的纯生物柴油符合国家《柴油机燃料调合用生物柴油（BD100）》标准。

5. 对油（气）田生产自用成品油先征后返消费税。

自2019年1月1日起，对油（气）田企业在开采原油过程中耗用的内购成品油，暂按实际缴纳成品油消费税的税额，全额返还所含消费税。

6. 部分石脑油、燃料油消费税政策。

（1）自2011年10月1日起，对生产石脑油、燃料油的企业对外销售的用于生产乙烯、芳烃类化工产品的石脑油、燃料油，恢复征收消费税。

（2）自2011年10月1日起，对生产石脑油、燃料油的企业自产石脑油、燃料油用于生产乙烯、芳烃类化工产品的，按实际耗用数量暂免征消费税。

（3）自2011年10月1日起，对使用石脑油、燃料油生产乙烯、芳烃的企业购进并用于生产乙烯、芳烃类化工产品的石脑油、燃料油，按实际耗用数量暂退还所含消费税。

退还石脑油、燃料油所含消费税计算公式为：

$$应退还消费税税额 = 石脑油、燃料油实际耗用数量 \times$$
$$石脑油、燃料油消费税单位税额$$

7. 对废矿物油再生油品免征消费税。

自2013年11月1日至2023年10月31日止，对以回收的废矿物油为原料生产的润滑油基础油、汽油、柴油等工业油料免征消费税。

【知识点4】 北京2022年冬奥会和冬残奥会优惠政策

1. 对北京冬奥组委再销售所获捐赠物品和赛后出让资产取得收入，免征应缴纳的增值税、消费税和土地增值税。

2. 对北京冬奥组委委托加工生产的高档化妆品免征应缴纳的消费税。

3. 对按中国奥委会、主办城市签订的《联合市场开发计划协议》和中国奥委会、主办城市、国际奥委会签订的《主办城市合同》规定，中国奥委会取得的由北京冬奥组委分期支付的收入、按比例支付的盈余分成收入免增值税、消费税和企业所得税。

4. 对国际残奥委会取得的与北京2022年冬残奥会有关的收入免征增值税、消费税、企业所得税和印花税。

5. 对中国残奥委会根据《联合市场开发计划协议》取得的由北京冬奥组委分期支付的收入免增值税、消费税、企业所得税和印花税。

三 消费税征收管理

【知识点1】 纳税义务发生时间

1. 纳税人销售的应税消费品，其纳税义务发生时间为：

（1）纳税人采取赊销和分期收款结算方式的，其纳税义务的发生时间为书面合同规定的收款日期的当天。书面合同没有约定收款日期或者无书面合同的，为发出应税消费品的当天。

（2）纳税人采取预收货款结算方式的，其纳税义务的发生时间，为发出应税消费品的当天。

（3）纳税人采取托收承付和委托银行收款方式的，其纳税义务的发生时间，为发出应税消费品并办妥托收手续的当天。

（4）纳税人采取其他结算方式的，其纳税义务的发生时间，为收讫销售款或者取得索取销售款凭据的当天。

2. 纳税人自产自用的应税消费品，其纳税义务的发生时间为移送使用的当天。

3. 纳税人委托加工的应税消费品，其纳税义务的发生时间为纳税人提货的当天。

4. 纳税人进口的应税消费品，其纳税义务的发生时间为报关进口的当天。

【知识点2】 纳税期限

消费税的纳税期限分别为 1 日、3 日、5 日、10 日、15 日、1 个月或者 1 个季度。纳税人的具体纳税期限，由主管税务机关根据纳税人应纳税额的大小分别核定；不能按照固定期限纳税的，可以按次纳税。

纳税人以 1 个月或者 1 个季度为 1 个纳税期的，自期满之日起 15 日内申报纳税；以 1 日、3 日、5 日、10 日或者 15 日为 1 个纳税期的，自期满之日起 5 日内预缴税款，于次月 1 日起 15 日内申报纳税并结清上月应纳税款。

纳税人进口应税消费品，应当自海关填发海关进口消费税专用缴款书之日起 15 日内缴纳税款。

【知识点3】 纳税地点

1. 纳税人销售的应税消费品，以及自产自用的应税消费品，除国务院财政、税务主管部门另有规定外，应当向纳税人机构所在地或者居住地的主管税务机关申报纳税。

纳税人到外县（市）销售或者委托外县（市）代销自产应税消费品的，

于应税消费品销售后，向机构所在地或者居住地主管税务机关申报纳税。

纳税人的总、分支机构不在同一县（市）的，应在各自机构所在地主管税务机关申报缴纳消费税；纳税人的总机构与分支机构不在同一县（市），但在同一省（自治区、直辖市）范围内，经省（自治区、直辖市）财政厅（局）、税务局审批同意，可以由总机构汇总向总机构所在地的主管税务机关申报纳税。

2. 委托加工的应税消费品，除委托个人加工以外，由受托方向机构所在地或者居住地主管税务机关解缴消费税税款。

3. 进口的应税消费品，由进口人或者其代理人向报关地海关申报纳税。

4. 纳税人销售的应税消费品，如因质量等原因发生退货的，其已缴纳的消费税税款可予以退还。纳税人办理退税手续时，应将开具的红字增值税发票、退税证明等资料报主管税务机关备案。主管税务机关核对无误后办理退税。

【知识点4】 消费税纳税申报表

自2021年8月1日起，启用《消费税及附加税费申报表》。

消费税及附加税费申报表

四 消费税出口退（免）税政策

【知识点1】 消费税出口退税政策

1. 基本政策

（1）出口企业出口或视同出口适用增值税退（免）税的货物，免征消费税，如果属于购进出口的货物，退还前一环节对其已征的消费税。

（2）出口企业出口或视同出口适用增值税免税政策的货物，免征消费税，但不退还其以前环节已征的消费税，且不允许在内销应税消费品应纳消费税款中抵扣。

（3）出口企业出口或视同出口适用增值税征税政策的货物，应按规定缴纳消费税，不退还其以前环节已征的消费税，且不允许在内销应税消费品应纳消费税款中抵扣。

2. 用于生产乙烯、芳烃类化工产品的石脑油、燃料油消费税退（免）税政策

（1）生产石脑油、燃料油的企业自产石脑油、燃料油用于生产乙烯、芳烃类化工产品的，按实际耗用数量暂免征消费税；

（2）对使用石脑油、燃料油生产乙烯、芳烃的企业（以下简称使用企业）购进并用于生产乙烯、芳烃类化工产品的石脑油、燃料油，按实际耗用数量暂退还所含消费税。退还石脑油、燃料油所含消费税计算公式为：

$$应退还消费税税额 = 石脑油、燃料油实际耗用数量 × 石脑油、$$
$$燃料油消费税单位税额$$

（3）使用企业生产乙烯、芳烃类化工产品过程中所生产的消费税应税产品，照章缴纳消费税。

（4）根据《财政部 中国人民银行 海关总署 国家税务总局关于完善石脑油燃料油生产乙烯芳烃类化工产品消费税退税政策的通知》（财税〔2013〕2号），消费税退税政策调整如下：

①我国境内使用石脑油、燃料油（以下简称油品）生产乙烯、芳烃类化工产品（以下简称化工产品）的企业，仅以自营或委托方式进口油品生产化工产品，向进口消费税纳税地海关（以下简称海关）申请退还已缴纳的消费税（以下简称退税）。

办理退税时，海关根据使用企业生产化工产品实际耗用的油品数量核定应退税金额，开具收入退还书，使用"进口成品油消费税退税"科目（101020221）退税。

②使用企业仅以国产油品生产化工产品，向主管税务机关申请退税。

办理退税时，主管税务机关根据使用企业生产化工产品实际耗用的油品数量核定应退税金额，开具收入退还书，使用"成品油消费税退税"科目（101020121）退税。

③使用企业既购进国产油品又购进进口油品生产化工产品的，应分别核算国产与进口油品的购进量及其用于生产化工产品的实际耗用量，向主管税务机关提出退税申请。主管税务机关负责对企业退税资料进行审核。对进口油品退税，主管税务机关出具初审意见，连同进口货物报关单、海关专用缴

款书和自动进口许可证等材料，送交海关复审。

使用企业未分别核算国产与进口油品的购进量和实际耗用量的，不予办理退税。

④主管税务机关和海关应向相关国库部门提供收入退还书，后附退税审批表、退税申请书等相关资料；国库部门经审核无误后，从相应预算科目中退付税款给申请企业。

【知识点 2】 消费税退税的计算

消费税应退税额 = 从价定率计征消费税的退税计税依据 × 比例税率 +

从量定额计征消费税的退税计税依据 × 定额税率

纳税人直接出口的应税消费品办理免税后，发生退关或国外退货，复进口时已予以免税的，可暂不办理补税，待其转为国内销售的当月申报缴纳消费税。

>> 第三节
企业所得税

企业所得税基本政策

【知识点 1】 纳税人与扣缴义务人

企业所得税是对我国境内的企业和其他取得收入的组织的生产经营所得和其他所得征收的一种税。

企业所得税纳税人分为居民企业纳税人和非居民企业纳税人。

个人独资企业、合伙企业不属于企业所得税纳税人。

1. 居民企业

居民企业，是指依法在中国境内成立，或者依照外国（地区）法律成立但实际管理机构在中国境内的企业。居民企业采用登记注册地和实际管理机构所在地两个标准认定。

依法在中国境内成立的企业，包括依照中国法律、行政法规在中国境内成立的企业、事业单位、社会团体以及其他取得收入的组织。

依照外国（地区）法律成立的企业，包括依照外国（地区）法律成立的企业和其他取得收入的组织。

实际管理机构，是指对企业的生产经营、人员、账务、财产等实施实质性全面管理和控制的机构。

2. 非居民企业

非居民企业，是指依照外国（地区）法律成立且实际管理机构不在中国境内，但在中国境内设立机构、场所，或者在中国境内未设立机构、场所，但有来源于中国境内所得的企业。

所谓机构、场所，是指在中国境内从事生产经营活动的机构、场所。

3. 扣缴义务人

对非居民企业取得《中华人民共和国企业所得税法》（以下简称《企业所得税法》）第三条第三款规定的所得应缴纳的所得税，实行源泉扣缴，以支付人为扣缴义务人。税款由扣缴义务人在每次支付或者到期应支付时，从支付或者到期应支付的款项中扣缴。

对非居民企业在中国境内取得工程作业和劳务所得应缴纳的所得税，税务机关可以指定工程价款或者劳务费的支付人为扣缴义务人。

【知识点2】 征税对象

企业所得税的征税对象是企业的应纳税所得。包括销售货物所得、提供劳务所得、转让财产所得、股息红利等权益性投资所得、利息所得、租金所得、特许权使用费所得、接受捐赠所得和其他所得。

1. 居民企业的征税对象

居民企业的征税对象是来源于中国境内、境外的所得。

2. 非居民企业的征税对象

（1）非居民企业在中国境内设立机构、场所的，征税对象是所设机构、场所取得的来源于中国境内的所得，以及发生在中国境外但与其所设机构、场所有实际联系的所得。

实际联系，是指非居民企业在中国境内设立的机构、场所拥有据以取得所得的股权、债权，以及拥有、管理、控制据以取得所得的财产。

(2)非居民企业在中国境内未设立机构、场所的，或者虽设立机构、场所但取得的所得与其所设机构、场所没有实际联系的，征税对象是来源于中国境内的所得。

3.境内、境外的所得的确定原则

来源于中国境内、境外的所得，按照以下原则确定：

(1)销售货物所得，按照交易活动发生地确定；

(2)提供劳务所得，按照劳务发生地确定；

(3)转让财产所得，不动产转让所得按照不动产所在地确定，动产转让所得按照转让动产的企业或者机构、场所所在地确定，权益性投资资产转让所得按照被投资企业所在地确定；

(4)股息、红利等权益性投资所得，按照分配所得的企业所在地确定；

(5)利息所得、租金所得、特许权使用费所得，按照负担、支付所得的企业或者机构、场所所在地确定，或者按照负担、支付所得的个人的住所地确定；

(6)其他所得，由国务院财政、税务主管部门确定。

【知识点3】 税率

1.企业所得税的基本税率为25%。

2.符合条件的小型微利企业，非居民企业在中国境内未设立机构、场所的，或者虽设立机构、场所但取得的所得与其所设机构、场所没有实际联系的，其来源于中国境内的所得，适用税率为20%。

【知识点4】 应纳税所得额

1.一般规定

企业所得税的计税依据是应纳税所得额。

企业每一纳税年度的收入总额，减除不征税收入、免税收入、各项扣除以及允许弥补的以前年度亏损后的余额，为应纳税所得额。企业应纳税所得额的计算，以权责发生制为原则，属于当期的收入和费用，无论款项是否收付，均作为当期的收入和费用；不属于当期的收入和费用，即使款项已经在当期收付，均不作为当期的收入和费用。

应纳税所得额的计算公式为：

应纳税所得额 = 收入总额 − 不征税收入 − 免税收入 −

各项扣除 − 允许弥补的以前年度亏损

在计算应纳税所得额时，企业财务、会计处理办法与税收法律、行政法规的规定不一致的，应当依照税收法律、行政法规的规定计算。

2. 收入总额的确定

企业收入总额包括以货币形式和非货币形式从各种来源取得的收入。

企业取得收入的货币形式，包括现金、存款、应收账款、应收票据、准备持有至到期的债券投资以及债务的豁免等。

企业取得收入的非货币形式，包括固定资产、生物资产、无形资产、股权投资、存货、不准备持有至到期的债券投资、劳务以及有关权益等。企业以非货币形式取得的收入，应当按照公允价值确定收入额。公允价值，是指按照市场价格确定的价值。

（1）收入范围。

①销售货物收入。

销售货物收入，是指企业销售商品、产品、原材料、包装物、低值易耗品以及其他存货取得的收入。

②提供劳务收入。

提供劳务收入，是指企业从事建筑安装、修理修配、交通运输、仓储租赁、金融保险、邮电通信、咨询经纪、文化体育、科学研究、技术服务、教育培训、餐饮住宿、中介代理、卫生保健、社区服务、旅游、娱乐、加工以及其他劳务服务活动取得的收入。

③转让财产收入。

转让财产收入，是指企业转让固定资产、生物资产、无形资产、股权、债权等财产取得的收入。

④股息、红利等权益性投资收益。

股息、红利等权益性投资收益，是指企业因权益性投资从被投资方取得的收入。

⑤利息收入。

利息收入，是指企业将资金提供给他人使用但不构成权益性投资，或者因他人占用本企业资金取得的收入，包括存款利息、贷款利息、债券利息、欠款利息等收入。

⑥租金收入。

租金收入，是指企业提供固定资产、包装物或者其他有形资产的使用权取得的收入。

⑦特许权使用费收入。

特许权使用费收入，是指企业提供专利权、非专利技术、商标权、著作权以及其他特许权的使用权取得的收入。

⑧接受捐赠收入。

接受捐赠收入，是指企业接受的来自其他企业、组织或者个人无偿给予的货币性资产、非货币性资产。

⑨其他收入。

其他收入，是指企业取得的除以上收入外的其他收入，包括企业资产溢余收入、逾期未退包装物押金收入、确实无法偿付的应付款项、已作坏账损失处理后又收回的应收款项、债务重组收入、补贴收入、违约金收入、汇兑收益等。

⑩视同销售货物、转让财产或者提供劳务收入。

企业发生非货币性资产交换，以及将货物、财产、劳务用于捐赠、偿债、赞助、集资、广告、样品、职工福利或者利润分配等用途的，应当视同销售货物、转让财产或者提供劳务，但国务院财政、税务主管部门另有规定的除外。

（2）收入的确认。

①销售货物收入。

除《企业所得税法》及其实施条例另有规定外，企业销售收入的确认遵循权责发生制原则和实质重于形式原则。

A. 企业销售商品同时满足下列条件的，应确认收入的实现：

a. 商品销售合同已经签订，企业已将商品所有权相关的主要风险和报酬转移给购货方；

b. 企业对已售出的商品既没有保留通常与所有权相联系的继续管理权，也没有实施有效控制；

c. 收入的金额能够可靠地计量；

d. 已发生或将发生的销售方的成本能够可靠地核算。

B. 符合上述收入确认条件，采取下列商品销售方式的，应按以下规定确认收入实现时间：

a. 销售商品采用托收承付方式的，在办妥托收手续时确认收入。

b. 销售商品采取预收款方式的，在发出商品时确认收入。

c. 销售商品需要安装和检验的，在购买方接受商品以及安装和检验完毕时确认收入；如果安装程序比较简单，可在发出商品时确认收入。

d. 销售商品采用支付手续费方式委托代销的，在收到代销清单时确认收入。

C. 采用售后回购方式销售商品的，销售的商品按售价确认收入，回购的商品作为购进商品处理。有证据表明不符合销售收入确认条件的，如以销售商品方式进行融资，收到的款项应确认为负债，回购价格大于原售价的，差额应在回购期间确认为利息费用。

D. 销售商品以旧换新的，销售商品应当按照销售商品收入确认条件确认收入，回收的商品作为购进商品处理。

E. 企业为促进商品销售而在商品价格上给予的价格扣除属于商业折扣。商品销售涉及商业折扣的，应当按照扣除商业折扣后的金额确定销售商品收入金额。

债权人为鼓励债务人在规定的期限内付款而向债务人提供的债务扣除属于现金折扣。销售商品涉及现金折扣的，应当按扣除现金折扣前的金额确定销售商品收入金额，现金折扣在实际发生时作为财务费用扣除。

企业因售出商品的质量不合格等原因而在售价上给予的减让属于销售折让；企业因售出商品质量、品种不符合要求等原因而发生的退货属于销售退回。企业已经确认销售收入的售出商品发生销售折让和销售退回，应当在发生当期冲减当期销售商品收入。

F. 企业以"买一赠一"等方式组合销售本企业商品的，不属于捐赠，应将总的销售金额按各项商品的公允价值的比例来分摊确认各项商品的销售收入。

G. 销售货物收入确认的特殊规定：

a. 以分期收款方式销售货物的，按照合同约定的收款日期确认收入的实现；

b. 采取产品分成方式取得收入的，按照企业分得产品的日期确认收入的实现，其收入额按照产品的公允价值确定。

②提供劳务收入。

企业在各个纳税期末，提供劳务交易的结果能够可靠估计的，应采用完工进度（完工百分比）法确认提供劳务收入。

A. 提供劳务交易的结果能够可靠估计，是指同时满足下列条件：

a. 收入的金额能够可靠地计量；

b. 交易的完工进度能够可靠地确定；

c. 交易中已发生和将发生的成本能够可靠地核算。

B. 企业提供劳务完工进度的确定，可选用下列方法：

a. 已完工作的测量；

b. 已提供劳务占劳务总量的比例；

c. 发生成本占总成本的比例。

C. 企业应按照从接受劳务方已收或应收的合同或协议价款确定劳务收入总额，根据纳税期末提供劳务收入总额乘以完工进度扣除以前纳税年度累计已确认提供劳务收入后的金额，确认为当期劳务收入；同时，按照提供劳务估计总成本乘以完工进度扣除以前纳税期间累计已确认劳务成本后的金额，结转为当期劳务成本。

D. 企业受托加工制造大型机械设备、船舶、飞机，以及从事建筑、安装、装配工程业务或者提供其他劳务等，持续时间超过12个月的，按照纳税年度内完工进度或者完成的工作量确认收入的实现。

③财产转让收入。

企业转让股权收入，应于转让协议生效且完成股权变更手续时，确认收入的实现；企业转让国债应在转让国债合同、协议生效的日期，或者国债移交时确认转让收入的实现；企业投资购买国债，到期兑付的，应在国债发行时约定的应付利息的日期，确认国债转让收入的实现。企业取得财产转让收入，无论是以货币形式，还是非货币形式体现，除另有规定外，均应一次性计入确认收入的年度计算缴纳企业所得税。

④股息、红利等权益性投资收益。

除国务院财政、税务主管部门另有规定外，按照被投资方作出利润分配决定的日期确认收入的实现。

⑤利息收入。

按照合同约定的债务人应付利息的日期确认收入的实现。

⑥租金收入。

按照合同约定的承租人应付租金的日期确认收入的实现。

⑦特许权使用费收入。

按照合同约定的特许权使用人应付特许权使用费的日期确认收入的实现。

⑧接受捐赠收入。

按照实际收到捐赠资产的日期确认收入的实现。

⑨财政资金。

2021年及以后年度汇算清缴，企业按照市场价格销售货物、提供劳务服务等，凡由政府财政部门根据企业销售货物、提供劳务服务的数量、金额的一定比例给予全部或部分资金支付的，应当按照权责发生制原则确认收入。

除上述情形外，企业取得的各种政府财政支付，如财政补贴、补助、补偿、退税等，应当按照实际取得收入的时间确认收入。

（3）视同销售收入。

企业发生非货币性资产交换，以及将货物、财产、劳务用于捐赠、偿债、赞助、集资、广告、样品、职工福利或者利润分配等用途的，应当视同销售货物、转让财产或者提供劳务，但国务院财政、税务主管部门另有规定的除外。

企业将资产移送他人的下列情形，因资产所有权属已发生改变而不属于内部处置资产，应按规定视同销售确定收入。

①用于市场推广或销售；

②用于交际应酬；

③用于职工奖励或福利；

④用于股息分配；

⑤用于对外捐赠；

⑥其他改变资产所有权属的用途。

（4）不征税收入。

收入总额中的下列收入为不征税收入：

①财政拨款。

财政拨款，是指各级人民政府对纳入预算管理的事业单位、社会团体等组织拨付的财政资金，但国务院和国务院财政、税务主管部门另有规定的除外。

②依法收取并纳入财政管理的行政事业性收费、政府性基金。

行政事业性收费，是指依照法律法规等有关规定，按照国务院规定程序批准，在实施社会公共管理，以及在向公民、法人或者其他组织提供特定公共服务过程中，向特定对象收取并纳入财政管理的费用。

政府性基金，是指企业依照法律、行政法规等有关规定，代政府收取的具有专项用途的财政资金。

③国务院规定的其他不征税收入。

国务院规定的其他不征税收入，是指企业取得的，由国务院财政、税务主管部门规定专项用途并经国务院批准的财政性资金。

3. 扣除项目及金额确定

（1）准予扣除项目的范围和标准。

①准予扣除项目的范围。

企业实际发生的与取得收入有关的、合理的支出，包括成本、费用、税金、损失和其他支出，准予在计算应纳税所得额时扣除。

有关的支出，是指与取得收入直接相关的支出。

合理的支出，是指符合生产经营活动常规，应当计入当期损益或者有关资产成本的必要和正常的支出。

企业发生的支出应当区分收益性支出和资本性支出。收益性支出在发生当期直接扣除；资本性支出应当分期扣除或者计入有关资产成本，不得在发生当期直接扣除。

A. 成本。成本，是指企业在生产经营活动中发生的销售成本、销货成本、业务支出以及其他耗费。

B. 费用。费用，是指企业在生产经营活动中发生的销售费用、管理费用和财务费用，已经计入成本的有关费用除外。

C. 税金及附加。在企业所得税税前扣除的税金及附加，是指企业发生的除企业所得税和允许抵扣的增值税以外的各项税金及其附加，具体包括企业按规定缴纳的消费税、城市维护建设税、关税、资源税、土地增值税、房产税、车船税、城镇土地使用税、印花税、教育费附加等。

D. 损失。损失，是指企业在生产经营活动中发生的固定资产和存货的盘亏、毁损、报废损失，转让财产损失，呆账损失，坏账损失，自然灾害等不可抗力因素造成的损失以及其他损失。

企业发生的损失，减除责任人赔偿和保险赔款后的余额，依照国务院财政、税务主管部门的规定扣除。

企业已经作为损失处理的资产，在以后纳税年度又全部收回或者部分收回时，应当计入当期收入。

E. 其他支出。其他支出，是指除成本、费用、税金、损失外，企业在生产经营活动中发生的与生产经营活动有关的、合理的支出。

除《企业所得税法》及其实施条例另有规定外，企业实际发生的成本、费用、税金、损失和其他支出，不得重复扣除。

②准予扣除项目的标准。

A. 工资、薪金支出。

企业发生的合理的工资、薪金支出，准予扣除。

工资、薪金，是指企业每一纳税年度支付给在本企业任职或者受雇的员工的所有现金形式或者非现金形式的劳动报酬，包括基本工资、奖金、津贴、补贴、年终加薪、加班工资，以及与员工任职或者受雇有关的其他支出。

B. 职工福利费支出。

企业发生的职工福利费支出，不超过工资、薪金总额14%的部分，准予扣除。

工资、薪金总额，是指企业按照规定实际发放的工资、薪金总和，不包括企业的职工福利费、职工教育经费、工会经费以及养老保险费、医疗保险费、失业保险费、工伤保险费、生育保险费等社会保险费和住房公积金。属于国有性质的企业，其工资、薪金，不得超过政府有关部门给予的限定数额；超过部分，不得计入企业工资、薪金总额，也不得在计算企业应纳税所得额时扣除。

C. 工会经费。

企业拨缴的工会经费，不超过工资、薪金总额2%的部分，准予扣除。

D. 职工教育经费。

除国务院财政、税务主管部门另有规定外，企业发生的职工教育经费支出，不超过工资、薪金总额8%的部分，准予扣除；超过部分，准予在以后纳税年度结转扣除。

集成电路设计企业和符合条件的软件企业的职工培训费用，应单独进行核算并按实际发生额在计算应纳税所得额时扣除。

航空企业实际发生的飞行员养成费、飞行训练费、乘务训练费、空中保卫员训练费等空勤训练费用，可以作为航空企业运输成本在税前扣除。

核力发电企业为培养核电厂操纵员发生的培养费用，可作为企业的发电成本在税前扣除。企业应将核电厂操纵员培养费与员工的职工教育经费严格区分，单独核算，员工实际发生的职工教育经费支出不得计入核电厂操纵员培养费直接扣除。

E. 保险费和住房公积金。

企业依照国务院有关主管部门或者省级人民政府规定的范围和标准为职工缴纳的基本养老保险费、基本医疗保险费、失业保险费、工伤保险费、生育保险费等社会保险费和住房公积金，准予扣除。

企业根据国家有关政策规定，为在本企业任职或者受雇的全体员工支付的补充养老保险费、补充医疗保险费，分别在不超过职工工资总额5%标准内的部分，在计算应纳税所得额时准予扣除；超过的部分，不予扣除。

允许扣除的保险费还包括企业依照国家有关规定为特殊工种职工支付的人身安全保险费和国务院财政、税务主管部门规定可以扣除的其他商业保险费。企业职工因公出差乘坐交通工具发生的人身意外保险费支出，准予企业在计算应纳税所得额时扣除。

企业参加财产保险，按照规定缴纳的保险费，准予扣除。

F. 借款费用、利息支出及汇兑损失。

a. 企业在生产经营活动中发生的合理的不需要资本化的借款费用，准予扣除。

企业为购置、建造固定资产、无形资产和经过12个月以上的建造才能达到预定可销售状态的存货发生借款的，在有关资产购置、建造期间发生的合理的借款费用，应当作为资本性支出计入有关资产的成本，并按规定扣除。

b. 企业在生产经营活动中发生的下列利息支出，准予扣除：

非金融企业向金融企业借款的利息支出、金融企业的各项存款利息支出和同业拆借利息支出、企业经批准发行债券的利息支出；非金融企业向非金融企业借款的利息支出，不超过按照金融企业同期同类贷款利率计算的数额的部分。

c. 企业实际支付给关联方的利息支出，不超过规定比例和有关规定计算的部分，准予扣除，超过的部分不得在发生当期和以后年度扣除。

企业实际支付给关联方的利息支出，其接受关联方债权性投资与其权益性投资比例为：金融企业，为5∶1；其他企业，为2∶1。

d. 企业投资者在规定期限内未缴足其应缴资本额的，该企业对外借款所发生的利息，相当于投资者实缴资本额与在规定期限内应缴资本额的差额应计付的利息，不属于企业合理的支出，应由企业投资者负担，不得在计算企业应纳税所得额时扣除。

e. 企业发行的永续债，可以适用股息、红利企业所得税政策，即投资方取得的永续债利息收入属于股息、红利性质，按照现行企业所得税政策相关规定进行处理，其中，发行方和投资方均为居民企业的，永续债利息收入可以适用企业所得税法规定的居民企业之间的股息、红利等权益性投资收益免征企业所得税规定；同时发行方支付的永续债利息支出不得在企业所得税税前扣除。

企业发行符合规定条件的永续债，也可以按照债券利息适用企业所得税政策，即发行方支付的永续债利息支出准予在其企业所得税税前扣除；投资方取得的永续债利息收入应当依法纳税。

发行永续债的企业对每一永续债产品的税收处理方法一经确定，不得变更。企业对永续债采取的税收处理办法与会计核算方式不一致的，发行方、投资方在进行税收处理时须作出相应纳税调整。

f. 企业在货币交易中，以及纳税年度终了时将人民币以外的货币性资产、负债按照期末即期人民币汇率中间价折算为人民币时产生的汇兑损失，除已经计入有关资产成本以及与向所有者进行利润分配相关的部分外，准予扣除。

G. 业务招待费。

企业发生的与生产经营活动有关的业务招待费支出，按照发生额的60%扣除，但最高不得超过当年销售（营业）收入的5‰。

H. 广告费和业务宣传费。

企业发生的符合条件的广告费和业务宣传费支出，除国务院财政、税务主管部门另有规定外，不超过当年销售（营业）收入 15% 的部分，准予扣除；超过部分，准予在以后纳税年度结转扣除。

对化妆品制造或销售、医药制造和饮料制造（不含酒类制造）企业发生的广告费和业务宣传费支出，不超过当年销售（营业）收入 30% 的部分，准予扣除；超过部分，准予在以后纳税年度结转扣除。

对签订广告费和业务宣传费分摊协议（以下简称分摊协议）的关联企业，其中一方发生的不超过当年销售（营业）收入税前扣除限额比例内的广告费和业务宣传费支出可以在本企业扣除，也可以将其中的部分或全部按照分摊协议归集至另一方扣除。另一方在计算本企业广告费和业务宣传费支出企业所得税税前扣除限额时，可将按照上述办法归集至本企业的广告费和业务宣传费不计算在内。

烟草企业的烟草广告费和业务宣传费支出，一律不得在计算应纳税所得额时扣除。

I. 手续费及佣金支出。

保险企业发生与其经营活动有关的手续费及佣金支出，不超过当年全部保费收入扣除退保金等后余额的 18%（含本数）的部分，在计算应纳税所得额时准予扣除；超过部分，允许结转以后年度扣除。

其他企业，按与具有合法经营资格中介服务机构或个人（不含交易双方及其雇员、代理人和代表人等）所签订服务协议或合同确认的收入金额的 5% 计算限额。

J. 环境保护、生态恢复专项资金。

企业依照法律、行政法规有关规定提取的用于环境保护、生态恢复等方面的专项资金，准予扣除。上述专项资金提取后改变用途的，不得扣除。

K. 租赁费。

企业根据生产经营活动的需要租入固定资产支付的租赁费，按照以下方法扣除：

a. 以经营租赁方式租入固定资产发生的租赁费支出，按照租赁期限均匀扣除；

b. 以融资租赁方式租入固定资产发生的租赁费支出，按照规定构成融资租入固定资产价值的部分应当提取折旧费用，分期扣除。

L. 劳动保护费。

企业发生的合理的劳动保护支出，准予扣除。

M. 公益性捐赠支出。

企业发生的公益性捐赠支出，在年度利润总额 12% 以内的部分，准予在计算应纳税所得额时扣除；超过年度利润总额 12% 的部分，准予结转以后 3 年内在计算应纳税所得额时扣除。

公益性捐赠，是指企业通过公益性社会组织或者县级以上人民政府及其部门，用于符合法律规定的慈善活动、公益事业的捐赠。

年度利润总额，是指企业依照国家统一会计制度的规定计算的年度会计利润。

自 2019 年 1 月 1 日至 2025 年 12 月 31 日，企业通过公益性社会组织或者县级以上（含县级）人民政府及其组成部门和直属机构，用于目标脱贫地区的扶贫捐赠支出，准予在计算企业所得税应纳税所得额时据实扣除。

企业同时发生扶贫捐赠支出和其他公益性捐赠支出，在计算公益性捐赠支出年度扣除限额时，符合条件的扶贫捐赠支出不计算在内。

自 2020 年 1 月 1 日至 2021 年 3 月 31 日，企业通过公益性社会组织或者县级以上人民政府及其部门等国家机关，捐赠用于应对新型冠状病毒感染的肺炎疫情的现金和物品，允许在计算企业所得税应纳税所得额时全额扣除。

2021 年及以后年度汇算清缴，企业在非货币性资产捐赠过程中发生的运费、保险费、人工费用等相关支出，凡纳入国家机关、公益性社会组织开具的公益捐赠票据记载的数额中的，作为公益性捐赠支出按照规定在税前扣除；上述费用未纳入公益性捐赠票据记载的数额中的，作为企业相关费用按照规定在税前扣除。

N. 开（筹）办费。

企业可以在开始经营之日的当年一次性扣除，也可以按照有关长期待摊费用的处理规定处理，但一经选定，不得改变。

企业在筹建期间，发生的与筹办活动有关的业务招待费支出，可按实际发生额的 60% 计入企业筹办费，并按有关规定在税前扣除；发生的广告费和业务宣传费，可按实际发生额计入企业筹办费，并按有关规定在税前扣除。

O. 非公有制企业党组织工作经费。

非公有制企业党组织工作经费纳入企业管理费列支，不超过职工年度工资、薪金总额1%的部分，可以据实在企业所得税税前扣除。

（2）不得扣除的项目。

①在计算应纳税所得额时，下列支出不得扣除：

A. 向投资者支付的股息、红利等权益性投资收益款项；

B. 企业所得税税款；

C. 税收滞纳金；

D. 罚金、罚款和被没收财物的损失；

E. 准予在计算应纳税所得额时扣除的公益性捐赠以外的捐赠支出；

F. 赞助支出（是指企业发生的与生产经营活动无关的各种非广告性质支出）；

G. 未经核定的准备金支出（是指不符合国务院财政、税务主管部门规定的各项资产减值准备、风险准备等准备金支出）；

H. 与取得收入无关的其他支出。

②企业之间支付的管理费、企业内营业机构之间支付的租金和特许权使用费，以及非银行企业内营业机构之间支付的利息，不得扣除。

③除企业依照国家有关规定为特殊工种职工支付的人身安全保险费和国务院财政、税务主管部门规定可以扣除的其他商业保险费外，企业为投资者或者职工支付的商业保险费，不得扣除。

④企业的不征税收入用于支出所形成的费用，不得在计算应纳税所得额时扣除；企业的不征税收入用于支出所形成的资产，其计算的折旧、摊销不得在计算应纳税所得额时扣除。

⑤除《企业所得税法》及其实施条例另有规定外，企业实际发生的成本、费用、税金、损失和其他支出，不得重复扣除。

4. 税前扣除凭证

（1）税前扣除凭证的概念。

税前扣除凭证，是指企业（包括居民企业和非居民企业）在计算企业所得税应纳税所得额时，证明与取得收入有关的、合理的支出实际发生，并据以税前扣除的各类凭证。

（2）税前扣除凭证管理原则。

税前扣除凭证在管理中遵循真实性、合法性、关联性原则。

真实性，是指税前扣除凭证反映的经济业务真实，且支出已经实际发生。企业应将与税前扣除凭证相关的资料，包括合同协议、支出依据、付款凭证等留存备查，以证实税前扣除凭证的真实性；合法性，是指税前扣除凭证的形式、来源符合国家法律、法规等相关规定；关联性，是指税前扣除凭证与其反映的支出相关联且有证明力。

（3）税前扣除凭证的种类。

税前扣除凭证按照来源分为内部凭证和外部凭证。

A. 内部凭证。

内部凭证，是指企业自制用于成本、费用、损失和其他支出核算的会计原始凭证。如企业支付给员工工资时，工资表等会计原始凭证即为内部凭证。内部凭证的填制和使用应当符合国家会计法律、法规等相关规定。

B. 外部凭证。

外部凭证，是指企业发生经营活动和其他事项时，从其他单位、个人取得的用于证明其支出发生的凭证，包括但不限于发票（包括纸质发票和电子发票）、财政票据、完税凭证、收款凭证、分割单等。

（4）取得税前扣除凭证的时间要求。

企业应在当年度企业所得税法规定的汇算清缴期结束前取得税前扣除凭证。

汇算清缴期结束后，税务机关发现企业应当取得而未取得发票、其他外部凭证或者取得不合规发票、不合规其他外部凭证并且告知企业的，企业应当自被告知之日起60日内补开、换开符合规定的发票、其他外部凭证。

企业在补开、换开发票、其他外部凭证过程中，因对方注销、撤销、依法被吊销营业执照、被税务机关认定为非正常户等特殊原因无法补开、换开发票、其他外部凭证的，可凭以下资料证实支出真实性后，其支出允许税前扣除：

①无法补开、换开发票、其他外部凭证原因的证明资料（包括工商注销、机构撤销、列入非正常经营户、破产公告等证明资料）；

②相关业务活动的合同或者协议；

③采用非现金方式支付的付款凭证；

④货物运输的证明资料；

⑤货物入库、出库内部凭证；

⑥企业会计核算记录以及其他资料。

其中，第①项至第③项为必备资料。

企业在规定的期限未能补开、换开符合规定的发票、其他外部凭证，并且未能按照规定提供相关资料证实其支出真实性的，相应支出不得在发生年度税前扣除。

除发生上述需提供可以证实其支出真实性的相关资料的情形外，企业以前年度应当取得而未取得发票、其他外部凭证，且相应支出在该年度没有税前扣除的，在以后年度取得符合规定的发票、其他外部凭证或者按照规定提供可以证实其支出真实性的相关资料，相应支出可以追补至该支出发生年度税前扣除，但追补年限不得超过 5 年。

5. 资产的税务处理

企业的各项资产，包括固定资产、生物资产、无形资产、长期待摊费用、投资资产、存货等，以历史成本为计税基础。

历史成本，是指企业取得该项资产时实际发生的支出。

企业持有各项资产期间资产增值或者减值，除国务院财政、税务主管部门规定可以确认损益外，不得调整该资产的计税基础。

企业转让资产，该项资产的净值，准予在计算应纳税所得额时扣除。资产的净值，是指有关资产的计税基础减除已经按照规定扣除的折旧、折耗、摊销、准备金等后的余额。

除国务院财政、税务主管部门另有规定外，企业在重组过程中，应当在交易发生时确认有关资产的转让所得或者损失，相关资产应当按照交易价格重新确定计税基础。

（1）固定资产的税务处理。

①固定资产的概念。

固定资产，是指企业为生产产品、提供劳务、出租或者经营管理而持有的、使用时间超过 12 个月的非货币性资产，包括房屋、建筑物、机器、机械、运输工具以及其他与生产经营活动有关的设备、器具、工具等。

②固定资产的计税基础。

A. 外购的固定资产，以购买价款和支付的相关税费以及直接归属于使该资产达到预定用途发生的其他支出为计税基础；

B. 自行建造的固定资产，以竣工结算前发生的支出为计税基础；

C. 融资租入的固定资产，以租赁合同约定的付款总额和承租人在签订租赁合同过程中发生的相关费用为计税基础，租赁合同未约定付款总额的，以该资产的公允价值和承租人在签订租赁合同过程中发生的相关费用为计税基础；

D. 盘盈的固定资产，以同类固定资产的重置完全价值为计税基础；

E. 通过捐赠、投资、非货币性资产交换、债务重组等方式取得的固定资产，以该资产的公允价值和支付的相关税费为计税基础；

F. 改建的固定资产，除已足额提取折旧的固定资产的改建支出和租入固定资产的改建支出外，以改建过程中发生的改建支出增加计税基础。

③固定资产折旧的计提方法。

固定资产按照直线法计算的折旧，准予扣除。企业应当自固定资产投入使用月份的次月起计算折旧；停止使用的固定资产，应当自停止使用月份的次月起停止计算折旧。企业应当根据固定资产的性质和使用情况，合理确定固定资产的预计净残值。固定资产的预计净残值一经确定，不得变更。

④固定资产折旧的计提年限。

除国务院财政、税务主管部门另有规定外，固定资产计算折旧的最低年限如下：

A. 房屋、建筑物，为20年；

B. 飞机、火车、轮船、机器、机械和其他生产设备，为10年；

C. 与生产经营活动有关的器具、工具、家具等，为5年；

D. 飞机、火车、轮船以外的运输工具，为4年；

E. 电子设备，为3年。

⑤不得计算折旧扣除的固定资产。

A. 房屋、建筑物以外未投入使用的固定资产；

B. 以经营租赁方式租入的固定资产；

C. 以融资租赁方式租出的固定资产；

D. 已足额提取折旧仍继续使用的固定资产;

E. 与经营活动无关的固定资产;

F. 单独估价作为固定资产入账的土地;

G. 其他不得计算折旧扣除的固定资产。

(2)生物资产的税务处理。

①生物资产的概念。

生物资产,是指有生命的动物和植物。生物资产分为消耗性生物资产、生产性生物资产和公益性生物资产。

②生产性生物资产的计税基础。

生产性生物资产,是指企业为生产农产品、提供劳务或者出租等而持有的生物资产,包括经济林、薪炭林、产畜和役畜等。

A. 外购的生产性生物资产,以购买价款和支付的相关税费为计税基础;

B. 通过捐赠、投资、非货币性资产交换、债务重组等方式取得的生产性生物资产,以该资产的公允价值和支付的相关税费为计税基础。

③生产性生物资产折旧的计提方法。

生产性生物资产按照直线法计算的折旧,准予扣除。企业应当自生产性生物资产投入使用月份的次月起计算折旧;停止使用的生产性生物资产,应当自停止使用月份的次月起停止计算折旧。企业应当根据生产性生物资产的性质和使用情况,合理确定生产性生物资产的预计净残值。生产性生物资产的预计净残值一经确定,不得变更。

④生产性生物资产计算折旧的最低年限。

A. 林木类生产性生物资产,为10年;

B. 畜类生产性生物资产,为3年。

(3)无形资产的税务处理。

①无形资产的概念。

无形资产,是指企业为生产产品、提供劳务、出租或者经营管理而持有的、没有实物形态的非货币性长期资产,包括专利权、商标权、著作权、土地使用权、非专利技术、商誉等。

②无形资产的计税基础。

A. 外购无形资产,以购买价款和支付的相关税费以及直接归属于使该资

产达到预定用途发生的其他支出为计税基础;

B. 自行开发的无形资产,以开发过程中该资产符合资本化条件后至达到预定用途前发生的支出为计税基础;

C. 通过捐赠、投资、非货币性资产交换、债务重组等方式取得的无形资产,以该资产的公允价值和支付的相关税费为计税基础。

③无形资产的摊销方法。

无形资产按照直线法计算的摊销费用,准予扣除。外购商誉的支出,在企业整体转让或者清算时,准予扣除。

④无形资产的摊销年限。

无形资产的摊销年限不得低于 10 年。作为投资或者受让的无形资产,有关法律规定或者合同约定了使用年限的,可以按照规定或者约定的使用年限分期摊销。

⑤不得计算摊销费用扣除的无形资产。

A. 自行开发的支出已在计算应纳税所得额时扣除的无形资产;

B. 自创商誉;

C. 与经营活动无关的无形资产;

D. 其他不得计算摊销费用扣除的无形资产。

(4)长期待摊费用的税务处理。

企业发生的下列支出作为长期待摊费用,按照规定摊销的,准予扣除:

①已足额提取折旧的固定资产的改建支出,按照固定资产预计尚可使用年限分期摊销。

②租入固定资产的改建支出,按照合同约定的剩余租赁期限分期摊销;改建的固定资产延长使用年限的,除上述两种情况外,应当适当延长折旧年限。

③固定资产的大修理支出,按照固定资产尚可使用年限分期摊销。大修理支出,是指同时符合下列条件的支出:

A. 修理支出达到取得固定资产时的计税基础 50% 以上;

B. 修理后固定资产的使用年限延长 2 年以上。

④其他应当作为长期待摊费用的支出,自支出发生月份的次月起,分期摊销,摊销年限不得低于 3 年。

(5)投资资产的税务处理。

①投资资产的概念。

投资资产，是指企业对外进行权益性投资和债权性投资形成的资产。

②投资资产的成本。

A. 通过支付现金方式取得的投资资产，以购买价款为成本；

B. 通过支付现金以外的方式取得的投资资产，以该资产的公允价值和支付的相关税费为成本。

③投资资产成本的扣除方法。

企业在转让或者处置投资资产时，投资资产的成本准予扣除。企业对外投资期间，投资资产的成本在计算应纳税所得额时不得扣除。

2021 年及以后年度汇算清缴，企业购买的文物、艺术品用于收藏、展示、保值增值的，作为投资资产进行税务处理。文物、艺术品资产在持有期间，计提的折旧、摊销费用，不得税前扣除。

（6）存货的税务处理。

①存货的概念。

存货，是指企业持有以备出售的产品或者商品、处在生产过程中的在产品、在生产或者提供劳务过程中耗用的材料和物料等。

②存货的成本。

A. 通过支付现金方式取得的存货，以购买价款和支付的相关税费为成本；

B. 通过支付现金以外的方式取得的存货，以该存货的公允价值和支付的相关税费为成本；

C. 生产性生物资产收获的农产品，以产出或者采收过程中发生的材料费、人工费和分摊的间接费用等必要支出为成本。

③存货成本的计算方法。

企业使用或者销售的存货的成本计算方法，可在先进先出法、加权平均法、个别计价法中选用一种。计价方法一经选用，不得随意变更。

④企业使用或者销售存货，按照规定计算的存货成本，准予在计算应纳税所得额时扣除。

6. 特别纳税调整

企业与其关联方之间的业务往来，不符合独立交易原则而减少企业或者其关联方应纳税收入或者所得额的，税务机关有权按照合理方法调整。

企业与其关联方共同开发、受让无形资产，或者共同提供、接受劳务发生的成本，在计算应纳税所得额时应当按照独立交易原则进行分摊。

关联方，是指与企业有下列关联关系之一的企业、其他组织或者个人：

（1）在资金、经营、购销等方面存在直接或者间接的控制关系；

（2）直接或间接地同为第三者控制；

（3）在利益上具有相关联的其他关系。

独立交易原则，是指没有关联关系的交易各方，按照公平成交价格和营业常规进行业务往来遵循的原则。

特别纳税调整管理内容有：

（1）转让定价管理。

转让定价管理，是指税务机关按照有关规定，对企业与其关联方之间的业务往来（以下简称关联交易）是否符合独立交易原则进行审核评估和调查调整等工作的总称。

（2）预约定价安排管理。

预约定价安排管理，是指税务机关按照有关规定，对企业提出的未来年度关联交易的定价原则和计算方法进行审核评估，并与企业协商达成预约定价安排等工作的总称。

（3）成本分摊协议管理。

成本分摊协议管理，是指税务机关按照有关规定，对企业与其关联方签署的成本分摊协议是否符合独立交易原则进行审核评估和调查调整等工作的总称。

（4）资本弱化管理。

资本弱化管理，是指税务机关按照有关规定，对企业接受关联方债权性投资与企业接受的权益性投资的比例是否符合规定比例或独立交易原则进行审核评估和调查调整等工作的总称。

（5）受控外国企业管理。

受控外国企业管理，是指税务机关按照有关规定，对受控外国企业不作利润分配或减少分配进行审核评估和调查，并对归属于中国居民企业所得进行调整等工作的总称。

（6）一般反避税管理。

一般反避税管理，是指税务机关按照有关规定，对企业实施其他不具有合理商业目的的安排而减少其应纳税收入或所得额进行审核评估和调查调整等工作的总称。

7. 境外所得抵免

（1）直接抵免。

直接抵免，是指已在境外缴纳的所得税税额，不超过抵免限额的部分，可以从当期应纳税额中抵免；超过抵免限额的部分，可以在以后5个年度内，用每年度未使用的抵免限额抵免。

企业可以选择按国（地区）别分别计算［即"分国（地区）不分项"］，或者不按国（地区）别汇总计算［即"不分国（地区）不分项"］其来源于境外的应纳税所得额，并按照有关规定分别计算其可抵免境外所得税税额和抵免限额。上述方式一经选择，5年内不得改变。

（2）间接抵免。

间接抵免，是指居民企业从其直接或者间接控制的外国企业分得的来源于中国境外的股息、红利等权益性投资收益，外国企业在境外实际缴纳的所得税税额中属于该项所得负担的部分，可以作为该居民企业的可抵免境外所得税税额，在税法规定的抵免限额内抵免。

间接抵免的适用范围为居民企业从其符合规定的境外子公司取得的股息、红利等权益性投资收益所得。在按规定计算该企业境外股息所得的可抵免所得税税额和抵免限额时，从最低一层外国企业起逐层计算属于由上一层企业负担的企业所得税。由企业直接或间接持有20%以上股份的外国企业，限于按照规定的持股方式确定的五层外国企业，即：

第一层：企业直接持有20%以上股份的外国企业；

第二层至第五层：单一上一层外国企业直接持有20%以上股份，且由该企业直接持有或通过一个或多个符合规定持股方式的外国企业间接持有总和达到20%以上股份的外国企业。

（3）税收饶让制度。

税收饶让，是指居住国政府对其居民在国外得到减免税优惠的那一部分税额，视同已经缴纳，同样给予税收抵免待遇，不再按居住国税法规定的税率予以补征。

税收饶让是配合抵免方法的一种特殊方式，是为贯彻某种经济政策而采取的优惠措施。税收饶让这种优惠措施的实行，通常需要通过签订双边税收协定的方式予以确定。

（4）海南自由贸易港设立的旅游业、现代服务业、高新技术产业企业新增境外直接投资所得。

对在海南自由贸易港设立的旅游业、现代服务业、高新技术产业企业新增境外直接投资取得的所得，免征企业所得税。

新增境外直接投资所得应当符合以下条件：

①从境外新设分支机构取得的营业利润；或从持股比例超过 20%（含）的境外子公司分回的，与新增境外直接投资相对应的股息所得。

②被投资国（地区）的企业所得税法定税率不低于 5%。

旅游业、现代服务业、高新技术产业，按照海南自由贸易港鼓励类产业目录执行。

8. 亏损弥补

亏损，是指企业每一纳税年度的收入总额减除不征税收入、免税收入和各项扣除后小于零的数额。

企业纳税年度发生的亏损，准予向以后年度结转，用以后年度的所得弥补，但结转年限最长不得超过 5 年。

自 2018 年 1 月 1 日起，当年具备高新技术企业或科技型中小企业资格（以下称资格）的企业，其具备资格年度之前 5 个年度发生的尚未弥补完的亏损，准予结转以后年度弥补，最长结转年限由 5 年延长至 10 年。

高新技术企业，是指按照《科技部 财政部 国家税务总局关于修订印发〈高新技术企业认定管理办法〉的通知》（国科发火〔2016〕32 号）规定认定的高新技术企业；科技型中小企业，是指按照《科技部 财政部 国家税务总局关于印发〈科技型中小企业评价办法〉的通知》（国科发政〔2017〕115 号）规定取得科技型中小企业登记编号的企业。

企业在汇总计算缴纳企业所得税时，其境外营业机构的亏损不得抵减境内营业机构的盈利。

受新冠肺炎疫情影响较大的困难行业企业 2020 年度发生的亏损，最长结转年限由 5 年延长至 8 年。

困难行业企业,包括交通运输、餐饮、住宿、旅游(指旅行社及相关服务、游览景区管理两类)四大类,具体判断标准按照现行《国民经济行业分类》执行。困难行业企业2020年度主营业务收入须占收入总额(剔除不征税收入和投资收益)的50%以上。

对电影行业企业2020年度发生的亏损,最长结转年限由5年延长至8年。

9. 清算所得

《中华人民共和国企业所得税法实施条例》(以下简称《企业所得税法实施条例》)明确,清算所得是指企业的全部资产可变现价值或者交易价格减除资产净值、清算费用以及相关税费等后的余额。企业清算的所得税处理,是指企业在不再持续经营,发生结束自身业务、处置资产、偿还债务以及向所有者分配剩余财产等经济行为时,对清算所得、清算所得税、股息分配等事项的处理。被清算企业的股东分得的剩余资产的金额,其中相当于被清算企业累计未分配利润和累计盈余公积中按该股东所占股份比例计算的部分,应确认为股息所得;剩余资产减除股息所得后的余额,超过或低于股东投资成本的部分,应确认为股东的投资转让所得或损失。

企业清算的所得税处理包括以下内容:①全部资产均应按可变现价值或交易价格,确认资产转让所得或损失;②确认债权清理、债务清偿的所得或损失;③改变持续经营核算原则,对预提或待摊性质的费用进行处理;④依法弥补亏损,确定清算所得;⑤计算并缴纳清算所得税;⑥确定可向股东分配的剩余财产、应付股息等。

清算所得 = 企业的全部资产可变现价值或交易价格 – 资产的计税基础 –

清算费用 – 相关税费 + 债务清偿损益 – 弥补以前年度亏损

债务清偿损益 = 债务的计税基础 – 债务的实际偿还金额

公式中的相关税费为企业在清算过程中发生的相关税费,不包含企业以前年度欠税。

【知识点5】 应纳税额的计算

企业所得税的征收方式分为查账征收和核定征收两种。企业财务制度健全,能按规定设置、保管账簿、记账凭证,能准确计算收入、成本、费用,并据此按照税法规定正确计算应纳税所得额的,实行查账征收的方式。企业因会计账簿不健全，资料残缺难以查账，或者其他原因不能准确计算并据实申报其应纳税所得额的，实行核定征收的方式。征收方式不同，应纳税额的计算思路和过程也不同。

1. 查账征收企业所得税应纳税额的计算

实行查账征收的企业，在持续经营的状态下，应在企业会计利润的基础上，根据税法的规定计算出应纳税所得额，并据此申报缴纳企业所得税。企业所得税年度纳税申报表包括三部分。第一部分"利润总额计算"，按照国家统一会计制度口径计算。第二部分"应纳税所得额计算"，在"利润总额"基础上，对会计制度与税法规定的差异等项目进行调整，由此得出企业所得税的计税依据"应纳税所得额"。第三部分"应纳税额计算"，"应纳税所得额"乘以适用税率，减除减免和抵免的税额等项目后的余额，为应纳税额。

2. 核定征收企业所得税应纳税额的计算

居民企业、非居民企业实行核定征收的，应纳税额的计算有一些差别。非居民企业核定征收的，可以按收入总额、按成本费用、按经费支出换算收入三种方法核定应纳税所得额来计算应纳税额。居民企业核定征收的，可采用核定应税所得率和核定应纳所得税额两种方法。居民企业的核定征收的具体做法如下：

（1）核定应税所得率。

①核定应税所得率的情形。

能够核算（查实）或者通过合理方法能计算或推定企业的收入总额或成本费用总额，则可以以收入总额或成本费用总额作为依据，根据应税所得率计算应纳税所得额。因此，企业具有下列情形之一的，核定其应纳税所得率：

A. 能正确核算（查实）收入总额，但不能正确核算（查实）成本费用总额的；

B. 能正确核算（查实）成本费用总额，但不能正确核算（查实）收入总额的；

C. 通过合理方法，能计算和推定纳税人收入总额或成本费用总额的。

②应税所得率。

国家税务总局规定了不同行业的应税所得率幅度标准。实行应税所得率核定征收的企业，经营多业的，无论其经营项目是否单独核算，均由税务机关根据其主营项目确定适用的应税所得率。主营项目应为企业所有经营项目中，收入总额或者成本（费用）支出额或者耗用原材料、燃料、动力数量所占比重最大的项目。

③应纳税所得额的计算。

A. 企业能正确核算（查实）收入总额，但不能正确核算（查实）成本费用总额，或者通过合理方法，能计算和推定企业收入总额的，按下列公式计算应纳税所得额：

$$应纳税所得额 = 应税收入额 \times 应税所得率$$

$$应税收入额 = 收入总额 - 不征税收入 - 免税收入$$

免税收入包括国债利息收入、符合条件的居民企业之间的股息（红利）等权益性投资收益、地方政府债券利息收入等。

B. 企业能正确核算（查实）成本费用总额，但不能正确核算（查实）收入总额，或者通过合理方法，能计算和推定纳税人成本费用总额的，按下列公式计算应纳税所得额：

$$应纳税所得额 = 成本(费用)支出额 \div (1 - 应税所得率) \times 应税所得率$$

④应纳税额的计算。

企业计算出应纳税所得额后，按下列公式计算应纳税额：

$$应纳所得税额 = 应纳税所得额 \times 适用税率$$

核定征收方式的小型微利企业可以享受小型微利企业税收优惠。

（2）核定应纳所得税额。

对于不符合核定应税所得率情形的企业，采取核定应纳所得税额的方法征收企业所得税。

二 特殊业务所得税政策

【知识点 1】 非货币性资产投资的所得税政策

非货币性资产，是指现金、银行存款、应收账款、应收票据以及准备持有至到期的债券投资等货币性资产以外的资产。

非货币性资产投资，限于以非货币性资产出资设立新的居民企业，或将非货币性资产注入现存的居民企业。

企业以非货币性资产对外投资确认的非货币性资产转让所得，可在不超过 5 年期限内，分期均匀计入相应年度的应纳税所得额，按规定计算缴纳企业所得税。

企业以非货币性资产对外投资，应对非货币性资产进行评估并按评估后的公允价值扣除计税基础后的余额，计算确认非货币性资产转让所得。

企业以非货币性资产对外投资而取得被投资企业的股权，应以非货币性资产的原计税成本为计税基础，加上每年确认的非货币性资产转让所得，逐年进行调整。

被投资企业取得非货币性资产的计税基础，应按非货币性资产的公允价值确定。

企业在对外投资 5 年内转让上述股权或投资收回的，应停止执行递延纳税政策，并就递延期内尚未确认的非货币性资产转让所得，在转让股权或投资收回当年的企业所得税年度汇算清缴时，一次性计算缴纳企业所得税；企业在计算股权转让所得时，可按规定将股权的计税基础一次调整到位。

企业在对外投资 5 年内注销的，应停止执行递延纳税政策，并就递延期内尚未确认的非货币性资产转让所得，在注销当年的企业所得税年度汇算清缴时，一次性计算缴纳企业所得税。

【知识点 2】 企业重组的所得税处理

企业重组，是指企业在日常经营活动以外发生的法律结构或经济结构重大改变的交易，包括企业法律形式改变、债务重组、股权收购、资产收购、合并、分立等。

企业重组的税务处理区分不同条件分别适用一般性税务处理规定和特殊性税务处理规定。

同一重组业务的当事各方应采取一致税务处理原则，即统一按一般性或特殊性税务处理。

1. 一般性税务处理

（1）企业法律形式改变一般性税务处理。

企业由法人转变为个人独资企业、合伙企业等非法人组织，或将登记注册地转移至中华人民共和国境外（包括港澳台地区），应视同企业进行清算、分配，股东重新投资成立新企业。企业的全部资产以及股东投资的计税基础均应以公允价值为基础确定。

企业发生其他法律形式简单改变的，可直接变更税务登记，除另有规定外，有关企业所得税纳税事项（包括亏损结转、税收优惠等权益和义务）由变更后企业承继，但因住所发生变化而不符合税收优惠条件的除外。

（2）债务重组一般性税务处理。

企业债务重组，相关交易应按以下规定处理：

①以非货币资产清偿债务，应当分解为转让相关非货币性资产、按非货币性资产公允价值清偿债务两项业务，确认相关资产的所得或损失。

②发生债权转股权的，应当分解为债务清偿和股权投资两项业务，确认有关债务清偿所得或损失。

③债务人应当按照支付的债务清偿额低于债务计税基础的差额，确认债务重组所得；债权人应当按照收到的债务清偿额低于债权计税基础的差额，确认债务重组损失。

④债务人的相关所得税纳税事项原则上保持不变。

（3）股权收购、资产收购一般性税务处理。

企业股权收购、资产收购重组交易，相关交易应按以下规定处理：

①被收购方应确认股权、资产转让所得或损失。

②收购方取得股权或资产的计税基础应以公允价值为基础确定。

③被收购企业的相关所得税事项原则上保持不变。

（4）企业合并一般性税务处理。

企业合并，当事各方应按下列规定处理：

①合并企业应按公允价值确定接受被合并企业各项资产和负债的计税基础。

②被合并企业及其股东都应按清算进行所得税处理。

③被合并企业的亏损不得在合并企业结转弥补。

（5）企业分立一般性税务处理。

企业分立，当事各方应按下列规定处理：

①被分立企业对分立出去资产应按公允价值确认资产转让所得或损失。

②分立企业应按公允价值确认接受资产的计税基础。

③被分立企业继续存在时，其股东取得的对价应视同被分立企业分配进行处理。

④被分立企业不再继续存在时，被分立企业及其股东都应按清算进行所得税处理。

⑤企业分立相关企业的亏损不得相互结转弥补。

2. 特殊性税务处理

（1）特殊性税务处理条件。

企业重组同时符合下列条件的，适用特殊性税务处理规定：

①具有合理的商业目的，且不以减少、免除或者推迟缴纳税款为主要目的。

②被收购、合并或分立部分的资产或股权比例符合规定的比例。

③企业重组后的连续 12 个月内不改变重组资产原来的实质性经营活动。

④重组交易对价中涉及股权支付金额符合规定比例。

⑤企业重组中取得股权支付的原主要股东，在重组后连续 12 个月内，不得转让所取得的股权。

（2）债务重组特殊性税务处理。

企业债务重组确认的应纳税所得额占该企业当年应纳税所得额 50% 以上，可以在 5 个纳税年度的期间内，均匀计入各年度的应纳税所得额。

企业发生债权转股权业务，对债务清偿和股权投资两项业务暂不确认有关债务清偿所得或损失，股权投资的计税基础以原债权的计税基础确定。企业的其他相关所得税事项保持不变。

（3）股权收购特殊性税务处理。

股权收购，收购企业购买的股权不低于被收购企业全部股权的 50%，且收购企业在该股权收购发生时的股权支付金额不低于其交易支付总额的 85%，可以选择按以下规定处理：

①被收购企业的股东取得收购企业股权的计税基础，以被收购股权的原有计税基础确定。

②收购企业取得被收购企业股权的计税基础，以被收购股权的原有计税基础确定。

③收购企业、被收购企业的原有各项资产、负债的计税基础和其他相关

所得税事项保持不变。

（4）资产收购特殊性税务处理。

资产收购，受让企业收购的资产不低于转让企业全部资产的50%，且受让企业在该资产收购发生时的股权支付金额不低于其交易支付总额的85%，可以选择按以下规定处理：

①转让企业取得受让企业股权的计税基础，以被转让资产的原有计税基础确定。

②受让企业取得转让企业资产的计税基础，以被转让资产的原有计税基础确定。

（5）企业合并特殊性税务处理。

企业合并，企业股东在该企业合并发生时取得的股权支付金额不低于其交易支付总额的85%，以及同一控制下且不需要支付对价，可以选择按以下规定处理：

①合并企业接受被合并企业资产和负债的计税基础，以被合并企业的原有计税基础确定。

②被合并企业合并前的相关所得税事项由合并企业承继。

③可由合并企业弥补的被合并企业亏损的限额 = 被合并企业净资产公允价值 × 截至合并业务发生当年年末国家发行的最长期限的国债利率。

④被合并企业股东取得合并企业股权的计税基础，以其原持有的被合并企业股权的计税基础确定。

（6）企业分立特殊性税务处理。

企业分立，被分立企业所有股东按原持股比例取得分立企业的股权，分立企业和被分立企业均不改变原来的实质经营活动，且被分立企业股东在该企业分立发生时取得的股权支付金额不低于其交易支付总额的85%，可以选择按以下规定处理：

①分立企业接受被分立企业资产和负债的计税基础，以被分立企业的原有计税基础确定。

②被分立企业已分立出去资产相应的所得税事项由分立企业承继。

③被分立企业未超过法定弥补期限的亏损额可按分立资产占全部资产的比例进行分配，由分立企业继续弥补。

④被分立企业的股东取得分立企业的股权（以下简称"新股"），如需部分或全部放弃原持有的被分立企业的股权（以下简称"旧股"），"新股"的计税基础应以放弃"旧股"的计税基础确定。如无须放弃"旧股"，则其取得"新股"的计税基础可从以下两种方法中选择确定：直接将"新股"的计税基础确定为零；或者以被分立企业分立出去的净资产占被分立企业全部净资产的比例先调减原持有的"旧股"的计税基础，再将调减的计税基础平均分配到"新股"上。

（7）非股权支付所得确认。

重组交易各方选择适用特殊性税务处理，对交易中股权支付暂不确认有关资产的转让所得或损失的，其非股权支付仍应在交易当期确认相应的资产转让所得或损失，并调整相应资产的计税基础。

非股权支付对应的资产转让所得或损失 =（被转让资产的公允价值 − 被转让资产的计税基础）×（非股权支付金额÷被转让资产的公允价值）

（8）企业发生涉及中国境内与境外之间（包括港澳台地区）的股权和资产收购交易，除应符合特殊性税务处理规定的条件外，还应同时符合下列条件，才可选择适用特殊性税务处理规定：

①非居民企业向其100%直接控股的另一非居民企业转让其拥有的居民企业股权，没有因此造成以后该项股权转让所得预提税负担变化，且转让方非居民企业向主管税务机关书面承诺在3年内（含3年）不转让其拥有受让方非居民企业的股权；

②非居民企业向与其具有100%直接控股关系的居民企业转让其拥有的另一居民企业股权；

③居民企业以其拥有的资产或股权向其100%直接控股的非居民企业进行投资；

④财政部、国家税务总局核准的其他情形。

【知识点3】 房地产企业的所得税处理

1. 收入的税务处理

企业通过正式签订《房地产销售合同》或《房地产预售合同》所取得的收入，应确认为销售收入的实现，具体按以下规定确认：

（1）采取一次性全额收款方式销售开发产品的，应于实际收讫价款或取得索取价款凭据（权利）之日，确认收入的实现。

（2）采取分期收款方式销售开发产品的，应按销售合同或协议约定的价款和付款日确认收入的实现。付款方提前付款的，在实际付款日确认收入的实现。

（3）采取银行按揭方式销售开发产品的，应按销售合同或协议约定的价款确定收入额，其首付款应于实际收到日确认收入的实现，余款在银行按揭贷款办理转账之日确认收入的实现。

（4）采取委托方式销售开发产品的，应按以下原则确认收入的实现：

①采取支付手续费方式委托销售开发产品的，应按销售合同或协议中约定的价款于收到受托方已销开发产品清单之日确认收入的实现。

②采取视同买断方式委托销售开发产品的，属于企业与购买方签订销售合同或协议，或企业、受托方、购买方三方共同签订销售合同或协议的，如果销售合同或协议中约定的价格高于买断价格，则应按销售合同或协议中约定的价格计算的价款于收到受托方已销开发产品清单之日确认收入的实现；如果属于前两种情况中销售合同或协议中约定的价格低于买断价格，以及属于受托方与购买方签订销售合同或协议的，则应按买断价格计算的价款于收到受托方已销开发产品清单之日确认收入的实现。

③采取基价（保底价）并实行超基价双方分成方式委托销售开发产品的，属于由企业与购买方签订销售合同或协议，或企业、受托方、购买方三方共同签订销售合同或协议的，如果销售合同或协议中约定的价格高于基价，则应按销售合同或协议中约定的价格计算的价款于收到受托方已销开发产品清单之日确认收入的实现，企业按规定支付受托方的分成额，不得直接从销售收入中减除；如果销售合同或协议约定的价格低于基价的，则应按基价计算的价款于收到受托方已销开发产品清单之日确认收入的实现。属于由受托方与购买方直接签订销售合同的，则应按基价加上按规定取得的分成额于收到受托方已销开发产品清单之日确认收入的实现。

④采取包销方式委托销售开发产品的，包销期内可根据包销合同的有关约定，参照上述①至③项规定确认收入的实现；包销期满后尚未出售的开发产品，企业应根据包销合同或协议约定的价款和付款方式确认收入的实现。

企业将开发产品用于捐赠、赞助、职工福利、奖励、对外投资、分配给股东或投资人、抵偿债务、换取其他企事业单位和个人的非货币性资产等行为，应视同销售，于开发产品所有权或使用权转移，或于实际取得利益权利时确认收入（或利润）的实现。确认收入（或利润）的方法和顺序为：

（1）按本企业近期或本年度最近月份同类开发产品市场销售价格确定；

（2）由主管税务机关参照当地同类开发产品市场公允价值确定；

（3）按开发产品的成本利润率确定。开发产品的成本利润率不得低于15%，具体比例由主管税务机关确定。

企业销售未完工开发产品取得的收入，应先按预计计税毛利率分季（或月）计算出预计毛利额，计入当期应纳税所得额。开发产品完工后，企业应及时结算其计税成本并计算此前销售收入的实际毛利额，同时将其实际毛利额与其对应的预计毛利额之间的差额，计入当年度企业本项目与其他项目合并计算的应纳税所得额。

在年度纳税申报时，企业须出具对该项开发产品实际毛利额与预计毛利额之间差异调整情况的报告以及税务机关需要的其他相关资料。

企业销售未完工开发产品的计税毛利率由各省、自治区、直辖市税务局按下列规定进行确定：

（1）开发项目位于省、自治区、直辖市和计划单列市人民政府所在地城市城区和郊区的，不得低于15%。

（2）开发项目位于地及地级市城区及郊区的，不得低于10%。

（3）开发项目位于其他地区的，不得低于5%。

（4）属于经济适用房、限价房和危改房的，不得低于3%。

2. 成本、费用扣除的税务处理

企业在进行成本、费用的核算与扣除时，必须按规定区分期间费用和开发产品计税成本、已销开发产品计税成本与未销开发产品计税成本。

企业发生的期间费用、已销开发产品计税成本、税金及附加、土地增值税准予当期按规定扣除。

已销开发产品的计税成本，按当期已实现销售的可售面积和可售面积单位工程成本确认。可售面积单位工程成本和已销开发产品的计税成本按下列公式计算确定：

可售面积单位工程成本＝成本对象总成本÷成本对象总可售面积

已销开发产品的计税成本＝已实现销售的可售面积×可售面积单位工程成本

企业对尚未出售的已完工开发产品和按照有关法律、法规或合同规定对已售开发产品（包括共用部位、共用设施设备）进行日常维护、保养、修理等实际发生的维修费用，准予在当期据实扣除。

企业将已计入销售收入的共用部位、共用设施设备维修基金按规定移交给有关部门、单位的，应于移交时扣除。

企业在开发区内建造的会所、物业管理场所、电站、热力站、水厂、文体场馆、幼儿园等配套设施，按以下规定进行处理：

（1）属于非营利性且产权属于全体业主的，或无偿赠与地方政府、公用事业单位的，可将其视为公共配套设施，其建造费用按公共配套设施费的有关规定进行处理。

（2）属于营利性的，或产权归企业所有的，或未明确产权归属的，或无偿赠与地方政府、公用事业单位以外其他单位的，应当单独核算其成本。除企业自用应按建造固定资产进行处理外，其他一律按建造开发产品进行处理。

企业委托境外机构销售开发产品的，其支付境外机构的销售费用（含佣金或手续费）不超过委托销售收入10%的部分，准予据实扣除。

企业的利息支出按以下规定进行处理：

（1）企业为建造开发产品借入资金而发生的符合税法规定的借款费用，可按企业会计准则的规定进行归集和分配，其中属于财务费用性质的借款费用，可直接在税前扣除。

（2）企业集团或其成员企业统一向金融机构借款分摊集团内部其他成员企业使用的，借入方凡能出具从金融机构取得借款的证明文件，可以在使用借款的企业间合理地分摊利息费用，使用借款的企业分摊的合理利息准予在税前扣除。

3. 计税成本的内容

开发产品计税成本的内容包括：

（1）土地征用费及拆迁补偿费。指为取得土地开发使用权（或开发权）而发生的各项费用，主要包括土地买价或出让金、大市政配套费、契税、耕地占用税、土地使用费、土地闲置费、土地变更用途和超面积补交的地价及相关税费、拆迁补偿支出、安置及动迁支出、回迁房建造支出、农作物补偿费、危房补偿费等。

（2）前期工程费。指项目开发前期发生的水文地质勘查、测绘、规划、设计、可行性研究、筹建、场地通平等前期费用。

（3）建筑安装工程费。指开发项目开发过程中发生的各项建筑安装费用。主要包括开发项目建筑工程费和开发项目安装工程费等。

（4）基础设施建设费。指开发项目在开发过程中所发生的各项基础设施支出，主要包括开发项目内道路、供水、供电、供气、排污、排洪、通讯、照明等社区管网工程费和环境卫生、园林绿化等园林环境工程费。

（5）公共配套设施费。指开发项目内发生的、独立的、非营利性的，且产权属于全体业主的，或无偿赠与地方政府、政府公用事业单位的公共配套设施支出。

（6）开发间接费。指企业为直接组织和管理开发项目所发生的，且不能将其归属于特定成本对象的成本费用性支出。主要包括管理人员工资、职工福利费、折旧费、修理费、办公费、水电费、劳动保护费、工程管理费、周转房摊销以及项目营销设施建造费等。

除以下几项预提（应付）费用外，计税成本均应为实际发生的成本：

（1）出包工程未最终办理结算而未取得全额发票的，在证明资料充分的前提下，其发票不足金额可以预提，但最高不得超过合同总金额的10%。

（2）公共配套设施尚未建造或尚未完工的，可按预算造价合理预提建造费用。此类公共配套设施必须符合已在售房合同、协议或广告、模型中明确承诺建造且不可撤销，或按照法律法规规定必须配套建造的条件。

（3）应向政府上交但尚未上交的报批报建费用、物业完善费用可以按规定预提。物业完善费用，是指按规定应由企业承担的物业管理基金、公建维修基金或其他专项基金。

【知识点4】 企业政策性搬迁的所得税政策

1. 搬迁收入

企业取得的搬迁补偿收入，是指企业由于搬迁取得的货币性和非货币性补偿收入。具体包括：

（1）对被征用资产价值的补偿；

（2）因搬迁、安置而给予的补偿；

（3）对停产停业形成的损失而给予的补偿；

（4）资产搬迁过程中遭到毁损而取得的保险赔款；

（5）其他补偿收入。

2. 搬迁支出

企业的搬迁支出，包括搬迁费用支出以及由于搬迁所发生的企业资产处置支出。

搬迁费用支出，是指企业搬迁期间所发生的各项费用，包括安置职工实际发生的费用、停工期间支付给职工的工资及福利费、临时存放搬迁资产而发生的费用、各类资产搬迁安装费用以及其他与搬迁相关的费用。

资产处置支出，是指企业由于搬迁而处置各类资产所发生的支出，包括变卖及处置各类资产的净值、处置过程中所发生的税费等支出。

企业由于搬迁而报废的资产，如无转让价值，其净值作为企业的资产处置支出。

3. 搬迁资产的税务处理

企业搬迁的资产，简单安装或不需要安装即可继续使用的，在该项资产重新投入使用后，就其净值按《企业所得税法》及其实施条例规定的该资产尚未折旧或摊销的年限，继续计提折旧或摊销。

企业搬迁的资产，需要进行大修理后才能重新使用的，应就该资产的净值，加上大修理过程所发生的支出，为该资产的计税成本。在该项资产重新投入使用后，按该资产尚可使用的年限，计提折旧或摊销。

企业搬迁中被征用的土地，采取土地置换的，换入土地的计税成本按被征用土地的净值，以及该换入土地投入使用前所发生的各项费用支出，为该换入土地的计税成本，在该换入土地投入使用后，按《企业所得税法》及其实施条例规定年限摊销。

企业搬迁期间新购置的各类资产，应按《企业所得税法》及其实施条例等有关规定，计算确定资产的计税成本及折旧或摊销年限。

企业发生的购置资产支出，不得从搬迁收入中扣除。

4. 应税所得

企业在搬迁期间发生的搬迁收入和搬迁支出，可以暂不计入当期应纳税所得额，而在完成搬迁的年度，对搬迁收入和支出进行汇总清算。

下列情形之一的，为搬迁完成年度，企业应进行搬迁清算，计算搬迁所得：

（1）从搬迁开始，5 年内（包括搬迁当年度）任何一年完成搬迁的。

（2）从搬迁开始，搬迁时间满 5 年（包括搬迁当年度）的年度。

企业同时符合下列条件的，视为已经完成搬迁：

（1）搬迁规划已基本完成。

（2）当年生产经营收入占规划搬迁前年度生产经营收入 50% 以上。

企业边搬迁、边生产的，搬迁年度应从实际开始搬迁的年度计算。

企业的搬迁收入，扣除搬迁支出后的余额，为企业的搬迁所得。企业应在搬迁完成年度，将搬迁所得计入当年度企业应纳税所得额计算纳税。

企业搬迁收入扣除搬迁支出后为负数的，应为搬迁损失。搬迁损失可在下列方法中选择其一进行税务处理：

（1）在搬迁完成年度，一次性作为损失进行扣除。

（2）自搬迁完成年度起分 3 个年度，均匀在税前扣除。

上述方法由企业自行选择，但一经选定，不得改变。

企业以前年度发生尚未弥补的亏损的，凡企业由于搬迁停止生产经营无所得的，从搬迁年度次年起，至搬迁完成年度前一年度止，可作为停止生产经营活动年度，从法定亏损结转弥补年限中减除；企业边搬迁、边生产的，其亏损结转年度应连续计算。

三 企业所得税优惠政策

企业所得税优惠的主要类型包括：税率优惠、税基优惠和税额优惠三大类。

【知识点 1】 税率优惠

1. 国家需要重点扶持的高新技术企业，减按 15% 的税率征收企业所得税。

国家需要重点扶持的高新技术企业，是指拥有核心自主知识产权，并同时符合下列条件的企业：

（1）产品（服务）属于《国家重点支持的高新技术领域》规定的范围；

（2）研究开发费用占销售收入的比例不低于规定比例；

（3）高新技术产品（服务）收入占企业总收入的比例不低于规定比例；

（4）科技人员占企业职工总数的比例不低于规定比例；

（5）高新技术企业认定管理办法规定的其他条件。

2. 对经认定的服务外包类和服务贸易类技术先进型服务企业，减按 15% 的税率征收企业所得税。

3. 非居民企业在中国境内未设立机构、场所的，或者虽设立机构、场所但取得的所得与其所设机构、场所没有实际联系的，来源于中国境内的所得，减按 10% 的税率征收企业所得税。

4. 中、西部地区的鼓励类产业企业。

（1）2011 年 1 月 1 日至 2030 年 12 月 31 日，对设在西部地区的鼓励类产业企业减按 15% 的税率征收企业所得税。

鼓励类产业企业是指以《西部地区鼓励类产业目录》中规定的产业项目为主营业务，且其当年度主营业务收入占企业收入总额 70% 以上的企业。

收入总额，是指《企业所得税法》第六条规定的收入总额即收入总额是指企业以货币形式和非货币形式从各种来源取得的收入，包括销售货物收入；提供劳务收入；转让财产收入；股息、红利等权益性投资收益；利息收入；租金收入；特许权使用费收入；接受捐赠收入；其他收入。

企业主营业务属于《西部地区鼓励类产业目录》范围的，经主管税务机关确认，可按照 15% 税率预缴企业所得税。年度汇算清缴时，其当年度主营业务收入占企业总收入的比例达不到规定标准的，应按税法规定的税率计算申报并进行汇算清缴。

总机构设在西部大开发税收优惠地区的企业，仅就设在优惠地区的总机构和分支机构（不含优惠地区外设立的二级分支机构在优惠地区内设立的三级以下分支机构）的所得确定适用 15% 优惠税率。

总机构设在西部大开发税收优惠地区外的企业，其在优惠地区内设立的分支机构（不含仅在优惠地区内设立的三级以下分支机构），仅就该分支机构所得确定适用 15% 优惠税率。

（2）2012 年 1 月 1 日至 2020 年 12 月 31 日，对设在赣州市的鼓励类产业的内资企业和外商投资企业减按 15% 的税率征收企业所得税。

（3）西部地区包括内蒙古自治区、广西壮族自治区、重庆市、四川省、贵州省、云南省、西藏自治区、陕西省、甘肃省、青海省、宁夏回族自治区、新疆维吾尔自治区和新疆生产建设兵团。自 2021 年 1 月 1 日至 2030 年 12 月 31 日，湖南省湘西土家族苗族自治州、湖北省恩施土家族苗族自治州、吉林省延边朝鲜族自治州和江西省赣州市，可以比照西部地区的企业所得税政策执行。

5. 广东横琴、福建平潭、深圳前海等地区的鼓励类产业企业。

对设在横琴新区、平潭综合实验区和前海深港现代服务业合作区的鼓励类产业企业减按 15% 的税率征收企业所得税。

6. 从事污染防治的第三方企业。

2019 年 1 月 1 日至 2023 年 12 月 31 日，对符合条件的从事污染防治的第三方企业减按 15% 的税率征收企业所得税。

7. 海南自由贸易港企业所得税优惠。

对注册在海南自由贸易港并实质性运营的鼓励类产业企业，减按 15% 的税率征收企业所得税。

鼓励类产业企业，是指以海南自由贸易港鼓励类产业目录中规定的产业项目为主营业务，且其主营业务收入占企业收入总额 60% 以上的企业。所称实质性运营，是指企业的实际管理机构设在海南自由贸易港，并对企业生产经营、人员、账务、财产等实施实质性全面管理和控制。对不符合实质性运营的企业，不得享受优惠。

海南自由贸易港鼓励类产业目录包括《产业结构调整指导目录（2019 年本）》《鼓励外商投资产业目录（2019 年版）》和海南自由贸易港新增鼓励类产业目录。

对总机构设在海南自由贸易港的符合条件的企业，仅就其设在海南自由贸易港的总机构和分支机构的所得，适用 15% 税率；对总机构设在海南自由贸易港以外的企业，仅就其设在海南自由贸易港内的符合条件的分支机构的所得，适用 15% 税率。

【知识点2】 税基优惠

1. 免税收入

免税收入，是指对企业的某些收入免予征税，即允许企业计算应纳税所得额时将这些收入从收入总额中减除。

（1）国债利息收入，是指企业持有国务院财政部门发行的国债取得的利息收入。

（2）符合条件的居民企业之间的股息、红利等权益性投资收益，是指居民企业直接投资于其他居民企业取得的投资收益。不包括连续持有居民企业公开发行并上市流通的股票不足 12 个月取得的投资收益。

对内地企业投资者通过沪港通、深港通投资香港联交所上市股票取得的股息红利所得，计入其收入总额，依法计征企业所得税。其中，内地居民企业连续持有 H 股满 12 个月取得的股息红利所得，依法免征企业所得税。

（3）在中国境内设立机构、场所的非居民企业从居民企业取得与该机构、场所有实际联系的股息、红利等权益性投资收益。不包括连续持有居民企业公开发行并上市流通的股票不足 12 个月取得的投资收益。

（4）符合条件的非营利组织的收入（不包括非营利组织从事营利性活动取得的收入）。非营利组织的下列收入为免税收入：

①接受其他单位或者个人捐赠的收入；

②除《企业所得税法》第七条规定的财政拨款以外的其他政府补助收入，但不包括因政府购买服务取得的收入；

③按照省级以上民政、财政部门规定收取的会费；

④不征税收入和免税收入孳生的银行存款利息收入；

⑤财政部、国家税务总局规定的其他收入。

符合条件的非营利组织，是指同时符合下列条件的组织：

①依照国家有关法律法规设立或登记的事业单位、社会团体、基金会、社会服务机构、宗教活动场所、宗教院校以及财政部、税务总局认定的其他非营利组织；

②从事公益性或者非营利性活动；

③取得的收入除用于与该组织有关的、合理的支出外，全部用于登记核

定或者章程规定的公益性或者非营利性事业；

④财产及其孳息不用于分配，但不包括合理的工资薪金支出；

⑤按照登记核定或者章程规定，该组织注销后的剩余财产用于公益性或者非营利性目的，或者由登记管理机关转赠给与该组织性质、宗旨相同的组织，并向社会公告；

⑥投入人对投入该组织的财产不保留或者享有任何财产权利；

⑦工作人员工资福利开支控制在规定的比例内，不变相分配该组织的财产；

⑧对取得的应纳税收入及其有关的成本、费用、损失应与免税收入及其有关的成本、费用、损失分别核算。

2. 减计收入

（1）综合利用资源生产产品取得的收入。

企业综合利用资源，生产符合国家产业政策规定的产品所取得的收入，可以在计算应纳税所得额时减计收入。企业以《资源综合利用企业所得税优惠目录》规定的资源作为主要原材料，生产国家非限制和禁止并符合国家和行业相关标准的产品取得的收入，减按90%计入收入总额。

（2）金融机构取得的涉农贷款利息收入。

自2017年1月1日至2019年12月31日，对金融机构农户小额贷款的利息收入，在计算应纳税所得额时，按90%计入收入总额。

（3）保险机构取得的涉农保费收入。

自2017年1月1日至2019年12月31日，对保险公司为种植业、养殖业提供保险业务取得的保费收入，在计算应纳税所得额时，按90%计入收入总额。

保费收入是指原保险保费收入加上分保费收入减去分出保费后的余额。

（4）小额贷款公司取得的农户小额贷款利息收入。

自2017年1月1日至2019年12月31日，对经省级金融管理部门（金融办、局等）批准成立的小额贷款公司取得的农户小额贷款利息收入，在计算应纳税所得额时，按90%计入收入总额。

（5）铁路债券利息收入。

企业持有2011—2023年发行的铁路债券取得的利息收入，减半征收企业所得税。

铁路债券，原称为中国铁路建设债券，在不同时期的规定有所差异：2011—2013 年，称为中国铁路建设债券，是指经国家发展改革委核准，以铁道部为发行和偿还主体的债券；根据《国务院关于组建中国铁路总公司有关问题的批复》（国函〔2013〕47 号）规定，中国铁路总公司组建后，继续享有国家对原铁道部的税收优惠政策，国务院及有关部门、地方政府对铁路实行的原有优惠政策继续执行，继续明确铁路建设债券为政府支持债券，因此 2014 年和 2015 年发行的中国铁路建设债券是指经国家发展改革委核准，以中国铁路总公司为发行和偿还主体的债券；2016 年起，使用铁路债券名称，其是指以中国铁路总公司为发行和偿还主体的债券，包括中国铁路建设债券、中期票据、短期融资券等债务融资工具。

（6）提供社区养老、托育、家政相关服务的收入。

自 2019 年 6 月 1 日起至 2025 年 12 月 31 日，提供社区养老、托育、家政服务取得的收入，在计算应纳税所得额时，减按 90% 计入收入总额。

（7）符合条件的小型微利企业税收优惠政策。

根据财政部、国家税务总局发布的《关于进一步实施小微企业所得税优惠政策的公告》（财政部　税务总局公告 2022 年第 13 号）规定，符合条件的小型微利企业，是指从事国家非限制和禁止行业，并符合下列条件的企业：年应纳税所得额不超过 300 万元、从业人数不超过 300 人和资产总额不超过 5000 万元等三个条件的企业。

自 2021 年 1 月 1 日至 2022 年 12 月 31 日，对小型微利企业年应纳税所得额不超过 100 万元的部分，减按 12.5% 计入应纳税所得额，按 20% 的税率缴纳企业所得税。

自 2022 年 1 月 1 日至 2024 年 12 月 31 日，对小型微利企业年应纳税所得额超过 100 万元但不超过 300 万元的部分，减按 25% 计入应纳税所得额，按 20% 的税率缴纳企业所得税。

3. 免征、减征所得

企业的下列所得，可以免征、减征企业所得税：

（1）企业从事下列项目的所得，免征企业所得税：

①蔬菜、谷物、薯类、油料、豆类、棉花、麻类、糖料、水果、坚果的

种植；

②农作物新品种的选育；

③中药材的种植；

④林木的培育和种植；

⑤牲畜、家禽的饲养；

⑥林产品的采集；

⑦灌溉、农产品初加工、兽医、农技推广、农机作业和维修等农、林、牧、渔服务业项目；

⑧远洋捕捞。

（2）企业从事下列项目的所得，减半征收企业所得税：

①花卉、茶以及其他饮料作物和香料作物的种植；

②海水养殖、内陆养殖。

企业从事国家限制和禁止发展的项目，不得享受上述规定的免征和减半征收企业所得税优惠。

（3）从事国家重点扶持的公共基础设施项目投资经营的所得。

国家重点扶持的公共基础设施项目，是指《公共基础设施项目企业所得税优惠目录》规定的港口码头、机场、铁路、公路、城市公共交通、电力、水利等项目。

企业从事上述规定的国家重点扶持的公共基础设施项目的投资经营的所得，自项目取得第一笔生产经营收入所属纳税年度起，第一年至第三年免征企业所得税，第四年至第六年减半征收企业所得税。企业承包经营、承包建设和内部自建自用的上述项目，不得享受上述规定的企业所得税优惠。

按上述规定享受减免税优惠的项目，在减免税期限内转让的，受让方自受让之日起，可以在剩余期限内享受规定的减免税优惠；减免税期限届满后转让的，受让方不得就该项目重复享受减免税优惠。

（4）从事符合条件的环境保护、节能节水项目的所得。

符合条件的环境保护、节能节水项目，包括公共污水处理、公共垃圾处理、沼气综合开发利用、节能减排技术改造、海水淡化等。

企业从事上述规定的符合条件的环境保护、节能节水项目的所得，自项目取得第一笔生产经营收入所属纳税年度起，第一年至第三年免征企业所得税，第四年至第六年减半征收企业所得税。

按上述规定享受减免税优惠的项目，在减免税期限内转让的，受让方自受让之日起，可以在剩余期限内享受规定的减免税优惠；减免税期限届满后转让的，受让方不得就该项目重复享受减免税优惠。

（5）符合条件的技术转让所得。

符合条件的技术转让所得免征、减征企业所得税，是指一个纳税年度内，居民企业技术转让所得不超过 500 万元的部分，免征企业所得税；超过 500 万元的部分，减半征收企业所得税。

（6）非居民企业下列所得可以免征企业所得税：

①外国政府向中国政府提供贷款取得的利息所得；

②国际金融组织向中国政府和居民企业提供优惠贷款取得的利息所得；

③经国务院批准的其他所得。

（7）证券投资基金收入。

①对证券投资基金从证券市场中取得的收入，包括买卖股票、债券的差价收入，股权的股息、红利收入，债券的利息收入及其他收入，暂不征收企业所得税；

②对投资者从证券投资基金分配中取得的收入，暂不征收企业所得税；

③对证券投资基金管理人运用基金买卖股票、债券的差价收入，暂不征收企业所得税。

（8）保险保障基金公司收入。

自 2018 年 1 月 1 日起至 2023 年 12 月 31 日，对中国保险保障基金有限责任公司根据《保险保障基金管理办法》取得的下列收入，免征企业所得税：

①境内保险公司依法缴纳的保险保障基金；

②依法从撤销或破产保险公司清算财产中获得的受偿收入和向有关责任方追偿所得，以及依法从保险公司风险处置中获得的财产转让所得；

③接受捐赠收入；

④银行存款利息收入；

⑤购买政府债券、中央银行、中央企业和中央级金融机构发行债券的利息收入；

⑥国务院批准的其他资金运用取得的收入。

（9）中国清洁发展机制基金收入。

中国清洁发展机制基金取得的 CDM 项目温室气体减排量转让收入上缴国家的部分，国际金融组织赠款收入，基金资金的存款利息收入、购买国债的利息收入，国内外机构、组织和个人的捐赠收入，免征企业所得税。

（10）中国奥委会、中国残奥委会收入。

中国奥委会取得的由北京冬奥组委分期支付的收入、按比例支付的盈余分成收入免征企业所得税。

对中国残奥委会根据《联合市场开发计划协议》取得的由北京冬奥组委分期支付的收入免征企业所得税。

（11）节能服务公司实施合同能源管理项目。

对符合条件的节能服务公司实施合同能源管理项目，符合企业所得税法有关规定的，自项目取得第一笔生产经营收入所属纳税年度起，第一年至第三年免征企业所得税，第四年至第六年按照 25% 的法定税率减半征收企业所得税。

（12）软件企业。

依法成立且符合条件的软件企业，在 2018 年 12 月 31 日前自获利年度起计算优惠期，第一年至第二年免征企业所得税，第三年至第五年按照 25% 的法定税率减半征收企业所得税，并享受至期满为止。

国家规划布局内的重点软件企业，如当年未享受免税优惠的，可减按 10% 的税率征收企业所得税。自 2020 年 1 月 1 日起，该条停止执行。

自 2020 年起，国家鼓励的重点软件企业，自获利年度起，第一年至第五年免征企业所得税，接续年度减按 10% 的税率征收企业所得税。国家鼓励的软件企业，自获利年度起，第一年至第二年免征企业所得税，第三年至第五年按照 25% 的法定税率减半征收企业所得税。

（13）集成电路生产企业。

①集成电路线宽小于 0.8 微米（含）的集成电路生产企业，经认定后，在 2017 年 12 月 31 日前自获利年度起计算优惠期，第一年至第二年免征企业所得税，第三年至第五年按照 25% 的法定税率减半征收企业所得税，并享受至期满为止。

2017 年 12 月 31 日前设立但未获利的集成电路线宽小于 0.8 微米（含）的集成电路生产企业，自获利年度起第一年至第二年免征企业所得税，第三年至第五年按照 25% 的法定税率减半征收企业所得税，并享受至期满为止。

②集成电路线宽小于 0.25 微米或投资额超过 80 亿元的集成电路生产企业，经认定后，减按 15% 的税率征收企业所得税，其中经营期在 15 年以上的，在 2017 年 12 月 31 日前自获利年度起计算优惠期，第一年至第五年免征企业所得税，第六年至第十年按照 25% 的法定税率减半征收企业所得税，并享受至期满为止。

2017 年 12 月 31 日前设立但未获利的集成电路线宽小于 0.25 微米或投资额超过 80 亿元，且经营期在 15 年以上的集成电路生产企业，自获利年度起第一年至第五年免征企业所得税，第六年至第十年按照 25% 的法定税率减半征收企业所得税，并享受至期满为止。自 2020 年 1 月 1 日起，该条停止执行。

③投资新设的集成电路线宽小于 130 纳米，且经营期在 10 年以上的集成电路生产企业或项目，第一年至第二年免征企业所得税，第三年至第五年按照 25% 的法定税率减半征收企业所得税，并享受至期满为止。

④投资新设的集成电路线宽小于 65 纳米或投资额超过 150 亿元，且经营期在 15 年以上的集成电路生产企业或项目，第一年至第五年免征企业所得税，第六年至第十年按照 25% 的法定税率减半征收企业所得税，并享受至期满为止。

对于按照集成电路生产企业享受③、④项税收优惠政策的，优惠期自企业获利年度起计算。

⑤国家鼓励的集成电路线宽小于 28 纳米（含），且经营期在 15 年以上的集成电路生产企业或项目，第一年至第十年免征企业所得税；国家鼓励的集成电路线宽小于 65 纳米（含），且经营期在 15 年以上的集成电路生产企业或项目，第一年至第五年免征企业所得税，第六年至第十年按照 25% 的法定税率减半征收企业所得税；国家鼓励的集成电路线宽小于 130 纳米（含），且经营期在 10 年以上的集成电路生产企业或项目，第一年至第二年免征企业所得税，第三年至第五年按照 25% 的法定税率减半征收企业所得税。

对于按照集成电路生产企业享受税收优惠政策的，优惠期自获利年度起计算；对于按照集成电路生产项目享受税收优惠政策的，优惠期自项目取得第一笔生产经营收入所属纳税年度起计算，集成电路生产项目需单独进行会计核算、计算所得，并合理分摊期间费用。

国家鼓励的集成电路生产企业或项目清单由国家发展改革委、工业和信息化部会同财政部、税务总局等相关部门制定。

⑥国家鼓励的线宽小于 130 纳米（含）的集成电路生产企业，属于国家鼓励的集成电路生产企业清单年度之前 5 个纳税年度发生的尚未弥补完的亏损，准予向以后年度结转，总结转年限最长不得超过 10 年。

（14）集成电路设计企业。

依法成立且符合条件的集成电路设计企业，在 2018 年 12 月 31 日前自获利年度起计算优惠期，第一年至第二年免征企业所得税，第三年至第五年按照 25% 的法定税率减半征收企业所得税，并享受至期满为止。

国家规划布局内的重点集成电路设计企业，如当年未享受免税优惠的，可减按 10% 的税率征收企业所得税。自 2020 年 1 月 1 日起，该条停止执行。

自 2020 年起，国家鼓励的重点集成电路设计企业，自获利年度起，第一年至第五年免征企业所得税，接续年度减按 10% 的税率征收企业所得税。国家鼓励的集成电路设计企业，自获利年度起，第一年至第二年免征企业所得税，第三年至第五年按照 25% 的法定税率减半征收企业所得税。

（15）集成电路封装、测试企业。

在 2017 年（含 2017 年）前实现获利的，自获利年度起，第一年至第二年免征企业所得税，第三年至第五年按照 25% 的法定税率减半征收企业所得税，并享受至期满为止；2017 年前未实现获利的，自 2017 年起计算优惠期，享受至期满为止。

自 2020 年起，国家鼓励的封装、测试企业和自获利年度起，第一年至第二年免征企业所得税，第三年至第五年按照 25% 的法定税率减半征收企业所得税。

（16）集成电路关键专用材料生产企业、集成电路专用设备生产企业。

在 2017 年前（含 2017 年）实现获利的，自获利年度起，第一年至第二年免征企业所得税，第三年至第五年按照 25% 的法定税率减半征收企业所得税，并享受至期满为止；2017 年前未实现获利的，自 2017 年起计算优惠期，享受至期满为止。

自 2020 年起，国家鼓励的集成电路装备、材料自获利年度起，第一年至第二年免征企业所得税，第三年至第五年按照 25% 的法定税率减半征收企业所得税。

（17）动漫企业。

经认定的动漫企业自主开发、生产动漫产品，可申请享受国家现行鼓励软件产业发展的所得税优惠政策。

在 2017 年 12 月 31 日前自获利年度起，第一年至第二年免征所得税，第三年至第五年按照 25% 的法定税率减半征收所得税，并享受至期满为止。

（18）符合条件的生产和装配伤残人员专门用品企业免征企业所得税。

（19）新疆困难地区和新疆喀什、霍尔果斯两个特殊经济开发区。

①2010 年 1 月 1 日至 2030 年 12 月 31 日，对在新疆困难地区新办的属于《新疆困难地区重点鼓励发展产业企业所得税优惠目录（试行）（2016 版本）》（以下简称《目录》）范围内的企业，自取得第一笔生产经营收入所属纳税年度起，第一年至第二年免征企业所得税，第三年至第五年减半征收企业所得税。在减半期内，按照企业所得税 25% 的法定税率计算的应纳税额减半征税。

新疆困难地区包括南疆三地州、其他国家扶贫开发重点县和边境县市。

第一笔生产经营收入，是指产业项目已建成并投入运营后所取得的第一笔收入。

属于《目录》范围内的企业是指以《目录》中规定的产业项目为主营业务，其当年度主营业务收入占企业收入总额 70% 以上的企业。

②2010 年 1 月 1 日至 2030 年 12 月 31 日，对在新疆喀什、霍尔果斯两个特殊经济开发区内新办的属于《目录》范围内的企业，自取得第一笔生产经营收入所属纳税年度起，五年内免征企业所得税。

第一笔生产经营收入，是指产业项目已建成并投入运营后所取得的第一笔收入。

企业在优惠区域内、外分别设有机构的，仅就其设在优惠区域内的机构的所得确定适用 15% 的企业所得税优惠税率。

鼓励类产业企业是指以所在区域《目录》中规定的产业项目为主营业务，

且其当年度主营业务收入占企业收入总额70%以上的企业。

（20）经营性文化事业单位转制为企业。

经营性文化事业单位转制为企业，自转制注册之日起五年内免征企业所得税。2018年12月31日之前已完成转制的企业，自2019年1月1日起可继续免征五年企业所得税。

经营性文化事业单位，是指从事新闻出版、广播影视和文化艺术的事业单位。转制包括整体转制和剥离转制。其中，整体转制包括：（图书、音像、电子）出版社、非时政类报刊出版单位、新华书店、艺术院团、电影制片厂、电影（发行放映）公司、影剧院、重点新闻网站等整体转制为企业；剥离转制包括：新闻媒体中的广告、印刷、发行、传输网络等部分，以及影视剧等节目制作与销售机构，从事业体制中剥离出来转制为企业。

转制注册之日，是指经营性文化事业单位转制为企业并进行企业法人登记之日。对于经营性文化事业单位转制前已进行企业法人登记，则按注销事业单位法人登记之日，或核销事业编制的批复之日（转制前未进行事业单位法人登记的）确定转制完成并享受相关文件所规定的税收优惠政策。

2018年12月31日之前已完成转制，是指经营性文化事业单位在2018年12月31日及以前已转制为企业、进行企业法人登记，并注销事业单位法人登记或批复核销事业编制（转制前未进行事业单位法人登记的）。

（21）扶持自主就业退役士兵创业就业的企业。

2019年1月1日至2023年12月31日，企业招用自主就业退役士兵，与其签订1年以上期限劳动合同并依法缴纳社会保险费的，自签订劳动合同并缴纳社会保险当月起，在3年内按实际招用人数予以定额依次扣减增值税、城市维护建设税、教育费附加、地方教育附加和企业所得税优惠。定额标准为每人每年6000元，最高可上浮50%。

税收扣减额应在企业当年实际应缴纳的增值税、城市维护建设税、教育费附加、地方教育附加和企业所得税税额中扣减，当年扣减不完的，不得结转下年使用。

（22）生产和装配伤残人员专门用品企业

自2021年1月1日至2023年12月31日期间，对符合下列条件的居民企业，免征企业所得税：

①生产和装配伤残人员专门用品，且在民政部发布的《中国伤残人员专门用品目录》范围之内。

②以销售本企业生产或者装配的伤残人员专门用品为主，其所取得的年度伤残人员专门用品销售收入（不含出口取得的收入）占企业收入总额60%以上。

收入总额，是指《中华人民共和国企业所得税法》第六条规定的收入总额。

③企业账证健全，能够准确、完整地向主管税务机关提供纳税资料，且本企业生产或者装配的伤残人员专门用品所取得的收入能够单独、准确核算。

④企业拥有假肢制作师、矫形器制作师资格证书的专业技术人员不得少于1人；其企业生产人员如超过20人，则其拥有假肢制作师、矫形器制作师资格证书的专业技术人员不得少于全部生产人员的1/6。

⑤具有与业务相适应的测量取型、模型加工、接受腔成型、打磨、对线组装、功能训练等生产装配专用设备和工具。

⑥具有独立的接待室、假肢或者矫形器（辅助器具）制作室和假肢功能训练室，使用面积不少于115平方米。

4. 加计扣除

（1）研发费用加计扣除。

企业为开发新技术、新产品、新工艺发生的研究开发费用，未形成无形资产计入当期损益的，在按照规定据实扣除的基础上，按照研究开发费用的50%加计扣除；形成无形资产的，按照无形资产成本150%摊销。

企业开展研发活动中实际发生的研发费用，未形成无形资产计入当期损益的，在按规定据实扣除的基础上，在2018年1月1日至2023年12月31日期间，再按照实际发生额的75%在税前加计扣除；形成无形资产的，在上述期间按照无形资产成本的175%在税前摊销。

委托境外进行研发活动所发生的费用，按照费用实际发生额的80%计入委托方的委托境外研发费用。委托境外研发费用不超过境内符合条件的研发费用2/3的部分，可以按规定在企业所得税前加计扣除。

企业既符合享受研发费用加计扣除政策条件，又符合享受其他优惠政策条件的，可以同时享受有关优惠政策。

企业为获得创新性、创意性、突破性的产品进行创意设计活动而发生的相关费用，可按照规定进行税前加计扣除。创意设计活动是指多媒体软件、动漫游戏软件开发，数字动漫、游戏设计制作；房屋建筑工程设计（绿色建筑评价标准为三星）、风景园林工程专项设计；工业设计、多媒体设计、动漫及衍生产品设计、模型设计等。

制造业企业开展研发活动中实际发生的研发费用，未形成无形资产计入当期损益的，在按规定据实扣除的基础上，自2021年1月1日起，再按照实际发生额的100%在税前加计扣除；形成无形资产的，自2021年1月1日起，按照无形资产成本的200%在税前摊销。

科技型中小企业开展研发活动中实际发生的研发费用，未形成无形资产计入当期损益的，在按规定据实扣除的基础上，自2022年1月1日起，再按照实际发生额的100%在税前加计扣除；形成无形资产的，自2022年1月1日起，按照无形资产成本的200%在税前摊销。

（2）安置残疾人员所支付的工资加计扣除。

企业安置残疾人员的，在按照支付给残疾职工工资据实扣除的基础上，可以在计算应纳税所得额时按照支付给残疾职工工资的100%加计扣除。

（3）加速折旧。

①法定优惠。

企业的固定资产由于技术进步等原因，确需加速折旧的，可以缩短折旧年限或者采取加速折旧的方法。包括：

A. 由于技术进步，产品更新换代较快的固定资产。

B. 常年处于强震动、高腐蚀状态的固定资产。

采取缩短折旧年限方法的，最低折旧年限不得低于《企业所得税法实施条例》规定折旧年限的60%；采取加速折旧方法的，可以采取双倍余额递减法或者年数总和法。

②特定优惠。

A. 鼓励软件与集成电路产业发展的加速折旧。

a. 企业外购的软件，凡符合固定资产或无形资产确认条件的，可以按照固定资产或无形资产进行核算，其折旧或摊销年限可以适当缩短，最短可为2年（含）。

b. 集成电路生产企业的生产设备其折旧年限可以适当缩短，最短可为3年（含）。

B. 特定行业新购进固定资产的加速折旧。

a. 六个行业固定资产加速折旧。

对生物药品制造业，专用设备制造业、铁路、船舶、航空航天和其他运输设备制造业，计算机、通信和其他电子设备制造业，仪器仪表制造业，信息传输、软件和信息技术服务业等6个行业的企业2014年1月1日后新购进的固定资产，可缩短折旧年限或采取加速折旧的方法。

对上述6个行业的小型微利企业，2014年1月1日后新购进的研发和生产经营共用的仪器、设备，单位价值不超过100万元的，允许一次性计入当期成本费用，在计算应纳税所得额时扣除，不再分年度计算折旧；单位价值超过100万元的，可缩短折旧年限或采取加速折旧的方法。

b. 四个领域重点行业固定资产加速折旧。

对轻工、纺织、机械、汽车等四个领域重点行业的企业2015年1月1日后新购进的固定资产，可由企业选择缩短折旧年限或采取加速折旧的方法。

对上述行业的小型微利企业2015年1月1日后新购进的研发和生产经营共用的仪器、设备，单位价值不超过100万元的，允许一次性计入当期成本费用在计算应纳税所得额时扣除，不再分年度计算折旧；单位价值超过100万元的，可由企业选择缩短折旧年限或采取加速折旧的方法。

c. 自2019年1月1日起，上述两项固定资产加速折旧优惠的行业范围扩大至全部制造业领域。制造业按照国家统计局《国民经济行业分类与代码（GB/T 4754—2017）》确定。

C. 固定资产一次性扣除。

企业在2018年1月1日至2023年12月31日期间新购进的设备、器具，单位价值不超过500万元的，允许一次性计入当期成本费用在计算应纳税所得额时扣除，不再分年度计算折旧。

中小微企业在2022年1月1日至2022年12月31日期间新购置的设备、器具，单位价值在500万元以上的，按照单位价值的一定比例自愿选择在企业所得税税前扣除。其中，《企业所得税法实施条例》规定最低折旧年限为3年的设备器具，单位价值的100%可在当年一次性税前扣除；最低折旧年限为

4年、5年、10年的，单位价值的50%可在当年一次性税前扣除，其余50%按规定在剩余年度计算折旧进行税前扣除。企业选择适用上述政策当年不足扣除形成的亏损，可在以后5个纳税年度结转弥补，享受其他延长亏损结转年限政策的企业可按现行规定执行。

中小微企业是指从事国家非限制和禁止行业，且符合以下条件的企业：信息传输业、建筑业、租赁和商务服务业：从业人员2000人以下，或营业收入10亿元以下或资产总额12亿元以下。房地产开发经营：营业收入20亿元以下或资产总额1亿元以下。其他行业：从业人员1000人以下或营业收入4亿元以下。

设备、器具，是指除房屋、建筑物以外的固定资产。

购进，包括以货币形式购进或自行建造。

固定资产购进时点按以下原则确认：以货币形式购进的固定资产，除采取分期付款或赊销方式购进外，按发票开具时间确认；以分期付款或赊销方式购进的固定资产，按固定资产到货时间确认；自行建造的固定资产，按竣工结算时间确认。

企业根据自身生产经营核算需要，可自行选择享受一次性税前扣除政策。未选择享受一次性税前扣除政策的，以后年度不得再变更。企业选择享受一次性税前扣除政策的，其资产的税务处理可与会计处理不一致。

自2020年1月1日至2021年3月31日，对疫情防控重点保障物资生产企业为扩大产能新购置的相关设备，允许一次性计入当期成本费用在企业所得税税前扣除。

自2020年1月1日起至2024年12月31日，对在海南自由贸易港设立的企业，新购置（含自建、自行开发）固定资产或无形资产，单位价值不超过500万元（含）的，允许一次性计入当期成本费用在计算应纳税所得额时扣除，不再分年度计算折旧和摊销；新购置（含自建、自行开发）固定资产或无形资产，单位价值超过500万元的，可以缩短折旧、摊销年限或采取加速折旧、摊销的方法。固定资产，是指除房屋、建筑物以外的固定资产。

5. 创业投资企业优惠

企业从事国家需要重点扶持和鼓励的创业投资，可以按投资额的一定比例抵扣应纳税所得额。创业投资企业采取股权投资方式投资于未上市的中小高新技术企业2年（24个月）以上的，可以按照其投资额的70%在股权持有满 2 年（24 个月）的当年抵扣该创业投资企业的应纳税所得额；当年不足抵扣的，可以在以后纳税年度结转抵扣。

6. 抵扣应纳税所得额

（1）公司制创业投资企业投资未上市中小高新技术企业。

公司制创业投资企业采取股权投资方式直接投资于中小高新技术企业满 2 年（24 个月，下同）的，可以按照投资额的 70% 在股权持有满 2 年的当年抵扣该公司制创业投资企业的应纳税所得额；当年不足抵扣的，可以在以后纳税年度结转抵扣。

（2）公司制创业投资企业投资初创科技型企业。

公司制创业投资企业采取股权投资方式直接投资于种子期、初创期科技型企业（以下简称初创科技型企业）满 2 年的，可以按照投资额的 70% 在股权持有满 2 年的当年抵扣该公司制创业投资企业的应纳税所得额；当年不足抵扣的，可以在以后纳税年度结转抵扣。

满 2 年是指投资时间从初创科技型企业接受投资并完成工商变更登记的日期算起。

（3）有限合伙制创业投资企业投资未上市中小高新技术企业。

自 2015 年 10 月 1 日起，有限合伙制创业投资企业采取股权投资方式投资于未上市的中小高新技术企业满 2 年的，其法人合伙人可按照对未上市中小高新技术企业投资额的 70% 抵扣该法人合伙人从该有限合伙制创业投资企业分得的应纳税所得额，当年不足抵扣的，可以在以后纳税年度结转抵扣。

满 2 年是指自 2015 年 10 月 1 日起，有限合伙制创业投资企业投资于未上市中小高新技术企业的实缴投资满 2 年，同时，法人合伙人对该有限合伙制创业投资企业的实缴出资也应满 2 年。

如果法人合伙人投资于多个符合条件的有限合伙制创业投资企业，可合并计算其可抵扣的投资额和应分得的应纳税所得额。当年不足抵扣的，可结转以后纳税年度继续抵扣；当年抵扣后有结余的，应按照企业所得税法的规定计算缴纳企业所得税。

（4）有限合伙制创业投资企业投资初创科技型企业。

自 2018 年 1 月 1 日起，有限合伙制创业投资企业采取股权投资方式直接投资于初创科技型企业满 2 年的，法人合伙人可以按照对初创科技型企业投资额的 70% 抵扣法人合伙人从合伙创投企业分得的所得；当年不足抵扣的，可以在以后纳税年度结转抵扣。

【知识点3】 税额优惠

1. 专用设备投资额抵免税额

企业购置并实际使用《环境保护专用设备企业所得税优惠目录》《节能节水专用设备企业所得税优惠目录》和《安全生产专用设备企业所得税优惠目录》规定的环境保护、节能节水、安全生产等专用设备的，该专用设备的投资额的 10% 可以从企业当年的应纳税额中抵免；当年不足抵免的，可以在以后 5 个纳税年度结转抵免。自 2009 年 1 月 1 日起，在进行税额抵免时，如增值税进项税额允许抵扣，其专用设备投资额不再包括增值税进项税额；如增值税进项税额不允许抵扣，其专用设备投资额应为增值税专用发票上注明的价税合计金额。企业购买专用设备取得普通发票的，其专用设备投资额为普通发票上注明的金额。

享受上述优惠的企业，应当实际购置并自身实际投入使用上述规定的专用设备；企业购置上述专用设备从购置之日起在 5 个纳税年度年内转让、出租的，在该专用设备停止使用当月停止享受该优惠，并补缴已经抵免的企业所得税税款。

2. 民族自治地方企业优惠

民族自治地方的自治机关对本民族自治地方的企业应缴纳的企业所得税中属于地方分享的部分，可以决定减征或者免征。自治州、自治县决定减征或者免征的，须报省、自治区、直辖市人民政府批准。民族自治地方，是指依照《中华人民共和国民族区域自治法》的规定，实行民族区域自治的自治区、自治州、自治县。对民族自治地方内国家限制和禁止行业的企业，不得减征或者免征企业所得税。

3. 基础设施领域不动产投资信托基金（REITs）试点税收优惠

设立基础设施 REITs 前，原始权益人向项目公司划转基础设施资产相应取得项目公司股权，适用特殊性税务处理，即项目公司取得基础设施资产的计税基础，以基础设施资产的原计税基础确定；原始权益人取得项目公司股权的计税基础，以基础设施资产的原计税基础确定。原始权益人和项目公司不确认所得，不征收企业所得税。

基础设施 REITs 设立阶段，原始权益人向基础设施 REITs 转让项目公司股权实现的资产转让评估增值，当期可暂不缴纳企业所得税，允许递延至基础设施 REITs 完成募资并支付股权转让价款后缴纳。其中，对原始权益人按照战略配售要求自持的基础设施 REITs 份额对应的资产转让评估增值，允许递延至实际转让时缴纳企业所得税。

原始权益人通过二级市场认购（增持）该基础设施 REITs 份额，按照先进先出原则认定优先处置战略配售份额。

上述政策自 2021 年 1 月 1 日起实施。2021 年 1 月 1 日前发生的符合规定的事项，可按上述规定享受相关政策。

四 企业所得税征收管理

【知识点 1】 纳税期限

企业所得税按纳税年度计算。纳税年度自公历 1 月 1 日起至 12 月 31 日止。

企业在一个纳税年度中间开业，或者终止经营活动，使该纳税年度的实际经营期不足 12 个月的，应当以其实际经营期为一个纳税年度。

企业依法清算时，应当以清算期间作为一个纳税年度。

【知识点 2】 纳税地点

1. 居民企业的纳税地点

除税收法律、行政法规另有规定外，居民企业以企业登记注册地为纳税地点；但居民企业登记注册地在境外的，以实际管理机构所在地为纳税地点。

企业登记注册地，是指企业依照国家有关规定登记注册的住所地。

居民企业在中国境内设立不具有法人资格的营业机构的，应当汇总计算并缴纳企业所得税。企业汇总计算并缴纳企业所得税时，应当统一核算应纳税所得额。跨地区（指跨省、自治区、直辖市和计划单列市）设立不具有法人资格分支机构的，总机构和具有主体生产经营职能的二级分支机构，就地分摊缴纳企业所得税，分月或分季分别向所在地主管税务机关申报预缴企业所得税。

2. 非居民企业的纳税地点

（1）非居民企业在中国境内设立机构、场所的，其所设机构、场所取得的来源于中国境内的所得，以及发生在中国境外但与其所设机构、场所有实际联系的所得，以机构、场所所在地为纳税地点。

非居民企业在中国境内设立两个或者两个以上机构、场所的，经各机构、场所所在地税务机关的共同上级税务机关审核批准，可以选择由其主要机构、场所汇总缴纳企业所得税。非居民企业经批准汇总缴纳企业所得税后，需要增设、合并、迁移、关闭机构、场所或者停止机构、场所业务的，应当事先由负责汇总申报缴纳企业所得税的主要机构、场所向其所在地税务机关报告，需要变更汇总缴纳企业所得税的主要机构、场所的，经各机构、场所所在地税务机关的共同上级税务机关审核批准。

主要机构、场所，应当同时符合下列条件：

①对其他各机构、场所的生产经营活动负有监督管理责任；

②设有完整的账簿、凭证，能够准确反映各机构、场所的收入、成本、费用和盈亏情况。

（2）非居民企业在中国境内未设立机构、场所的，或者虽设立机构、场所但取得的所得与其所设机构、场所没有实际联系的，其来源于中国境内的所得，以扣缴义务人所在地为纳税地点。

【知识点3】 申报缴纳

企业所得税分月或者分季预缴，由税务机关具体核定，年终汇算清缴。

1. 预缴税款

企业应当自月份或者季度终了之日起 15 日内，向税务机关报送预缴企业所得税纳税申报表，预缴税款。

分月或者分季预缴企业所得税时，应当按照月度或者季度的实际利润额预缴；按照月度或者季度的实际利润额预缴有困难的，可以按照上一纳税年度应纳税所得额的月度或者季度平均额预缴，或者按照经税务机关认可的其他方法预缴。预缴方法一经确定，该纳税年度内不得随意变更。

2. 汇算清缴

企业应当自年度终了之日起 5 个月内，向税务机关报送年度企业所得税纳税申报表。

企业在报送企业所得税纳税申报表时,应当按照规定附送财务会计报告和其他有关资料。

企业在纳税年度内无论盈利或者亏损,都应当依照上述规定的期限,向税务机关报送预缴企业所得税纳税申报表、年度企业所得税纳税申报表、财务会计报告和税务机关规定应当报送的其他有关资料。

3. 汇总纳税

除国务院另有规定外,企业之间不得合并缴纳企业所得税。

居民企业在中国境内跨地区(指跨省、自治区、直辖市和计划单列市)设立不具有法人资格分支机构的,该居民企业为跨地区经营汇总纳税企业(以下简称汇总纳税企业)。

汇总纳税企业实行"统一计算、分级管理、就地预缴、汇总清算、财政调库"的企业所得税征收管理办法。

总机构和具有主体生产经营职能的二级分支机构,就地分摊缴纳企业所得税。

汇总纳税企业按照《企业所得税法》规定汇总计算的企业所得税,包括预缴税款和汇算清缴应缴应退税款,50%在各分支机构间分摊,各分支机构根据分摊税款就地办理缴库或退库;50%由总机构分摊缴纳,其中25%就地办理缴库或退库,25%就地全额缴入中央国库或退库。

【知识点4】 源泉扣缴

1. 法定扣缴

非居民企业在中国境内未设立机构、场所的,或者虽设立机构、场所但取得的所得与其所设机构、场所没有实际联系的,应当就其来源于中国境内的所得缴纳企业所得税。应缴纳的所得税,实行源泉扣缴,以支付人为扣缴义务人。税款由扣缴义务人在每次支付或者到期应支付时,从支付或者到期应支付的款项中扣缴。

支付人,是指依照有关法律规定或者合同约定对非居民企业直接负有支付相关款项义务的单位或者个人。

支付,包括现金支付、汇拨支付、转账支付和权益兑价支付等货币支付和非货币支付。

到期应支付的款项，是指支付人按照权责发生制原则应当计入相关成本、费用的应付款项。

2. 指定扣缴

对非居民企业在中国境内取得工程作业和劳务所得应缴纳的所得税，税务机关可以指定工程价款或者劳务费的支付人为扣缴义务人。可以指定扣缴义务人的情形，包括：

（1）预计工程作业或者提供劳务期限不足一个纳税年度，且有证据表明不履行纳税义务的；

（2）没有办理税务登记或者临时税务登记，且未委托中国境内的代理人履行纳税义务的；

（3）未按照规定期限办理企业所得税纳税申报或者预缴申报的。

扣缴义务人，由县级以上税务机关指定，并同时告知扣缴义务人所扣税款的计算依据、计算方法、扣缴期限和扣缴方式。

3. 特定扣缴

应当扣缴的所得税，扣缴义务人未依法扣缴或者无法履行扣缴义务的，由纳税人在所得发生地缴纳。纳税人未依法缴纳的，税务机关可以从该纳税人在中国境内其他收入项目的支付人应付的款项中，追缴该纳税人的应纳税款。

所得发生地，是指依照来源于中国境内、境外的所得规定的原则确定的所得发生地。在中国境内存在多处所得发生地的，由纳税人选择其中之一申报缴纳企业所得税。

其他收入，是指该纳税人在中国境内取得的其他各种来源的收入。

税务机关在追缴该纳税人应纳税款时，应当将追缴理由、追缴数额、缴纳期限和缴纳方式等告知该纳税人。

4. 扣缴期限

扣缴义务人每次代扣的税款，应当自代扣之日起 7 日内缴入国库，并向所在地的税务机关报送扣缴企业所得税报告表。

【知识点5】 计量货币

依照企业所得税法缴纳的企业所得税，以人民币计算。所得以人民币以外的货币计算的，应当折合成人民币计算并缴纳税款。预缴企业所得税时，应当按照月度或者季度最后一日的人民币汇率中间价，折合成人民币计算应纳税所得额。年度终了汇算清缴时，对已经按照月度或者季度预缴税款的，不再重新折合计算，只就该纳税年度内未缴纳企业所得税的部分，按照纳税年度最后一日的人民币汇率中间价，折合成人民币计算应纳税所得额。

经税务机关检查确认，企业少计或者多计所得的，应当按照检查确认补税或者退税时的上一个月最后一日的人民币汇率中间价，将少计或者多计的所得折合成人民币计算应纳税所得额，再计算应补缴或者应退的税款。

【知识点 6】 企业所得税纳税申报表

《中华人民共和国企业所得税年度纳税申报表（A 类，2017 年版）（2021 年修订）》为企业所得税年度纳税申报表主表。

企业所得税年度纳税申报表（A 类，2017 年版）

《中华人民共和国企业所得税月（季）度预缴纳税申报表（A 类）》适用于实行查账征收企业所得税的居民企业纳税人在月（季）度预缴纳税申报时填报。

企业所得税月（季）度预缴纳税申报表（A 类）

《中华人民共和国企业所得税月（季）度预缴和年度纳税申报表（B 类，2018 年版）（2020 年修订）》适用于实行核定征收企业所得税的居民企业纳税人在月（季）度预缴纳税申报时填报。此外，实行核定应税所得率方式的纳税人在年度纳税申报时填报该表。

企业所得税月（季）度预缴和
年度纳税申报表（B 类，2018 年版）

>> 第四节
个人所得税

一 个人所得税基本政策

【知识点1】 纳税人和扣缴义务人

1. 居民个人

在中国境内有住所，或者无住所而一个纳税年度内在中国境内居住累计满183天的个人，为居民个人。

居民个人从中国境内和境外取得的所得，依法缴纳个人所得税。

2. 非居民个人

在中国境内无住所又不居住，或者无住所而一个纳税年度内在中国境内居住累计不满183天的个人，为非居民个人。

非居民个人从中国境内取得的所得，依法缴纳个人所得税。

在中国境内有住所，是指因户籍、家庭、经济利益关系而在中国境内习惯性居住；所称从中国境内和境外取得的所得，分别是指来源于中国境内的所得和来源于中国境外的所得。

纳税年度，自公历1月1日起至12月31日止。

除国务院财政、税务主管部门另有规定外，下列所得，不论支付地点是否在中国境内，均为来源于中国境内的所得：

（1）因任职、受雇、履约等在中国境内提供劳务取得的所得；

（2）将财产出租给承租人在中国境内使用而取得的所得；

（3）许可各种特许权在中国境内使用而取得的所得；

（4）转让中国境内的不动产等财产或者在中国境内转让其他财产取得的所得；

（5）从中国境内企业、事业单位．其他组织以及居民个人取得的利息、股息、红利所得。

3. 扣缴义务人

扣缴义务人，是指法律、行政法规规定负有代扣代缴、代收代缴税款等义务的单位和个人。扣缴义务人既非纯粹意义上的纳税人，也非实际负担税款的负税人，只是负有代为扣税并缴纳税款法定职责的义务人。

【知识点2】 征税范围

1. 工资、薪金所得

工资、薪金所得，是指个人因任职或者受雇取得的工资、薪金、奖金、年终加薪、劳动分红、津贴、补贴以及与任职或者受雇有关的其他所得。

2. 劳务报酬所得

劳务报酬所得，是指个人从事劳务取得的所得，包括从事设计、装潢、安装、制图、化验、测试、医疗、法律、会计、咨询、讲学、翻译、审稿、书画、雕刻、影视、录音、录像、演出、表演、广告、展览、技术服务、介绍服务、经纪服务、代办服务以及其他劳务取得的所得。

3. 稿酬所得

稿酬所得，是指个人因其作品以图书、报刊等形式出版、发表而取得的所得。

4. 特许权使用费所得

特许权使用费所得，是指个人提供专利权、商标权、著作权、非专利技术以及其他特许权的使用权取得的所得；提供著作权的使用权取得的所得，不包括稿酬所得。

5. 经营所得

经营所得，是指：

（1）个体工商户从事生产、经营活动取得的所得，个人独资企业投资人、合伙企业的个人合伙人来源于境内注册的个人独资企业、合伙企业生产、经营的所得；

（2）个人依法从事办学、医疗、咨询以及其他有偿服务活动取得的所得；

（3）个人对企业、事业单位承包经营、承租经营以及转包、转租取得的所得；

（4）个人从事其他生产、经营活动取得的所得。

6. 利息、股息、红利所得

利息、股息、红利所得，是指个人拥有债权、股权等而取得的利息、股息、红利所得。

7. 财产租赁所得

财产租赁所得，是指个人出租不动产、机器设备、车船以及其他财产取得的所得。

8. 财产转让所得

财产转让所得，是指个人转让有价证券、股权、合伙企业中的财产份额、不动产、机器设备、车船以及其他财产取得的所得。

9. 偶然所得

偶然所得，是指个人得奖、中奖、中彩以及其他偶然性质的所得。

（1）个人为单位或他人提供担保获得收入，按照"偶然所得"项目计算缴纳个人所得税。

（2）除按照《财政部 国家税务总局关于个人无偿受赠房屋有关个人所得税问题的通知》（财税〔2009〕78号）第一条规定，对当事双方不征收个人所得税外，房屋产权所有人将房屋产权无偿赠与他人的，受赠人因无偿受赠房屋取得的受赠收入，按照"偶然所得"项目计算缴纳个人所得税。

（3）企业在业务宣传、广告等活动中，随机向本单位以外的个人赠送礼品（包括网络红包，下同），以及企业在年会、座谈会、庆典以及其他活动中向本单位以外的个人赠送礼品，个人取得的礼品收入，按照"偶然所得"项目计算缴纳个人所得税，但企业赠送的具有价格折扣或折让性质的消费券、代金券、抵用券、优惠券等礼品除外。

【知识点3】 税率

个人所得税分别不同个人所得项目，规定了超额累进税率和比例税率两种形式。

1. 超额累进税率

（1）综合所得，适用3%~45%的超额累进税率，见表2-3。

表2-3　　　　　　　　个人所得税税率表一（综合所得适用）

级　数	全年应纳税所得额	税率（%）
1	不超过36000元的	3
2	超过36000元至144000元的部分	10

续表

级　数	全年应纳税所得额	税率（%）
3	超过144000元至300000元的部分	20
4	超过300000元至420000元的部分	25
5	超过420000元至660000元的部分	30
6	超过660000元至960000元的部分	35
7	超过960000元的部分	45

注：1. 本表所称全年应纳税所得额，是指居民个人取得综合所得以每一纳税年度收入额减除费用6万元以及专项扣除、专项附加扣除和依法确定的其他扣除后的余额。

2. 非居民个人取得工资、薪金所得，劳务报酬所得，稿酬所得和特许权使用费所得，依照本表按月换算后计算应纳税额。

（2）经营所得，适用5%~35%的超额累进税率，见表2-4。

表2-4　　　　　　　　　个人所得税税率表二（经营所得适用）

级　数	全年应纳税所得额	税率（%）
1	不超过30000元的	5
2	超过30000元至90000元的部分	10
3	超过90000元至300000元的部分	20
4	超过300000元至500000元的部分	30
5	超过500000元的部分	35

注：本表所称全年应纳税所得额，是指以每一纳税年度的收入总额减除成本、费用以及损失后的余额。

2. 比例税率

利息、股息、红利所得，财产租赁所得，财产转让所得和偶然所得，适用比例税率，税率为20%。

【知识点4】 应纳税所得额和应纳税额的计算

1. 应纳税所得额的计算

（1）居民个人的综合所得，以每一纳税年度的收入额减除费用6万元以及专项扣除、专项附加扣除和依法确定的其他扣除后的余额，为应纳税所得额。

劳务报酬所得、稿酬所得、特许权使用费所得以收入减除 20% 的费用后的余额为收入额。稿酬所得的收入额减按 70% 计算。

专项扣除、专项附加扣除和依法确定的其他扣除，以居民个人一个纳税年度的应纳税所得额为限额；一个纳税年度扣除不完的，不结转以后年度扣除。

①专项扣除。

专项扣除，包括居民个人按照国家规定的范围和标准缴纳的基本养老保险、基本医疗保险、失业保险等社会保险费和住房公积金等。

②专项附加扣除。

专项附加扣除，包括子女教育、继续教育、大病医疗、住房贷款利息或者住房租金、赡养老人、3 岁以下婴幼儿照护等支出。

A. 子女教育。

a. 扣除标准。

纳税人的子女接受全日制学历教育的相关支出，按照每个子女每月 1000 元的标准定额扣除。

学历教育包括义务教育（小学、初中教育）、高中阶段教育（普通高中、中等职业、技工教育）、高等教育（大学专科、大学本科、硕士研究生、博士研究生教育）。

b. 扣除时间。

学前教育阶段，为子女年满 3 周岁当月至小学入学前一月。学历教育，为子女接受全日制学历教育入学的当月至全日制学历教育结束的当月。

学历教育期间，包含因病或其他非主观原因休学但学籍继续保留的休学期间，以及施教机构按规定组织实施的寒暑假等假期。

c. 扣除方式。

父母可以选择由其中一方按扣除标准的 100% 扣除，也可以选择由双方分别按扣除标准的 50% 扣除，具体扣除方式在一个纳税年度内不能变更。

d. 资料准备。

纳税人子女在中国境外接受教育的，纳税人应当留存境外学校录取通知书、留学签证等相关教育的证明资料备查。

B. 继续教育。

a. 扣除标准。

纳税人在中国境内接受学历（学位）继续教育的支出，在学历（学位）教育期间按照每月400元定额扣除。同一学历（学位）继续教育的扣除期限不能超过48个月。纳税人接受技能人员职业资格继续教育、专业技术人员职业资格继续教育的支出，在取得相关证书的当年，按照3600元定额扣除。

b. 扣除时间。

学历（学位）继续教育，为在中国境内接受学历（学位）继续教育入学的当月至学历（学位）继续教育结束的当月，同一学历（学位）继续教育的扣除期限最长不得超过48个月。技能人员职业资格继续教育、专业技术人员职业资格继续教育，为取得相关证书的当年。

学历（学位）继续教育的期间，包含因病或其他非主观原因休学但学籍继续保留的休学期间，以及施教机构按规定组织实施的寒暑假等假期。

c. 扣除方式。

个人接受本科及以下学历（学位）继续教育，符合规定扣除条件的，可以选择由其父母扣除，也可以选择由本人扣除。

d. 资料准备。

纳税人接受技能人员职业资格继续教育、专业技术人员职业资格继续教育的，应当留存相关证书等资料备查。

C. 大病医疗。

a. 扣除标准。

在一个纳税年度内，纳税人发生的与基本医保相关的医药费用支出，扣除医保报销后个人负担（指医保目录范围内的自付部分）累计超过15000元的部分，由纳税人在办理年度汇算清缴时，在80000元限额内据实扣除。

b. 扣除时间。

医疗保障信息系统记录的医药费用实际支出的当年。

c. 扣除方式。

纳税人发生的医药费用支出可以选择由本人或者其配偶扣除；未成年子女发生的医药费用支出可以选择由其父母一方扣除。

纳税人及其配偶、未成年子女发生的医药费用支出，按规定分别计算扣除额。

d. 资料准备。

纳税人应当留存医药服务收费及医保报销相关票据原件（或者复印件）等资料备查。医疗保障部门应当向患者提供在医疗保障信息系统记录的本人年度医药费用信息查询服务。

D. 住房贷款利息。

a. 扣除标准。

纳税人本人或者配偶单独或者共同使用商业银行或者住房公积金个人住房贷款为本人或者其配偶购买中国境内住房，发生的首套住房贷款利息支出，在实际发生贷款利息的年度，按照每月 1000 元的标准定额扣除，扣除期限最长不超过 240 个月。纳税人只能享受一次首套住房贷款的利息扣除。

首套住房贷款是指购买住房享受首套住房贷款利率的住房贷款。

b. 扣除时间。

贷款合同约定开始还款的当月至贷款全部归还或贷款合同终止的当月，扣除期限最长不得超过 240 个月。

c. 扣除方式。

经夫妻双方约定，可以选择由其中一方扣除，具体扣除方式在一个纳税年度内不能变更。

夫妻双方婚前分别购买住房发生的首套住房贷款，其贷款利息支出，婚后可以选择其中一套购买的住房，由购买方按扣除标准的 100% 扣除，也可以由夫妻双方对各自购买的住房分别按扣除标准的 50% 扣除，具体扣除方式在一个纳税年度内不能变更。

d. 资料准备。

纳税人应当留存住房贷款合同、贷款还款支出凭证备查。

E. 住房租金。

a. 扣除标准。

纳税人在主要工作城市没有自有住房而发生的住房租金支出，可以按照以下标准定额扣除：

直辖市、省会（首府）城市、计划单列市以及国务院确定的其他城市，扣除标准为每月 1500 元；

除第一项所列城市以外，市辖区户籍人口超过 100 万的城市，扣除标准为每月 1100 元；市辖区户籍人口不超过 100 万的城市，扣除标准为每月 800 元。

纳税人的配偶在纳税人的主要工作城市有自有住房的，视同纳税人在主要工作城市有自有住房。

市辖区户籍人口，以国家统计局公布的数据为准。

b. 扣除时间。

租赁合同（协议）约定的房屋租赁期开始的当月至租赁期结束的当月。提前终止合同（协议）的，以实际租赁期限为准。

c. 扣除方式。

主要工作城市是指纳税人任职受雇的直辖市、计划单列市、副省级城市、地级市（地区、州、盟）全部行政区域范围；纳税人无任职受雇单位的，为受理其综合所得汇算清缴的税务机关所在城市。

夫妻双方主要工作城市相同的，只能由一方扣除住房租金支出。

住房租金支出由签订租赁住房合同的承租人扣除。

纳税人及其配偶在一个纳税年度内不能同时分别享受住房贷款利息和住房租金专项附加扣除。

d. 资料准备。

纳税人应当留存住房租赁合同、协议等有关资料备查。

F. 赡养老人。

a. 扣除标准。

纳税人赡养一位及以上被赡养人的赡养支出，统一按照以下标准定额扣除：

纳税人为独生子女的，按照每月 2000 元的标准定额扣除；

纳税人为非独生子女的，由其与兄弟姐妹分摊每月 2000 元的扣除额度，每人分摊的额度不能超过每月 1000 元。

被赡养人是指年满 60 岁的父母，以及子女均已去世的年满 60 岁的祖父母、外祖父母。

b. 扣除时间。

被赡养人年满 60 周岁的当月至赡养义务终止的年末。

c. 扣除方式。

纳税人为非独生子女的，可以由赡养人均摊或者约定分摊，也可以由被赡养人指定分摊。约定或者指定分摊的须签订书面分摊协议，指定分摊优先于约定分摊。具体分摊方式和额度在一个纳税年度内不能变更。

d. 资料准备。

采取约定或指定分摊的，需留存分摊协议。

G. 3 岁以下婴幼儿照护。

a. 扣除标准。

纳税人照护 3 岁以下婴幼儿子女的相关支出，按照每个婴幼儿每月 1000 元的标准定额扣除。

b. 扣除时间。

3 岁以下婴幼儿照护。为婴幼儿出生的当月至年满 3 周岁的前一个月。

c. 扣除方式。

父母可以选择由其中一方按扣除标准的 100% 扣除，也可以选择由双方分别按扣除标准的 50% 扣除，具体扣除方式在一个纳税年度内不能变更。

d. 资料准备。

子女的出生医学证明等资料。

③依法确定的其他扣除。

依法确定的其他扣除，包括个人缴付符合国家规定的企业年金、职业年金，个人购买符合国家规定的商业健康保险、税收递延型商业养老保险的支出，以及国务院规定可以扣除的其他项目。

A. 年金。

a. 企业和事业单位（以下统称单位）根据国家有关政策规定的办法和标准，为在本单位任职或者受雇的全体职工缴付的企业年金或职业年金（以下统称年金）单位缴费部分，在计入个人账户时，个人暂不缴纳个人所得税。

b. 个人根据国家有关政策规定缴付的年金个人缴费部分，在不超过本人缴费工资计税基数的 4% 标准内的部分，暂从个人当期的应纳税所得额中扣除。

c. 超过前面 a 和 b 规定的标准缴付的年金单位缴费和个人缴费部分，应并入个人当期的工资、薪金所得，依法计征个人所得税。税款由建立年金的单位代扣代缴，并向主管税务机关申报解缴。

d. 年金基金投资运营收益分配计入个人账户时，个人暂不缴纳个人所得税。

B. 商业健康保险。

a. 扣除标准。

对个人购买符合规定的商业健康保险产品的支出，允许在当年（月）计算应纳税所得额时予以税前扣除，扣除限额为 2400 元/年（200 元/月）。单位统一为员工购买符合规定的商业健康保险产品的支出，应分别计入员工个人工资薪金，视同个人购买，按上述限额予以扣除。

2400 元/年（200 元/月）的限额扣除为《中华人民共和国个人所得税法》（以下简称《个人所得税法》）规定减除费用标准之外的扣除。

b. 扣除方式。

适用商业健康保险税收优惠政策的纳税人，是指取得工资薪金所得、连续性劳务报酬所得的个人，以及取得个体工商户生产经营所得、对企事业单位的承包承租经营所得的个体工商户业主、个人独资企业投资者、合伙企业合伙人和承包承租经营者。

取得工资薪金所得或连续性劳务报酬所得的个人，自行购买符合规定的商业健康保险产品的，应当及时向代扣代缴单位提供保单凭证。扣缴单位自个人提交保单凭证的次月起，在不超过 200 元/月的标准内按月扣除。一年内保费金额超过 2400 元的部分，不得税前扣除。以后年度续保时，按上述规定执行。个人自行退保时，应及时告知扣缴义务人。

个体工商户业主、企事业单位承包承租经营者、个人独资和合伙企业投资者自行购买符合条件的商业健康保险产品的，在不超过 2400 元/年的标准内据实扣除。一年内保费金额超过 2400 元的部分，不得税前扣除。以后年度续保时，按上述规定执行。

C. 税收递延型商业养老保险。

取得工资薪金、连续性劳务报酬所得的个人，其缴纳的保费准予在申报扣除当月计算应纳税所得额时予以限额据实扣除，扣除限额按照当月工资薪金、连续性劳务报酬收入的 6% 和 1000 元孰低办法确定。

取得个体工商户生产经营所得、对企事业单位的承包承租经营所得的个体工商户业主、个人独资企业投资者、合伙企业自然人合伙人和承包承租经营者，其缴纳的保费准予在申报扣除当年计算应纳税所得额时予以限额据实扣除，扣除限额按照不超过当年应税收入的 6% 和 12000 元孰低办法确定。

（2）非居民个人的工资、薪金所得，以每月收入额减除费用 5000 后的余额为应纳税所得额；劳务报酬所得、稿酬所得、特许权使用费所得，以每次收入额为应纳税所得额。

劳务报酬所得、稿酬所得、特许权使用费所得以收入减除 20% 的费用后的余额为收入额。稿酬所得的收入额减按 70% 计算。

劳务报酬所得、稿酬所得、特许权使用费所得，属于一次性收入的，以取得该项收入为一次；属于同一项目连续性收入的，以一个月内取得的收入为一次。

（3）经营所得，以每一纳税年度的收入总额减除成本、费用以及损失后的余额，为应纳税所得额。

成本、费用，是指生产、经营活动中发生的各项直接支出和分配计入成本的间接费用以及销售费用、管理费用、财务费用；所称损失，是指生产、经营活动中发生的固定资产和存货的盘亏、毁损、报废损失，转让财产损失，坏账损失，自然灾害等不可抗力因素造成的损失以及其他损失。

取得经营所得的个人，没有综合所得的，计算其每一纳税年度的应纳税所得额时，应当减除费用 6 万元、专项扣除、专项附加扣除以及依法确定的其他扣除。专项附加扣除在办理汇算清缴时减除。

从事生产、经营活动，未提供完整、准确的纳税资料，不能正确计算应纳税所得额的，由主管税务机关核定应纳税所得额或者应纳税额。

（4）财产租赁所得，每次收入不超过 4000 元的，减除费用 800 元；4000元以上的，减除 20% 的费用，其余额为应纳税所得额。

财产租赁所得，以一个月内取得的收入为一次。

（5）财产转让所得，以转让财产的收入额减除财产原值和合理费用后的余额，为应纳税所得额。

财产转让所得，按照一次转让财产的收入额减除财产原值和合理费用后的余额计算纳税。

财产原值，按照下列方法确定：

①有价证券，为买入价以及买入时按照规定交纳的有关费用；

②建筑物，为建造费或者购进价格以及其他有关费用；

③土地使用权，为取得土地使用权所支付的金额、开发土地的费用以及其他有关费用；

④机器设备、车船，为购进价格、运输费、安装费以及其他有关费用。

其他财产，参照上述规定的方法确定财产原值。

纳税人未提供完整、准确的财产原值凭证，不能按照上述规定的方法确定财产原值的，由主管税务机关核定财产原值。

合理费用，是指卖出财产时按照规定支付的有关税费。

（6）利息、股息、红利所得和偶然所得，以每次收入额为应纳税所得额。

利息、股息、红利所得，以支付利息、股息、红利时取得的收入为一次。

偶然所得，以每次取得该项收入为一次。

2. 扣除捐赠款的计税方法

个人将其所得对教育、扶贫、济困等公益慈善事业进行捐赠，捐赠额未超过纳税人申报的应纳税所得额30%的部分，可以从其应纳税所得额中扣除；国务院规定对公益慈善事业捐赠实行全额税前扣除的，从其规定。

个人将其所得对教育、扶贫、济困等公益慈善事业进行捐赠，是指个人将其所得通过中国境内的公益性社会组织、国家机关向教育、扶贫、济困等公益慈善事业的捐赠；所称应纳税所得额，是指计算扣除捐赠额之前的应纳税所得额。

2020 年 1 月 1 日至 2021 年 3 月 31 日，个人通过公益性社会组织或者县级以上人民政府及其部门等国家机关，捐赠用于应对新型冠状病毒感染的肺炎疫情的现金和物品，允许在计算应纳税所得额时全额扣除。

个人直接向承担疫情防治任务的医院捐赠用于应对新型冠状病毒感染的肺炎疫情的物品，允许在计算应纳税所得额时全额扣除。

3. 境外缴纳税额抵免的计税方法

居民个人从中国境外取得的所得，可以从其应纳税额中抵免已在境外缴纳的个人所得税税额，但抵免额不得超过该纳税人境外所得依照税法规定计算的应纳税额。

【知识点5】 无住所个人所得税政策与管理

1. 无住所个人的纳税义务

在中国境内无住所又不居住，或者无住所而一个纳税年度内在中国境内居住累计不满 183 天的个人为非居民个人。

无住所个人一个纳税年度内在中国境内累计居住满 183 天的，如果此前六年在中国境内每年累计居住天数都满 183 天而且没有任何一年单次离境超过 30 天，该纳税年度来源于中国境内、境外所得应当缴纳个人所得税；如果此前六年的任一年在中国境内累计居住天数不满 183 天或者单次离境超过 30 天，该纳税年度来源于中国境外且由境外单位或者个人支付的所得，免予缴纳个人所得税。

此前六年，是指该纳税年度的前一年至前六年的连续六个年度，此前六年的起始年度自 2019 年（含）以后年度开始计算。

无住所个人一个纳税年度内在中国境内累计居住天数，按照个人在中国境内累计停留的天数计算。在中国境内停留的当天满 24 小时的，计入中国境内居住天数，在中国境内停留的当天不足 24 小时的，不计入中国境内居住天数。

2. 无住所个人所得的界定以及与协定的综合运用

（1）关于所得来源地。

①关于工资薪金所得来源地的规定。

个人取得归属于中国境内（以下称境内）工作期间的工资薪金所得为来源于境内的工资薪金所得。境内工作期间按照个人在境内工作天数计算，包括其在境内的实际工作日以及境内工作期间在境内、境外享受的公休假、个人休假、接受培训的天数。在境内、境外单位同时担任职务或者仅在境外单位任职的个人，在境内停留的当天不足 24 小时的，按照半天计算境内工作天数。

无住所个人在境内、境外单位同时担任职务或者仅在境外单位任职，且当期同时在境内、境外工作的，按照工资薪金所属境内、境外工作天数占当期公历天数的比例计算确定来源于境内、境外工资薪金所得的收入额。境外工作天数按照当期公历天数减去当期境内工作天数计算。

②关于数月奖金以及股权激励所得来源地的规定。

无住所个人取得的数月奖金或者股权激励所得按照上述规定确定所得来源地的，无住所个人在境内履职或者执行职务时收到的数月奖金或者股权激励所得，归属于境外工作期间的部分，为来源于境外的工资薪金所得；无住所个人停止在境内履约或者执行职务离境后收到的数月奖金或者股权激励所得，对属于境内工作期间的部分，为来源于境内的工资薪金所得。具体计算方法为：数月奖金或者股权激励乘以数月奖金或者股权激励所属工作期间境内工作天数与所属工作期间公历天数之比。

无住所个人一个月内取得的境内外数月奖金或者股权激励包含归属于不同期间的多笔所得的，应当先分别按照规定计算不同归属期间来源于境内的所得，然后再加总计算当月来源于境内的数月奖金或者股权激励收入额。

数月奖金是指一次取得归属于数月的奖金、年终加薪、分红等工资薪金所得，不包括每月固定发放的奖金及一次性发放的数月工资。股权激励包括股票期权、股权期权、限制性股票、股票增值权、股权奖励以及其他因认购股票等有价证券而从雇主取得的折扣或者补贴。

③关于董事、监事及高层管理人员取得报酬所得来源地的规定。

对于担任境内居民企业的董事、监事及高层管理职务的个人（以下统称高管人员），无论是否在境内履行职务，取得由境内居民企业支付或者负担的董事费、监事费、工资薪金或者其他类似报酬（以下统称高管人员报酬，包含数月奖金和股权激励），属于来源于境内的所得。

高层管理职务包括企业正、副（总）经理、各职能总师、总监及其他类似公司管理层的职务。

④关于稿酬所得来源地的规定。

由境内企业、事业单位、其他组织支付或者负担的稿酬所得，为来源于境内的所得。

（2）关于无住所个人工资薪金所得收入额计算。

无住所个人取得工资薪金所得，按以下规定计算在境内应纳税的工资薪金所得的收入额（以下简称工资薪金收入额）：

①无住所个人为非居民个人的情形。

非居民个人取得工资薪金所得，除下文"③无住所个人为高管人员的情形"以外，当月工资薪金收入额分别按照以下两种情形计算：

A. 非居民个人境内居住时间累计不超过90天的情形。

在一个纳税年度内，在境内累计居住不超过90天的非居民个人，仅就归属于境内工作期间并由境内雇主支付或者负担的工资薪金所得计算缴纳个人所得税。当月工资薪金收入额的计算公式如下（公式2-1）：

$$当月工资薪金收入额 = 当月境内外工资薪金总额 \times \frac{当月境内支付工资薪金数额}{当月境内外工资薪金总额} \times \frac{当月工资薪金所属工作期间境内工作天数}{当月工资薪金所属工作期间公历天数}$$

（公式 2-1）

境内雇主包括雇佣员工的境内单位和个人以及境外单位或者个人在境内的机构、场所。凡境内雇主采取核定征收所得税或者无营业收入未征收所得税的，无住所个人为其工作取得工资薪金所得，无论是否在该境内雇主会计账簿中记载，均视为由该境内雇主支付或者负担。工资薪金所属工作期间的公历天数，是指无住所个人取得工资薪金所属工作期间按公历计算的天数。

当月境内外工资薪金包含归属于不同期间的多笔工资薪金的，应当先分别按照相关规定计算不同归属期间工资薪金收入额，然后再加总计算当月工资薪金收入额。

B. 非居民个人境内居住时间累计超过 90 天不满 183 天的情形。

在一个纳税年度内，在境内累计居住超过 90 天但不满 183 天的非居民个人，取得归属于境内工作期间的工资薪金所得，均应当计算缴纳个人所得税；其取得归属于境外工作期间的工资薪金所得，不征收个人所得税。当月工资薪金收入额的计算公式如下（公式 2-2）：

$$当月工资薪金收入额 = 当月境内外工资薪金总额 \times \frac{当月工资薪金所属工作期间境内工作天数}{当月工资薪金所属工作期间公历天数}$$

（公式 2-2）

②无住所个人为居民个人的情形。

在一个纳税年度内，在境内累计居住满 183 天的无住所居民个人取得工资薪金所得，当月工资薪金收入额按照以下规定计算：

A. 无住所居民个人在境内居住累计满 183 天的年度连续不满六年的情形。

在境内居住累计满 183 天的年度连续不满六年的无住所居民个人，符合《中华人民共和国个人所得税法实施条例》（以下简称《个人所得税法实施条例》）第四条优惠条件的，其取得的全部工资薪金所得，除归属于境外工作期间且由境外单位或者个人支付的工资薪金所得部分外，均应计算缴纳个人所得税。工资薪金所得收入额的计算公式如下（公式 2 - 3）：

$$当月工资薪金收入额 = 当月境内外工资薪金总额 \times \left(1 - \frac{当月境内支付工资薪金数额}{当月境内外工资薪金总额} \times \frac{当月工资薪金所属工作期间境内工作天数}{当月工资薪金所属工作期间公历天数}\right)$$

（公式 2 - 3）

B. 无住所居民个人在境内居住累计满 183 天的年度连续满六年的情形。

在境内居住累计满 183 天的年度连续满六年后，不符合《个人所得税法实施条例》第四条优惠条件的无住所居民个人，其从境内、境外取得的全部工资薪金所得均应计算缴纳个人所得税。

③无住所个人为高管人员的情形。

无住所居民个人为高管人员的，工资薪金收入额按照上文"②无住所个人为居民个人的情形"的规定计算纳税。非居民个人为高管人员的，按照以下规定处理：

A. 高管人员在境内居住时间累计不超过 90 天的情形。

在一个纳税年度内，在境内累计居住不超过 90 天的高管人员，其取得由境内雇主支付或者负担的工资薪金所得应当计算缴纳个人所得税；不是由境内雇主支付或者负担的工资薪金所得，不缴纳个人所得税。当月工资薪金收入额为当月境内支付或者负担的工资薪金收入额。

B. 高管人员在境内居住时间累计超过 90 天不满 183 天的情形。

在一个纳税年度内，在境内居住累计超过 90 天但不满 183 天的高管人员，其取得的工资薪金所得，除归属于境外工作期间且不是由境内雇主支付或者负担的部分外，应当计算缴纳个人所得税。当月工资薪金收入额计算适用公式 2 - 3。

（3）关于无住所个人税款计算。

①关于无住所居民个人税款计算的规定。

无住所居民个人取得综合所得，年度终了后，应按年计算个人所得税；有扣缴义务人的，由扣缴义务人按月或者按次预扣预缴税款；需要办理汇算清缴的，按照规定办理汇算清缴，年度综合所得应纳税额计算公式如下（公式 2 - 4）：

年度综合所得应纳税额 =（年度工资薪金收入额 + 年度劳务报酬收入额 +

年度稿酬收入额 + 年度特许权使用费收入额 - 减除费用 - 专项扣除 -

专项附加扣除－依法确定的其他扣除）×适用税率－速算扣除数

（公式 2－4）

无住所居民个人为外籍个人的，2023 年 12 月 31 日前计算工资薪金收入额时，已经按规定减除住房补贴、子女教育费、语言训练费等八项津补贴的，不能同时享受专项附加扣除。

年度工资薪金、劳务报酬、稿酬、特许权使用费收入额分别按年度内每月工资薪金以及每次劳务报酬、稿酬、特许权使用费收入额合计数额计算。

②关于非居民个人税款计算的规定。

A. 非居民个人当月取得工资薪金所得，以按照上述关于无住所个人工资薪金所得收入额计算的规定计算的当月收入额，减去税法规定的减除费用后的余额，为应纳税所得额，适用按月换算后的综合所得税率表（以下称月度税率表）计算应纳税额。

B. 非居民个人一个月内取得数月奖金，单独按照上述关于无住所个人工资薪金所得收入额计算的规定计算当月收入额，不与当月其他工资薪金合并，按 6 个月分摊计税，不减除费用，适用月度税率表计算应纳税额，在一个公历年度内，对每一个非居民个人，该计税办法只允许适用一次。计算公式如下（公式 2－5）：

当月数月奖金应纳税额＝［（数月奖金收入额÷6）×

适用税率－速算扣除数］×6　　（公式 2－5）

C. 非居民个人一个周内取得股权激励所得，单独按照上述关于无住所个人工资薪金所得收入额计算的规定计算当月收入额，不与当月其他工资薪金合并，按 6 个月分摊计税（一个公历年度内的股权激励所得应合并计算），不减除费用，适用月度税率表计算应纳税额，计算公式如下（公式 2－6）：

当月股权激励所得应纳税额＝［（本公历年度内股权激励所得合计额÷6）×

适用税率－速算扣除数］×6－本公历年度内股权激励所得已纳税额

（公式 2－6）

D. 非居民个人取得来源于境内的劳务报酬所得、稿酬所得、特许权使用费所得，以税法规定的每次收入额为应纳税所得额，适用月度税率表计算应纳税额。

（4）关于无住所个人适用税收协定。

按照我国政府签订的避免双重征税协定，内地与香港、澳门签订的避免双重征税安排（以下简称税收协定）居民条款规定为缔约对方税收居民的个人（以下简称对方税收居民个人），可以按照税收协定及财政部、国家税务总局有关规定享受税收协定待遇，也可以选择不享受税收协定待遇计算纳税。除税收协定及财政部、国家税务总局另有规定外，无住所个人适用税收协定的，按照以下规定执行：

①关于无住所个人适用受雇所得条款的规定。

A. 无住所个人享受境外受雇所得协定待遇。

境外受雇所得协定待遇，是指按照税收协定受雇所得条款规定，对方税收居民个人在境外从事受雇活动取得的受雇所得，可不缴纳个人所得税。

无住所个人为对方税收居民个人，其取得的工资薪金所得可享受境外受雇所得协定待遇的，可不缴纳个人所得税。工资薪金收入额计算适用公式 2－2。

无住所居民个人为对方税收居民个人的，可在预扣预缴和汇算清缴时按"无住所个人享受境外受雇所得协定待遇"的规定享受协定待遇；非居民个人为对方税收居民个人的，可在取得所得时按"无住所个人享受境外受雇所得协定待遇"的规定享受协定待遇。

B. 无住所个人享受境内受雇所得协定待遇。

境内受雇所得协定待遇，是指按照税收协定受雇所得条款规定，在税收协定规定的期间内境内停留天数不超过 183 天的对方税收居民个人，在境内从事受雇活动取得受雇所得，不是由境内居民雇主支付或者代其支付的，也不是由雇主在境内常设机构负担的，可不缴纳个人所得税。

无住所个人为对方税收居民个人，其取得的工资薪金所得可享受境内受雇所得协定待遇的，可不缴纳个人所得税。工资薪金收入额计算适用公式 2－1。

无住所居民个人为对方税收居民个人的，可在预扣预缴和汇算清缴时按"无住所个人享受境内受雇所得协定待遇"的规定享受协定待遇；非居民个人为对方税收居民个人的，可在取得所得时按"无住所个人享受境内受雇所得协定待遇"的规定享受协定待遇。

②关于无住所个人适用独立个人劳务或者营业利润条款的规定。

独立个人劳务或者营业利润协定待遇，是指按照税收协定独立个人劳务或者营业利润条款规定，对方税收居民个人取得的独立个人劳务所得或者营业利润符合税收协定规定条件的，可不缴纳个人所得税。

无住所居民个人为对方税收居民个人，其取得的劳务报酬所得、稿酬所得可享受独立个人劳务或者营业利润协定待遇的，在预扣预缴和汇算清缴时，可不缴纳个人所得税。

非居民个人为对方税收居民个人，其取得的劳务报酬所得、稿酬所得可享受独立个人劳务或者营业利润协定待遇的，在取得所得时可不缴纳个人所得税。

③关于无住所个人适用董事费条款的规定。

对方税收居民个人为高管人员，该个人适用的税收协定未纳入董事费条款，或者虽然纳入董事费条款但该个人不适用董事费条款，且该个人取得的高管人员报酬可享受税收协定受雇所得、独立个人劳务或者营业利润条款规定待遇的，该个人取得的高管人员报酬可不适用上述关于无住所个人为高管人员的情形的规定，分别按照上述关于无住所个人适用受雇所得条款的规定、关于无住所个人享受境内受雇所得协定待遇的规定执行。

对方税收居民个人为高管人员，该个人取得的高管人员报酬按照税收协定董事费条款规定可以在境内征收个人所得税的，应按照有关工资薪金所得或者劳务报酬所得规定缴纳个人所得税。

④关于无住所个人适用特许权使用费或者技术服务费条款的规定。

特许权使用费或者技术服务费协定待遇，是指按照税收协定特许权使用费或者技术服务费条款规定，对方税收居民个人取得符合规定的特许权使用费或者技术服务费，可按照税收协定规定的计税所得额和征税比例计算纳税。

无住所居民个人为对方税收居民个人，其取得的特许权使用费所得、稿酬所得或者劳务报酬所得可享受特许权使用费或者技术服务费协定待遇的，可不纳入综合所得，在取得当月按照税收协定规定的计税所得额和征税比例计算应纳税额，并预扣预缴税款。年度汇算清缴时，该个人取得的已享受特许权使用费或者技术服务费协定待遇的所得不纳入年度综合所得，单独按照税收协定规定的计税所得额和征税比例计算年度应纳税额及补退税额。

非居民个人为对方税收居民个人，其取得的特许权使用费所得、稿酬所得或者劳务报酬所得可享受特许权使用费或者技术服务费协定待遇的，可按照税收协定规定的计税所得额和征税比例计算应纳税额。

（5）关于无住所个人相关征管规定。

①关于无住所个人预计境内居住时间的规定。

无住所个人在一个纳税年度内首次申报时，应当根据合同约定等情况预计一个纳税年度内境内居住天数以及在税收协定规定的期间内境内停留天数，按照预计隋况计算缴纳税款。实际隋况与预计隋况不符的，分别按照以下规定处理：

A. 无住所个人预先判定为非居民个人，因延长居住天数达到居民个人条件的，一个纳税年度内税款扣缴方法保持不变，年度终了后按照居民个人有关规定办理汇算清缴，但该个人在当年离境且预计年度内不再入境的，可以选择在离境之前办理汇算清缴。

B. 无住所个人预先判定为居民个人，因缩短居住天数不能达到居民个人条件的，在不能达到居民个人条件之日起至年度终了 15 天内，应当向主管税务机关报告，按照非居民个人重新计算应纳税额，申报补缴税款，不加收税收滞纳金。需要退税的，按照规定办理。

C. 无住所个人预计一个纳税年度境内居住天数累计不超过 90 天，但实际累计居住天数超过 90 天的，或者对方税收居民个人预计在税收协定规定的期间内境内停留天数不超过 183 天，但实际停留天数超过 183 天的，待达到 90 天或者 183 天的月度终了后 15 天内，应当向主管税务机关报告，就以前月份工资薪金所得重新计算应纳税款，并补缴税款，不加收税收滞纳金。

②关于无住所个人境内雇主报告境外关联方支付工资薪金所得的规定。

无住所个人在境内任职、受雇取得来源于境内的工资薪金所得，凡境内雇主与境外单位或者个人存在关联关系，将本应由境内雇主支付的工资薪金所得，部分或者全部由境外关联方支付的，无住所个人可以自行申报缴纳税款，也可以委托境内雇主代为缴纳税款。无住所个人未委托境内雇主代为缴纳税款的，境内雇主应当在相关所得支付当月终了后 15 天内向主管税务机关报告相关信息，包括境内雇主与境外关联方对无住所个人的工作安排、境外支付情况以及无住所个人的联系方式等信息。

二　个人所得税优惠政策

【知识点 1】　免征个人所得税

下列各项个人所得，免征个人所得税：

1. 省级人民政府、国务院部委和中国人民解放军军以上单位，以及外国组织、国际组织颁发的科学、教育、技术、文化、卫生、体育、环境保护等方面的奖金。

2. 国债和国家发行的金融债券利息。

国债利息，是指个人持有中华人民共和国财政部发行的债券而取得的利息；国家发行的金融债券利息，是指个人持有经国务院批准发行的金融债券而取得的利息。

3. 按照国家统一规定发给的补贴、津贴。

按照国家统一规定发给的补贴、津贴，是指按照国务院规定发给的政府特殊津贴、院士津贴，以及国务院规定免予缴纳个人所得税的其他补贴、津贴。

4. 福利费、抚恤金、救济金。

福利费，是指根据国家有关规定，从企业、事业单位、国家机关、社会组织提留的福利费或者工会经费中支付给个人的生活补助费；救济金，是指各级人民政府民政部门支付给个人的生活困难补助费。

5. 保险赔款。

6. 军人的转业费、复员费、退役金。

7. 按照国家统一规定发给干部、职工的安家费、退职费、基本养老金或者退休费、离休费、离休生活补助费。

8. 依照有关法律规定应予免税的各国驻华使馆、领事馆的外交代表、领事官员和其他人员的所得。

9. 中国政府参加的国际公约、签订的协议中规定免税的所得。

10. 国务院规定的其他免税所得，由国务院报全国人民代表大会常务委员会备案。

11. 2020 年 1 月 1 日至 2021 年 12 月 31 日，对参加疫情防治工作的医务人员和防疫工作者按照政府规定标准取得的临时性工作补助和奖金，免征个人所得税。政府规定标准包括各级政府规定的补助和奖金标准。

12. 对省级及省级以上人民政府规定的对参与疫情防控人员的临时性工作补助和奖金，免征个人所得税。单位发给个人用于预防新型冠状病毒感染的肺炎的药品、医疗用品和防护用品等实物（不包括现金），不计入工资、薪金收入，免征个人所得税。

【知识点 2】 减征个人所得税

1. 有下列情形之一的，可以减征个人所得税，具体幅度和期限，由省、自治区、直辖市人民政府规定，并报同级人民代表大会常务委员会备案：

（1）残疾、孤老人员和烈属的所得；

（2）因自然灾害遭受重大损失的。

国务院可以规定其他减税情形，报全国人民代表大会常务委员会备案。

2. 2021 年 1 月 1 日至 2022 年 12 月 31 日，对个体工商户经营所得年应纳税所得额不超过 100 万元的部分，在现行优惠政策基础上，再减半征收个人所得税。个体工商户不区分征收方式，均可享受。

个体工商户按照以下方法计算减免税额：

减免税额 =（个体工商户经营所得应纳税所得额不超过 100 万元

部分的应纳税额 - 其他政策减免税额 × 个体工商户经营所得应纳税

所得额不超过 100 万元部分 ÷ 经营所得应纳税所得额）×（1 - 50%）

【知识点 3】 全年一次性奖金问题

关于全年一次性奖金、中央企业负责人年度绩效薪金延期兑现收入和任期奖励的政策。

1. 居民个人取得全年一次性奖金，符合《国家税务总局关于调整个人取得全年一次性奖金等计算征收个人所得税方法问题的通知》（国税发〔2005〕9 号）规定的，在 2023 年 12 月 31 日前，不并入当年综合所得，以全年一次性奖金收入除以 12 个月得到的数额，按照按月换算后的综合所得税率表，确定适用税率和速算扣除数，单独计算纳税。计算公式为：

应纳税额 = 全年一次性奖金收入 × 适用税率 - 速算扣除数

居民个人取得全年一次性奖金，也可以选择并入当年综合所得计算纳税。

2. 中央企业负责人取得年度绩效薪金延期兑现收入和任期奖励，符合《国家税务总局关于中央企业负责人年度绩效薪金延期兑现收入和任期奖励征收个人所得税问题的通知》（国税发〔2007〕118 号）规定的，在 2023 年 12 月 31 日前，参照居民个人取得全年一次性奖金执行。

【知识点 4 】 关于上市公司股权激励的政策

1. 居民个人取得股票期权、股票增值权、限制性股票、股权奖励等股权激励（以下简称股权激励），符合《财政部 国家税务总局关于个人股票期权所得征收个人所得税问题的通知》（财税〔2005〕35 号）、《财政部 国家税务总局关于股票增值权所得和限制性股票所得征收个人所得税有关问题的通知》（财税〔2009〕5 号）、《财政部 国家税务总局关于将国家自主创新示范区有关税收试点政策推广到全国范围实施的通知》（财税〔2015〕116 号）第四条、《财政部 国家税务总局关于完善股权激励和技术入股有关所得税政策的通知》（财税〔2016〕101 号）第四条第（一）项规定的相关条件的，在 2022 年 12 月 31 日前，不并入当年综合所得，全额单独适用综合所得税率表，计算纳税。计算公式为：

$$应纳税额 = 股权激励收入 \times 适用税率 - 速算扣除数$$

2. 居民个人一个纳税年度内取得两次以上（含两次）股权激励的，应合并计算纳税。

【知识点 5 】 关于保险营销员、 证券经纪人佣金收入的政策

保险营销员、证券经纪人取得的佣金收入，属于劳务报酬所得，以不含增值税的收入减除 20% 的费用后的余额为收入额，收入额减去展业成本以及附加税费后，并入当年综合所得，计算缴纳个人所得税。保险营销员、证券经纪人展业成本按照收入额的 25% 计算。

扣缴义务人向保险营销员、证券经纪人支付佣金收入时，应按照《个人所得税扣缴申报管理办法（试行）》（国家税务总局公告 2018 年第 61 号印发）规定的累计预扣法计算预扣税款。

【知识点 6 】 关于个人领取企业年金、 职业年金的政策

个人达到国家规定的退休年龄，领取的企业年金、职业年金，符合《财政部 人力资源社会保障部 国家税务总局关于企业年金 职业年金个人所得税有关问题的通知》（财税〔2013〕103 号）规定的，不并入综合所得，全额单独计算应纳税款。其中按月领取的，适用月度税率表计算纳税；按季领取的，平均分摊计入各月，按每月领取额适用月度税率表计算纳税；按年领取的，适用综合所得税率表计算纳税。

个人因出境定居而一次性领取的年金个人账户资金，或个人死亡后，其指定的受益人或法定继承人一次性领取的年金个人账户余额，适用综合所得税率表计算纳税。对个人除上述特殊原因外一次性领取年金个人账户资金或余额的，适用月度税率表计算纳税。

【知识点 7】 关于解除劳动关系、提前退休、内部退养的一次性补偿收入的政策

1. 个人与用人单位解除劳动关系取得一次性补偿收入（包括用人单位发放的经济补偿金、生活补助费和其他补助费），在当地上年职工平均工资 3 倍数额以内的部分，免征个人所得税；超过 3 倍数额的部分，不并入当年综合所得，单独适用综合所得税率表，计算纳税。

2. 个人办理提前退休手续而取得的一次性补贴收入，应按照办理提前退休手续至法定离退休年龄之间实际年度数平均分摊，确定适用税率和速算扣除数，单独适用综合所得税率表，计算纳税。计算公式：

$$应纳税额 = \{[(一次性补贴收入 \div 办理提前退休手续至法定退休年龄的$$
$$实际年度数) - 费用扣除标准] \times 适用税率 - 速算扣除数\} \times 办理提前$$
$$退休手续至法定退休年龄的实际年度数$$

3. 个人办理内部退养手续而取得的一次性补贴收入，按照《国家税务总局关于个人所得税有关政策问题的通知》（国税发〔1999〕58 号）规定计算纳税。

【知识点 8】 关于单位低价向职工售房的政策

单位按低于购置或建造成本价格出售住房给职工，职工因此而少支出的差价部分，符合《财政部　国家税务总局关于单位低价向职工售房有关个人所得税问题的通知》（财税〔2007〕13 号）第二条规定的，不并入当年综合所得，以差价收入除以 12 个月得到的数额，按照月度税率表确定适用税率和速算扣除数，单独计算纳税。计算公式为：

$$应纳税额 = 职工实际支付的购房价款低于该房屋的购置或建造成本$$
$$价格的差额 \times 适用税率 - 速算扣除数$$

【知识点9】 关于外籍个人有关津补贴的政策

2019 年 1 月 1 日至 2023 年 12 月 31 日，外籍个人符合居民个人条件的，可以选择享受个人所得税专项附加扣除，也可以选择按照《财政部　国家税务总局关于个人所得税若干政策问题的通知》（财税〔1994〕20 号）、《国家税务总局关于外籍个人取得有关补贴征免个人所得税执行问题的通知》（国税发〔1997〕54 号）和《财政部　国家税务总局关于外籍个人取得港澳地区住房等补贴征免个人所得税的通知》（财税〔2004〕29 号）规定，享受住房补贴、语言训练费、子女教育费等津补贴免税优惠政策，但不得同时享受。外籍个人一经选择，在一个纳税年度内不得变更。

【知识点10】 在中国境内无住所的个人的优惠

1. 在中国境内无住所的个人，在一个纳税年度内在中国境内居住累计不超过 90 天的，其来源于中国境内的所得，由境外雇主支付并且不由该雇主在中国境内的机构、场所负担的部分，免予缴纳个人所得税。

2. 在中国境内无住所的个人，在中国境内居住累计满 183 天的年度连续不满六年的，经向主管税务机关备案，其来源于中国境外且由境外单位或者个人支付的所得，免予缴纳个人所得税；在中国境内居住累计满 183 天的任一年度中有一次离境超过 30 天的，其在中国境内居住累计满 183 天的年度的连续年限重新起算。

【知识点11】 个人转让新三板挂牌公司股票有关个人所得税政策

1. 自 2018 年 11 月 1 日（含）起，对个人转让新三板挂牌公司非原始股取得的所得，暂免征收个人所得税。

非原始股是指个人在新三板挂牌公司挂牌后取得的股票，以及由上述股票孳生的送、转股。

2. 对个人转让新三板挂牌公司原始股取得的所得，按照"财产转让所得"，适用 20% 的比例税率征收个人所得税。

原始股是指个人在新三板挂牌公司挂牌前取得的股票，以及在该公司挂牌前和挂牌后由上述股票孳生的送、转股。

【知识点 12】 代开货物运输业发票预征个人所得税

2020 年 3 月 1 日至 2020 年 12 月 31 日，对湖北省境内的个体工商户、个人独资企业和合伙企业，代开货物运输服务增值税发票时，暂不预征个人所得税；对其他地区的上述纳税人统一按代开发票金额的 0.5% 预征个人所得税。

2021 年 1 月 1 日至 2022 年 12 月 31 日，对个体工商户、个人独资企业、合伙企业和个人，代开货物运输业增值税发票时，不再预征个人所得税。个体工商户业主、个人独资企业投资者、合伙企业个人合伙人和其他从事货物运输经营活动的个人，应依法自行申报缴纳经营所得个人所得税。

三 个人所得税征收管理

【知识点 1】 申报缴纳方式

1. 代扣代缴税款

个人所得税以所得人为纳税人，以支付所得的单位或者个人为扣缴义务人。

（1）纳税人识别号管理。

纳税人有中国公民身份号码的，以中国公民身份号码为纳税人识别号；纳税人没有中国公民身份号码的，由税务机关赋予其纳税人识别号。扣缴义务人扣缴税款时，纳税人应当向扣缴义务人提供纳税人识别号。

（2）扣缴义务人全员全额扣缴义务。

扣缴义务人应当按照国家规定办理全员全额扣缴申报，并向纳税人提供其个人所得和已扣缴税款等信息。

实行个人所得税全员全额扣缴申报的应税所得包括：

①工资、薪金所得；

②劳务报酬所得；

③稿酬所得；

④特许权使用费所得；

⑤利息、股息、红利所得；

⑥财产租赁所得；

⑦财产转让所得；

⑧偶然所得。

（3）居民个人工资、薪金所得的预扣预缴。

扣缴义务人向居民个人支付工资、薪金所得时，应当按照累计预扣法计算预扣税款，并按月办理扣缴申报。

累计预扣法，是指扣缴义务人在一个纳税年度内预扣预缴税款时，以纳税人在本单位截至当前月份工资、薪金所得累计收入减除累计免税收入、累计减除费用、累计专项扣除、累计专项附加扣除和累计依法确定的其他扣除后的余额为累计预扣预缴应纳税所得额，适用个人所得税预扣率表一（见表 2-5），计算累计应预扣预缴税额，再减除累计减免税额和累计已预扣预缴税额，其余额为本期应预扣预缴税额。余额为负值时，暂不退税。纳税年度终了后余额仍为负值时，由纳税人通过办理综合所得年度汇算清缴，税款多退少补。

具体计算公式如下：

本期应预扣预缴税额 =（累计预扣预缴应纳税所得额 × 预扣率 -
速算扣除数）- 累计减免税额 - 累计已预扣预缴税额

累计预扣预缴应纳税所得额 = 累计收入 - 累计免税收入 - 累计减除费用 -
累计专项扣除 - 累计专项附加扣除 - 累计依法确定的其他扣除

其中：累计减除费用，按照 5000 元/月乘以纳税人当年截至本月在本单位的任职受雇月份数计算。

纳税人同时从两处以上取得工资、薪金所得，并由扣缴义务人减除专项附加扣除的，对同一专项附加扣除项目，在一个纳税年度内只能选择从一处取得的所得中减除。

自 2020 年 7 月 1 日起，对一个纳税年度内首次取得工资、薪金所得的居民个人（指自纳税年度首月起至新入职时，未取得工资、薪金所得或者未按照累计预扣法预扣预缴过连续性劳务报酬所得个人所得税的居民个人），扣缴义务人在预扣预缴个人所得税时，可按照 5000 元/月乘以纳税人当年截至本月月份数计算累计减除费用。

自 2021 年 1 月 1 日起，对上一完整纳税年度内每月均在同一单位预扣预缴工资、薪金所得个人所得税且全年工资、薪金收入不超过 6 万元的居民个人，扣缴义务人在预扣预缴本年度工资、薪金所得个人所得税时，累计减除费用自 1 月份起直接按照全年 6 万元计算扣除。即，在纳税人累计收入不超过 6 万元的月份，暂不预扣预缴个人所得税；在其累计收入超过 6 万元的当月及年内后续月份，再预扣预缴个人所得税。

扣缴义务人应当按规定办理全员全额扣缴申报，并在《个人所得税扣缴申报表》相应纳税人的备注栏注明"上年各月均有申报且全年收入不超过 6 万元"字样。

对按照累计预扣法预扣预缴劳务报酬所得个人所得税的居民个人，扣缴义务人比照上述规定执行。

表 2－5　个人所得税预扣率表一（居民个人工资、薪金所得预扣预缴适用）

级　数	累计预扣预缴应纳税所得额	预扣率（%）	速算扣除数
1	不超过 36000 元的部分	3	0
2	超过 36000 元至 144000 元的部分	10	2520
3	超过 144000 元至 300000 元的部分	20	16920
4	超过 300000 元至 420000 元的部分	25	31920
5	超过 420000 元至 660000 元的部分	30	52920
6	超过 660000 元至 960000 元的部分	35	85920
7	超过 960000 元的部分	45	181920

（4）居民个人的劳务报酬所得、稿酬所得、特许权使用费所得预扣预缴。

扣缴义务人向居民个人支付劳务报酬所得、稿酬所得、特许权使用费所得时，应当按照以下方法按次或者按月预扣预缴税款：

劳务报酬所得、稿酬所得、特许权使用费所得以收入减除费用后的余额为收入额；其中，稿酬所得的收入额减按 70% 计算。

减除费用：预扣预缴税款时，劳务报酬所得、稿酬所得、特许权使用费所得每次收入不超过 4000 元的，减除费用按 800 元计算；每次收入 4000 元以上的，减除费用按收入的 20% 计算。

应纳税所得额：劳务报酬所得、稿酬所得、特许权使用费所得，以每次收入额为预扣预缴应纳税所得额，计算应预扣预缴税额。劳务报酬所得适用个人所得税预扣率表二（见表 2 - 6），稿酬所得、特许权使用费所得适用 20% 的比例预扣率。

居民个人办理年度综合所得汇算清缴时，应当依法计算劳务报酬所得、稿酬所得、特许权使用费所得的收入额，并入年度综合所得计算应纳税款，税款多退少补。

正在接受全日制学历教育的学生因实习取得劳务报酬所得的，扣缴义务人预扣预缴个人所得税时，可按照《国家税务总局关于发布〈个人所得税扣缴申报管理办法（试行）〉的公告》（国家税务总局公告 2018 年第 61 号）规定的累计预扣法计算并预扣预缴税款。

表 2 - 6 个人所得税预扣率表二（居民个人劳务报酬所得预扣预缴适用）

级 数	预扣预缴应纳税所得额	预扣率（%）	速算扣除数
1	不超过 20000 元的部分	20	0
2	超过 20000 元至 50000 元的部分	30	2000
3	超过 50000 元的部分	40	7000

支付工资、薪金所得的扣缴义务人应当于年度终了后两个月内，向纳税人提供其个人所得和已扣缴税款等信息。

（5）非居民个人工资、薪金所得，劳务报酬所得，稿酬所得和特许权使用费所得的代扣代缴。

扣缴义务人向非居民个人支付工资、薪金所得，劳务报酬所得，稿酬所得和特许权使用费所得时，应当按照以下方法按月或者按次代扣代缴税款：

非居民个人的工资、薪金所得，以每月收入额减除费用 5000 元后的余额为应纳税所得额；劳务报酬所得、稿酬所得、特许权使用费所得，以每次收入额为应纳税所得额，适用个人所得税税率表三（见表 2 - 7），计算应纳税额。劳务报酬所得、稿酬所得、特许权使用费所得以收入减除 20% 的费用后的余额为收入额；其中，稿酬所得的收入额减按 70% 计算。

表 2－7　　　　个人所得税税率表三（非居民个人工资、薪金所得，劳务报酬所得，稿酬所得，特许权使用费所得适用）

级　数	应纳税所得额	税率（％）	速算扣除数
1	不超过 3000 元的部分	3	0
2	超过 3000 元至 12000 元的部分	10	210
3	超过 12000 元至 25000 元的的部分	20	1410
4	超过 25000 元至 35000 元的的部分	25	2660
5	超过 35000 元至 55000 元的的部分	30	4410
6	超过 55000 元至 80000 元的的部分	35	7160
7	超过 80000 元的的部分	45	15160

（6）利息、股息、红利所得，财产租赁所得，财产转让所得或者偶然所得的代扣代缴。

扣缴义务人支付利息、股息、红利所得，财产租赁所得，财产转让所得或者偶然所得时，应当依法按次或者按月代扣代缴税款。

2. 自行纳税申报

（1）需要自行纳税申报的情形。

有下列情形之一的，纳税人应当依法办理纳税申报：

①取得综合所得需要办理汇算清缴；

②取得应税所得没有扣缴义务人；

③取得应税所得，扣缴义务人未扣缴税款；

④取得境外所得；

⑤因移居境外注销中国户籍；

⑥非居民个人在中国境内从两处以上取得工资、薪金所得；

⑦国务院规定的其他情形。

（2）取得综合所得需要办理汇算清缴的纳税申报。

取得综合所得且符合下列情形之一的纳税人，应当依法办理汇算清缴：

①从两处以上取得综合所得，且综合所得年收入额减除专项扣除后的余额超过 6 万元；

②取得劳务报酬所得、稿酬所得、特许权使用费所得中一项或者多项所

得，且综合所得年收入额减除专项扣除的余额超过 6 万元；

③纳税年度内预缴税额低于应纳税额；

④纳税人申请退税。

（3）取得经营所得的纳税申报。

个体工商户业主、个人独资企业投资者、合伙企业个人合伙人、承包承租经营者个人以及其他从事生产、经营活动的个人取得经营所得，包括以下情形：

①个体工商户从事生产、经营活动取得的所得，个人独资企业投资人、合伙企业的个人合伙人来源于境内注册的个人独资企业、合伙企业生产、经营的所得；

②个人依法从事办学、医疗、咨询以及其他有偿服务活动取得的所得；

③个人对企业、事业单位承包经营、承租经营以及转包、转租取得的所得；

④个人从事其他生产、经营活动取得的所得。

【知识点 2】 纳税期限和纳税地点

1. 综合所得

居民个人取得综合所得，按年计算个人所得税；有扣缴义务人的，由扣缴义务人按月或者按次预扣预缴税款；需要办理汇算清缴的，应当在取得所得的次年 3 月 1 日至 6 月 30 日内向任职、受雇单位所在地主管税务机关办理汇算清缴。纳税人有两处以上任职、受雇单位的，选择向其中一处任职、受雇单位所在地主管税务机关办理纳税申报；纳税人没有任职、受雇单位的，向其户籍所在地、经常居住地或者主要收入来源地的主管税务机关办理纳税申报。

居民个人向扣缴义务人提供专项附加扣除信息的，扣缴义务人按月预扣预缴税款时应当按照规定予以扣除，不得拒绝。

非居民个人取得工资、薪金所得，劳务报酬所得，稿酬所得和特许权使用费所得，有扣缴义务人的，由扣缴义务人按月或者按次代扣代缴税款，不办理汇算清缴。

2. 经营所得

纳税人取得经营所得，按年计算个人所得税，由纳税人在月度或者季度终了后 15 日内向经营管理所在地主管税务机关报送纳税申报表，并预缴税款；在取得所得的次年 3 月 31 日前向经营管理所在地主管税务机关办理汇算清缴。

纳税人取得利息、股息、红利所得，财产租赁所得，财产转让所得和偶然所得，按月或者按次计算个人所得税，有扣缴义务人的，由扣缴义务人按月或者按次代扣代缴税款。

3. 应税所得没有扣缴义务人的

纳税人取得应税所得没有扣缴义务人的，应当在取得所得的次月 15 日内向税务机关报送纳税申报表，并缴纳税款。

纳税人取得应税所得，扣缴义务人未扣缴税款的，纳税人应当在取得所得的次年 6 月 30 日前，缴纳税款；税务机关通知限期缴纳的，纳税人应当按照期限缴纳税款。

居民个人从中国境外取得所得的，应当在取得所得的次年 3 月 1 日至 6 月 30 日内申报纳税。

非居民个人在中国境内从两处以上取得工资、薪金所得的，应当在取得所得的次月 15 日内申报纳税。

纳税人因移居境外注销中国户籍的，应当在注销中国户籍前办理税款清算。

4. 扣缴义务人

扣缴义务人每月或者每次预扣、代扣的税款，应当在次月 15 日内缴入国库，并向税务机关报送扣缴个人所得税申报表。

纳税人办理汇算清缴退税或者扣缴义务人为纳税人办理汇算清缴退税的，税务机关审核后，按照国库管理的有关规定办理退税。

【知识点 3】 2021 年度个人所得税综合所得汇算清缴制度

1. 年度汇算的内容

2021 年度终了后，居民个人（以下称纳税人）需要汇总 2021 年 1 月 1 日至 12 月 31 日（以下称纳税年度）取得的工资薪金、劳务报酬、稿酬、特许权使用费等四项所得（以下称综合所得）的收入额，减除费用 6 万元以及专项扣除、专项附加扣除、依法确定的其他扣除和符合条件的公益慈善事业捐赠后，适用综合所得个人所得税税率并减去速算扣除数，计算年度汇算最终应纳税额，再减去纳税年度已预缴税额，得出应退或应补税额，向税务机关申报并办理退税或补税。计算公式：

应退或应补税额 = [（综合所得收入额 – 60000 元 – "三险一金"等专项扣除 – 子女教育等专项附加扣除 – 依法确定的其他扣除 – 符合条件的公益慈善事业捐赠）× 适用税率 – 速算扣除数] – 已预缴税额

年度汇算不涉及财产租赁等分类所得，以及纳税人按规定选择不并入综合所得计算纳税的所得。

2. 无需办理年度汇算的情形

纳税人在纳税年度内已依法预缴个人所得税且符合下列情形之一的，无需办理年度汇算：

（1）年度汇算需补税但综合所得收入全年不超过 12 万元的；

（2）年度汇算需补税金额不超过 400 元的；

（3）已预缴税额与年度汇算应纳税额一致的；

（4）符合年度汇算退税条件但不申请退税的。

3. 需要办理年度汇算的情形

符合下列情形之一的，纳税人需办理年度汇算：

（1）已预缴税额大于年度汇算应纳税额且申请退税的；

（2）纳税年度内取得的综合所得收入超过 12 万元且需要补税金额超过 400 元的。

因适用所得项目错误或者扣缴义务人未依法履行扣缴义务，造成纳税年度内少申报或者未申报综合所得的，纳税人应当依法据实办理年度汇算。

4. 可享受的税前扣除

下列在纳税年度内发生的，且未申报扣除或未足额扣除的税前扣除项目，纳税人可在年度汇算期间填报扣除或补充扣除：

（1）纳税人及其配偶、未成年子女符合条件的大病医疗支出；

（2）纳税人符合条件的子女教育、继续教育、住房贷款利息或住房租金、赡养老人专项附加扣除，以及减除费用、专项扣除、依法确定的其他扣除；

（3）纳税人符合条件的公益慈善事业捐赠。

同时取得综合所得和经营所得的纳税人，可在综合所得或经营所得中申报减除费用 6 万元、专项扣除、专项附加扣除以及依法确定的其他扣除，但不得重复申报减除。

5. 办理时间

年度汇算办理时间为 2022 年 3 月 1 日至 6 月 30 日。在中国境内无住所的纳税人在 3 月 1 日前离境的，可以在离境前办理年度汇算。

6. 办理方式

纳税人可自主选择下列办理方式：

（1）自行办理年度汇算。

（2）通过任职受雇单位（含按累计预扣法预扣预缴其劳务报酬所得个人所得税的单位，下同。以下简称单位）代为办理。

纳税人提出代办要求的，单位应当代为办理，或者培训、辅导纳税人通过自然人电子税务局（含手机个人所得税 APP、网页端，下同）完成年度汇算申报和退（补）税。

由单位代为办理的，纳税人应在 2022 年 4 月 30 日前与单位以书面或者电子等方式进行确认，补充提供其纳税年度内在本单位以外取得的综合所得收入、相关扣除、享受税收优惠等信息资料，并对所提交信息的真实性、准确性、完整性负责。纳税人未与单位确认请其代为办理年度汇算的，单位不得代办。

（3）委托涉税专业服务机构或其他单位及个人（以下称受托人）办理，纳税人与受托人需签订授权书。

单位或受托人为纳税人办理年度汇算后，应当及时将办理情况告知纳税人。纳税人发现年度汇算申报信息存在错误的，可以要求单位或受托人办理更正申报，也可自行办理更正申报。

7. 年度汇算的退税、补税

（1）办理退税。

纳税人申请年度汇算退税，应当提供其在中国境内开设的符合条件的银行账户。税务机关按规定审核后，在按本公告第九条确定的受理年度汇算申报的税务机关所在地（即年度汇算地），按照国库管理有关规定就地办理税款退库。纳税人未提供本人有效银行账户，或者提供的信息资料有误的，税务机关将通知纳税人更正，纳税人按要求更正后依法办理退税。

为方便办理退税，综合所得全年收入额不超过 6 万元且已预缴个人所得税的纳税人，可选择使用自然人电子税务局提供的简易申报功能，便捷办理年度汇算退税。

申请 2021 年度汇算退税的纳税人，如存在应当办理 2020 年及以前年度汇算补税但未办理，或者经税务机关通知 2020 年及以前年度汇算申报存在疑点但未更正或说明情况的，需在办理 2020 年及以前年度汇算申报补税、更正申报或者说明有关情况后依法申请退税。

（2）办理补税。

纳税人办理年度汇算补税的，可以通过网上银行、办税服务厅 POS 机刷卡、银行柜台、非银行支付机构等方式缴纳。邮寄申报并补税的，纳税人需通过自然人电子税务局或者主管税务机关办税服务厅及时关注申报进度并缴纳税款。

年度汇算需补税的纳税人，年度汇算期结束后未足额补缴税款的，税务机关将依法加收滞纳金，并在其《个人所得税纳税记录》中予以标注。

纳税人因申报信息填写错误造成年度汇算多退或少缴税款的，纳税人主动或经税务机关提醒后及时改正的，税务机关可以按照"首违不罚"原则免予处罚。

【知识点 4】 社会配套制度

公安、人民银行、金融监督管理等相关部门应当协助税务机关确认纳税人的身份、金融账户信息。教育、卫生、医疗保障、民政、人力资源社会保障、住房城乡建设、公安、人民银行、金融监督管理等相关部门应当向税务机关提供纳税人专项附加扣除信息。

个人转让不动产的，税务机关应当根据不动产登记等相关信息核验应缴的个人所得税，登记机构办理转移登记时，应当查验与该不动产转让相关的个人所得税的完税凭证。个人转让股权办理变更登记的，市场主体登记机关应当查验与该股权交易相关的个人所得税的完税凭证。

有关部门依法将纳税人、扣缴义务人遵守税法的情况纳入信用信息系统，并实施联合激励或者惩戒。

个人所得税纳税申报表

>> 第五节
土地增值税

一 土地增值税基本政策

【知识点1】 纳税人

土地增值税的纳税义务人是转让国有土地使用权、地上建筑物及其附着物并取得收入的单位和个人。

【知识点2】 征税范围

1. 基本征税范围

土地增值税是对转让国有土地使用权及其地上建筑物和附着物的行为征税，不包括国有土地使用权出让所取得的收入。

（1）转让国有土地使用权，不包括国有土地使用权出让所取得的收入；

（2）地上建筑物及其附着物连同国有土地使用权一并转让；

（3）存量房地产的买卖。

2. 特殊征税范围

土地增值税征税范围的特殊规定见表2-8。

表2-8　　　　　　　　　　　征税范围特殊规定

行　为	征免规定
企业重组改制时以国有土地、房屋进行投资	符合规定的暂不征税，但不适用于房地产开发企业

续表

行　为	征免规定
合作建房	建成后分房自用的，暂免征税；建成后转让的，征税
房地产交换	征税；但个人互换自有居住用房，免税
房地产抵押	抵押期间，不征税；抵押期满转移产权的，征税
房地产出租	不征税
企业进行重组制改造、分立、合并	暂不征税，但不适用于房地产开发企业
房地产评估增值	不征税
国家收回或征用	免征
代建房	不征税

【知识点3】 税率

土地增值税实行四级超率累进税率，对土地增值率高的多征，增值率低的少征，无增值的不征，见表2-9。

表2-9　　　　　　　　土地增值税税率表

级　数	增值额与扣除项目金额的比率	税率（%）	速算扣除系数（%）
1	不超过50%的部分	30	0
2	超过50%至100%的部分	40	5
3	超过100%至200%的部分	50	15
4	超过200%的部分	60	35

【知识点4】 应纳税额的计算

1. 收入额确定

（1）纳税人转让房地产所取得的收入，是指包括货币收入、实物收入和其他收入在内的全部价款及有关的经济利益。营改增以后的房屋销售收入，不含增值税。

所取得的收入为外国货币的，应以取得收入当天或当月1日国家公布的市场汇价折合成人民币，据以计算应纳土地增值税税额。

（2）县级及县级以上人民政府要求房地产开发企业在售房时代收的各项费用：

①如计入房价向购买方一并收取的，作计税收入；

②如未计入房价，在房价之外单独收取的，不作计税收入。

（3）非直接销售和自用房地产的收入确定。

房地产开发企业将开发产品用于职工福利、奖励、对外投资、分配给股东或投资人、抵偿债务、换取其他单位和个人的非货币性资产等，发生所有权转移时应视同销售房地产，其收入按下列方法和顺序确认：

按本企业在同一地区、同一年度销售的同类房地产的平均价格确定；

由主管税务机关参照当地当年、同类房地产的市场价格或评估价值确定。

2. 扣除项目的确定

（1）房地产开发企业出售开发的房地产扣除项目及其金额确定。

房地产开发企业出售开发的房地产，在计算土地增值税时，允许扣除的项目及其金额主要有：

①取得土地使用权所支付的金额。

取得土地使用权所支付的金额，是指纳税人为取得土地使用权所支付的地价款和按国家统一规定缴纳的有关费用。

取得土地使用权所支付的地价款有以下三种形式：

A. 以出让方式取得土地使用权的，为支付的土地出让金；

B. 以行政划拨方式取得土地使用权的，为转让土地使用权时按规定补缴的出让金；

C. 以转让方式取得土地使用权的，为支付的地价款。

按国家统一规定缴纳的有关费用，是指纳税人在取得土地使用权过程中为办理有关手续，按国家统一规定缴纳的有关登记费、过户手续费、契税等。房地产开发企业逾期开发缴纳的土地闲置费不得扣除。

②开发土地和新建房及配套设施的成本（以下简称房地产开发成本）。

房地产开发成本，是指纳税人开发房地产项目实际发生的成本。主要包括土地征用及拆迁补偿费、前期工程费、建筑安装工程费、基础设施费、公共配套设施费、开发间接费用等。这些成本允许按实际发生数扣除。

已经计入房地产开发成本的利息支出，应调整至财务费用中计算扣除。

③开发土地和新建房及配套设施的费用（以下简称房地产开发费用）。

房地产开发费用，是指与房地产开发项目有关的销售费用、管理费用、财务费用。在计算扣除项目金额时，房地产开发费用不是按照纳税人实际发生额进行扣除，而是计算扣除。依据财务费用中利息支出的情况不同具体分为以下两种办法：

A. 凡能够按转让房地产项目计算分摊并提供金融机构证明的，利息支出允许据实扣除，但最高不能超过按商业银行同类同期贷款利率计算的金额，利息的上浮幅度按国家的有关规定执行，超过上浮幅度的部分不允许扣除；对于超过贷款期限的利息部分和加罚的利息不允许扣除。其他房地产开发费用，按取得土地使用权所支付的金额与房地产开发成本之和的5%以内计算扣除。

B. 凡不能按转让房地产项目计算分摊利息支出或不能提供金融机构证明的，房地产开发费用按取得土地使用权所支付的金额与房地产开发成本之和的10%以内计算扣除。

上述计算扣除的具体比例，由各省、自治区、直辖市人民政府规定。

房地产开发企业既向金融机构借款，又有其他借款的，其房地产开发费用计算扣除时不能同时适用上述两种办法。

④与转让房地产有关的税金。

与转让房地产有关的税金，是指在转让房地产时缴纳的城市维护建设税、印花税，因转让房地产缴纳的教育费附加，也可视同税金予以扣除。

房地产开发企业按照有关规定，其缴纳的印花税列入管理费用，通过"房地产开发费"项目进行计算扣除。非房地产开发企业转让房地产缴纳的印花税作为"与转让房地产有关的税金"在计算土地增值税时扣除。

⑤财政部确定的其他扣除项目。

从事房地产开发的纳税人可加计20%的扣除。

加计扣除费用＝（取得土地使用权时所支付的金额＋房地产开发成本）×20%

（2）旧房及建筑物扣除项目。

①房屋及建筑物的评估价格。

纳税人有下列情形之一的，则按照房地产评估价格计算征收土地增值税：

A. 隐瞒、虚报房地产成交价格的；

B. 提供扣除项目金额不实的；

C. 转让房地产的成交价格低于房地产评估价格，又无正当理由的。

评估价格＝房地产重置成本价×成新度折扣率

②纳税人转让旧房及建筑物，凡不能取得评估价格，但能提供购房发票的，扣除项目的金额按照下列方法计算：

A. 提供的购房凭据为营改增前取得的营业税发票的，按照发票所载金额（不扣减营业税）并从购买年度起至转让年度止每年加计 5% 计算。

B. 提供的购房凭据为营改增后取得的增值税普通发票的，按照发票所载价税合计金额从购买年度起至转让年度止每年加计 5% 计算。

C. 提供的购房发票为营改增后取得的增值税专用发票的，按照发票所载不含增值税金额加上不允许抵扣的增值税进项税额之和，并从购买年度起至转让年度止每年加计 5% 计算。

计算扣除项目时"每年"按购房发票所载日期起至售房发票开具之日止，每满 12 个月计一年；超过一年，未满 12 个月但超过 6 个月的，可以视同为一年。

对于转让旧房及建筑物，既没有评估价格，又不能提供购房发票的，税务机关可以根据《税收征管法》第三十五条的规定，实行核定征收。

③对取得土地使用权时未支付地价款或不能提供已支付的地价款凭据的，不允许扣除取得土地使用权所支付的金额。

④与转让房地产有关的税金。

与转让房地产有关的税金，是指转让环节缴纳的城市维护建设税、教育费附加、地方教育附加、印花税。

对于个人购入房地产再转让的，其在购入环节缴纳的契税，由于已经包含在旧房及建筑物的评估价格之中，故计征土地增值税时，不另作为与转让房地产有关的税金予以扣除。

⑤评估费用。

纳税人为对房地产进行评估而支付的评估费用允许在计算土地增值税时予以扣除。但对纳税人因隐瞒、虚报房地产成交价格等情形而按房地产评估价格计算征收土地增值税所发生的评估费用，则不允许在计算土地增值税时予以扣除。

3. 应纳税额的计算

应纳税额＝增值额×适用税率－扣除项目金额×速算扣除系数

第一步，确定应税收入；

第二步，确定扣除项目；

第三步，计算土地增值额；

第四步，计算增值额占扣除项目金额的百分比，确定适用税率和速算扣除系数；

第五步，计算应纳税额。

土地增值税优惠政策

【知识点】 土地增值税优惠政策

1. 建造普通标准住宅出售，其增值率未超过 20% 的，免征土地增值税。增值率超过 20% 的，应就其全部增值额按规定计税。

2. 因国家建设的需要而被政府征用、收回的房地产，免征土地增值税。

3. 因城市规划、国家建设需要而搬迁，由纳税人自行转让原房地产的，免征土地增值税。

4. 对企事业单位、社会团体以及其他组织转让旧房作为公租房房源，且增值额未超过扣除项目金额 20% 的，免征土地增值税。

5. 对个人之间互换自有居住用房地产的，经当地税务机关核实，可以免征土地增值税。

6. 从 2008 年 11 月 1 日起，对居民个人销售住房，一律免征土地增值税。

7. 关于改制重组，2021 年 1 月 1 日至 2023 年 12 月 31 日，执行以下政策：

（1）企业按照《中华人民共和国公司法》有关规定整体改制，包括非公司制企业改制为有限责任公司或股份有限公司，有限责任公司变更为股份有限公司，股份有限公司变更为有限责任公司，对改制前的企业将国有土地使用权、地上的建筑物及其附着物（以下简称房地产）转移、变更到改制后的企业，暂不征土地增值税。

整体改制是指不改变原企业的投资主体，并承继原企业权利、义务的行为。

（2）按照法律规定或者合同约定，两个或两个以上企业合并为一个企业，且原企业投资主体存续的，对原企业将房地产转移、变更到合并后的企业，暂不征土地增值税。

（3）按照法律规定或者合同约定，企业分设为两个或两个以上与原企业投资主体相同的企业，对原企业将房地产转移、变更到分立后的企业，暂不征土地增值税。

（4）单位、个人在改制重组时以房地产作价入股进行投资，对其将房地产转移、变更到被投资的企业，暂不征土地增值税。

（5）上述改制重组有关土地增值税政策不适用于房地产转移任意一方为房地产开发企业的情形。

（6）改制重组后再转让房地产并申报缴纳土地增值税时，对"取得土地使用权所支付的金额"，按照改制重组前取得该宗国有土地使用权所支付的地价款和按国家统一规定缴纳的有关费用确定；经批准以国有土地使用权作价出资入股的，为作价入股时县级及以上自然资源部门批准的评估价格。按购房发票确定扣除项目金额的，按照改制重组前购房发票所载金额并从购买年度起至本次转让年度止每年加计5%计算扣除项目金额，购买年度是指购房发票所载日期的当年。

（7）纳税人享受上述税收政策，应按税务机关规定办理。

（8）不改变原企业投资主体、投资主体相同，是指企业改制重组前后出资人不发生变动，出资人的出资比例可以发生变动；投资主体存续，是指原企业出资人必须存在于改制重组后的企业，出资人的出资比例可以发生变动。

三 土地增值税征收管理

【知识点1】 纳税期限

土地增值税的纳税人应当自房地产合同签订之日起7天以内向房地产所在地的税务机关进行纳税申报。

【知识点2】 纳税地点

1. 房地产所在地（坐落地）。

2. 房地产坐落在两个或两个以上地区的，分别申报纳税。

【知识点3】 征收机关

1. 土地增值税由税务机关征收。

2. 土地管理部门、房产管理部门应当向税务机关提供有关资料，并协助税务机关依法征收土地增值税。

3. 纳税人未按照规定缴纳土地增值税的，土地管理部门、房产管理部门不得办理有关的权属变更手续。

【知识点4】 预征与清算

1. 预征

纳税人在项目全部竣工结算前转让房地产取得的收入，由于涉及成本确定或其他原因，而无法据以计算土地增值税的，可以预征土地增值税，待该项目全部竣工办理结算后再进行清算，多退少补。具体办法由各省、自治区、直辖市税务局根据当地情况制定。

预征的计税依据＝预收款－应预缴增值税税款

预征率：除保障性住房外，东部地区省份预征率不得低于2%，中部和东北地区省份不得低于1.5%，西部地区省份不得低于1%。

2. 清算

（1）土地增值税的清算单位。

土地增值税以国家有关部门审批的房地产开发项目为单位进行清算，对于分期开发的项目，以分期项目为单位清算。

开发项目中同时包含普通住宅和非普通住宅的，应分别计算增值额。

（2）土地增值税清算的条件。

①应进行清算。

纳税人符合下列条件之一的，应进行土地增值税的清算：

A. 房地产开发项目全部竣工、完成销售的；

B. 整体转让未竣工决算房地产开发项目的；

C. 直接转让土地使用权的。

②主管税务机关可要求纳税人进行清算。

对符合以下条件的，主管税务机关可要求纳税人进行土地增值税清算：

A. 已竣工验收的房地产开发项目，已转让的房地产建筑面积占整个项目可售建筑面积的比例在 85% 以上，或该比例虽未超过 85%，但剩余的可售建筑面积已经出租或自用的；

B. 取得销售（预售）许可证满三年仍未销售完毕的；

C. 纳税人申请注销税务登记但未办理土地增值税清算手续的，应在办理注销登记前进行土地增值税清算；

D. 省（自治区、直辖市、计划单列市）税务机关规定的其他情况。

（3）清算审核。

主管税务机关受理纳税人清算资料后，应在一定期限内及时组织清算审核。主要审核纳税人清算单位收入情况、扣除项目情况、关联方交易行为等内容。

清算审核结束，主管税务机关应当将审核结果通知纳税人，并确定办理补、退税期限。

案头审核，是指对纳税人报送的清算资料进行数据、逻辑审核，重点审核项目归集的一致性、数据计算准确性等。

实地审核，是指在案头审核的基础上，通过对房地产开发项目实地查验等方式，对纳税人申报情况的客观性、真实性、合理性进行审核。

（4）清算方式。

①正常清算。

土地增值税清算一般应按照下面方法进行清算：

应纳土地增值税税额＝转让房地产增值额×适用税率－扣除项目金额×速算扣除率

②核定征收。

在清算过程中，发现纳税人符合以下条件之一的，应按核定征收方式对房地产项目进行清算。

A. 依照法律、行政法规的规定应当设置但未设置账簿的；

B. 擅自销毁账簿或者拒不提供纳税资料的；

C. 虽设置账簿，但账目混乱或者成本资料、收入凭证、费用凭证残缺不全，难以确定转让收入或扣除项目金额的；

D. 符合土地增值税清算条件，企业未按照规定的期限办理清算手续，经税务机关责令限期清算，逾期仍不清算的；

E. 申报的计税依据明显偏低，又无正当理由的。

符合上述核定征收条件的，由主管税务机关发出核定征收的税务事项告知书后，税务人员对房地产项目开展土地增值税核定征收核查，经主管税务机关审核合议，通知纳税人申报缴纳应补缴税款或办理退税。

③核定征收中的注意事项。

核定征收率原则上不得低于5%、各省级税务机关要结合本地实际，区分不同房地产类型制定核定征收率。

（5）清算后再转让房地产的处理。

在土地增值税清算时未转让的房地产，清算后销售或有偿转让的，纳税人应按规定进行土地增值税的纳税申报，扣除项目金额按清算时的单位建筑面积成本费用乘以销售或转让面积计算。

单位建筑面积成本费用＝清算时的扣除项目总金额÷清算的总建筑面积

>> 第六节
其他税种

一 车辆购置税政策与管理

【知识点1】 车辆购置税基本政策

1. 纳税人

在中华人民共和国境内购置汽车、有轨电车、汽车挂车、排气量超过150毫升的摩托车的单位和个人，为车辆购置税的纳税人。

购置，是指以购买、进口、自产、受赠、获奖或者其他方式取得并自用应税车辆的行为。

免税、减税车辆因转让、改变用途等原因不再属于免税、减税范围的，纳税人应当在办理车辆转移登记或者变更登记前缴纳车辆购置税。发生转让行为的，受让人为车辆购置税纳税人；未发生转让行为的，车辆所有人为车辆购置税纳税人。

2. 征税范围

车辆购置税的应税车辆包括汽车、有轨电车、汽车挂车、排气量超过150毫升的摩托车。

地铁、轻轨等城市轨道交通车辆,装载机、平地机、挖掘机、推土机等轮式专用机械车,以及起重机(吊车)、叉车、电动摩托车,不属于车辆购置税应税车辆。

车辆购置税实行一次性征收。购置已征车辆购置税的车辆,不再征收车辆购置税。

3. 税率

车辆购置税的税率为10%。

4. 计税依据

(1)纳税人购买自用应税车辆的计税价格,为纳税人实际支付给销售者的全部价款,不包括增值税税款。

纳税人购买自用应税车辆实际支付给销售者的全部价款,依据纳税人购买应税车辆时相关凭证载明的价格确定,不包括增值税税款。

(2)纳税人进口自用应税车辆的计税价格,为关税完税价格加上关税和消费税。

纳税人进口自用应税车辆,是指纳税人直接从境外进口或者委托代理进口自用的应税车辆,不包括在境内购买的进口车辆。

(3)纳税人自产自用应税车辆的计税价格,按照同类应税车辆(即车辆配置序列号相同的车辆)的销售价格确定,不包括增值税税款;没有同类应税车辆销售价格的,按照组成计税价格确定。组成计税价格计算公式如下:

$$组成计税价格 = 成本 \times (1 + 成本利润率)$$

属于应征消费税的应税车辆,其组成计税价格中应加计消费税税额。

上述公式中的成本利润率,由国家税务总局各省、自治区、直辖市和计划单列市税务局确定。

(4)纳税人以受赠、获奖或者其他方式取得自用应税车辆的计税价格,按照购置应税车辆时相关凭证载明的价格确定,不包括增值税税款。

(5)纳税人申报的应税车辆计税价格明显偏低,又无正当理由的,由税务机关依照《税收征管法》的规定核定其应纳税额。

（6）纳税人以外汇结算应税车辆价款的，按照申报纳税之日的人民币汇率中间价折合成人民币计算缴纳税款。

5. 应纳税额的计算

$$车辆购置税的应纳税额 = 应税车辆的计税价格 \times 税率$$

免税、减税车辆因转让、改变用途等原因不再属于免税、减税范围的，纳税人应当在办理车辆转移登记或者变更登记前缴纳车辆购置税。计税价格以免税、减税车辆初次办理纳税申报时确定的计税价格为基准，每满 1 年扣减 10%。计算公式为：

$$应纳税额 = 初次办理纳税申报时确定的计税价格 \times (1 - 使用$$
$$年限 \times 10\%) \times 10\% - 已纳税额$$

应纳税额不得为负数。

使用年限的计算方法是，自纳税人初次办理纳税申报之日起至不再属于免税、减税范围的情形发生之日止。使用年限取整计算，不满 1 年的不计算在内。

纳税人将已征车辆购置税的车辆退回车辆生产企业或者销售企业的，可以向主管税务机关申请退还车辆购置税。退税额以已缴税款为基准，自缴纳税款之日至申请退税之日，每满 1 年扣减 10%。应退税额计算公式为：

$$应退税额 = 已纳税额 \times (1 - 使用年限 \times 10\%)$$

应退税额不得为负数。

使用年限的计算方法是，自纳税人缴纳税款之日起至申请退税之日止。

【知识点 2】 车辆购置税优惠政策

1. 下列车辆免征车辆购置税：

（1）依照法律规定应当予以免税的外国驻华使馆、领事馆和国际组织驻华机构及其有关人员自用的车辆；

（2）中国人民解放军和中国人民武装警察部队列入装备订货计划的车辆；

（3）悬挂应急救援专用号牌的国家综合性消防救援车辆；

（4）设有固定装置的非运输专用作业车辆；

（5）城市公交企业购置的公共汽电车辆。

城市公交企业，是指由县级以上（含县级）人民政府交通运输主管部门认定的，依法取得城市公交经营资格，为公众提供公交出行服务，并纳入《城市公共交通管理部门与城市公交企业名录》的企业；公共汽电车辆是指按规定的线路、站点票价营运，用于公共交通服务，为运输乘客设计和制造的车辆，包括公共汽车、无轨电车和有轨电车。

2. 回国服务的在外留学人员用现汇购买1辆个人自用国产小汽车免征车辆购置税。

3. 长期来华定居专家进口1辆自用小汽车免征车辆购置税。

4. 防汛部门和森林消防部门用于指挥、检查、调度、报汛（警）、联络的由指定厂家生产的设有固定装置的指定型号的车辆免征车辆购置税。

5. 自2018年1月1日至2022年12月31日，对购置新能源汽车免征车辆购置税。

6. 自2018年7月1日至2021年6月30日，对购置挂车减半征收车辆购置税。

7. 中国妇女发展基金会"母亲健康快车"项目的流动医疗车免征车辆购置税。

8. 北京2022年冬奥会和冬残奥会组织委员会新购置车辆免征车辆购置税。

9. 原公安现役部队和原武警黄金、森林、水电部队改制后换发地方机动车牌证的车辆（公安消防、武警森林部队执行灭火救援任务的车辆除外），一次性免征车辆购置税。

【知识点3】 车辆购置税征收管理

1. 纳税义务发生时间

车辆购置税的纳税义务发生时间为纳税人购置应税车辆的当日。

车辆购置税的纳税义务发生时间以纳税人购置应税车辆所取得的车辆相关凭证上注明的时间为准。

免税、减税车辆因转让、改变用途等原因不再属于免税、减税范围的，纳税人应当在办理车辆转移登记或者变更登记前缴纳车辆购置税。纳税义务发生时间为车辆转让或者用途改变等情形发生之日。

2. 纳税期限

纳税人应当自纳税义务发生之日起60日内申报缴纳车辆购置税。

纳税人应当在向公安机关交通管理部门办理车辆注册登记前，缴纳车辆购置税。

3. 纳税地点

纳税人购置应税车辆，应当向车辆登记地的主管税务机关申报缴纳车辆购置税；购置不需要办理车辆登记的应税车辆的，应当向纳税人所在地的主管税务机关申报缴纳车辆购置税。

4. 税源管理

税务机关和公安、商务、海关、工业和信息化等部门应当建立应税车辆信息共享和工作配合机制，及时交换应税车辆和纳税信息资料。

公安机关交通管理部门办理车辆注册登记，应当根据税务机关提供的应税车辆完税或者免税电子信息对纳税人申请登记的车辆信息进行核对，核对无误后依法办理车辆注册登记。

二　资源税政策与管理

【知识点1】　资源税基本政策

1. 纳税人

在中华人民共和国领域和中华人民共和国管辖的其他海域开发应税资源的单位和个人，为资源税的纳税人，应当依照规定缴纳资源税。

购买未税矿产品的单位，应当主动向主管税务机关办理扣缴税款登记，依法代扣代缴资源税。

根据《财政部　国家税务总局　水利部关于印发〈水资源税改革试点暂行办法〉的通知》（财税〔2016〕55号），自2016年7月1日起在河北省实施水资源税改革试点。利用取水工程或者设施直接从江河、湖泊（含水库）和地下取用地表水、地下水的单位和个人，为水资源税纳税人。

根据《财政部　税务总局　水利部关于印发〈扩大水资源税改革试点实施办法〉的通知》（财税〔2017〕80号，以下简称办法），自2017年12月1日起在北京、天津、山西、内蒙古、山东、河南、四川、陕西、宁夏9个省（自治区、直辖市）扩大水资源税改革试点。除办法第四条规定的情形外，其他直接取用地表水、地下水的试点省份的单位和个人，为水资源税纳税人。

2. 征税范围

应税资源的具体范围，由《资源税税目税率表》①（以下称《税目税率表》）确定，具体包括：能源矿产、金属矿产、非金属矿产、水气矿产和盐。

试点省份水资源税的征税范围包括地表水和地下水。

下列情形不缴纳水资源税：

（1）农村集体经济组织及其成员从本集体经济组织的水塘、水库中取用水的；

（2）家庭生活和零星散养、圈养畜禽饮用等少量取用水的；

（3）水利工程管理单位为配置或者调度水资源取水的；

（4）为保障矿井等地下工程施工安全和生产安全必须进行临时应急取用（排）水的；

（5）为消除对公共安全或者公共利益的危害临时应急取水的；

（6）为农业抗旱和维护生态与环境必须临时应急取水的。

3. 税目税率

（1）资源税税目税率，见表 2 – 10。

表 2 – 10　　　　　　　　　资源税税目税率表

税　目		征收对象	税　率
能源矿产	原油	原矿	6%
	天然气、页岩气、天然气水合物	原矿	6%
	煤	原矿或者选矿	2% ~10%
	煤成（层）气	原矿	1% ~2%
	铀、钍	原矿	4%
	油页岩、油砂、天然沥青、石煤	原矿或者选矿	1% ~4%
	地热	原矿	1% ~20% 或者每立方米 1 ~30 元

① 本表引自《中华人民共和国资源税法》，本法于 2019 年 8 月 26 日通过，自 2020 年 9 月 1 日起施行。

		税　目	征收对象	税　率
金属矿产	黑色金属	铁、锰、铬、钒、钛	原矿或者选矿	1%～9%
	有色金属	铜、铅、锌、锡、镍、锑、镁、钴、铋、汞	原矿或者选矿	2%～10%
		铝土矿	原矿或者选矿	2%～9%
		钨	选矿	6.5%
		钼	选矿	8%
		金、银	原矿或者选矿	2%～6%
		铂、钯、钌、锇、铱、铑	原矿或者选矿	5%～10%
		轻稀土	选矿	7%～12%
		中重稀土	选矿	20%
		铍、锂、锆、锶、铷、铯、铌、钽、锗、镓、铟、铊、铪、铼、镉、硒、碲	原矿或者选矿	2%～10%
非金属矿产	矿物类	高岭土	原矿或者选矿	1%～6%
		石灰岩	原矿或者选矿	1%～6%或者每吨（或者每立方米）1～10元
		磷	原矿或者选矿	3%～8%
		石墨	原矿或者选矿	3%～12%
		萤石、硫铁矿、自然硫	原矿或者选矿	1%～8%
		天然石英砂、脉石英、粉石英、水晶、工业用金刚石、冰洲石、蓝晶石、硅线石（矽线石）、长石、滑石、刚玉、菱镁矿、颜料矿物、天然碱、芒硝、钠硝石、明矾石、砷、硼、碘、溴、膨润土、硅藻土、陶瓷土、耐火粘土、铁矾土、凹凸棒石粘土、海泡石粘土、伊利石粘土、累托石粘土	原矿或者选矿	1%～12%

续表

税 目		征收对象	税 率
非金属矿产	矿物类	叶蜡石、硅灰石、透辉石、珍珠岩、云母、沸石、重晶石、毒重石、方解石、蛭石、透闪石、工业用电气石、白垩、石棉、蓝石棉、红柱石、石榴子石、石膏	原矿或者选矿	2% ~ 12%
		其他粘土（铸型用粘土、砖瓦用粘土、陶粒用粘土、水泥配料用粘土、水泥配料用红土、水泥配料用黄土、水泥配料用泥岩、保温材料用粘土）	原矿或者选矿	1% ~ 5% 或者每吨（或者每立方米）0.1 ~ 5 元
	岩石类	大理岩、花岗岩、白云岩、石英岩、砂岩、辉绿岩、安山岩、闪长岩、板岩、玄武岩、片麻岩、角闪岩、页岩、浮石、凝灰岩、黑曜岩、霞石正长岩、蛇纹岩、麦饭石、泥灰岩、含钾岩石、含钾砂页岩、天然油石、橄榄岩、松脂岩、粗面岩、辉长岩、辉石岩、正长岩、火山灰、火山渣、泥炭	原矿或者选矿	1% ~ 10%
		砂石	原矿或者选矿	1% ~ 5% 或者每吨（或者每立方米）0.1 ~ 5 元
	宝玉石类	宝石、玉石、宝石级金刚石、玛瑙、黄玉、碧玺	原矿或者选矿	4% ~ 20%
水气矿产		二氧化碳气、硫化氢气、氦气、氡气	原矿	2% ~ 5%
		矿泉水	原矿	1% ~ 20% 或者每立方米 1 ~ 30 元

续表

税　目		征收对象	税　率
	钠盐、钾盐、镁盐、锂盐	选矿	3%～15%
盐	天然卤水	原矿	3%～15% 或者每吨（或者每立方米）1～10元
	海盐		2%～5%

注：①低丰度油气田，包括陆上低丰度油田、陆上低丰度气田、海上低丰度油田、海上低丰度气田。陆上低丰度油田是指每平方公里原油可开采储量丰度低于25万立方米的油田；陆上低丰度气田是指每平方公里天然气可开采储量丰度低于2.5亿立方米的气田；海上低丰度油田是指每平方公里原油可开采储量丰度低于60万立方米的油田；海上低丰度气田是指每平方公里天然气可开采储量丰度低于6亿立方米的气田。

②高含硫天然气，是指硫化氢含量在每立方米30克以上的天然气。

③三次采油，是指二次采油后继续以聚合物驱、复合驱、泡沫驱、气水交替驱、二氧化碳驱、微生物驱等方式进行采油。

④深水油气田，是指水深超过300米的油气田。

⑤稠油，是指地层原油粘度大于或等于每秒50毫帕或原油密度大于或等于每立方厘米0.92克的原油。

⑥高凝油，是指凝固点高于40摄氏度的原油。

《税目税率表》中规定实行幅度税率的，其具体适用税率由省、自治区、直辖市人民政府统筹考虑该应税资源的品位、开采条件以及对生态环境的影响等情况，在《税目税率表》规定的税率幅度内提出，报同级人民代表大会常务委员会决定，并报全国人民代表大会常务委员会和国务院备案。《税目税率表》中规定征税对象为原矿或者选矿的，应当分别确定具体适用税率。

纳税人开采或者生产不同税目应税产品的，应当分别核算不同税目应税产品的销售额或者销售数量；未分别核算或者不能准确提供不同税目应税产品的销售额或者销售数量的，从高适用税率。

（2）水资源税税目税率，见表2-11。

表2-11　　　　　试点省份水资源税最低平均税额表　　　　单位：元/立方米

省（区、市）	地表水最低平均税额	地下水最低平均税额
北京	1.6	4

续表

省(区、市)	地表水最低平均税额	地下水最低平均税额
天津	0.8	4
山西	0.5	2
内蒙古	0.5	2
山东	0.4	1.5
河南	0.4	1.5
四川	0.1	0.2
陕西	0.3	0.7
宁夏	0.3	0.7

除中央直属和跨省(区、市)水力发电取用水外,由试点省份省级人民政府统筹考虑本地区水资源状况、经济社会发展水平和水资源节约保护要求,在《试点省份水资源税最低平均税额表》规定的最低平均税额基础上,分类确定具体适用税额。

试点省份的中央直属和跨省(区、市)水力发电取用水税额为每千瓦时0.005 元。跨省(区、市)界河水电站水力发电取用水水资源税税额,与涉及的非试点省份水资源费征收标准不一致的,按较高一方标准执行。

为严格控制地下水过量开采,对取用地下水从高确定税额,同一类型取用水,地下水税额要高于地表水,水资源紧缺地区地下水税额要大幅高于地表水。

超采地区的地下水税额要高于非超采地区,严重超采地区的地下水税额要大幅高于非超采地区。在超采地区和严重超采地区取用地下水的具体适用税额,由试点省份省级人民政府按照非超采地区税额的2~5 倍确定。

在城镇公共供水管网覆盖地区取用地下水的,其税额要高于城镇公共供水管网未覆盖地区,原则上要高于当地同类用途的城镇公共供水价格。

除特种行业和农业生产取用水外,对其他取用地下水的纳税人,原则上应当统一税额。试点省份可根据实际情况分步实施到位。

对特种行业取用水,从高确定税额。特种行业取用水,是指洗车、洗浴、高尔夫球场、滑雪场等取用水。

纳税人超过水行政主管部门规定的计划（定额）取用水量，在原税额基础上加征 1~3 倍，具体办法由试点省份省级人民政府确定。

4. 计税依据

资源税的计税依据为应税产品的销售额或销售数量。

计税销售额或者销售数量，包括应税产品实际销售和视同销售两部分。

自 2020 年 9 月 1 日起，资源税应税产品的销售额，按照纳税人销售应税产品向购买方收取的全部价款确定，不包括增值税税款。

计入销售额中的相关运杂费用，凡取得增值税发票或者其他合法有效凭据的，准予从销售额中扣除。相关运杂费用是指应税产品从坑口或者洗选（加工）地到车站、码头或者购买方指定地点的运输费用、建设基金以及随运销产生的装卸、仓储、港杂费用。

纳税人自用应税产品应当缴纳资源税的情形，包括纳税人以应税产品用于非货币性资产交换、捐赠、偿债、赞助、集资、投资、广告、样品、职工福利、利润分配或者连续生产非应税产品等。

纳税人申报的应税产品销售额明显偏低且无正当理由的，或者有自用应税产品行为而无销售额的，主管税务机关可以按下列方法和顺序确定其应税产品销售额：

（1）按纳税人最近时期同类产品的平均销售价格确定。

（2）按其他纳税人最近时期同类产品的平均销售价格确定。

（3）按后续加工非应税产品销售价格，减去后续加工环节的成本利润后确定。

（4）按应税产品组成计税价格确定。

组成计税价格 = 成本 × (1 + 成本利润率) ÷ (1 - 资源税税率)

上述公式中的成本利润率由省、自治区、直辖市税务机关确定。

（5）按其他合理方法确定。

纳税人以外购原矿与自采原矿混合为原矿销售，或者以外购选矿产品与自产选矿产品混合为选矿产品销售的，在计算应税产品销售额或者销售数量时，直接扣减外购原矿或者外购选矿产品的购进金额或者购进数量。

纳税人以外购原矿与自采原矿混合洗选加工为选矿产品销售的，在计算应税产品销售额或者销售数量时，按照下列方法进行扣减：

准予扣减的外购应税产品购进金额(数量)= 外购原矿

购进金额(数量)×本地区原矿适用税率÷本地区选矿产品适用税率

不能按照上述方法计算扣减的,按照主管税务机关确定的其他合理方法进行扣减。

应税产品的销售数量,包括纳税人开采或者生产应税产品的实际销售数量和自用于应当缴纳资源税情形的应税产品数量。

纳税人外购应税产品与自采应税产品混合销售或者混合加工为应税产品销售的,在计算应税产品销售额或者销售数量时,准予扣减外购应税产品的购进金额或者购进数量;当期不足扣减的,可结转下期扣减。纳税人应当准确核算外购应税产品的购进金额或者购进数量,未准确核算的,一并计算缴纳资源税。

纳税人核算并扣减当期外购应税产品购进金额、购进数量,应当依据外购应税产品的增值税发票、海关进口增值税专用缴款书或者其他合法有效凭据。

纳税人开采或者生产同一税目下适用不同税率应税产品的,应当分别核算不同税率应税产品的销售额或者销售数量;未分别核算或者不能准确提供不同税率应税产品的销售额或者销售数量的,从高适用税率。

纳税人以自采原矿(经过采矿过程采出后未进行选矿或者加工的矿石)直接销售,或者自用于应当缴纳资源税情形的,按照原矿计征资源税。

纳税人以自采原矿洗选加工为选矿产品(通过破碎、切割、洗选、筛分、磨矿、分级、提纯、脱水、干燥等过程形成的产品,包括富集的精矿和研磨成粉、粒级成型、切割成型的原矿加工品)销售,或者将选矿产品自用于应当缴纳资源税情形的,按照选矿产品计征资源税,在原矿移送环节不缴纳资源税。对于无法区分原生岩石矿种的粒级成型砂石颗粒,按照砂石税目征收资源税。

纳税人开采或者生产同一应税产品,其中既有享受减免税政策的,又有不享受减免税政策的,按照免税、减税项目的产量占比等方法分别核算确定免税、减税项目的销售额或者销售数量。

纳税人开采或者生产同一应税产品同时符合两项或者两项以上减征资源税优惠政策的,除另有规定外,只能选择其中一项执行。

纳税人应当在矿产品的开采地或者海盐的生产地缴纳资源税。

海上开采的原油和天然气资源税由海洋石油税务管理机构征收管理。

5. 应纳税额的计算

（1）资源税应纳税额的计算。

资源税的应纳税额，按照从价定率或者从量定额的办法，分别以应税产品的销售额乘以纳税人具体适用的比例税率或者以应税产品的销售数量乘以纳税人具体适用的定额税率计算。

（2）水资源税应纳税额的计算。

水资源税实行从量计征，应纳税额的计算公式为：

$$应纳税额 = 实际取用水量 \times 适用税额$$

城镇公共供水企业实际取用水量应当考虑合理损耗因素。

疏干排水的实际取用水量按照排水量确定。疏干排水，是指在采矿和工程建设过程中破坏地下水层、发生地下涌水的活动。

水力发电和火力发电贯流式（不含循环式）冷却取用水应纳税额的计算公式为：

$$应纳税额 = 实际发电量 \times 适用税额$$

火力发电贯流式冷却取用水，是指火力发电企业从江河、湖泊（含水库）等水源取水，并对机组冷却后将水直接排入水源的取用水方式。火力发电循环式冷却取用水，是指火力发电企业从江河、湖泊（含水库）、地下等水源取水并引入自建冷却水塔，对机组冷却后返回冷却水塔循环利用的取用水方式。

【知识点2】 资源税优惠政策

1. 有下列情形之一的，免征资源税：

（1）开采原油以及在油田范围内运输原油过程中用于加热的原油、天然气；

（2）煤炭开采企业因安全生产需要抽采的煤成（层）气。

2. 有下列情形之一的，减征资源税：

（1）从低丰度油气田开采的原油、天然气，减征20%资源税；

（2）高含硫天然气、三次采油和从深水油气田开采的原油、天然气，减征 30% 资源税；

（3）稠油、高凝油减征 40% 资源税；

（4）从衰竭期矿山开采的矿产品，减征 30% 资源税。

低丰度油气田，包括陆上低丰度油田、陆上低丰度气田、海上低丰度油田、海上低丰度气田。陆上低丰度油田是指每平方公里原油可开采储量丰度低于 25 万立方米的油田；陆上低丰度气田是指每平方公里天然气可开采储量丰度低于 2.5 亿立方米的气田；海上低丰度油田是指每平方公里原油可开采储量丰度低于 60 万立方米的油田；海上低丰度气田是指每平方公里天然气可开采储量丰度低于 6 亿立方米的气田。

高含硫天然气，是指硫化氢含量在每立方米 30 克以上的天然气。

三次采油，是指二次采油后继续以聚合物驱、复合驱、泡沫驱、气水交替驱、二氧化碳驱、微生物驱等方式进行采油。

深水油气田，是指水深超过 300 米的油气田。

稠油，是指地层原油粘度大于或等于每秒五十毫帕或原油密度大于或等于每立方厘米 0.92 克的原油。

高凝油，是指凝固点高于 40 摄氏度的原油。

衰竭期矿山，是指设计开采年限超过十五年，且剩余可开采储量下降到原设计可开采储量的 20% 以下或者剩余开采年限不超过五年的矿山。衰竭期矿山以开采企业下属的单个矿山为单位确定。

根据国民经济和社会发展需要，国务院对有利于促进资源节约集约利用、保护环境等情形可以规定免征或者减征资源税，报全国人民代表大会常务委员会备案。

3. 有下列情形之一的，省、自治区、直辖市可以决定免征或者减征资源税：

（1）纳税人开采或者生产应税产品过程中，因意外事故或者自然灾害等原因遭受重大损失；

（2）纳税人开采共伴生矿、低品位矿、尾矿。

上述规定的免征或者减征资源税的具体办法，由省、自治区、直辖市人民政府提出，报同级人民代表大会常务委员会决定，并报全国人民代表大会常务委员会和国务院备案。

4. 自 2018 年 4 月 1 日至 2023 年 3 月 31 日，对页岩气资源税减征 30%。具体操作按《财政部　国家税务总局关于对页岩气减征资源税的通知》（财税〔2018〕26 号）规定执行。

5. 自 2019 年 1 月 1 日至 2021 年 12 月 31 日，由省、自治区、直辖市人民政府根据本地区实际情况，以及宏观调控需要确定，对增值税小规模纳税人可以在 50% 的税额幅度内减征资源税，增值税小规模纳税人已依法享受资源税其他优惠政策的，可叠加享受。

自 2022 年 1 月 1 日起，进一步实施小微企业"六税两费"减免政策，具体内容见本章第九节。

6. 自 2014 年 12 月 1 日至 2023 年 8 月 31 日，对充填开采置换出来的煤炭，资源税减征 50%。

7. 下列情形，予以免征或者减征水资源税：

（1）规定限额内的农业生产取用水，免征水资源税；

（2）取用污水处理再生水，免征水资源税；

（3）除接入城镇公共供水管网以外，军队、武警部队通过其他方式取用水的，免征水资源税；

（4）抽水蓄能发电取用水，免征水资源税；

（5）采油排水经分离净化后在封闭管道回注的，免征水资源税；

（6）财政部、税务总局规定的其他免征或者减征水资源税情形。

8. 纳税人的免税、减税项目，应当单独核算销售额或者销售数量；未单独核算或者不能准确提供销售额或者销售数量的，不予免税或者减税。

【知识点3】 资源税征收管理

1. 纳税义务发生时间

（1）纳税人销售应税产品，纳税义务发生时间为收讫销售款或者取得索取销售款凭据的当日。

（2）自用应税产品的，纳税义务发生时间为移送应税产品的当日。

资源税在应税产品的销售或自用环节计算缴纳。以自采原矿加工精矿产品的，在原矿移送使用时不缴纳资源税，在精矿销售或自用时缴纳资源税。

　　纳税人以自采原矿加工金锭的，在金锭销售或自用时缴纳资源税。纳税人销售自采原矿或者自采原矿加工的金精矿、粗金，在原矿或者金精矿、粗金销售时缴纳资源税，在移送使用时不缴纳资源税。

　　以应税产品投资、分配、抵债、赠与、以物易物等，在应税产品所有权转移时计算缴纳资源税。

　　（3）扣缴义务人代扣代缴税款的纳税义务发生时间，为支付货款的当天。

　　（4）水资源税的纳税义务发生时间为纳税人取用水资源的当日。

　　2. 纳税期限

　　资源税按月或者按季申报缴纳；不能按固定期限计算缴纳的，可以按次申报缴纳。

　　纳税人按月或者按季申报缴纳的，应当自月度或者季度终止之日起 15 日内，向税务机关办理纳税申报并缴纳税款；按次申报缴纳的，应当自纳税义务发生之日起 15 日内，向税务机关办理纳税申报并缴纳税款。

　　除农业生产取用水外，水资源税按季或者按月征收，由主管税务机关根据实际情况确定。对超过规定限额的农业生产取用水水资源税可按年征收。不能按固定期限计算纳税的，可以按次申报纳税。

　　水资源税纳税人应当自纳税期满或者纳税义务发生之日起 15 日内申报纳税。

　　3. 纳税地点

　　纳税人应当向应税产品开采地或者生产地的税务机关申报缴纳资源税。

　　购买未税矿产品的单位，应当主动向主管税务机关办理扣缴税款登记，依法代扣代缴资源税。

　　资源税代扣代缴的适用范围应限定在除原油、天然气、煤炭以外的，税源小、零散、不定期开采等难以在采矿地申报缴纳资源税的矿产品。对已纳入开采地正常税务管理或者在销售矿产品时开具增值税发票的纳税人，不采用代扣代缴的征管方式。

　　跨省、自治区、直辖市开采或者生产资源税应税产品的纳税人，其下属生产单位与核算单位不在同一省、自治区、直辖市的，对其开采或者生产的应税产品，一律在开采地或者生产地纳税。实行从量计征的应税产品，其应纳税款一律由独立核算的单位按照每个开采地或者生产地的销售量及适用税率计算划拨；实行从价计征的应税产品，其应纳税款一律由独立核算的单位按照每个开采地或者生产地的销售量、单位销售价格及适用税率计算划拨。

水资源税纳税人应当向生产经营所在地的税务机关申报缴纳水资源税。跨省（区、市）调度的水资源，由调入区域所在地的税务机关征收水资源税。

跨省（区、市）水力发电取用水的水资源税在相关省份之间的分配比例，比照《财政部关于跨省区水电项目税收分配的指导意见》（财预〔2008〕84号）明确的增值税、企业所得税等税收分配办法确定。

试点省份主管税务机关应当按照前款规定比例分配的水力发电量和税额，分别向跨省（区、市）水电站征收水资源税。

跨省（区、市）水力发电取用水涉及非试点省份水资源费征收和分配的，比照试点省份水资源税管理办法执行。

4. 税源管理

主管税务机关要加强资源税申报数据质量管理，定期评估纳税人申报数据质量，重点审核从量计征税目计税单位是否正确，从价计征税目申报单价是否合理，数据有无缺项等。

主管税务机关可以通过矿产品增值税发票比对、外部信息采集和部门协作等方式，探索创新以票控税、信息管税、综合治税的新内容、新途径，强化资源税源泉控管。

主管税务机关可通过查询纳税人增值税发票存根联、记账联和发票领购簿等记载的信息与纳税人资源税申报信息进行关联比对，以识别纳税人在申报增值税的同时是否相应申报了资源税，或者其申报的计征资源税销售量、销售价格是否存在少报等风险问题，辅导纳税人不断提高纳税申报质量，防范或化解涉税风险。

各级税务机关要主动与矿业管理部门、行业协会等有关部门沟通协作，实现信息共享，加强资源税事前、事中、事后管理。

各省、自治区、直辖市税务机关应当依托信息化管理技术，参照全国性或主要矿产品价格指数即时信息，以及当地相关主管部门矿产品即时价格信息，建立本地矿产资源价格监控体系。

【知识点 1】 印花税基本政策

1. 纳税人

订立、领受在中华人民共和国境内具有法律效力的应税凭证，或者在中华人民共和国境内进行证券交易的单位和个人，为印花税的纳税人。

证券登记结算机构为证券交易印花税的扣缴义务人。

2. 征税范围

（1）应税凭证。

①购销、加工承揽、建设工程承包、财产租赁、货物运输、仓储保管、借款、财产保险、技术合同或者具有合同性质的凭证。

建设工程承包合同，是指建设工程勘察设计合同和建筑安装工程承包合同。包括总包合同、分包合同和转包合同。

②产权转移书据。

产权转移书据，是指单位和个人产权的买卖、继承、赠与、交换、分割等所立的书据。

③营业账簿。

④权利、许可证照。

⑤经财政部确定征税的其他凭证。

对纳税人以电子形式签订的各类应税凭证按规定征收印花税。

对发电厂与电网之间、电网与电网之间（国家电网公司系统、南方电网公司系统内部各级电网互供电量除外）签订的购售电合同按购销合同征收印花税。电网与用户之间签订的供用电合同不属于印花税列举征税的凭证，不征收印花税。

对土地使用权出让合同、土地使用权转让合同按产权转移书据征收印花税。

对商品房销售合同按照产权转移书据征收印花税。

（2）证券交易。

证券交易，是指在依法设立的证券交易所上市交易或者在国务院批准的其他证券交易场所转让公司股票和以股票为基础发行的存托凭证。

我国税法规定，对证券市场上买卖、继承、赠与所确立的股权转让依据，按确立时实际市场价格计算的金额征收印花税。基金和债券不征收印花税。

3. 税目税率

（1）应税凭证。

纳税人根据应纳税凭证的性质，分别按比例税率或者按件定额计算应纳税额。具体税率、税额的确定，依照《印花税税目税率表》执行，见表2－12。

表 2－12　　　　　　　　印花税税目税率表

税　目	范　围	税　率	纳税义务人	说　明
1. 购销合同	包括供应、预购、采购、购销结合及协作、调剂、补偿、易货等合同	按购销金额0.3‰贴花	立合同人	
2. 加工承揽合同	包括加工、定作、修缮、修理、印刷、广告、测绘、测试等合同	按加工或承揽收入0.5‰贴花	立合同人	
3. 建设工程勘察设计合同	包括勘察、设计合同	按收取费用0.5‰贴花	立合同人	
4. 建筑安装工程承包合同	包括建筑、安装工程承包合同	按承包金额0.3‰贴花	立合同人	
5. 财产租赁合同	包括租赁房屋、船舶、飞机、机动车辆、机械、器具、设备等	按租赁金额1‰贴花。税额不足1元的按1元贴花	立合同人	
6. 货物运输合同	包括民用航空、铁路运输、海上运输、内河运输、公路运输和联运合同	按运输费用0.5‰贴花	立合同人	单据作为合同使用的，按合同贴花

税 目	范 围	税 率	纳税义务人	说 明
7. 仓储保管合同	包括仓储、保管合同	按仓储保管费用1‰贴花	立合同人	仓单或栈单作为合同使用的，按合同贴花
8. 借款合同①	银行及其他金融组织和借款人（不包括银行同业拆借）所签订的借款合同	按借款金额0.05‰贴花	立合同人	单据作为合同使用的，按合同贴花
9. 财产保险合同	包括财产、责任、保证、信用等保险合同	按保险费收入1‰贴花	立合同人	单据作为合同使用的，按合同贴花
10. 技术合同	包括技术开发、转让、咨询、服务等合同	按所载金额0.3‰贴花	立合同人	
11. 产权转移书据	包括财产所有权和版权、商标专用权、专利权、专有技术使用权等转移书据②	按所载金额0.5‰贴花	立据人	
12. 营业账簿	生产经营用账册	记载资金的账簿，按实收资本和资本公积合计金的额0.5‰贴花，其他账簿按件贴花5元	立账簿人	自2018年5月1日起，记载资金的账簿减半征收印花税，按件贴花5元的其他账簿免征印花税
13. 权利、许可证照	包括政府部门发给的房屋产权证、工商营业执照、商标注册证、专利证、土地使用证	按件贴花5元	领受人	

注：①融资租赁合同按此税目征税。
②土地使用权出让、转让合同和商品房销售也按此税目征税。

（2）证券交易。

我国目前实现的证券交易印花税实行单边征收（卖出时征收），税率为1‰。

单边征收旨在降低交易成本，鼓励长期投资。

4. 计税依据

印花税根据不同征税项目，分别实行从价计征和从量计征两种征收方法。

（1）印花税的计税依据，按照下列方法确定：

①应税合同的计税依据，为合同列明的价款或者报酬，不包括增值税税款；合同中价款或者报酬与增值税税款未分开列明的，按照合计金额确定。

②应税产权转移书据的计税依据，为产权转移书据列明的价款，不包括增值税税款；产权转移书据中价款与增值税税款未分开列明的，按照合计金额确定。

③应税营业账簿的计税依据，为营业账簿记载的实收资本（股本）、资本公积合计金额。

④应税权利、许可证照的计税依据，按件确定。

⑤证券交易的计税依据，为成交金额。

（2）应税合同、产权转移书据未列明价款或者报酬的，按照下列方法确定计税依据：

①按照订立合同、产权转移书据时市场价格确定；依法应当执行政府定价的，按照其规定确定。

②不能按照上述方法确定的，按照实际结算的价款或者报酬确定。

以非集中交易方式转让证券时无转让价格的，按照办理过户登记手续前一个交易日收盘价计算确定计税依据；办理过户登记手续前一个交易日无收盘价的，按照证券面值计算确定计税依据。

5. 应纳税额的计算

（1）印花税应纳税额按照下列方法计算：

①应税合同的应纳税额为价款或者报酬乘以适用税率；

②应税产权转移书据的应纳税额为价款乘以适用税率；

③应税营业账簿的应纳税额为实收资本（股本）、资本公积合计金额乘以适用税率；

④应税权利、许可证照的应纳税额为适用税额。

同一应税凭证载有两个或者两个以上经济事项并分别列明价款或者报酬

的，按照各自适用税目税率计算应纳税额；未分别列明价款或者报酬的，按税率高的计算应纳税额。

同一应税凭证由两方或者两方以上当事人订立的，应当按照各自涉及的价款或者报酬分别计算应纳税额。

依照《中华人民共和国印花税暂行条例》（以下简称《印花税暂行条例》）规定，合同签订时即应贴花，履行完税手续。因此，不论合同是否兑现或能否按期兑现，都一律按照规定贴花。

已贴花的凭证，修改后所载金额增加的，其增加部分应当补贴印花税票。

应纳税额不足1角的，免纳印花税。应纳税额在1角以上的，其税额尾数不满5分的不计，满五分的按1角计算缴纳。

（2）证券交易的应纳税额为成交金额乘以适用税率。

【知识点2】 印花税优惠政策

1. 下列情形，免征或者减征印花税：

（1）应税凭证的副本或者抄本，免征印花税；

（2）农民、农民专业合作社、农村集体经济组织、村民委员会购买农业生产资料或者销售自产农产品订立的买卖合同和农业保险合同，免征印花税；

（3）无息或者贴息借款合同、国际金融组织向我国提供优惠贷款订立的借款合同、金融机构与小型微型企业订立的借款合同，免征印花税；

（4）财产所有权人将财产赠与政府、学校、社会福利机构订立的产权转移书据，免征印花税；

（5）军队、武警部队订立、领受的应税凭证，免征印花税；

（6）转让、租赁住房订立的应税凭证，免征个人（不包括个体工商户）应当缴纳的印花税。

2. 股权分置改革过程中因非流通股股东向流通股股东支付对价而发生的股权转让，暂免征收印花税。

3. 企业因改制签订的产权转移书据免予贴花。

4. 自2018年5月1日起，对按0.5‰税率贴花的资金账簿减半征收印花税，对按件贴花5元的其他账簿免征印花税。

5. 自2019年1月1日至2023年12月31日，对与高校学生签订的高校学生公寓租赁合同，免征印花税。

6. 自2018年9月10日起，对社保基金会、社保基金投资管理人管理的社保基金转让非上市公司股权，免征社保基金会、社保基金投资管理人应缴纳的印花税。

7. 自2018年1月1日至2023年12月31日，对金融机构与小型企业、微型企业签订的借款合同免征印花税。

8. 自2019年1月1日至2021年12月31日，由省、自治区、直辖市人民政府根据本地区实际情况，以及宏观调控需要确定，对增值税小规模纳税人可以在50%的税额幅度内减征印花税（不含证券交易印花税），增值税小规模纳税人已依法享受印花税其他优惠政策的，可叠加享受。

自2022年1月1日起，进一步实施小微企业"六税两费"减免政策，具体内容见本章第九节。

【知识点3】 印花税征收管理

1. 纳税义务发生时间

印花税纳税义务发生时间为纳税人订立、领受应税凭证或者完成证券交易的当日。

证券交易印花税扣缴义务发生时间为证券交易完成的当日。

2. 纳税方法

印花税实行由纳税人根据规定自行计算应纳税额，购买并一次贴足印花税票的缴纳办法。

一份凭证应纳税额超过500元的，应向当地税务机关申请填写缴款书或者完税证，将其中一联粘贴在凭证上或者由税务机关在凭证上加注完税标记代替贴花。

税务机关对核准汇总缴纳印花税的单位，应发给汇缴许可证。汇总缴纳的限期限额由当地税务机关确定，但最长期限不得超过一个月。

采用按期汇总申报缴纳方式的，一年内不得改变。

印花税票应当粘贴在应纳税凭证上，并由纳税人在每枚税票的骑缝处盖戳注销或者画销。已贴用的印花税票不得重用。

凡多贴印花税票者，不得申请退税或者抵用。

纳税人对纳税凭证应妥善保存。凭证的保存期限，凡国家已有明确规定的，按规定办；其余凭证均应在履行完毕后保存一年。

证券交易印花税扣缴义务发生时间为证券交易完成的当日。证券登记结算机构为证券交易印花税的扣缴义务人。

实行核定征收印花税的，纳税期限为一个月，税额较小的，纳税期限可为一个季度，具体由主管税务机关确定。纳税人应当自纳税期满之日起15日内，填写国家税务总局统一制定的纳税申报表申报缴纳核定征收的印花税。

3. 纳税地点

单位纳税人应当向其机构所在地的主管税务机关申报缴纳印花税；个人纳税人应当向应税凭证订立、领受地或者居住地的税务机关申报缴纳印花税。

纳税人出让或者转让不动产产权的，应当向不动产所在地的税务机关申报缴纳印花税。

证券交易印花税的扣缴义务人应当向其机构所在地的主管税务机关申报缴纳扣缴的税款。

4. 税源管理

纳税人应当如实提供、妥善保存印花税应纳税凭证等有关纳税资料，统一设置、登记和保管《印花税应纳税凭证登记簿》（以下简称《登记簿》），及时、准确、完整记录应纳税凭证的书立、领受情况。

《登记簿》的内容包括：应纳税凭证种类、应纳税凭证编号、凭证书立各方（或领受人）名称、书立（领受）时间、应纳税凭证金额、件数等。

税务机关根据印花税征收管理的需要，本着既加强源泉控管，又方便纳税人的原则，按照《国家税务总局关于发布〈委托代征管理办法〉的公告》（国家税务总局公告2013年第24号）有关规定，可委托银行、保险、工商、房地产管理等有关部门，代征借款合同、财产保险合同、权利许可证照、产权转移书据、建设工程承包合同等的印花税。

税务机关应分行业对纳税人历年印花税的纳税情况、主营业务收入情况、应税合同的签订情况等进行统计、测算，评估各行业印花税纳税状况及税负水平，确定本地区不同行业应纳税凭证的核定标准。

自 2022 年 7 月 1 日起，《中华人民共和国印花税法》正式施行。

中华人民共和国印花税法

四　房产税政策与管理

【知识点 1】　房产税基本政策

1. 纳税人

房产税由产权所有人缴纳。产权属于全民所有的，由经营管理的单位缴纳。产权出典的，由承典人缴纳。产权所有人、承典人不在房产所在地的，或者产权未确定及租典纠纷未解决的，由房产代管人或者使用人缴纳。上述列举的产权所有人、经营管理单位、承典人、房产代管人或者使用人，统称为纳税义务人（以下简称纳税人）。

无租使用其他单位房产的应税单位和个人，依照房产余值代缴房产税。

房产是以房屋形态表现的财产。房屋，是指有屋面和围护结构（有墙或两边有柱），能够遮风避雨，可供人们在其中生产、工作、学习、娱乐、居住或储藏物资的场所。

独立于房屋之外的建筑物，如围墙、烟囱、水塔、变电塔、油池油柜、酒窖、菜窖、酒精池、糖蜜池、室外游泳池、玻璃暖房、砖瓦石灰窑以及各种油气罐等，不属于房产。

凡在房产税征收范围内的具备房屋功能的地下建筑，包括与地上房屋相连的地下建筑以及完全建在地面以下的建筑、地下人防设施等，均应当依照有关规定征收房产税。

具备房屋功能的地下建筑，是指有屋面和维护结构，能够遮风避雨，可供人们在其中生产、经营、工作、学习、娱乐、居住或储藏物资的场所。

2. 征税范围

房产税在城市、县城、建制镇和工矿区征收。

城市是指经国务院批准设立的市。城市的征税范围为市区、郊区和市辖县县城。不包括农村。

县城是指未设立建制镇的县人民政府所在地。

建制镇是指经省、自治区、直辖市人民政府批准设立的建制镇。建制镇的征税范围为镇人民政府所在地,不包括所辖的行政村。

工矿区是指工商业比较发达,人口比较集中,符合国务院规定的建制镇标准,但尚未设立镇建制的大中型工矿企业所在地。开征房产税的工矿区须经省、自治区、直辖市人民政府批准。

对农林牧渔业用地和农民居住用房屋及土地,不征收房产税。

3. 税率

房产税的税率,依照房产余值计算缴纳的,税率为 1.2%;依照房产租金收入计算缴纳的,税率为 12%。

自 2008 年 3 月 1 日起,对个人出租住房,不区分用途,按 4% 的税率征收房产税。

自 2008 年 3 月 1 日起,对企事业单位、社会团体以及其他组织按市场价格向个人出租用于居住的住房,减按 4% 的税率征收房产税。

自 2021 年 10 月 1 日起,对企事业单位、社会团体以及其他组织向个人、专业化规模化住房租赁企业出租住房的,减按 4% 的税率征收房产税。

4. 计税依据

房产税依照房产原值一次减除 10%～30% 后的余值计算缴纳。具体减除幅度,由省、自治区、直辖市人民政府规定。

没有房产原值作为依据的,由房产所在地税务机关参考同类房产核定。

房产出租的,以房产租金收入为房产税的计税依据。

(1)房产原值的确定。

房产原值,是指纳税人按照会计制度规定,在会计核算账簿"固定资产"科目中记载的房屋原价。对纳税人未按国家会计制度规定核算并记载的,应按规定予以调整或重新评估。

自 2010 年 12 月 21 日起,对按照房产原值计税的房产,无论会计上如何核算,房产原值均应包含地价,包括为取得土地使用权支付的价款、开发土地发生的成本费用等。宗地容积率低于 0.5 的,按房产建筑面积的 2 倍计算土地面积并据此确定计入房产原值的地价。

房产原值应包括与房屋不可分割的各种附属设备或一般不单独计算价值的配套设施，主要有：暖气、卫生、通风、照明、煤气等设备；各种管线，如蒸气、压缩空气、石油、给水排水等管道及电力、电讯、电缆导线；电梯、升降机、过道、晒台等。

属于房屋附属设备的水管、下水道、暖气管、煤气管等从最近的探视井或三通管算起。电灯网、照明线从进线盒联接管算起。

为了维持和增加房屋的使用功能或使房屋满足设计要求，凡以房屋为载体，不可随意移动的附属设备和配套设施，如给排水、采暖、消防、中央空调、电气及智能化楼宇设备等，无论在会计核算中是否单独记账与核算，都应计入房产原值，计征房产税。

对于更换房屋附属设备和配套设施的，在将其价值计入房产原值时，可扣减原来相应设备和设施的价值；对附属设备和配套设施中易损坏、需要经常更换的零配件，更新后不再计入房产原值。

新建、改建、扩建的房屋其增值部分应加值计算，已拆除的房屋其减值部分可在原值中扣除。

对于以房产投资联营的，投资者参与投资利润分红，共担风险的，按房产余值作为计税依据计征房产税。

对融资租赁房屋，由承租人自融资租赁合同约定开始日的次月起依照房产余值缴纳房产税。合同未约定开始日的，由承租人自合同签订的次月起依照房产余值缴纳房产税。

（2）房产租金收入的确定。

房产租金收入，是房屋产权所有人出租房产使用权所得的报酬，包括货币收入和实物收入。

如果是以劳务或者其他形式为报酬抵付房租收入的，应根据当地同类房产的租金水平，确定一个标准租金额从租计征。

对出租房产，租赁双方签订的租赁合同约定有免收租金期限的，免收租金期间由产权所有人按照房产原值缴纳房产税。

对于以房产投资，收取固定收入，不承担联营风险的，实际上是以联营名义取得房产的租金，应根据有关规定由出租方按租金收入计缴房产税。

自 2007 年 1 月 1 日起，对居民住宅区内业主共有的经营性房产，由实际经营（包括自营和出租）的代管人或使用人缴纳房产税。其中自营的，依照房产原值减除 10%～30% 后的余值计征，没有房产原值或不能将业主共有房产与其他房产的原值准确划分开的，由房产所在地税务机关参照同类房产核定房产原值；出租的，依照租金收入计征。

5. 应纳税额的计算

（1）按原值计征。

①按房产的原值减除一定比例后的余值计征房产税，计算公式为：

$$应纳税额 = 应税房产原值 \times (1 - 减除比例) \times 1.2\%$$

减除比例为 10%～30%，具体减除幅度，由省、自治区、直辖市人民政府规定。

②自用的地下建筑，按以下方式计税：

工业用途房产，以房屋原价的 50%～60% 作为应税房产原值。

商业和其他用途房产，以房屋原价的 70%～80% 作为应税房产原值。

房屋原价折算为应税房产原值的具体比例，由各省、自治区、直辖市和计划单列市财政和税务部门在上述幅度内自行确定。

对于与地上房屋相连的地下建筑，如房屋的地下室、地下停车场、商场的地下部分等，应将地下部分与地上房屋视为一个整体，按照地上房屋建筑的有关规定计算征收房产税。

（2）按租金计征。

按房产的租金收入计征房产税，计算公式为：

$$应纳税额 = 租金收入 \times 12\%（或 4\%）$$

出租的地下建筑，按照出租地上房屋建筑的有关规定计算征收房产税。

营改增后，房产出租的，计征房产税的租金收入不含增值税；免征增值税的，租金收入不扣减增值税。营改增后税务机关核定的房产税计税价格或收入不含增值税。

【知识点 2】 房产税优惠政策

1. 下列房产免纳房产税：

（1）国家机关、人民团体、军队自用的房产；

（2）由国家财政部门拨付事业经费的单位自用的房产；

（3）宗教寺庙、公园、名胜古迹自用的房产；

（4）个人所有非营业用的房产；

（5）经财政部批准免税的其他房产。

2. 对非营利性医疗机构、疾病控制机构和妇幼保健机构等卫生机构自用的房产，免征房产税。

3. 自 2001 年 1 月 1 日起，对按政府规定价格出租的公有住房和廉租住房，包括企业和自收自支事业单位向职工出租的单位自有住房，房管部门向居民出租的公有住房，落实私房政策中带户发还产权并以政府规定租金标准向居民出租的私有住房等，暂免征收房产税。

4. 经营公租房的租金收入，免征房产税。公共租赁住房经营管理单位应单独核算公共租赁住房租金收入，未单独核算的，不得享受免征房产税优惠政策。

5. 对廉租住房经营管理单位按照政府规定价格、向规定保障对象出租廉租住房的租金收入，免征房产税。

6. 对政府部门和企事业单位、社会团体以及个人等社会力量投资兴办的福利性、非营利性的老年服务机构自用的房产暂免征收房产税。

7. 纳税人因房屋大修导致连续停用半年以上的，在房屋大修期间免征房产税，免征税额由纳税人在申报缴纳房产税时自行计算扣除，并在申报表附表或备注栏中作相应说明。

8. 凡是在基建工地为基建工地服务的各种工棚、材料棚、休息棚和办公室、食堂、茶炉房、汽车房等临时性房屋，不论是施工企业自行建造还是由基建单位出资建造交施工企业使用的，在施工期间，一律免征房产税。

9. 企业办的各类学校、医院、托儿所、幼儿园自用的房产，可以比照由国家财政部门拨付事业经费的单位自用的房产，免征房产税。

10. 2018 年 10 月 1 日至 2020 年 12 月 31 日，对按照去产能和调结构政策要求停产停业、关闭的企业，自停产停业次月起，免征房产税。企业享受免税政策的期限累计不得超过两年。

11. 2019 年 1 月 1 日至 2023 年 12 月 31 日，对向居民供热收取采暖费的供热企业，为居民供热所使用的厂房免征房产税。

对专业供热企业，按其向居民供热取得的采暖费收入占全部采暖费收入的比例，计算免征的房产税。

12. 2019 年 1 月 1 日至 2021 年 12 月 31 日，由省、自治区、直辖市人民政府根据本地区实际情况，以及宏观调控需要确定，对增值税小规模纳税人可以在 50% 的税额幅度内减征房产税，增值税小规模纳税人已依法享受房产税其他优惠政策的，可叠加享受。

自 2022 年 1 月 1 日起，进一步实施小微企业"六税两费"减免政策，具体内容见本章第九节。

13. 2019 年 1 月 1 日至 2023 年 12 月 31 日，对高校学生公寓免征房产税。

14. 2019 年 1 月 1 日至 2023 年 12 月 31 日，对国家级、省级科技企业孵化器、大学科技园和国家备案众创空间自用以及无偿或通过出租等方式提供给在孵对象使用的房产，免征房产税。

15. 2019 年 1 月 1 日至 2023 年 12 月 31 日，对农产品批发市场、农贸市场（包括自有和承租）专门用于经营农产品的房产，暂免征收房产税。对同时经营其他产品的农产品批发市场和农贸市场使用的房产，按其他产品与农产品交易场地面积的比例确定征免房产税。

16. 2019 年 6 月 1 日起至 2025 年 12 月 31 日，为社区提供养老、托育、家政等服务的机构自有或其通过承租、无偿使用等方式取得并用于提供社区养老、托育、家政服务的房产，免征房产税。

【知识点 3】 房产税征收管理

1. 纳税义务发生时间

（1）纳税人将原有房产用于生产经营，从生产经营之月起缴纳房产税。

（2）纳税人自行新建房屋用于生产经营，从建成之次月起缴纳房产税。

（3）纳税人委托施工企业建设的房屋，从办理验收手续之次月起缴纳房产税。

（4）纳税人购置新建商品房，自房屋交付使用之次月起缴纳房产税。

（5）纳税人购置存量房，自办理房屋权属转移、变更登记手续，房地产权属登记机关签发房屋权属证书之次月起，缴纳房产税。

（6）纳税人出租、出借房产，自交付出租、出借房产之次月起，缴纳房产税。

（7）房地产开发企业自用、出租、出借本企业建造的商品房，自房屋使用或交付之次月起，缴纳房产税。

（8）纳税人因房产的实物或权利状态发生变化而依法终止房产税纳税义务的，其应纳税款的计算应截止到房产的实物或权利状态发生变化的当月月末。

2. 纳税期限

房产税按年计算、分期缴纳。具体纳税期限由省、自治区、直辖市人民政府确定。

3. 纳税地点

房产税由房产所在地的税务机关征收。房产不在同一地方的纳税人，应按房产的坐落地点分别向房产所在地的税务机关纳税。

五　车船税政策与管理

【知识点1】 车船税基本政策

1. 纳税人

在中华人民共和国境内属于《中华人民共和国车船税法》（以下简称《车船税法》）所附《车船税税目税额表》规定的车辆、船舶（以下简称车船）的所有人或者管理人，为车船税的纳税人。

从事机动车第三者责任强制保险业务的保险机构为机动车车船税的扣缴义务人，应当在收取保险费时依法代收车船税，并出具代收税款凭证。

2. 征税范围

车船税征税范围为在中华人民共和国境内属于《车船税法》所附《车船税税目税额表》规定的车辆、船舶，包括依法应当在车船管理部门登记的机动车辆和船舶，依法不需要在车船管理部门登记、在单位内部场所行驶或者作业的机动车辆和船舶。

境内单位和个人租入外国籍船舶的，不征收车船税。境内单位和个人将船舶出租到境外的，应依法征收车船税。

经批准临时入境的外国车船和香港特别行政区、澳门特别行政区、台湾地区的车船，不征收车船税。

3. 税目税率

车船税税目包括乘用车、商用车、挂车、其他车辆、摩托车和船舶 6 个税目。

车船税实行定额税率。车船税税目税率详见《车船税税目税额表》,见表 2 – 13。

车辆的具体适用税额由省、自治区、直辖市人民政府依照《车船税税目税额表》规定的税额幅度和国务院的规定确定。

船舶的具体适用税额由国务院在《车船税税目税额表》规定的税额幅度内确定。

表 2 – 13　　　　　　　　　车船税税目税额表

税　　目		计税单位	年基准税额	备　　注
乘用车［按发动机汽缸容量（排气量）分档］	1.0 升（含）以下的	每辆	60 元至 360 元	核定载客人数 9 人（含）以下
	1.0 升以上至 1.6 升（含）的		300 元至 540 元	
	1.6 升以上至 2.0 升（含）的		360 元至 660 元	
	2.0 升以上至 2.5 升（含）的		660 元至 1200 元	
	2.5 升以上至 3.0 升（含）的		1200 元至 2400 元	
	3.0 升以上至 4.0 升（含）的		2400 元至 3600 元	
	4.0 升以上的		3600 元至 5400 元	
商用车	客车	每辆	480 元至 1440 元	核定载客人数 9 人以上,包括电车
	货车	整备质量每吨	16 元至 120 元	包括半挂牵引车、三轮汽车和低速载货汽车等①
挂车		整备质量每吨	按照货车税额的 50% 计算	
其他车辆	专用作业车	整备质量每吨	16 元至 120 元	不包括拖拉机
	轮式专用机械车	整备质量每吨	16 元至 120 元	

续表

税　目		计税单位	年基准税额	备　注
摩托车		每辆	36 元至 180 元	
船舶	机动船舶	净吨位每吨	3 元至 6 元	拖船、非机动驳船分别按照机动船舶税额的 50% 计算
	游艇	艇身长度每米	600 元至 2000 元	

注：①客货两用车（多用途货车）按货车征税。

乘用车，是指在设计和技术特性上主要用于载运乘客及随身行李，核定载客人数包括驾驶员在内不超过 9 人的汽车。

商用车，是指除乘用车外，在设计和技术特性上用于载运乘客、货物的汽车，划分为客车和货车。

半挂牵引车，是指装备有特殊装置用于牵引半挂车的商用车。

三轮汽车，是指最高设计车速不超过每小时 50 公里，具有三个车轮的货车。

低速载货汽车，是指以柴油机为动力，最高设计车速不超过每小时 70 公里，具有四个车轮的货车。

挂车，是指就其设计和技术特性需由汽车或者拖拉机牵引，才能正常使用的一种无动力的道路车辆。

专用作业车，是指在其设计和技术特性上用于特殊工作的车辆。对于在设计和技术特性上用于特殊工作，并装置有专用设备或器具的汽车，应认定为专用作业车，如汽车起重机、消防车、混凝土泵车、清障车、高空作业车、洒水车、扫路车等。以载运人员或货物为主要目的的专用汽车，如救护车，不属于专用作业车。

客货两用车，又称多用途货车，是指在设计和结构上主要用于载运货物，但在驾驶员座椅后带有固定或折叠式座椅，可运载 3 人以上乘客的货车。客货两用车依照货车的计税单位和年基准税额计征车船税。

轮式专用机械车，是指有特殊结构和专门功能，装有橡胶车轮可以自行行驶，最高设计车速大于每小时 20 公里的轮式工程机械车。

摩托车,是指无论采用何种驱动方式,最高设计车速大于每小时50公里,或者使用内燃机,其排量大于50毫升的两轮或者三轮车辆。

船舶,是指各类机动、非机动船舶以及其他水上移动装置,但是船舶上装备的救生艇筏和长度小于5米的艇筏除外。其中,机动船舶是指用机器推进的船舶;拖船是指专门用于拖(推)动运输船舶的专业作业船舶;非机动驳船,是指在船舶登记管理部门登记为驳船的非机动船舶;游艇是指具备内置机械推进动力装置,长度在90米以下,主要用于游览观光、休闲娱乐、水上体育运动等活动,并应当具有船舶检验证书和适航证书的船舶。

4. 计税依据

车船税是从量计征的,根据车船的种类和性能的不同,计税依据有4种:

(1)乘用车、客车、摩托车,以"每辆"为计税单位;

(2)货车、挂车、其他车辆,以"整备质量每吨"为计税单位;

(3)机动船舶,以"净吨位每吨"为计税单位,其中拖船按照发动机功率每1千瓦折合净吨位0.67吨计算;

(4)游艇,以"艇身长度每米"为计税单位。

5. 应纳税额的计算

车船税按年申报,分月计算,一次性缴纳。

购置的新车船,购置当年的应纳税额自纳税义务发生的当月起按月计算。计算公式为:

$$应纳税额 = 年应纳税额 \times 应纳税月份数 \div 12$$

已经缴纳车船税的车船,因质量原因,车船被退回生产企业或者经销商的,纳税人可以向纳税所在地的主管税务机关申请退还自退货月份起至该纳税年度终了期间的税款。退货月份以退货发票所载日期的当月为准。

在一个纳税年度内,已完税的车船被盗抢、报废、灭失的,纳税人可以凭有关管理机关出具的证明和完税凭证,向纳税所在地的主管税务机关申请退还自被盗抢、报废、灭失月份起至该纳税年度终了期间的税款。

已办理退税的被盗抢车船失而复得的,纳税人应当从公安机关出具相关证明的当月起计算缴纳车船税。

已缴纳车船税的车船在同一纳税年度内办理转让过户的,不另纳税,也不退税。

《车船税法》及其实施条例涉及的整备质量、净吨位、艇身长度等计税单位，有尾数的一律按照含尾数的计税单位据实计算车船税应纳税额。计算得出的应纳税额小数点后超过两位的可四舍五入保留两位小数。

乘用车以车辆登记管理部门核发的机动车登记证书或者行驶证书所载的排气量毫升数确定税额区间。

【知识点2】 车船税优惠政策

1. 下列车船免征车船税：

（1）捕捞、养殖渔船；

（2）军队、武装警察部队专用的车船；

（3）警用车船；

（4）依照法律规定应当予以免税的外国驻华使领馆、国际组织驻华代表机构及其有关人员的车船。

2. 对节约能源、使用新能源的车船可以减征或者免征车船税；对受严重自然灾害影响纳税困难以及有其他特殊原因确需减税、免税的，可以减征或者免征车船税。具体办法由国务院规定，并报全国人民代表大会常务委员会备案。

3. 省、自治区、直辖市人民政府根据当地实际情况，可以对公共交通车船，农村居民拥有并主要在农村地区使用的摩托车、三轮汽车和低速载货汽车定期减征或者免征车船税。

4. 按照规定缴纳船舶吨税的机动船舶，自《车船税法》实施之日起5年内免征车船税。

5. 对节约能源车船，减半征收车船税。

6. 对使用新能源车船，免征车船税。

7. 根据《国务院办公厅关于国家综合性消防救援车辆悬挂应急救援专用号牌有关事项的通知》规定，国家综合性消防救援车辆由部队号牌改挂应急救援专用号牌的，一次性免征改挂当年车船税。

【知识点3】 车船税征收管理

1. 纳税义务发生时间

车船税纳税义务发生时间为取得车船所有权或者管理权的当月，应当以购买车船的发票或者其他证明文件所载日期的当月为准。

2. 纳税期限

车船税按年申报，分月计算，一次性缴纳。纳税年度为公历1月1日至12月31日。

纳税人在购买"交强险"时，由扣缴义务人代收代缴车船税的，凭注明已收税款信息的"交强险"保险单，车辆登记地的主管税务机关不再征收该纳税年度的车船税。再次征收的，车辆登记地主管税务机关应予退还。

车船税扣缴义务人代收代缴欠缴税款的滞纳金，从各省、自治区、直辖市人民政府规定的申报纳税期限截止日期的次日起计算。

3. 纳税地点

车船税的纳税地点为车船的登记地或者车船税扣缴义务人所在地。依法不需要办理登记的车船，车船税的纳税地点为车船的所有人或者管理人所在地。

4. 税源管理

税务机关应当按照车船税统一申报表数据指标建立车船税税源数据库。

税务机关、保险机构和代征单位应当在受理纳税人申报或者代收代征车船税时，根据相关法律法规及委托代征协议要求，整理《车船税纳税申报表》《车船税代收代缴报告表》的涉税信息，并及时共享。

税务机关应当将自行征收车船税信息和获取的车船税第三方信息充实到车船税税源数据库中。同时要定期进行税源数据库数据的更新、校验、清洗等工作，保障车船税税源数据库的完整性和准确性。

税务机关应当积极同相关部门建立联席会议、合作框架等制度，采集以下第三方信息：

（1）保险机构代收车船税车辆的涉税信息；

（2）公安交通管理部门车辆登记信息；

（3）海事部门船舶登记信息；

（4）公共交通管理部门车辆登记信息；

（5）渔业船舶登记管理部门船舶登记信息；

（6）其他相关部门车船涉税信息。

六　环境保护税政策与管理

【知识点1】 环境保护税基本政策

1. 纳税人

在中华人民共和国领域和中华人民共和国管辖的其他海域，直接向环境排放应税污染物的企业事业单位和其他生产经营者为环境保护税的纳税人。

有下列情形之一的，不属于直接向环境排放污染物，不缴纳相应污染物的环境保护税：

（1）企业事业单位和其他生产经营者向依法设立的污水集中处理、生活垃圾集中处理场所排放应税污染物的；

（2）企业事业单位和其他生产经营者在符合国家和地方环境保护标准的设施、场所贮存或者处置固体废物的。

企业事业单位和其他生产经营者贮存或者处置固体废物不符合国家和地方环境保护标准的，应当缴纳环境保护税。

依法设立的城乡污水集中处理、生活垃圾集中处理场所超过国家和地方规定的排放标准向环境排放应税污染物的，应当缴纳环境保护税。

达到省级人民政府确定的规模标准并且有污染物排放口的畜禽养殖场，应当依法缴纳环境保护税；依法对畜禽养殖废弃物进行综合利用和无害化处理的，不属于直接向环境排放污染物，不缴纳环境保护税。

城乡污水集中处理场所，是指为社会公众提供生活污水处理服务的场所，不包括为工业园区、开发区等工业聚集区域内的企业事业单位和其他生产经营者提供污水处理服务的场所，以及企业事业单位和其他生产经营者自建自用的污水处理场所。

2. 征税范围

应税污染物，是指《环境保护税税目税额表》《应税污染物和当量值表》规定的大气污染物、水污染物、固体废物和噪声。

3. 税目税率

环境保护税税目税额表，见表2-14。

表 2 – 14　　　　　　　　　　环境保护税税目税额表

税　目		计税单位	税　额	备　注
大气污染物		每污染当时	1.2 ~ 12 元	
水污染物		每污染当时	1.4 ~ 14 元	
固体废物	煤矸石	每吨	5 元	
	尾矿	每吨	15 元	
	危险废物	每吨	1000 元	
	冶炼渣、粉煤灰、炉渣、其他固体废物（含半固态、液态废物）	每吨	25 元	
噪声	工业噪声	超标 1 ~ 3 分贝	每月 350 元	1. 一个单位边界上有多处噪声超标，根据最高一处超标声级计算应纳税额；当沿边界长度超过 100 米有两处以上噪声超标，按照两个单位计算应纳税额。 2. 一个单位有不同地点作业场所的，应当分别计算应纳税额，合并计征。 3. 昼、夜均超标的环境噪声，昼、夜分别计算应纳税额，累计计征。 4. 声源一个月内超标不足 15 天的，减半计算应纳税额。 5. 夜间频繁突发和夜间偶然突发厂界超标噪声，按等效声级和峰值噪声两种指标中超标分贝值高的一项计算应纳税额。
		超标 4 ~ 6 分贝	每月 700 元	
		超标 7 ~ 9 分贝	每月 1400 元	
		超标 10 ~ 12 分贝	每月 2800 元	
		超标 13 ~ 15 分贝	每月 5600 元	
		超标 16 分贝以上	每月 11200 元	

应税大气污染物和水污染物的具体适用税额的确定和调整，由省、自治区、直辖市人民政府统筹考虑本地区环境承载能力、污染物排放现状和经济社会生态发展目标要求，在《环境保护税税目税额表》规定的税额幅度内提出，报同级人民代表大会常务委员会决定，并报全国人民代表大会常务委员会和国务院备案。

4. 计税依据

应税污染物的计税依据，按照下列方法确定：

（1）应税大气污染物按照污染物排放量折合的污染当量数确定；

（2）应税水污染物按照污染物排放量折合的污染当量数确定；

（3）应税固体废物按照固体废物的排放量确定；

（4）应税噪声按照超过国家规定标准的分贝数确定。

污染当量，是指根据污染物或者污染排放活动对环境的有害程度以及处理的技术经济性，衡量不同污染物对环境污染的综合性指标或者计量单位。同一介质相同污染当量的不同污染物，其污染程度基本相当。

应税大气污染物、水污染物的污染当量数，以该污染物的排放量除以该污染物的污染当量值计算（即污染当量数＝该污染物的排放量÷该污染物的污染当量值）。每种应税大气污染物、水污染物的具体污染当量值，依照《中华人民共和国环境保护税法》（以下简称《环境保护税法》）所附《应税污染物和当量值表》执行。

每一排放口或者没有排放口的应税大气污染物，按照污染当量数从大到小排序，对前三项污染物征收环境保护税。

每一排放口的应税水污染物，按照《环境保护税法》所附《应税污染物和当量值表》，区分第一类水污染物和其他类水污染物，按照污染当量数从大到小排序，对第一类水污染物按照前五项征收环境保护税，对其他类水污染物按照前三项征收环境保护税。

省、自治区、直辖市人民政府根据本地区污染物减排的特殊需要，可以增加同一排放口征收环境保护税的应税污染物项目数，报同级人民代表大会常务委员会决定，并报全国人民代表大会常务委员会和国务院备案。

应税大气污染物、水污染物、固体废物的排放量和噪声的分贝数，按照下列方法和顺序计算：

（1）纳税人安装使用符合国家规定和监测规范的污染物自动监测设备的，按照污染物自动监测数据计算；

（2）纳税人未安装使用污染物自动监测设备的，按照监测机构出具的符合国家有关规定和监测规范的监测数据计算；

（3）自 2021 年 5 月 1 日起，属于排污许可管理的排污单位，适用生态环境部发布的排污许可证申请与核发技术规范中规定的排（产）污系数、物料衡算方法计算应税污染物排放量；排污许可证申请与核发技术规范未规定相关排（产）污系数的，适用生态环境部发布的排放源统计调查制度规定的排（产）污系数方法计算应税污染物排放量。

（4）自 2021 年 5 月 1 日起，不属于排污许可管理的排污单位，适用生态环境部发布的排放源统计调查制度规定的排（产）污系数方法计算应税污染物排放量。

（5）上述（1）~（4）情形中仍无相关计算方法的，由各省、自治区、直辖市生态环境主管部门结合本地实际情况，科学合理制定抽样测算方法。

应税固体废物的计税依据，按照固体废物的排放量确定。固体废物的排放量为当期应税固体废物的产生量减去当期应税固体废物的贮存量、处置量、综合利用量的余额。

固体废物的贮存量、处置量，是指在符合国家和地方环境保护标准的设施、场所贮存或者处置的固体废物数量；固体废物的综合利用量，是指按照国务院发展改革、工业和信息化主管部门关于资源综合利用要求以及国家和地方环境保护标准进行综合利用的固体废物数量。

纳税人有下列情形之一的，以其当期应税固体废物的产生量作为固体废物的排放量：

（1）非法倾倒应税固体废物；

（2）进行虚假纳税申报。

纳税人有下列情形之一的，以其当期应税大气污染物、水污染物的产生量作为污染物的排放量：

（1）未依法安装使用污染物自动监测设备或者未将污染物自动监测设备与环境保护主管部门的监控设备联网；

（2）损毁或者擅自移动、改变污染物自动监测设备；

（3）篡改、伪造污染物监测数据；

（4）通过暗管、渗井、渗坑、灌注或者稀释排放以及不正常运行防治污染设施等方式违法排放应税污染物；

（5）进行虚假纳税申报。

从两个以上排放口排放应税污染物的，对每一排放口排放的应税污染物分别计算征收环境保护税；纳税人持有排污许可证的，其污染物排放口按照排污许可证载明的污染物排放口确定。

5. 应纳税额的计算

环境保护税应纳税额按照下列方法计算：

$$应税大气污染物的应纳税额 = 污染当量数 × 具体适用税额$$

$$应税水污染物的应纳税额 = 污染当量数 × 具体适用税额$$

$$应税固体废物的应纳税额 = 固体废物排放量 × 具体适用税额$$

应税噪声的应纳税额为超过国家规定标准的分贝数对应的具体适用税额。

【知识点2】 环境保护税优惠政策

1. 下列情形，暂予免征环境保护税：

（1）农业生产（不包括规模化养殖）排放应税污染物的；

（2）机动车、铁路机车、非道路移动机械、船舶和航空器等流动污染源排放应税污染物的；

（3）依法设立的城乡污水集中处理、生活垃圾集中处理场所排放相应应税污染物，不超过国家和地方规定的排放标准的；

（4）纳税人综合利用的固体废物，符合国家和地方环境保护标准的；

（5）国务院批准免税的其他情形，由国务院报全国人民代表大会常务委员会备案。

2. 纳税人排放应税大气污染物或者水污染物的浓度值低于国家和地方规定的污染物排放标准30%的，减按75%征收环境保护税。纳税人排放应税大气污染物或者水污染物的浓度值低于国家和地方规定的污染物排放标准50%的，减按50%征收环境保护税。依照《环境保护税法》规定减征环境保护税的，应当对每一排放口排放的不同应税污染物分别计算。

【知识点3】 环境保护税征收管理

1. 征收机关

环境保护税由税务机关依照《税收征管法》和《环境保护税法》的有关规定征收管理。

2. 纳税义务发生时间

纳税义务发生时间为纳税人排放应税污染物的当日。

3. 纳税期限

环境保护税按月计算，按季申报缴纳。不能按固定期限计算缴纳的，可以按次申报缴纳。

纳税人申报缴纳时，应当向税务机关报送所排放应税污染物的种类、数量，大气污染物、水污染物的浓度值，以及税务机关根据实际需要要求纳税人报送的其他纳税资料。

纳税人按季申报缴纳的，应当自季度终止之日起15日内，向税务机关办理纳税申报并缴纳税款。纳税人按次申报缴纳的，应当自纳税义务发生之日起15日内，向税务机关办理纳税申报并缴纳税款。

纳税人应当依法如实办理纳税申报，对申报的真实性和完整性承担责任。

4. 纳税地点

纳税人应当向应税污染物排放地的税务机关申报缴纳环境保护税。

应税污染物排放地，是指应税大气污染物、水污染物排放口所在地；应税固体废物产生地；应税噪声产生地。

纳税人跨区域排放应税污染物，税务机关对税收征收管辖有争议的，由争议各方按照有利于征收管理的原则协商解决；不能协商一致的，报请共同的上级税务机关决定。

5. 税源管理

税务机关依法履行环境保护税纳税申报受理、涉税信息比对、组织税款入库等职责。

环境保护主管部门依法负责应税污染物监测管理，制定和完善污染物监测规范。

县级以上地方人民政府应当建立税务机关、环境保护主管部门和其他相关单位分工协作工作机制，加强环境保护税征收管理，保障税款及时足额入库。

税务机关应当将纳税人的纳税申报数据资料与环境保护主管部门交送的相关数据资料进行比对。

环境保护主管部门应当通过涉税信息共享平台向税务机关交送在环境保护监督管理中获取的下列信息：

（1）排污单位的名称、统一社会信用代码以及污染物排放口、排放污染物种类等基本信息；

（2）排污单位的污染物排放数据（包括污染物排放量以及大气污染物、水污染物的浓度值等数据）；

（3）排污单位环境违法和受行政处罚情况；

（4）对税务机关提请复核的纳税人的纳税申报数据资料异常或者纳税人未按照规定期限办理纳税申报的复核意见；

（5）与税务机关商定交送的其他信息。

税务机关应当通过涉税信息共享平台向环境保护主管部门交送下列环境保护税涉税信息：

（1）纳税人基本信息；

（2）纳税申报信息；

（3）税款入库、减免税额、欠缴税款以及风险疑点等信息；

（4）纳税人涉税违法和受行政处罚情况；

（5）纳税人的纳税申报数据资料异常或者纳税人未按照规定期限办理纳税申报的信息；

（6）与环境保护主管部门商定交送的其他信息。

税务机关发现纳税人的纳税申报数据资料异常或者纳税人未按照规定期限办理纳税申报的，可以提请环境保护主管部门进行复核，环境保护主管部门应当自收到税务机关的数据资料之日起15日内，向税务机关出具复核意见。税务机关应当按照环境保护主管部门复核的数据资料调整纳税人的应纳税额。

七 契税政策与管理

【知识点1】 契税基本政策

2020年8月11日，第十三届全国人民代表大会常务委员会第二十一次会议通过《中华人民共和国契税法》，自2021年9月1日起施行。

1. 纳税人

在中华人民共和国境内转移土地、房屋权属，承受的单位和个人为契税的纳税人，应当缴纳契税。

2. 征税范围

转移土地、房屋权属，是指下列行为：

（1）土地使用权出让；

（2）土地使用权转让，包括出售、赠与、互换；

（3）房屋买卖、赠与、互换。

第（2）项中土地使用权转让，不包括土地承包经营权和土地经营权的转移。

以作价投资（入股）、偿还债务、划转、奖励等方式转移土地、房屋权属的，应当征收契税。

（4）征收契税的土地、房屋权属，具体为土地使用权、房屋所有权。

（5）下列情形发生土地、房屋权属转移的，承受方应当依法缴纳契税：

①因共有不动产份额变化的；

②因共有人增加或者减少的；

③因人民法院、仲裁委员会的生效法律文书或者监察机关出具的监察文书等因素，发生土地、房屋权属转移的。

3. 税率

契税税率为3%～5%。

契税的具体适用税率，由省、自治区、直辖市人民政府在《契税法》规定的税率幅度内提出，报同级人民代表大会常务委员会决定，并报全国人民代表大会常务委员会和国务院备案。

省、自治区、直辖市可以依照《契税法》规定的程序对不同主体、不同地区、不同类型的住房的权属转移确定差别税率。

4. 计税依据

（1）土地使用权出让、出售，房屋买卖，为土地、房屋权属转移合同确定的成交价格，包括应交付的货币以及实物、其他经济利益对应的价款；

（2）土地使用权互换、房屋互换，为所互换的土地使用权、房屋价格的差额；

（3）土地使用权赠与、房屋赠与以及其他没有价格的转移土地、房屋权属行为，为税务机关参照土地使用权出售、房屋买卖的市场价格依法核定的价格。

纳税人申报的成交价格、互换价格差额明显偏低且无正当理由的，由税务机关依照《中华人民共和国税收征收管理法》的规定核定。

关于若干计税依据的具体情形：

①以划拨方式取得的土地使用权，经批准改为出让方式重新取得该土地使用权的，应由该土地使用权人以补缴的土地出让价款为计税依据缴纳契税。

②先以划拨方式取得土地使用权，后经批准转让房地产，划拨土地性质改为出让的，承受方应分别以补缴的土地出让价款和房地产权属转移合同确定的成交价格为计税依据缴纳契税。

③先以划拨方式取得土地使用权，后经批准转让房地产，划拨土地性质未发生改变的，承受方应以房地产权属转移合同确定的成交价格为计税依据缴纳契税。

④土地使用权及所附建筑物、构筑物等（包括在建的房屋、其他建筑物、构筑物和其他附着物）转让的，计税依据为承受方应交付的总价款。

⑤土地使用权出让的，计税依据包括土地出让金、土地补偿费、安置补助费、地上附着物和青苗补偿费、征收补偿费、城市基础设施配套费、实物配建房屋等应交付的货币以及实物、其他经济利益对应的价款。

⑥房屋附属设施（包括停车位、机动车库、非机动车库、顶层阁楼、储藏室及其他房屋附属设施）与房屋为同一不动产单元的，计税依据为承受方应交付的总价款，并适用与房屋相同的税率；房屋附属设施与房屋为不同不动产单元的，计税依据为转移合同确定的成交价格，并按当地确定的适用税率计税。

⑦承受已装修房屋的，应将包括装修费用在内的费用计入承受方应交付的总价款。

⑧土地使用权互换、房屋互换，互换价格相等的，互换双方计税依据为零；互换价格不相等的，以其差额为计税依据，由支付差额的一方缴纳契税。

⑨契税的计税依据不包括增值税。具体情形为：

土地使用权出售、房屋买卖，承受方计征契税的成交价格不含增值税；实际取得增值税发票的，成交价格以发票上注明的不含税价格确定。

土地使用权互换、房屋互换，契税计税依据为不含增值税价格的差额。

税务机关核定的契税计税价格为不含增值税价格。

⑩以作价投资（入股）、偿还债务等应交付经济利益的方式转移土地、房屋权属的，参照土地使用权出让、出售或房屋买卖确定契税适用税率、计税依据等。

以划转、奖励等没有价格的方式转移土地、房屋权属的，参照土地使用权或房屋赠与确定契税适用税率、计税依据等。

5. 应纳税额的计算

契税的应纳税额按照计税依据乘以具体适用税率计算。

【知识点2】 契税优惠政策

1. 有下列情形之一的，免征契税：

（1）国家机关、事业单位、社会团体、军事单位承受土地、房屋权属用于办公、教学、医疗、科研、军事设施；

（2）非营利性的学校、医疗机构、社会福利机构承受土地、房屋权属用于办公、教学、医疗、科研、养老、救助；

（3）承受荒山、荒地、荒滩土地使用权用于农、林、牧、渔业生产；

（4）婚姻关系存续期间夫妻之间变更土地、房屋权属；

（5）法定继承人通过继承承受土地、房屋权属；

（6）依照法律规定应当予以免税的外国驻华使馆、领事馆和国际组织驻华代表机构承受土地、房屋权属。

根据国民经济和社会发展的需要，国务院对居民住房需求保障、企业改制重组、灾后重建等情形可以规定免征或者减征契税，报全国人民代表大会常务委员会备案。

2. 省、自治区、直辖市可以决定对下列情形免征或者减征契税：

（1）因土地、房屋被县级以上人民政府征收、征用，重新承受土地、房屋权属；

（2）因不可抗力灭失住房，重新承受住房权属。

免征或者减征契税的具体办法，由省、自治区、直辖市人民政府提出，报同级人民代表大会常务委员会决定，并报全国人民代表大会常务委员会和国务院备案。

纳税人改变有关土地、房屋的用途，或者有其他不再属于规定的免征、减征契税情形的，应当缴纳已经免征、减征的税款。

3. 关于免税的具体情形如下：

（1）享受契税免税优惠的非营利性的学校、医疗机构、社会福利机构，限于上述三类单位中依法登记为事业单位、社会团体、基金会、社会服务机构等的非营利法人和非营利组织。其中：

学校的具体范围为经县级以上人民政府或者其教育行政部门批准成立的大学、中学、小学、幼儿园，实施学历教育的职业教育学校、特殊教育学校、专门学校，以及经省级人民政府或者其人力资源社会保障行政部门批准成立的技工院校。

医疗机构的具体范围为经县级以上人民政府卫生健康行政部门批准或者备案设立的医疗机构。

社会福利机构的具体范围为依法登记的养老服务机构、残疾人服务机构、儿童福利机构、救助管理机构、未成年人救助保护机构。

（2）享受契税免税优惠的土地、房屋用途具体如下：

用于办公的，限于办公室（楼）以及其他直接用于办公的土地、房屋；

用于教学的，限于教室（教学楼）以及其他直接用于教学的土地、房屋；

用于医疗的，限于门诊部以及其他直接用于医疗的土地、房屋；

用于科研的，限于科学试验的场所以及其他直接用于科研的土地、房屋；

用于军事设施的，限于直接用于《中华人民共和国军事设施保护法》规定的军事设施的土地、房屋；

用于养老的，限于直接用于为老年人提供养护、康复、托管等服务的土

地、房屋;

用于救助的,限于直接为残疾人、未成年人、生活无着的流浪乞讨人员提供养护、康复、托管等服务的土地、房屋。

(3)纳税人符合减征或者免征契税规定的,应当按照规定进行申报。

4.为贯彻落实《国务院关于进一步优化企业兼并重组市场环境的意见》,继续支持企业、事业单位改制重组,自2021年1月1日起至2023年12月31日,企业、事业单位改制重组涉及的契税政策如下:

(1)企业改制。

企业按照《中华人民共和国公司法》有关规定整体改制,包括非公司制企业改制为有限责任公司或股份有限公司,有限责任公司变更为股份有限公司,股份有限公司变更为有限责任公司,原企业投资主体存续并在改制(变更)后的公司中所持股权(股份)比例超过75%,且改制(变更)后公司承继原企业权利、义务的,对改制(变更)后公司承受原企业土地、房屋权属,免征契税。

(2)事业单位改制。

事业单位按照国家有关规定改制为企业,原投资主体存续并在改制后企业中出资(股权、股份)比例超过50%的,对改制后企业承受原事业单位土地、房屋权属,免征契税。

(3)公司合并。

两个或两个以上的公司,依照法律规定、合同约定,合并为一个公司,且原投资主体存续的,对合并后公司承受原合并各方土地、房屋权属,免征契税。

(4)公司分立。

公司依照法律规定、合同约定分立为两个或两个以上与原公司投资主体相同的公司,对分立后公司承受原公司土地、房屋权属,免征契税。

(5)企业破产。

企业依照有关法律法规规定实施破产,债权人(包括破产企业职工)承受破产企业抵偿债务的土地、房屋权属,免征契税;对非债权人承受破产企业土地、房屋权属,凡按照《中华人民共和国劳动法》等国家有关法律法规政策妥善安置原企业全部职工规定,与原企业全部职工签订服务年限不少于三年的劳动用工合同的，对其承受所购企业土地、房屋权属，免征契税；与原企业超过30%的职工签订服务年限不少于三年的劳动用工合同的，减半征收契税。

（6）资产划转。

对承受县级以上人民政府或国有资产管理部门按规定进行行政性调整、划转国有土地、房屋权属的单位，免征契税。

同一投资主体内部所属企业之间土地、房屋权属的划转，包括母公司与其全资子公司之间，同一公司所属全资子公司之间，同一自然人与其设立的个人独资企业、一人有限公司之间土地、房屋权属的划转，免征契税。

母公司以土地、房屋权属向其全资子公司增资，视同划转，免征契税。

（7）债权转股权。

经国务院批准实施债权转股权的企业，对债权转股权后新设立的公司承受原企业的土地、房屋权属，免征契税。

（8）划拨用地出让或作价出资。

以出让方式或国家作价出资（入股）方式承受原改制重组企业、事业单位划拨用地的，不属上述规定的免税范围，对承受方应按规定征收契税。

（9）公司股权（股份）转让。

在股权（股份）转让中，单位、个人承受公司股权（股份），公司土地、房屋权属不发生转移，不征收契税。

5. 房地产交易环节契税优惠政策。

（1）对个人购买家庭唯一住房（家庭成员范围包括购房人、配偶以及未成年子女，下同），面积为90平方米及以下的，减按1%的税率征收契税；面积为90平方米以上的，减按1.5%的税率征收契税。

（2）对个人购买家庭第二套改善性住房，面积为90平方米及以下的，减按1%的税率征收契税；面积为90平方米以上的，减按2%的税率征收契税。（北京市、上海市、广州市、深圳市暂不实施本条契税优惠政策）

家庭第二套改善性住房是指已拥有一套住房的家庭，购买的家庭第二套住房。

6. 自2019年6月1日起执行至2025年12月31日，承受房屋、土地用于提供社区养老、托育、家政服务的，免征契税。

【知识点3】 契税征收管理

1. 纳税义务发生时间

为纳税人签订土地、房屋权属转移合同的当日，或者纳税人取得其他具有土地、房屋权属转移合同性质凭证的当日。

具体情形包括：

(1) 因人民法院、仲裁委员会的生效法律文书或者监察机关出具的监察文书等发生土地、房屋权属转移的，纳税义务发生时间为法律文书等生效当日。

(2) 因改变土地、房屋用途等情形应当缴纳已经减征、免征契税的，纳税义务发生时间为改变有关土地、房屋用途等情形的当日。

(3) 因改变土地性质、容积率等土地使用条件需补缴土地出让价款，应当缴纳契税的，纳税义务发生时间为改变土地使用条件当日。

2. 纳税期限

纳税人应当在依法办理土地、房屋权属登记手续前申报缴纳契税。发生上述具体情形，按规定不再需要办理土地、房屋权属登记的，纳税人应自纳税义务发生之日起90日内申报缴纳契税。

3. 征收管理

(1) 纳税人办理纳税事宜后，税务机关应当开具契税完税凭证。纳税人办理土地、房屋权属登记，不动产登记机构应当查验契税完税、减免税凭证或者有关信息。未按照规定缴纳契税的，不动产登记机构不予办理土地、房屋权属登记。

(2) 在依法办理土地、房屋权属登记前，权属转移合同、权属转移合同性质凭证不生效、无效、被撤销或者被解除的，纳税人可以向税务机关申请退还已缴纳的税款，税务机关应当依法办理。

(3) 税务机关应当与相关部门建立契税涉税信息共享和工作配合机制。自然资源、住房城乡建设、民政、公安等相关部门应当及时向税务机关提供与转移土地、房屋权属有关的信息，协助税务机关加强契税征收管理。

税务机关及其工作人员对税收征收管理过程中知悉的纳税人的个人信息，

应当依法予以保密，不得泄露或者非法向他人提供。

（4）契税由土地、房屋所在地的税务机关依照《契税法》和《中华人民共和国税收征收管理法》的规定征收管理。

（5）关于纳税凭证、纳税信息和退税

①具有土地、房屋权属转移合同性质的凭证包括契约、协议、合约、单据、确认书以及其他凭证。

②不动产登记机构在办理土地、房屋权属登记时，应当依法查验土地、房屋的契税完税、减免税、不征税等涉税凭证或者有关信息。

③税务机关应当与相关部门建立契税涉税信息共享和工作配合机制。具体转移土地、房屋权属有关的信息包括：自然资源部门的土地出让、转让、征收补偿、不动产权属登记等信息，住房城乡建设部门的房屋交易等信息，民政部门的婚姻登记、社会组织登记等信息，公安部门的户籍人口基本信息。

④纳税人缴纳契税后发生下列情形，可依照有关法律法规申请退税：

a. 因人民法院判决或者仲裁委员会裁决导致土地、房屋权属转移行为无效、被撤销或者被解除，且土地、房屋权属变更至原权利人的；

b. 在出让土地使用权交付时，因容积率调整或实际交付面积小于合同约定面积需退还土地出让价款的；

c. 在新建商品房交付时，因实际交付面积小于合同约定面积需返还房价款的。

（6）申报资料

契税纳税人依法纳税申报时，应填报《财产和行为税税源明细表》（《契税税源明细表》部分），并根据具体情形提交下列资料：

①纳税人身份证件。

②土地、房屋权属转移合同或其他具有土地、房屋权属转移合同性质的凭证。

③交付经济利益方式转移土地、房屋权属的，提交土地、房屋权属转移相关价款支付凭证，其中，土地使用权出让为财政票据，土地使用权出售、互换和房屋买卖、互换为增值税发票。

④因人民法院、仲裁委员会的生效法律文书或者监察机关出具的监察

文书等因素发生土地、房屋权属转移的，提交生效法律文书或监察文书等。

符合减免税条件的，应按规定附送有关资料或将资料留存备查。

⑤税务机关在契税足额征收或办理免税（不征税）手续后，应通过契税的完税凭证或契税信息联系单（以下简称联系单）等，将完税或免税（不征税）信息传递给不动产登记机构。能够通过信息共享即时传递信息的，税务机关可不再向不动产登记机构提供完税凭证或开具联系单。

⑥纳税人依照《契税法》以及《财政部　税务总局关于贯彻实施契税法若干事项执行口径的公告》（财政部　税务总局公告 2021 年第 23 号）规定向税务机关申请退还已缴纳契税的，应提供纳税人身份证件，完税凭证复印件，并根据不同情形提交相关资料：

A. 在依法办理土地、房屋权属登记前，权属转移合同或合同性质凭证不生效、无效、被撤销或者被解除的，提交合同或合同性质凭证不生效、无效、被撤销或者被解除的证明材料；

B. 因人民法院判决或者仲裁委员会裁决导致土地、房屋权属转移行为无效、被撤销或者被解除，且土地、房屋权属变更至原权利人的，提交人民法院、仲裁委员会的生效法律文书；

C. 在出让土地使用权交付时，因容积率调整或实际交付面积小于合同约定面积需退还土地出让价款的，提交补充合同（协议）和退款凭证；

D. 在新建商品房交付时，因实际交付面积小于合同约定面积需返还房价款的，提交补充合同（协议）和退款凭证。

税务机关收取纳税人退税资料后，应向不动产登记机构核实有关土地、房屋权属登记情况。核实后符合条件的即时受理，不符合条件的一次性告知应补正资料或不予受理原因。

⑦税务机关及其工作人员对税收征管过程中知悉的个人的身份信息、婚姻登记信息、不动产权属登记信息、纳税申报信息及其他商业秘密和个人隐私，应当依法予以保密，不得泄露或者非法向他人提供。纳税人的税收违法行为信息不属于保密信息范围，税务机关可依法处理。

⑧各地税务机关应与当地房地产管理部门加强协作，采用不动产登记、交易和缴税一窗受理等模式，持续优化契税申报缴纳流程，共同做好契税征

收与房地产管理衔接工作。

⑨纳税人提交的资料，各省、自治区、直辖市和计划单列市税务局能够通过信息共享即时查验的，可公告明确不再要求纳税人提交。

⑩纳税人身份证件是指：单位纳税人为营业执照，或者统一社会信用代码证书或者其他有效登记证书；个人纳税人中，自然人为居民身份证，或者居民户口簿或者入境的身份证件，个体工商户为营业执照。

八 城镇土地使用税政策与管理

【知识点1】 城镇土地使用税基本政策

1. 纳税人

在城市、县城、建制镇、工矿区范围内使用土地的单位和个人，为城镇土地使用税的纳税人。

单位，包括国有企业、集体企业、私营企业、股份制企业、外商投资企业、外国企业以及其他企业和事业单位、社会团体、国家机关、军队以及其他单位；个人，包括个体工商户以及其他个人。

城镇土地使用税由拥有土地使用权的单位或个人缴纳。拥有土地使用权的纳税人不在土地所在地的，由代管人或实际使用人纳税；土地使用权未确定或权属纠纷未解决的，由实际使用人纳税；土地使用权共有的，由共有各方分别纳税。

在城镇土地使用税征税范围内承租集体建设用地的，由直接从集体经济组织承租土地的单位和个人，缴纳城镇土地使用税。

对纳税单位无偿使用免税单位的土地，纳税单位应照章缴纳城镇土地使用税。

2. 征税范围

城镇土地使用税在城市、县城、建制镇和工矿区征收。

对农林牧渔业用地和农民居住用房屋及土地，不征收城镇土地使用税。

在城镇土地使用税征收范围内，利用林场土地兴建度假村等休闲娱乐场所的，其经营、办公和生活用地，应按规定征收城镇土地使用税。

3. 税目税率

城镇土地使用税每平方米年税额为：

（1）大城市 1.5 元至 30 元；

（2）中等城市 1.2 元至 24 元；

（3）小城市 0.9 元至 18 元；

（4）县城、建制镇、工矿区 0.6 元至 12 元。

省、自治区、直辖市人民政府，应当在上述规定的税额幅度内，根据市政建设状况、经济繁荣程度等条件，确定所辖地区的适用税额幅度。

市、县人民政府应当根据实际情况，将本地区土地划分为若干等级，在省、自治区、直辖市人民政府确定的税额幅度内，制定相应的适用税额标准，报省、自治区、直辖市人民政府批准执行。

经省、自治区、直辖市人民政府批准，经济落后地区城镇土地使用税的适用税额标准可以适当降低，但降低额不得超过上述规定最低税额的 30%。经济发达地区城镇土地使用税的适用税额标准可以适当提高，但须报经财政部批准。

4. 计税依据

城镇土地使用税以纳税人实际占用的土地面积为计税依据，依照规定税额计算征收。

土地占用面积的组织测量工作，由省、自治区、直辖市人民政府根据实际情况确定。

纳税单位与免税单位共同使用共有使用权土地上的多层建筑，对纳税单位可按其占用的建筑面积占建筑总面积的比例计征城镇土地使用税。

对单独建造的地下建筑用地，按规定征收城镇土地使用税。其中，已取得地下土地使用权证的，按土地使用权证确认的土地面积计算应纳税款；未取得地下土地使用权证或地下土地使用权证上未注明土地面积的，按地下建筑垂直投影面积计算应征税款。对上述地下建筑用地暂按应征税款的 50% 征收城镇土地使用税。

5. 应纳税额的计算

城镇土地使用税的年应纳税额为：

$$年应纳税额 = 实际占用应税土地面积 \times 适用税额$$

纳税人在一个纳税年度内取得应税土地使用权不满一年的，其应缴纳的城镇土地使用税税额，按当年应计税月数计算。

【知识点2】 城镇土地使用税优惠政策

1. 下列土地免缴城镇土地使用税：

（1）国家机关、人民团体、军队自用的土地；

（2）由国家财政部门拨付事业经费的单位自用的土地；

（3）宗教寺庙、公园、名胜古迹自用的土地；

（4）市政街道、广场、绿化地带等公共用地；

（5）直接用于农、林、牧、渔业的生产用地；

（6）经批准开山填海整治的土地和改造的废弃土地，从使用的月份起免缴城镇土地使用税5～10年；

（7）由财政部另行规定免税的能源、交通、水利设施用地和其他用地。

2. 在城镇土地使用税征收范围内经营采摘、观光农业的单位和个人，其直接用于采摘、观光的种植、养殖、饲养的土地，属于"直接用于农、林、牧、渔业的生产用地"，免征城镇土地使用税。

3. 在厂区以外的绿化用地和向社会开放的公园用地，暂免征收城镇土地使用税。

4. 对在一个纳税年度内月平均实际安置残疾人就业人数占单位在职职工总数的比例高于25%（含25%）且实际安置残疾人人数高于10人（含10人）的单位，可减征或免征该年度城镇土地使用税。具体减免税比例及管理办法由省、自治区、直辖市财税主管部门确定。

5. 对个人出租住房，不区分用途，免征城镇土地使用税。

6. 自2017年1月1日起至2022年12月31日止，对物流企业自有的（包括自用和出租）大宗商品仓储设施用地，减按所属土地等级适用税额标准的50%计征城镇土地使用税。

7. 2018年10月1日至2020年12月31日，对按照去产能和调结构政策要求停产停业、关闭的企业，自停产停业次月起，免征城镇土地使用税。企业享受免税政策的期限累计不得超过两年。

8. 2019年1月1日至2023年12月31日，对国家级、省级科技企业孵化器、大学科技园和国家备案众创空间自用以及无偿或通过出租等方式提供给在孵对象使用的土地，免征城镇土地使用税。

9. 2019 年 1 月 1 日至 2021 年 12 月 31 日，由省、自治区、直辖市人民政府根据本地区实际情况，以及宏观调控需要确定，对增值税小规模纳税人可以在 50% 的税额幅度内减征城镇土地使用税，增值税小规模纳税人已依法享受城镇土地使用税其他优惠政策的，可叠加享受。

自 2022 年 1 月 1 日起，进一步实施小微企业"六税两费"减免政策，具体内容见本章第九节。

10. 2019 年 1 月 1 日至 2023 年 12 月 31 日，对农产品批发市场、农贸市场（包括自有和承租，下同）专门用于经营农产品的土地，暂免征收城镇土地使用税。对同时经营其他产品的农产品批发市场和农贸市场使用的土地，按其他产品与农产品交易场地面积的比例确定征免城镇土地使用税。

11. 2019 年 6 月 1 日至 2025 年 12 月 31 日，为社区提供养老、托育、家政等服务的机构自有或其通过承租、无偿使用等方式取得并用于提供社区养老、托育、家政服务的土地，免征城镇土地使用税。

12. 2019 年 1 月 1 日至 2023 年 12 月 31 日，对向居民供热收取采暖费的供热企业，为居民供热所使用的土地免征城镇土地使用税。

对专业供热企业，按其向居民供热取得的采暖费收入占全部采暖费收入的比例，计算免征的城镇土地使用税。

13. 2019 年 1 月 1 日至 2023 年 12 月 31 日对城市公交站场、道路客运站场、城市轨道交通系统运营用地，免征城镇土地使用税。

【知识点3】 城镇土地使用税征收管理

1. 纳税义务发生时间

（1）纳税人购置新建商品房，自房屋交付使用次月起，缴纳城镇土地使用税。

（2）纳税人购置存量房，自办理房屋权属转移、变更登记手续，房地产权属登记机关签发房屋权属证书次月起，缴纳城镇土地使用税。

（3）出租、出借房产，自交付出租、出借房产之次月起，缴纳城镇土地使用税。

（4）纳税人以出让或转让方式有偿取得土地使用权的，应由受让方从合同约定交付土地时间的次月起缴纳城镇土地使用税；合同未约定交付土地时间的，由受让方从合同签订的次月起缴纳城镇土地使用税。

（5）纳税人新征用的耕地，自批准征用之日起满一年后的次月开始缴纳城镇土地使用税。纳税人新征用的非耕地，自批准征用次月起缴纳城镇土地使用税。

（6）纳税人通过招标、拍卖、挂牌方式取得的建设用地，不属于新征用的耕地，应从合同约定交付土地时间的次月起缴纳城镇土地使用税；合同未约定交付土地时间的，从合同签订的次月起缴纳城镇土地使用税。

（7）纳税人将原免税土地改变用途后转为应税土地的，从改变用途的次月起计算缴纳城镇土地使用税；纳税人将原应税土地改变用途后转为免税土地的，从改变用途的次月起免缴城镇土地使用税。

（8）纳税人因土地权利状态发生变化而依法终止城镇土地使用税纳税义务的，其应纳税款的计算应截止到土地权利状态发生变化的当月月末。

2. 纳税期限

城镇土地使用税按年计算，分期缴纳。缴纳期限由省、自治区、直辖市人民政府确定。

3. 纳税地点

城镇土地使用税在土地所在地缴纳。纳税人使用的土地不属于同一省、自治区、直辖市管辖的，由纳税人分别向土地所在地的税务机关缴纳城镇土地使用税。

九 耕地占用税政策与管理

【知识点1】 耕地占用税基本政策

1. 纳税人

在中华人民共和国境内占用耕地建设建筑物、构筑物或者从事非农业建设的单位和个人，为耕地占用税的纳税人，应当依法缴纳耕地占用税。

2. 征税范围

耕地占用税的征税范围是国家所有和集体所有的耕地。

耕地，是指用于种植农作物的土地。

占用耕地建设农田水利设施的，不缴纳耕地占用税。

占用园地、林地、草地、农田水利用地、养殖水面、渔业水域滩涂以及其他农用地建设建筑物、构筑物或者从事非农业建设的，依照规定缴纳耕地占用税。

占用园地、林地、草地、农田水利用地、养殖水面、渔业水域滩涂以及其他农用地建设直接为农业生产服务的生产设施的，不缴纳耕地占用税。

纳税人因建设项目施工或者地质勘查临时占用耕地，应当依照规定缴纳耕地占用税。

3. 税目税率

耕地占用税的税额如下：

（1）人均耕地不超过1亩的地区（以县、自治县、不设区的市、市辖区为单位，下同），每平方米为10~15元；

（2）人均耕地超过1亩但不超过2亩的地区，每平方米为8~40元；

（3）人均耕地超过2亩但不超过3亩的地区，每平方米为6~30元；

（4）人均耕地超过3亩的地区，每平方米为5~25元。

各地区耕地占用税的适用税额，由省、自治区、直辖市人民政府根据人均耕地面积和经济发展等情况，在规定的税额幅度内提出，报同级人民代表大会常务委员会决定，并报全国人民代表大会常务委员会和国务院备案。

各省、自治区、直辖市耕地占用税适用税额的平均水平，不得低于《各省、自治区、直辖市耕地占用税平均税额表》规定的平均税额，见表2–15。

表2–15　　　　各省、自治区、直辖市耕地占用税平均税额表

省、自治区、直辖市	平均税额（元/平方米）
上海	45
北京	40
天津	35
江苏、浙江、福建、广东	30
辽宁、湖北、湖南	25

省、自治区、直辖市	平均税额（元/平方米）
河北、安徽、江西、山东、河南、重庆、四川	22.5
广西、海南、贵州、云南、陕西	20
山西、吉林、黑龙江	17.5
内蒙古、西藏、甘肃、青海、宁夏、新疆	12.5

在人均耕地低于 0.5 亩的地区，省、自治区、直辖市可以根据当地经济发展情况，适当提高耕地占用税的适用税额，但提高的部分不得超过适用税额的 50%。

占用基本农田的，应当按照确定的当地适用税额，加按 150% 征收。

占用园地、林地、草地、农田水利用地、养殖水面、渔业水域滩涂以及其他农用地的，适用税额可以适当低于本地区的适用税额，但降低的部分不得超过 50%。具体适用税额由省、自治区、直辖市人民政府提出，报同级人民代表大会常务委员会决定，并报全国人民代表大会常务委员会和国务院备案。

4. 计税依据

耕地占用税以纳税人实际占用的属于耕地占用税征税范围的土地（以下简称应税土地）面积为计税依据，按应税土地当地适用税额计税，实行一次性征收。

5. 应纳税额的计算

耕地占用税计算公式为：

$$应纳税额 = 应税土地面积 \times 适用税额$$

应税土地面积包括经批准占用面积和未经批准占用面积，以平方米为单位。

按照规定，加按 150% 征收耕地占用税的计算公式为：

$$应纳税额 = 应税土地面积 \times 适用税额 \times 150\%$$

当地适用税额，是指省、自治区、直辖市人民代表大会常务委员会决定的应税土地所在地县级行政区的现行适用税额。

纳税人在批准临时占用耕地期满之日起一年内依法复垦，恢复种植条件的，全额退还已经缴纳的耕地占用税。

依照规定免征或者减征耕地占用税后，纳税人改变原占地用途，不再属于免征或者减征耕地占用税情形的，应当按照当地适用税额补缴耕地占用税。

【知识点2】 耕地占用税优惠政策

1. 军事设施、学校、幼儿园、社会福利机构、医疗机构占用耕地，免征耕地占用税。

2. 铁路线路、公路线路、飞机场跑道、停机坪、港口、航道、水利工程占用耕地，减按每平方米 2 元的税额征收耕地占用税。

3. 农村居民在规定用地标准以内占用耕地新建自用住宅，按照当地适用税额减半征收耕地占用税；其中农村居民经批准搬迁，新建自用住宅占用耕地不超过原宅基地面积的部分，免征耕地占用税。

4. 农村烈士遗属、因公牺牲军人遗属、残疾军人以及符合农村最低生活保障条件的农村居民，在规定用地标准以内新建自用住宅，免征耕地占用税。

5. 自 2019 年 1 月 1 日至 2021 年 12 月 31 日，由省、自治区、直辖市人民政府根据本地区实际情况，以及宏观调控需要确定，对增值税小规模纳税人可以在 50% 的税额幅度内减征耕地占用税，增值税小规模纳税人已依法享受耕地占用税其他优惠政策的，可叠加享受。

自 2022 年 1 月 1 日起，进一步实施小微企业"六税两费"减免政策，具体内容见本章第九节。

【知识点3】 耕地占用税征收管理

1. 纳税义务发生时间

耕地占用税的纳税义务发生时间为纳税人收到自然资源主管部门办理占用耕地手续的书面通知的当日。

未经批准占用应税土地的纳税人，其纳税义务发生时间为自然资源主管部门认定其实际占地的当日。

纳税人改变原占地用途，需要补缴耕地占用税的，其纳税义务发生时间为改变用途当日，具体为：经批准改变用途的，纳税义务发生时间为纳税人收到批准文件的当日；未经批准改变用途的，纳税义务发生时间为自然资源主管部门认定纳税人改变原占地用途的当日。

2. 纳税期限

纳税人应当自纳税义务发生之日起30日内申报缴纳耕地占用税。

自然资源主管部门凭耕地占用税完税凭证或者免税凭证和其他有关文件发放建设用地批准书。

3. 纳税地点

纳税人占用耕地或其他农用地，应当在耕地或其他农用地所在地申报纳税。

4. 税源管理

税务机关应当与相关部门建立耕地占用税涉税信息共享机制和工作配合机制。县级以上地方人民政府自然资源、农业农村、水利等相关部门应当定期向税务机关提供农用地转用、临时占地等信息，协助税务机关加强耕地占用税征收管理。

税务机关发现纳税人的纳税申报数据资料异常或者纳税人未按照规定期限申报纳税的，可以提请相关部门进行复核，相关部门应当自收到税务机关复核申请之日起30日内向税务机关出具复核意见。

纳税人、税务机关及其工作人员违反规定的，依照《税收征管法》和有关法律法规的规定追究法律责任。

烟叶税政策与管理

【知识点1】 烟叶税基本政策

1. 纳税人

在中华人民共和国境内，依照《中华人民共和国烟草专卖法》（以下简称《烟草专卖法》）的规定收购烟叶的单位为烟叶税的纳税人。

收购烟叶的单位，是指依照《烟草专卖法》的规定有权收购烟叶的烟草公司或者受其委托收购烟叶的单位。

依照《烟草专卖法》查处没收的违法收购的烟叶，由收购罚没烟叶的单位按照购买金额计算缴纳烟叶税。

2. 征税范围

烟叶，是指烤烟叶、晾晒烟叶。

晾晒烟叶，包括列入名晾晒烟名录的晾晒烟叶和未列入名晾晒烟名录的其他晾晒烟叶。

3. 税率

烟叶税实行比例税率，税率为 20%。

4. 计税依据

烟叶税的计税依据为纳税人收购烟叶实际支付的价款总额。

纳税人收购烟叶实际支付的价款总额包括纳税人支付给烟叶生产销售单位和个人的烟叶收购价款和价外补贴。其中，价外补贴统一按烟叶收购价款的 10% 计算。

收购金额计算公式如下：

$$收购金额 = 收购价款 \times (1 + 10\%)$$

5. 应纳税额的计算

烟叶税应纳税额的计算公式如下：

$$应纳税额 = 烟叶收购金额 \times 税率$$

【知识点 2】 烟叶税征收管理

1. 纳税义务发生时间

烟叶税的纳税义务发生时间为纳税人收购烟叶的当日。

收购烟叶的当天，是指纳税人向烟叶销售者付讫收购烟叶款项或者开具收购烟叶凭据的当天。

2. 纳税期限

烟叶税按月计征，纳税人应当于纳税义务发生月终了之日起 15 日内申报并缴纳税款。

3. 纳税地点

纳税人应当向烟叶收购地的主管税务机关申报缴纳烟叶税。

十 城市维护建设税政策与管理

2020 年 8 月 11 日第十三届全国人民代表大会常务委员会第二十一次会议

通过《中华人民共和国城市维护建设税法》，2021 年 9 月 1 日起施行。

【知识点1】 城市维护建设税基本政策

1. 纳税人

在中华人民共和国境内缴纳增值税、消费税的单位和个人，为城市维护建设税的纳税人，应当依照规定缴纳城市维护建设税。

城市维护建设税的扣缴义务人为负有增值税、消费税扣缴义务的单位和个人，在扣缴增值税、消费税的同时扣缴城市维护建设税。

2. 计税依据

城市维护建设税以纳税人依法实际缴纳的增值税、消费税税额为计税依据。

城市维护建设税的计税依据应当按照规定扣除期末留抵退税退还的增值税税额。

直接减免的两税税额，是指依照增值税、消费税相关法律法规和税收政策规定，直接减征或免征的两税税额，不包括实行先征后返、先征后退、即征即退办法退还的两税税额。

依法实际缴纳的增值税税额，是指纳税人依照增值税相关法律法规和税收政策规定计算应当缴纳的增值税税额，加上增值税免抵税额，扣除直接减免的增值税税额和期末留抵退税退还的增值税税额（以下简称留抵退税额）后的金额。

依法实际缴纳的消费税税额，是指纳税人依照消费税相关法律法规和税收政策规定计算应当缴纳的消费税税额，扣除直接减免的消费税税额后的金额。

应当缴纳的两税税额，不含因进口货物或境外单位和个人向境内销售劳务、服务、无形资产缴纳的两税税额。

纳税人自收到留抵退税额之日起，应当在下一个纳税申报期从城市维护建设税计税依据中扣除。

留抵退税额仅允许在按照增值税一般计税方法确定的城市维护建设税计税依据中扣除。当期未扣除完的余额，在以后纳税申报期按规定继续扣除。

对于增值税小规模纳税人更正、查补此前按照一般计税方法确定的城市维护建设税计税依据，允许扣除尚未扣除完的留抵退税额。

3. 征税范围

对进口货物或者境外单位和个人向境内销售劳务、服务、无形资产缴纳的增值税、消费税税额，不征收城市维护建设税。

4. 城市维护建设税税率

纳税人所在地在市区的，税率为 7%；

纳税人所在地在县城、镇的，税率为 5%；

纳税人所在地不在市区、县城或者镇的，税率为 1%。

撤县建市后，城市维护建设税适用税率为 7%。

纳税人所在地，是指纳税人住所地或者与纳税人生产经营活动相关的其他地点，具体地点由省、自治区、直辖市确定。

城市维护建设税纳税人按所在地在市区、县城、镇和不在上述区域适用不同税率。市区、县城、镇按照行政区划确定。

行政区划变更的，自变更完成当月起适用新行政区划对应的城市维护建设税税率，纳税人在变更完成当月的下一个纳税申报期按新税率申报缴纳。

5. 应纳税额

城市维护建设税的应纳税额按照计税依据乘以具体适用税率计算。

【知识点 2】 城市维护建设税优惠政策

1. 对黄金交易所会员单位通过黄金交易所销售且发生实物交割的标准黄金，免征城市维护建设税。

2. 对上海期货交易所会员和客户通过上海期货交易所销售且发生实物交割并已出库的标准黄金，免征城市维护建设税。

3. 对国家重大水利工程建设基金免征城市维护建设税。

4. 2019 年 1 月 1 日至 2021 年 12 月 31 日，对增值税小规模纳税人可以在 50% 的税额幅度内减征城市维护建设税。

自 2022 年 1 月 1 日起，进一步实施小微企业"六税两费"减免政策，具体内容见本章第九节。

5. 2019 年 1 月 1 日至 2023 年 12 月 31 日，实施扶持自主就业退役士兵创业就业城市维护建设税减免。

6. 2019 年 1 月 1 日至 2025 年 12 月 31 日，实施支持和促进重点群体创业就业城市维护建设税减免。

【知识点 3】 城市维护建设税征收管理

1. 纳税人义务发生时间

城市维护建设税的纳税义务发生时间与增值税、消费税的纳税义务发生时间一致，分别与增值税、消费税同时缴纳。

城市维护建设税的纳税义务发生时间与两税的纳税义务发生时间一致，分别与两税同时缴纳。同时缴纳是指在缴纳两税时，应当在两税同一缴纳地点、同一缴纳期限内，一并缴纳对应的城市维护建设税。

2. 征收管理

对增值税免抵税额征收的城市维护建设税，纳税人应在税务机关核准免抵税额的下一个纳税申报期内向主管税务机关申报缴纳。

采用委托代征、代扣代缴、代收代缴、预缴、补缴等方式缴纳两税的，应当同时缴纳城市维护建设税。

代扣代缴，不含因境外单位和个人向境内销售劳务、服务、无形资产代扣代缴增值税情形。

因纳税人多缴发生的两税退税，同时退还已缴纳的城市维护建设税。

两税实行先征后返、先征后退、即征即退的，除另有规定外，不予退还随两税附征的城市维护建设税。

城市维护建设税的征收管理等事项，比照两税的有关规定办理。

纳税人应当向烟叶收购地的主管税务机关申报缴纳烟叶税。

财产和行为税纳税申报表

【知识点】 财产和行为税纳税申报表

自 2021 年 6 月 1 日起，在全国范围内推行财产和行为税合并申报，将城镇土地使用税、房产税、车船税、印花税、耕地占用税、资源税、土地增值税、契税、环境保护税、烟叶税等 10 个财产和行为税税种合并申报，实现"简并申报表，一表报多税"。

财产和行为税纳税申报表

>> 第七节
非税收入

一 非税收入概述

【知识点 1】 非税收入的特点

非税收入具有灵活性、不确定性、非普遍性及资金使用上的特定性等特点。

（1）灵活性。非税收入灵活性表现为形式多样、取得方式多样、征收依据多样以及存续时间上的灵活性、征收标准上的灵活性。

（2）不确定性。非税收入是对特定的行为和特定管理对象征收，一旦该行为或该对象消失或剧减，该项非税收入也会随之消失或剧减，收入来源具有不确定性。

（3）非普遍性。非税收入总是和社会管理职能结合在一起，有特定的管理对象和收取对象，未发生受管制行为的单位和个人排除在这一管理和征收范围之外，征收对象不具有普遍性。

（4）资金使用上的特定性。非税收入项目是基于特定的事项而设立的，每一项政府性基金都有专门用途。

【知识点 2】 非税收入的分类

根据《政府非税收入管理办法》（财税〔2016〕33 号）规定，非税收入共计 12 项，具体包括：行政事业性收费收入；政府性基金收入；罚没收入；国有资源（资产）有偿使用收入；国有资本收益；彩票公益金收入；特许经营收入；中央银行收入；以政府名义接受的捐赠收入；主管部门集中收入；

政府收入的利息收入；其他非税收入。不包括社会保险费、住房公积金（指计入缴存入个人账户部分）。

三 非税收入征缴

【知识点 1】 教育费附加和地方教育附加

（1）缴纳义务人。

凡缴纳增值税、消费税（以下简称两税）的单位和个人，除按照《国务院关于筹措农村学校办学经费的通知》的规定，缴纳农村教育事业费附加的单位外，都应当依照规定缴纳教育费附加和地方教育附加。

凡代征两税的单位和个人，亦为代征教育费附加的义务人。

（2）征收范围。

教育费附加和地方教育附加与两税的征收范围相同。

（3）应缴费额计算。

教育费附加和地方教育附加，以各单位和个人实际缴纳的两税的税额为计征依据，教育费附加率为 3%，地方教育附加率为 2%，与两税同时缴纳。

除国务院另有规定外，任何地区、部门不得擅自提高或者降低教育费附加率。

（4）特别规定。

①对海关进口的产品征收的两税，不征收教育费附加和地方教育附加。

②对由于减免两税而发生退税的，可以同时退还已征收的教育费附加和地方教育附加。但对出口产品退还两税的，不退还已征的教育费附加和地方教育附加。

③经中国人民银行依法决定撤销的金融机构及其分设于各地的分支机构（包括被依法撤销的商业银行、信托投资公司、财务公司、金融租赁公司、城市信用社和农村信用社），用其财产清偿债务时，免征被撤销金融机构转让货物、不动产、无形资产、有价证券、票据等应缴纳的教育费附加。

④自 2016 年 2 月 1 日起，对月销售额或营业额不超过 10 万元（按季度纳税的季度销售额或营业额不超过 30 万元）的两税纳税人免征教育费附加和地方教育附加。

⑤对实行增值税期末留抵退税的纳税人,允许其从教育费附加和地方教育附加的计税(征)依据中扣除退还的增值税税额。

【知识点2】 文化事业建设费

(1)缴纳义务人。

在中华人民共和国境内提供广告服务的广告媒介单位和户外广告经营单位以及提供娱乐服务的单位和个人,应按规定缴纳文化事业建设费。

(2)应缴费额的计算。

缴纳文化事业建设费的单位和个人应按照提供增值税应税服务取得的销售额和3%的费率计算应缴费额,并由主管税务机关在征收增值税时一并征收。计算公式为:

$$应缴费额=计费销售额×3\%$$

广告服务计费销售额,为缴纳义务人提供广告服务取得的全部含税价款和价外费用,减除支付给其他广告公司或广告发布者的含税广告发布费后的余额。缴纳义务人减除价款的,应当取得增值税专用发票或国家税务总局规定的其他合法有效凭证,否则不得减除。娱乐服务计费销售额,为缴纳义务人提供娱乐服务取得的全部含税价款和价外费用。

按规定扣缴文化事业建设费的,扣缴义务人应按下列公式计算应扣缴费额:

$$应扣缴费额=接收方支付的含税价款×费率$$

未达到增值税起征点的个人,免征文化事业建设费。

(3)征收管理。

由税务机关负责征收管理文化事业费。

文化事业建设费的缴纳义务发生时间和缴纳地点,与缴纳义务人的增值税纳税义务发生时间和纳税地点相同。

缴纳义务人、扣缴义务人应在申报期内分别向主管税务机关报送一式两份《文化事业建设费申报表》《文化事业建设费代扣代缴报告表》。实行网上申报的纳税人,文化事业建设费的申报流程与增值税纳税申报相同。

缴纳义务人计算缴纳文化事业建设费时,允许从其提供相关应税服务所取得的全部含税价款和价外费用中扣除相关价款的,应根据取得扣除项目的合法有效凭证逐一填列《应税服务扣除项目清单》，作为申报表附列资料，向主管税务机关同时报送。

【知识点3】 废弃电器电子产品处理基金

废弃电器电子产品处理基金（以下简称基金）是国家为促进废弃电器电子产品回收处理而设立的政府性基金。基金的开征主要是为了充分调动回收企业和处理企业的积极性，逐步规范废弃电器电子产品的回收处理活动。

（1）基金缴纳义务人。

中华人民共和国境内电器电子产品的生产者，为基金缴纳义务人，应当从2012年7月1日起按照《废弃电器电子产品处理基金征收管理规定》缴纳基金。电器电子产品生产者包括自主品牌生产企业和代工生产企业。

（2）征收范围。

自2016年3月1日起，废弃电器电子产品，主要包括电冰箱、空气调节器、吸油烟机、洗衣机、电热水器、燃气热水器、打印机、复印机、传真机、电视机、监视器、微型计算机、移动通信手持机、电话单机14类产品。

对采用有利于资源综合利用和无害化处理的设计方案以及使用环保和便于回收利用材料生产的电器电子产品，可以减征基金的，按照国务院相关部门的具体规定执行。

基金缴纳义务人出口电器电子产品，免征基金。

（3）基金缴纳义务的发生时间。

①基金缴纳义务人销售电器电子产品的，按不同的销售结算方式分别为：

采取赊销和分期收款结算方式的，为书面合同约定的收款日期的当天，书面合同没有约定收款日期或者无书面合同的，为发出电器电子产品的当天；采取预收货款结算方式的，为发出电器电子产品的当天；采取托收承付和委托银行收款方式的，为发出电器电子产品并办妥托收手续的当天；采取其他结算方式的，为收讫销售款或者取得索取销售款凭据的当天。

②受托加工应征基金产品，基金缴纳义务人只收取加工费的，为委托方提货的当天。

③基金缴纳义务人将应征基金产品用于生产非应征基金产品、在建工程、管理部门、非生产机构、提供劳务、馈赠、赞助、集资、广告、样品、职工

福利、奖励等方面的，为移送使用的当天。

④基金缴纳义务人以委托代销方式销售应征基金产品的，为收到代销单位的代销清单或者收到全部或者部分货款的当天。未收到代销清单及货款的，为发出应征基金产品满 180 天的当天。

（4）应缴费额的计算。

基金缴纳义务人销售或受托加工生产相关电器电子产品，按照从量定额的办法计算应缴纳基金。计算公式为：

$$应缴纳基金 = 销售数量（受托加工数量）\times 征收标准$$

基金缴纳义务人购进或者收回委托加工电器电子产品已缴纳基金的，从应征基金产品销售数量中扣除；不足扣除部分，可留待下期继续扣除。

基金缴纳义务人受托加工生产应征基金产品的，不论原料和主要材料由何方提供，不论在财务上是否做销售处理，均由受托方缴纳基金。

基金缴纳义务人应当准确核算购进和委托加工收回的已缴纳基金的电器电子产品数量，不能准确核算的，按实际销售数量征收基金。

（5）征收管理。

基金缴纳义务人向其主管税务机关申报缴纳基金。

基金缴纳义务人应当自季度终了之日起 15 日内申报缴纳基金，向主管税务机关报送《废弃电器电子产品处理基金申报表》。

基金缴纳义务人应妥善保管基金缴款凭证、增值税专用发票及清单、海关进（出）口货物报关单、代理出口货物证明、委托代理出口协议、委托加工协议、退货证明及其他相关资料。

基金缴纳义务人应当自觉接受税务机关的监督检查，提供有关资料，如实反映情况，不得拒绝、隐瞒。

基金缴纳义务人违反基金征收管理规定的，税务机关比照税收违法行为予以行政处罚。

【知识点 4】 残疾人就业保障金

（1）缴纳义务人。

用人单位安排残疾人就业达不到其所在地省、自治区、直辖市人民政府规定比例的，应当缴纳残疾人就业保障金（以下简称保障金）。

用人单位安排残疾人就业的比例不得低于本单位在职职工总数的 1.5%。具体比例由各省、自治区、直辖市人民政府根据本地区的实际情况规定。

用人单位将残疾人录用为在编人员或依法与就业年龄段内的残疾人签订 1 年以上（含 1 年）劳动合同（服务协议），且实际支付的工资不低于当地最低工资标准，并足额缴纳社会保险费的，方可计入用人单位所安排的残疾人就业人数。

用人单位安排 1 名持有《中华人民共和国残疾人证》（1～2 级）或《中华人民共和国残疾军人证》（1～3 级）的人员就业的，按照安排 2 名残疾人就业计算。

（2）应缴费额计算。

保障金按上年用人单位安排残疾人就业未达到规定比例的差额人数和本单位在职职工年平均工资之积计算缴纳。计算公式为：

保障金年缴纳额＝(上年用人单位在职职工人数×所在地省、自治区、直辖市人民政府规定的安排残疾人就业比例－上年用人单位实际安排的残疾人就业人数)×上年用人单位在职职工年平均工资

用人单位在职职工，是指用人单位在编人员或依法与用人单位签订 1 年以上（含 1 年）劳动合同（服务协议）的人员。季节性用工应当折算为年平均用工人数。以劳务派遣用工的，计入派遣单位在职职工人数。

用人单位安排残疾人就业未达到规定比倒的差额人数，以公式计算结果为准，可以不是整数。

上年用人单位在职职工年平均工资，按用人单位上年在职职工工资总额除以用人单位在职职工人数计算。

（3）征收管理。

保障金由用人单位所在地的税务机关负责征收。有关省、自治区、直辖市对保障金征收机关另有规定的，按其规定执行。

保障金征收机关应当定期向社会公布本地区用人单位缴纳保障金情况。保障金征收机关应当定期对用人单位进行检查，发现用人单位申报不实、少缴纳保障金的，征收机关应当催报并追缴保障金。

保障金征收机关征收保障金时，应当向用人单位开具省级财政部门统一印制的票据或税收票证。

保障金一般按月缴纳。用人单位应按规定时限向保障金征收机关申报缴纳保障金。在申报时，应提供本单位在职职工人数、实际安排残疾人就业人数、在职职工年平均工资等信息，并保证信息的真实性和完整性。

（4）减免规定。

①自工商登记注册之日起 3 年内，对安排残疾人就业未达到规定比例、在职职工总数 20 人以下（含 20 人）的小微企业，免征保障金。

自 2017 年 4 月 1 日起，将保障金免征范围，由自工商注册登记之日起 3 年内，在职职工总数 20 人（含）以下小微企业，调整为在职职工总数 30 人（含）以下的企业。调整免征范围后，工商注册登记未满 3 年、在职职工总数 30 人（含）以下的企业，可在剩余时期内按规定免征保障金。

②自 2017 年 4 月 1 日起，设置保障金征收标准上限。用人单位在职职工年平均工资未超过当地社会平均工资（用人单位所在地统计部门公布的上年度城镇单位就业人员平均工资）3 倍（含）的，按用人单位在职职工年平均工资计征保障金；超过当地社会平均工资 3 倍以上的，按当地社会平均工资 3 倍计征保障金。用人单位在职职工年平均工资的计算口径，按照国家统计局关于工资总额组成的有关规定执行。

自 2018 年 4 月 1 日起，将保障金征收标准上限，由当地社会平均工资的 3 倍降低至 2 倍。其中，用人单位在职职工平均工资未超过当地社会平均工资 2 倍（含）的，按用人单位在职职工年平均工资计征保障金；超过当地社会平均工资 2 倍的，按当地社会平均工资 2 倍计征保障金。

自 2020 年 1 月 1 日起，残疾人就业保障金征收标准上限，按照当地社会平均工资 2 倍执行。当地社会平均工资按照所在地城镇非私营单位就业人员平均工资和城镇私营单位就业人员平均工资加权计算。

用人单位依法以劳务派遣方式接受残疾人在本单位就业的，由派遣单位和接受单位通过签订协议的方式协商一致后，将残疾人数计入其中一方的实际安排残疾人就业人数和在职职工人数，不得重复计算。

自 2020 年 1 月 1 日起至 2022 年 12 月 31 日，对残疾人就业保障金实行分档减缴政策。其中：用人单位安排残疾人就业比例达到 1%（含）以上，但未达到所在地省、自治区、直辖市人民政府规定比例的，按规定应缴费额的 50% 缴纳残疾人就业保障金；用人单位安排残疾人就业比例在 1% 以下的，按规定应缴费额的90%缴纳残疾人就业保障金。

自2020年1月1日起至2022年12月31日，在职职工人数在30人（含）以下的企业，暂免征收残疾人就业保障金。

③用人单位遇不可抗力自然灾害或其他突发事件遭受重大直接经济损失，可以申请减免或者缓缴保障金。具体办法由各省、自治区、直辖市财政部门规定。

用人单位申请减免保障金的最高限额不得超过1年的保障金应缴额，申请缓缴保障金的最长期限不得超过6个月。

批准减免或者缓缴保障金的用人单位名单，应当每年公告一次。公告内容应当包括批准机关、批准文号、批准减免或缓缴保障金的主要理由等。

【知识点5】 先行划转的财政部驻地方专员办征收的非税收入项目

自2019年1月1日起，原由财政部驻地方财政监察专员办事处负责征收的国家重大水利工程建设基金、农网还贷资金、可再生能源发展基金、中央水库移民扶持基金（含大中型水库移民后期扶持基金、三峡水库库区基金、跨省际大中型水库库区基金）、三峡电站水资源费、核电站乏燃料处理处置基金、免税商品特许经营费、油价调控风险准备金、核事故应急准备专项收入，以及国家留成油收入、石油特别收益金，划转至税务部门征收。

税务部门按照属地原则征收划转的非税收入，具体征收机关由国家税务总局各省、自治区、直辖市和计划单列市税务局按照"便民、高效"原则确定。三峡电站水资源费的中央分成和湖北省分成部分，由缴费人向湖北省税务部门申报缴纳；重庆市分成部分，由缴费人向重庆市税务部门申报缴纳。

国家重大水利工程建设基金、农网还贷资金、可再生能源发展基金、中央水库移民扶持基金（含大中型水库移民后期扶持基金、三峡水库库区基金、跨省际大中型水库库区基金）、三峡电站水资源费、核电站乏燃料处理处置基金、免税商品特许经营费、核事故应急准备专项收入和国家留成油收入等非税收入的申报，统一使用《非税收入通用申报表》，石油特别收益金使用《石油特别收益金申报表》，油价调控风险准备金使用《油价调控风险准备金申报表》。

缴费人采用自行申报方式办理非税收入申报缴纳等有关事项。相关电网企业按照现行规定进行代征,并向税务部门申报缴纳。符合非税收入减免政策的,缴费人自行申报享受,相关资料由缴费人留存备查,并对资料的真实性和合法性承担责任。

各项非税收入缴纳期限按现行规定执行。

自2020年2月1日起,地方政府及有关部门负责征收的国家重大水利工程建设基金,以及向企事业单位和个体经营者征收的水利建设基金,划转至税务部门征收。

所属期为2019年度的上述项目费款,收缴及汇算清缴工作继续由原执收(监缴)部门负责完成。所属期为2020年度的上述项目费款,自2020年2月1日起,由缴费人向税务部门申报缴纳。

【知识点6】 2021年划转税务部门征收非税收入

1. 由自然资源部门负责征收的国有土地使用权出让收入、矿产资源专项收入、海域使用金、无居民海岛使用金四项政府非税收入,全部划转给税务部门负责征收。自然资源部(本级)按照规定负责征收的矿产资源专项收入、海域使用金、无居民海岛使用金,同步划转税务部门征收。

先试点后推开。自2021年7月1日起,选择在河北、内蒙古、上海、浙江、安徽、青岛、云南省(自治区、直辖市、计划单列市)以省(区、市)为单位开展征管职责划转试点,探索完善征缴流程、职责分工等,为全面推开划转工作积累经验。暂未开展征管划转试点地区要积极做好四项政府非税收入征收划转准备工作,自2022年1月1日起全面实施征管划转工作。

2. 自2021年7月1日起,将自然资源部门负责征收的土地闲置费、住房城乡建设等部门负责征收的按行政事业性收费管理的城镇垃圾处理费划转至税务部门征收。征期在2021年7月1日以后(含)、所属期为2021年7月1日以前的上述收入,收缴及汇算清缴工作继续由原执收(监缴)单位负责。

3. 自2021年1月1日起,水土保持补偿费、地方水库移民扶持基金、排污权出让收入、防空地下室易地建设费划转至税务部门征收。征收范围、征收对象、征收标准等政策仍按现行规定执行。

税务部门按照属地原则征收上述非税收入项目,具体征收机关由国家税务总局各省、自治区、直辖市和计划单列市税务局按照"便民、高效"原则确定。

水土保持补偿费自 2021 年 1 月 1 日起，由缴费人向税务部门自行申报缴纳。按次缴纳的，应于项目开工前或建设活动开始前，缴纳水土保持补偿费。按期缴纳的，在期满之日起 15 日内申报缴纳水土保持补偿费。

地方水库移民扶持基金自 2021 年 2 月 1 日起，由缴费人按月向税务部门自行申报缴纳，申报缴纳期限按现行规定执行。

已征收排污权出让收入的地区自 2021 年 1 月 1 日起，由缴费人向税务部门自行申报缴纳。其他地区有关排污权出让收入的征管事项，待国务院相关部门确定深化排污权有偿使用和交易改革方案后，由税务总局另行明确。

防空地下室易地建设费自 2021 年 1 月 1 日起，由缴费人根据人防部门核定的收费金额向税务部门申报缴纳。

缴费人原则上使用《非税收入通用申报表》申报缴纳水土保持补偿费、地方水库移民扶持基金、排污权出让收入、防空地下室易地建设费。各地可与其他项目合并申报资料、简并申报流程。

【知识点 7】 税务部门罚没收入等政府非税收入

自 2019 年 1 月 1 日起，税务部门在税收征缴过程中收取或产生的相关罚没收入、利息收入和违约金收入，全额上缴中央国库。

相关罚没收入，是指税务部门收取的各项罚没收入，不包括随各税种税款加收的滞纳金和罚款；利息收入，是指税务代保管资金账户中资金产生的利息收入；违约金收入，是指因税务部门委托代征人未履行代征义务，税务部门按《委托代征协议书》约定向代征人收取的违约金。

税务部门收取的上述罚没收入缴库时填列政府收支分类科目一般公共预算收入"税务部门罚没收入"（103050107 目）科目；利息收入缴库时填列政府收支分类科目一般公共预算收入"其他利息收入"（103070599 目）科目；违约金收入缴库时填列政府收支分类科目一般公共预算收入"其他收入"（1039999 项）科目。

三 非税收入管理

【知识点1】 执收主体

非税收入执收主体由法律、法规、规章规定，法律、法规、规章没有规定执收主体的，由非税收入管理机构直接征收或依法委托相关单位征收。未经财政部门批准，不得改变非税收入执收主体。法律、法规对非税收入执收主体已有规定的，从其规定。

执收主体应当履行下列职责：

（1）公示非税收入征收依据和具体征收事项，包括项目、对象、范围、标准、期限和方式等；

（2）严格按照规定的非税收入项目、征收范围和征收标准进行征收，及时足额上缴非税收入，并对欠缴、少缴收入实施催缴；

（3）记录、汇总、核对并按规定向同级财政部门报送非税收入征缴情况；

（4）编报非税收入年度收入预算；

（5）执行非税收入管理的其他有关规定。

执收主体不得违规多征、提前征收或者减征、免征、缓征非税收入。

各级财政部门应当加强非税收入执收管理和监督，不得向执收主体下达非税收入指标。

【知识点2】 缴纳义务人

公民、法人或者其他组织（以下简称缴纳义务人）应当按规定履行非税收入缴纳义务。

对违规设立非税收入项目、扩大征收范围、提高征收标准的，缴纳义务人有权拒绝缴纳并向有关部门举报。

缴纳义务人因特殊情况需要缓缴、减缴、免缴非税收入的，应当向执收单位提出书面申请，并由执收单位报有关部门按照规定审批。

【知识点3】 非税收入的票据管理

非税收入的票据管理的内容包括印制、领取、发放、使用、保管、核销、销毁、监督检查等内容。

各级财政部门应当通过加强非税收入票据管理，来规范执收单位的征收行为，从源头上杜绝乱收费，并确保依法合规的非税收入及时足额上缴国库。

【知识点4】 非税收入的征缴管理

1. 非税收入收缴的电子化管理

财政部门加快推进非税收入收缴电子化管理，可实现逐步降低征收成本，提高收缴水平和效率。根据《财政部关于稳步推广电子非税收入一般缴款书的通知》（财库〔2021〕46号）规定，2022年6月底前，实现中央部门电子非税收入一般缴款书全覆盖。选择河北、辽宁、江苏、浙江、湖南、大连等6个省市和新疆生产建设兵团，开展地方电子非税收入一般缴款书试点工作，试点地区要结合收缴电子化和预算管理一体化工作实际，制定本地区工作方案，2022年6月底前完成实施工作。其余省份要主动跟进，2022年底前实现非税收入收缴电子化与电子缴款书"横向到边、纵向到底"。

2. 非税收入的资金管理

非税收入的资金管理包括收缴、存储、退付、清算、核算等内容。

（1）非税收入收缴实行国库集中收缴制度。

（2）非税收入应当依照法律、法规规定或者按照管理权限确定的收入归属和缴库要求，缴入相应级次国库。

（3）非税收入的预算管理。根据非税收入不同性质，分别纳入一般公共预算、政府性基金预算和国有资本经营预算管理。

>> 第八节
社会保险费

一 中国社会保险制度的建立、改革和发展

【知识点1】 早期中国关于社会保险制度的理念

早在1922年，党的二大宣言就提出设立工厂保险、保护失业工人等改良

工人待遇的主张。这是中国共产党有关社会保障主张的第一次宣示。同年 8 月，党领导的劳动组合书记部颁布《劳动法案大纲》，提出"一切保险事业规章之订立，均应使劳动者参加之，俾可保障政府、公共及私人企业或机关中劳动者所受之损失；其保险费完全由雇主或国家分担之，不得使被保险者担负"，阐述了劳动保险制度的建立程序及筹资原则。同时还提出"对于需要体力之女子劳动者，产前产后均予以八星期之休假，其他女工，应予五星期之休假；休假中工资照给"。这是中国共产党最早的有关生育保险的主张。

1923 年，党的三大通过的党纲，要求"制定强迫的劳工保险法（灾病死伤的抚恤等），工人有参与办理保险事项之权"，从呼吁立法角度进一步发展了党的社会保障主张。1925 年，党领导召开的第二次全国劳动大会通过《经济斗争的决议案》，提出"应实行社会保险制度，使工人于工作伤亡时，能得到赔偿；于疾病失业年老时，能得到救济"，首次使用"社会保险"概念，并涵盖工伤、疾病、失业、养老各方面。1926 年，第三次全国劳动大会通过《劳动法案大纲决议案》，要求"国家应设立劳动保险。保险费由雇主或国库支出"。1927 年 5 月，面对"四一二"反革命政变后的严峻形势，党的五大所作《政治形势与党的任务决议案》提出，为实现工人在革命中的领导权，应当为工人力争包括救济失业并为失业者觅得工作、劳动保险及恤老金等要求。1929 年，第五次全国劳动大会通过的《中华全国工人斗争纲领》，提出"工人或个人家属发生疾病伤害，应由资本家给以医药费，听其自由医愈为度；病假期间不得扣工资"。

中华苏维埃时期颁布的《中华苏维埃共和国宪法大纲》，明确创立社会保险制度与国家的失业津贴。1931 年 12 月颁布的《中华苏维埃共和国劳动法》，其中第十章第 3 条 15 款专门规定社会保险，涵盖免费的医药帮助、暂时失去工作能力者的津贴、失业津贴、残废老弱抚恤金、丧葬津贴、工人家属贫困补助等项目，采取雇主按应付工资一定比例（10% ~ 15%）提缴、建立社会保险基金的方式，由职工会选举的社保委员会管理，并受劳动部监督。这勾勒出革命政权控制区域社会保障的框架雏形。1933 年修订公布的《中华苏维埃共和国劳动法》，鉴于原规定雇主提缴比例过高，改为更有弹性的 5% ~ 20%。

抗日战争时期，在救亡图存的总目标下，共产党主动调整了社会保障工作的重点，在边区突出了拥军优属和灾荒救济，形成了早期的优抚制度和救灾政策。同时，鉴于边区地处农村，本来就没有成规模的工商业，因而不再施行当年苏区制定的社会保险法规，转而强调"改良工人生活"与"使资本家有利可图"相结合的方针。

解放战争时期，共产党继续以拥军优属和救灾救济为重点。1946 年，《和平建国纲领》提出举办失业工人及残疾保险；合理提高各级学校教师之待遇及其养老年金。1948 年 8 月，第六次全国劳动大会通过了《关于中国职工运动当前任务的决议》，提出要系统地解决工时、工资、劳动保护和福利事业等问题。

【知识点 2】 社会保险制度的建立

1949 年，中国人民政治协商会议第一届全体会议通过了具有临时宪法性质的《中国人民政治协商会议共同纲领》，第 32 条规定"逐步实行劳动保险制度"。按照《共同纲领》的要求，政务院于 1951 年颁布《中华人民共和国劳动保险条例》，条例从当年 3 月 1 日起生效，企业行政方面或资方自此缴纳劳动保险金，而工人职员从 5 月 1 日起领取条例规定的劳动保险待遇。实行劳动保险各企业的行政方面或资方应协同工会组织向当地劳动行政机关申请实行劳动保险登记。经过近两年的实践，1953 年，政务院通过并公布了条例的若干修正决定，主要是扩大了实施范围和适当提高待遇水平。

1985 年，《中共中央关于制定国民经济和社会发展第七个五年计划的建议》明确，社会保障工作要坚持社会化管理与单位管理相结合，以社会化管理为主的改革方向。1986 年，全国人大审议通过《国民经济和社会发展第七个五年计划》，提出"七五"期间，要有步骤地建立起具有中国特色的社会主义社会保障制度雏形。建立健全社会保险制度，进一步发展社会福利事业，继续做好优抚、救济工作。

1990 年，《中共中央关于制定国民经济和社会发展十年规划和"八五"计划的建议》明确，建立健全养老保险和待业保险制度，逐步完善社会保障体系。按照国家、集体和个人共同合理负担的原则，在城镇各类职工中逐步建立社会养老保险制度，扩大待业保险的范围，实行多层次的社会保险。在农村采取积极引导的方针，逐步建立不同形式的老年保障制度。同时，要改革医疗保障和工伤保险制度。

1992 年，党的十四大报告提出深化分配制度和社会保障制度的改革。统筹兼顾国家、集体、个人三者利益，理顺国家与企业、中央与地方的分配关系，逐步实行利税分流和分税制。积极建立待业、养老、医疗等社会保障制度。

1993 年至 2002 年的十年间，社会保障制度改革和体系建设的重大举措频出，力度明显加大，出台了以劳动法为代表的多部重要法律法规，在全国层面组织了医保"两江"试点、养老保险统账结合模式探索、"两个确保"（确保企业离退休人员基本养老金按时足额发放、确保国有企业下岗职工基本生活费按时足额发放）等一系列重大社会实践活动，在全国范围内统一建立了企业职工基本养老保险、职工基本医疗保险、失业保险等制度，社会保障体系建设在经济社会发展全局中的分量愈益加重。

【知识点 3】 中国社会保险制度的改革和发展

1956 年，党的八大提出扩大劳动保险的实施范围，改进劳动保险制度。20 世纪 60 年代初，已经实行劳动保险条例的工业企业，不论新老职工，都统一享受劳动保险条例所规定的待遇。

"文化大革命"期间，管理社会保障事业的各类机构或被撤销，或名存实亡。依法受权管理劳动保险实施工作的工会组织全面停止工作。这一时期，唯有农村合作医疗逆势而兴，到 1977 年底，全国 90% 的生产大队实行了合作医疗，农村人口覆盖率达 80% 以上。

1978 年，国务院颁布了《关于安置老弱病残干部的暂行办法》《关于工人退休、退职的暂行办法》两个法规性文件，成为新中国社会保障发展史上一座具有标志性意义的界碑，对于保障广大干部职工离退休、退职后的基本生活，解除其后顾之忧，维护大变革时期的社会安定，起到了积极作用。

1993 年，党的十四届三中全会提出，社会保障体系包括社会保险、社会救济、社会福利、优抚安置和社会互助、个人储蓄积累保障。提倡社会互助。发展商业性保险业，作为社会保险的补充。按照社会保障的不同类型确定其资金来源和保障方式。重点完善企业养老和失业保险制度，强化社会服务功能以减轻企业负担，促进企业组织结构调整，提高企业经济效益和竞争能力。

城镇职工养老和医疗保险金由单位和个人共同负担，实行社会统筹和个人账户相结合。进一步健全失业保险制度，保险费由企业按职工工资总额一定比例统一筹交。普遍建立企业工伤保险制度。农民养老以家庭保障为主，与社区扶持相结合。有条件的地方，根据农民自愿，也可以实行个人储蓄积累养老保险。发展和完善农村合作医疗制度。

1995 年，党的十四届五中全会提出，合理调节社会分配关系，建立健全社会保障体系。这是在市场经济条件下维护社会稳定的重要措施。"九五"计划期间，要加快养老、失业和医疗保险制度改革，初步形成社会保险、社会救济、社会福利、优抚安置和社会互助、个人储蓄积累保障相结合的多层次的社会保障制度。

1997 年，党的十五大报告提出，建立社会保障体系，实行社会统筹和个人账户相结合的养老、医疗保险制度，完善失业保险和社会救济制度，提供最基本的社会保障。

1999 年，党的十五届四中全会提出，要依法扩大养老、失业、医疗等社会保险的覆盖范围，城镇国有、集体、外商投资、私营等各类企业及其职工都要参加社会保险，缴纳社会保险费。强化社会保险费的征缴，提高收缴率，清理追缴企业拖欠的社会保险费，确保养老金的按时足额支付。进一步完善基本养老保险省级统筹制度，增强基金调剂能力。

2000 年，党的十五届五中全会提出，要加快形成独立于企业事业单位之外、资金来源多元化、保障制度规范化、管理服务社会化的社会保障体系。坚持社会统筹与个人账户相结合的职工基本养老保险制度。推进城镇职工基本医疗保险制度和医药卫生体制改革。进一步完善失业保险制度，在试点的基础上逐步把国有企业下岗职工基本生活保障纳入失业保险。

2002 年，党的十六大报告提出，建立健全同经济发展水平相适应的社会保障体系，是社会稳定和国家长治久安的重要保证。坚持社会统筹和个人账户相结合，完善城镇职工基本养老保险制度和基本医疗保险制度。健全失业保险制度和城市居民最低生活保障制度。多渠道筹集和积累社会保障基金。各地要根据实际情况合理确定社会保障的标准和水平。有条件的地方，探索建立农村养老、医疗保险和最低生活保障制度。

2003 年，党的十六届三中全会提出，加快建设与经济发展水平相适应的社会保障体系。完善企业职工基本养老保险制度，坚持社会统筹与个人账户相结合，逐步做实个人账户。将城镇从业人员纳入基本养老保险。建立健全省级养老保险调剂基金，在完善市级统筹基础上，逐步实行省级统筹，条件具备时实行基本养老金的基础部分全国统筹。健全失业保险制度，实现国有企业下岗职工基本生活保障向失业保险并轨。继续完善城镇职工基本医疗保险制度、医疗卫生和药品生产流通体制的同步改革，扩大基本医疗保险覆盖面，健全社会医疗救助和多层次的医疗保障体系。继续推行职工工伤和生育保险。积极探索机关和事业单位社会保障制度改革。鼓励有条件的企业建立补充保险，积极发展商业养老、医疗保险。

2005 年，党的十六届五中全会提出，加快完善社会保障体系。建立健全与经济发展水平相适应的社会保障体系，合理确定保障标准和方式。完善城镇职工基本养老和基本医疗、失业、工伤、生育保险制度。增加财政的社会保障投入，多渠道筹措社会保障基金，逐步做实个人账户。逐步提高基本养老保险社会统筹层次，增强统筹调剂的能力。发展企业补充保险和商业保险。推进机关事业单位养老保险制度改革。

2006 年，党的十六届六中全会提出，完善社会保障制度，保障群众基本生活。适应人口老龄化、城镇化、就业方式多样化，逐步建立社会保险、社会救助、社会福利、慈善事业相衔接的覆盖城乡居民的社会保障体系。多渠道筹集社会保障基金，加强基金监管，保证社会保险基金保值增值。完善企业职工基本养老保险制度，强化保险基金统筹部分征缴，逐步做实个人账户，积极推进省级统筹，条件具备时实行基本养老金基础部分全国统筹。加快机关事业单位养老保险制度改革。加快推进新型农村合作医疗。加快建立适应进城务工人员特点的社会保障制度。

2007 年，党的十七大报告提出，加快建立覆盖城乡居民的社会保障体系，保障人民基本生活。社会保障是社会安定的重要保证。要以社会保险、社会救助、社会福利为基础，以基本养老、基本医疗、最低生活保障制度为重点，以慈善事业、商业保险为补充，加快完善社会保障体系。促进企业、机关、事业单位基本养老保险制度改革，探索建立农村养老保险制度。全面推进城镇职工基本医疗保险、城镇居民基本医疗保险、新型农村合作医疗制度建设。完善失业、工伤、生育保险制度。提高统筹层次，制定全国统一的社会保险关系转续办法。

2008 年，党的十七届三中全会提出，健全农村社会保障体系。贯彻广覆盖、保基本、多层次、可持续原则，加快健全农村社会保障体系。按照个人缴费、集体补助、政府补贴相结合的要求，建立新型农村社会养老保险制度。创造条件探索城乡养老保险制度有效衔接办法。做好被征地农民社会保障，做到先保后征，使被征地农民基本生活长期有保障。

2010 年，党的十七届五中全会提出，坚持广覆盖、保基本、多层次、可持续方针，加快推进覆盖全民的社会保障体系建设。实现新型农村社会养老保险制度全覆盖，完善实施城镇职工和居民养老保险制度，实现基础养老金全国统筹。推动机关事业单位养老保险制度改革，进一步做实养老保险个人账户，实现跨省可接续。发展企业年金和职业年金。发挥商业保险补充性作用。

2012 年，党的十八大报告提出，统筹推进城乡社会保障体系建设。要坚持全覆盖、保基本、多层次、可持续方针，以增强公平性、适应流动性、保证可持续性为重点，全面建成覆盖城乡居民的社会保障体系。改革和完善企业和机关事业单位社会保险制度，整合城乡居民基本养老保险和基本医疗保险制度，逐步做实养老保险个人账户，实现基础养老金全国统筹，建立兼顾各类人员的社会保障待遇确定机制和正常调整机制。扩大社会保障基金筹资渠道，建立社会保险基金投资运营制度，确保基金安全和保值增值。

2013 年，党的十八届三中全会提出，建立更加公平可持续的社会保障制度。坚持社会统筹和个人账户相结合的基本养老保险制度，完善个人账户制度，健全多缴多得激励机制，确保参保人权益，实现基础养老金全国统筹，坚持精算平衡原则。推进机关事业单位养老保险制度改革。整合城乡居民基本养老保险制度、基本医疗保险制度。推进城乡最低生活保障制度统筹发展。建立健全合理兼顾各类人员的社会保障待遇确定和正常调整机制。完善社会保险关系转移接续政策，扩大参保缴费覆盖面，适时适当降低社会保险费率。研究制定渐进式延迟退休年龄政策。加快健全社会保障管理体制和经办服务体系。

2016 年，《国民经济和社会发展第十三个五年规划》提出，坚持全民覆盖、保障适度、权责清晰、运行高效，稳步提高社会保障统筹层次和水平，建立健全更加公平、更可持续的社会保障制度。实施全民参保计划，基本实现法定人员全覆盖。坚持精算平衡，完善筹资机制，分清政府、企业、个人等的责任。适当降低社会保险费率。完善统账结合的城镇职工基本养老保险制度，构建包括职业年金、企业年金和商业保险的多层次养老保险体系，持续扩大覆盖面。实现职工基础养老金全国统筹。完善职工养老保险个人账户制度，健全参保缴费激励约束机制，建立基本养老金合理调整机制。推出税收递延型养老保险。更好发挥失业、工伤保险作用，增强费率确定的灵活性，优化调整适用范围。建立更加便捷的社会保险转移接续机制。划转部分国有资本充实社保基金，拓宽社会保险基金投资渠道，加强风险管理，提高投资回报率。大幅提升灵活就业人员、进城务工人员等群体参加社会保险比例。加强公共服务设施和信息化平台建设，实施社会保障卡工程，持卡人口覆盖率达到90%。

2017年，党的十九大报告提出加强社会保障体系建设。按照兜底线、织密网、建机制的要求，全面建成覆盖全民、城乡统筹、权责清晰、保障适度、可持续的多层次社会保障体系。全面实施全民参保计划。完善城镇职工基本养老保险和城乡居民基本养老保险制度，尽快实现养老保险全国统筹。完善统一的城乡居民基本医疗保险制度和大病保险制度。完善失业、工伤保险制度。建立全国统一的社会保险公共服务平台。

2018年，《深化党和国家机构改革方案》明确，为降低征纳成本，理顺职责关系，提高征管效率，为纳税人提供更加优质高效便利服务，将省级和省级以下国税地税机构合并，具体承担所辖区域内各项税收、非税收入征管等职责。为提高社会保险资金征管效率，将基本养老保险费、基本医疗保险费、失业保险费等各项社保费交由税务部门统一征收。

2019年，党的十九届四中全会提出，完善覆盖全民的社会保障体系，强化提高人民健康水平的制度保障。适当加强中央在知识产权保护、养老保险、跨区域生态环境保护等方面事权，减少并规范中央和地方共同事权。《中共中央关于坚持和完善中国特色社会主义制度 推进国家治理体系和治理能力现代化若干重大问题的决定》明确，完善覆盖全民的社会保障体系。坚持应保尽保原则，健全统筹城乡、可持续的基本养老保险制度、基本医疗保险制度，稳步提高保障水平。加快建立基本养老保险全国统筹制度。加快落实社保转移接续、异地就医结算制度，规范社保基金管理，发展商业保险。

2020 年，党的十九届五中全会提出，健全多层次社会保障体系。健全覆盖全民、统筹城乡、公平统一、可持续的多层次社会保障体系。推进社保转移接续，健全基本养老、基本医疗保险筹资和待遇调整机制。实现基本养老保险全国统筹，实施渐进式延迟法定退休年龄。发展多层次、多支柱养老保险体系。推动基本医疗保险、失业保险、工伤保险省级统筹，健全重大疾病医疗保险和救助制度，落实异地就医结算，稳步建立长期护理保险制度，积极发展商业医疗保险。健全灵活就业人员社保制度。健全退役军人工作体系和保障制度。完善全国统一的社会保险公共服务平台。

2021 年 2 月 26 日，中共中央政治局举行第二十八次集体学习，习近平总书记主持学习并发表重要讲话。习近平强调，社会保障是保障和改善民生、维护社会公平、增进人民福祉的基本制度保障，是促进经济社会发展、实现广大人民群众共享改革发展成果的重要制度安排，是治国安邦的大问题。要加大再分配力度，强化互助共济功能，把更多人纳入社会保障体系，为广大人民群众提供更可靠、更充分的保障，不断满足人民群众多层次多样化需求，健全覆盖全民、统筹城乡、公平统一、可持续的多层次社会保障体系，进一步织密社会保障安全网，促进我国社会保障事业高质量发展、可持续发展。

社会保险费征缴

中华人民共和国境内的用人单位和个人依法缴纳社会保险费。

社会保险费可以分为基本保险费和补充保险费。

基本保险费，主要包括基本养老保险费、基本医疗保险费、工伤保险费、失业保险费和生育保险费。

补充保险费，主要包括补充养老保险费和补充医疗保险费。

补充保险是相对于基本保险而言的，不是通过国家立法强制实施的，而是由用人单位或个人自愿参加的非强制性保险，一般是在单位和职工参加统一的基本保险后，由单位或个人根据需求和可能原则，适当增加保险项目，来提高保险保障水平的一种补充性保险。

【知识点1】 基本养老保险费的征缴

基本养老保险费用一般由国家、单位和个人三方或单位和个人双方共同负担，并实现广泛的社会互济。

参加基本养老保险的个人，达到法定退休年龄时累计缴费满15年的，按月领取基本养老金。

1. 基本养老保险费的征缴范围

职工应当参加基本养老保险，由用人单位和职工共同缴纳基本养老保险费。

基本养老保险费的征缴范围，包括国有企业、外商投资企业、城镇集体企业、城镇私营企业和其他城镇企业及其职工，实行企业化管理的事业单位及其职工。省、自治区、直辖市人民政府可以规定，将城镇个体工商户纳入基本养老保险范围。

无雇工的个体工商户、未在用人单位参加基本养老保险的非全日制从业人员以及其他灵活就业人员可以参加基本养老保险，由个人缴纳基本养老保险费。

2. 基本养老保险费的缴费基数和费率

用人单位缴纳基本养老保险费的基数可以为职工工资总额，也可以为本单位职工个人缴费工资基数之和。

自2019年5月1日起，降低城镇职工基本养老保险（包括企业和机关事业单位基本养老保险）单位缴费比例。各省、自治区、直辖市及新疆生产建设兵团养老保险单位缴费比例高于16%的，可降至16%。

职工应当按照国家规定的本人工资的比例缴纳基本养老保险费，记入个人账户。职工缴纳基本养老保险费的比例为个人缴费工资的8%。本人月平均工资低于当地职工月平均工资的60%的，按照当地职工月平均工资的60%作为缴费基数。本人月平均工资高于当地职工平均工资的300%的，按照当地职工的月平均工资的300%作为缴费基数。缴费基数每年确定一次，且一旦确定以后，一年内不再变动。

各省应以本省城镇非私营单位就业人员平均工资和城镇私营单位就业人员平均工资加权计算的全口径城镇单位就业人员平均工资，核定社保个人缴费基数上下限，合理降低部分参保人员和企业的社保缴费基数。

个体工商户和灵活就业人员参加企业职工基本养老保险，可以在本省全口径城镇单位就业人员平均工资的60%～300%选择适当的缴费基数。

城乡居民养老保险基金由个人缴费、集体补助、政府补贴构成。个人缴费标准目前设为每年100元、200元、300元、400元、500元、600元、700元、800元、900元、1000元、1500元、2000元12个档次，省（区、市）人民政府可以根据实际情况增设缴费档次，参保人自主选择档次缴费，多缴多得。有条件的村集体经济组织应当对参保人缴费给予补助。地方人民政府应当对参保人缴费给予补贴，对选择最低档次标准缴费的，补贴标准不低于每人每年30元；对选择较高档次标准缴费的，适当增加补贴金额；对选择500元及500元以上档次标准缴费的，补贴标准不低于每人每年60元，具体标准和办法由省（区、市）人民政府确定。对重度残疾人等缴费困难群体，地方人民政府为其代缴部分或全部最低标准的养老保险费。

【知识点2】 基本医疗保险费的征缴

1. 基本医疗保险费的征缴范围

职工应当参加职工基本医疗保险，基本医疗保险费由用人单位和职工共同缴纳。

基本医疗保险费的征缴范围，包括国有企业、外商投资企业，城镇集体企业、城镇私营企业和其他城镇企业及其职工，国家机关及其工作人员，事业单位及其职工，社会团体及其专职人员，民办非企业单位及其职工。省、自治区、直辖市人民政府可以规定，将城镇个体工商户纳入基本医疗保险的范围。

无雇工的个体工商户、未在用人单位参加职工基本医疗保险的非全日制从业人员以及其他灵活就业人员可以参加职工基本医疗保险，由个人按照国家规定缴纳基本医疗保险费。

2. 基本医疗保险费的缴费基数和费率

用人单位缴纳基本医疗保险的基数为职工工资总额，个人缴费基数为本人工资。

用人单位缴费比例应控制在职工工资总额的6%左右，职工个人缴费比例一般为本人工资收入的2%。

随着经济发展，用人单位和职工缴费比例可作相应调整。

城乡居民基本医疗保险实行个人缴费和政府补贴相结合。

3. 2021 年城乡居民基本医疗保障工作

（1）继续提高城乡居民医保筹资标准。

2021 年继续提高居民医保筹资标准。居民医保人均财政补助标准新增 30 元，达到每人每年不低于 580 元。同步提高居民医保个人缴费标准 40 元，达到每人每年 320 元。中央财政按规定对地方实行分档补助，对西部、中部地区分别按照 80%、60% 的比例进行补助，对东部地区各省分别按照一定比例进行补助。

（2）巩固完善城乡居民医保待遇。

要加强基本医保、大病保险和医疗救助三重保障制度衔接，充分发挥综合保障功能。进一步巩固稳定住院待遇保障水平，政策范围内基金支付比例稳定在 70% 左右，完善门诊慢性病、特殊疾病待遇保障和普通门诊统筹，做好待遇衔接。持续抓好高血压、糖尿病门诊用药保障政策落实，开展专项行动，各省（自治区、直辖市）统一组织示范城市活动。有条件的地区可探索将心脑血管等慢性病纳入慢病保障范围，发挥医保促进慢病早诊早治作用，提升健康管理水平。加快健全重大疾病医疗保险和救助制度，大病保险继续实施对特困人员、低保对象和返贫致贫人口倾斜支付政策，完善统一规范的医疗救助制度，根据实际合理确定救助待遇标准，夯实医疗救助托底保障功能。

要规范待遇享受等待期设置，对居民医保在集中参保期内参保的、在职工医保中断缴费 3 个月内参加居民医保的，以及新生儿、农村低收入人口等特殊群体，不设待遇享受等待期。

（3）巩固拓展医疗保障脱贫攻坚成果有效衔接乡村振兴战略。

要进一步巩固拓展医保脱贫成果，逐步实现由集中资源支持脱贫攻坚向统筹基本医保、大病保险、医疗救助三重制度常态化保障平稳过渡。严格落实"四不摘"要求，保持医疗保障主要帮扶政策总体稳定，分类落实好脱贫人口各项医疗保障待遇。要立足实际优化调整资助参保和医保扶贫倾斜帮扶政策，实事求是确定待遇标准，确保政策平稳衔接、制度可持续。过渡期内持续抓好过度保障治理，清理存量过度保障政策。

（4）加强医保支付管理。

要切实抓好《医疗机构医疗保障定点管理暂行办法》和《零售药店医疗

保障定点管理暂行办法》贯彻落实，进一步简化、优化医药机构医保定点工作，及时将符合条件的医药机构纳入医保定点范围。着力推进医保支付方式改革，30个DRG付费试点城市和71个DIP试点城市要推动实际付费。积极探索点数法与统筹地区医保基金总额预算相结合，逐步使用区域医保基金总额控制代替具体医疗机构总额控制。完善与门诊共济保障相适应的付费机制。加强医保目录管理，严格落实《基本医疗保险用药管理暂行办法》，严格执行《国家基本医疗保险、工伤保险和生育保险药品目录（2020年）》，贯彻落实《国家医保局 国家卫生健康委关于建立完善国家医保谈判药品"双通道"管理机制的指导意见》（医保发〔2021〕28号），健全谈判药品落地监测机制，各省（自治区、直辖市）要在2021年6月底前完成第二批40%增补品种的消化工作。完善基本医保医用耗材和医疗服务项目管理。

（5）加强药品耗材集中带量采购和价格管理。

要做好国家组织药品和医用耗材集中带量采购落地实施工作，落实好医保基金预付、支付标准协同、结余留用等配套政策，做好采购协议期满后的接续工作。贯彻落实《国务院办公厅关于推动药品集中带量采购工作常态化制度化开展的意见》（国办发〔2021〕2号），统筹协调针对国家集采范围外、用量大、采购金额高的药品开展省级或省际联盟集中带量采购，进一步探索高值医用耗材的集中带量采购改革，扩大高值医用耗材集采范围。完善和规范省级医药集中采购平台交易规则。

要建立并实施医药价格和招采信用评价制度，对拒绝提交守信承诺的投标挂网企业采取约束措施，公布一批取得治理实效的典型案例，推动信用评价制度落地见效。国家医保局将进一步深化医疗服务价格改革试点，指导地方做好医疗服务价格动态调整工作，建立健全市场经济条件下政府管理药品价格的常态化机制。

（6）加强基金监督管理。

要切实抓好《医疗保障基金使用监督管理条例》贯彻落实，做好宣传培训工作。加强基金监督检查，聚焦假病人、假病情、假票据等"三假"开展欺诈骗保专项整治。推动大数据应用，优化完善智能监控子系统功能，提高监管效能。加强综合监管，整合监管资源，充分发挥医保行政监管、经办稽核等作用和第三方专业力量。健全协同执法、一案多处工作机制。健全完善举报奖励机制，加大宣传曝光力度，营造维护基金安全的良好氛围。

巩固提升统筹层次，按照"制度政策统一、基金统收统支、管理服务一体"要求，全面做实基本医保市地级统筹，统一覆盖范围、缴费政策、待遇水平、基金管理、定点管理、支付管理、经办服务、信息系统。加强对地方提升统筹层次工作的指导，在夯实市地级统筹基础上，按照"分级管理、责任共担、统筹调剂、预算考核"的原则，积极稳妥推动基本医保省级统筹。推进医疗救助管理层次与基本医保统筹层次相协调。

结合新冠肺炎疫情影响，加强基金收支运行分析，开展基金使用绩效评价，完善收支预算管理，健全风险预警、评估、化解机制及预案。探索综合人口老龄化、慢性病等疾病谱变化、医疗支出水平增长等因素，开展基金支出预测分析。

（7）加强医保公共管理服务。

继续做好新冠肺炎患者医疗费用结算和跨省就医医保费用全国清算工作，及时结算新冠疫苗及接种费用。全面落实《全国医疗保障经办政务服务事项清单》，推动医保公共服务标准化规范化建设。推进医保经办标准化窗口和服务示范点建设。增强基层医疗保障公共服务能力，推进医疗保障公共服务纳入县乡村公共服务一体化建设，在医保经办力量配置不足的地区，可通过政府购买服务等方式，加强医疗保障经办力量。规范商业保险机构承办大病保险的管理服务。推进医保经办管理服务与网上政务服务平台等有效衔接，坚持传统服务方式与智能服务方式创新并行，提高线上服务适老化水平，优化线下服务模式，保障老年人、重度残疾人等特殊人群顺畅便捷办理业务。

完善新就业形态从业人员等灵活就业人员参保缴费方式。加强部门数据比对和动态维护，防止"漏保""断保"，避免重复参保，优化参保缴费服务，压实乡镇街道参保征缴责任。坚持线上与线下结合，推进参保人员办理参保登记、申报缴费、查询信息、欠费提醒等"一次不用跑"。加快推进高频医保服务事项跨省通办。

优化普通门诊费用跨省直接结算服务，探索门诊慢性病、特殊疾病费用跨省直接结算实现路径。加快建设全国统一的医疗保障信息平台，优化完善运维服务管理体系、安全管理体系、制度规范以及平台功能。加强医保数据安全管理和信息共享，加快医保信息业务标准编码落地应用。

4. 基本医疗保险关系转移接续相关规定

职工基本医疗保险参保人员（不含退休人员）和城乡居民基本医疗保险参保人员因跨统筹地区就业、户籍或常住地变动的，按《基本医疗保险关系转移接续暂行办法》（医保办发〔2021〕43号）及其他规定办理基本医疗保险关系转移接续，包括个人医保信息记录的传递、职工医保个人账户资金的转移和医保待遇衔接的处理。

基本医疗保险关系转移接续实行统一规范、跨省通办。国家医疗保障经办机构负责指导协调跨省基本医疗保险关系转移接续经办工作。省级医疗保障经办机构负责组织实施跨省和省内跨统筹地区基本医疗保险关系转移接续经办工作。各统筹地区医疗保障经办机构按要求做好基本医疗保险关系转移接续经办工作。

【知识点3】 失业保险费的征缴

1. 失业保险费的征缴范围

职工应当参加失业保险，由用人单位和职工按照国家规定共同缴纳失业保险费。

失业保险费的征缴范围，包括国有企业、外商投资企业、城镇集体企业、城镇私营企业和其他城镇企业及其职工，事业单位及其职工。省、自治区、直辖市人民政府可以规定，将社会团体及其专职人员，民办非企业单位及其职工，有雇工的城镇个体工商户及其雇工纳入失业保险的范围。

2. 失业保险费的缴费基数和费率

依据《失业保险条例》，城镇企业事业单位按照本单位工资总额的2%缴纳失业保险费，城镇企业事业单位职工按照本人工资的1%缴纳失业保险费。

城镇企业事业单位招用的农民合同制工人本人不缴纳失业保险费。

省、自治区、直辖市人民政府根据本行政区域失业人员数量和失业保险基金数额，报经国务院批准，可以适当调整本行政区域失业保险费的费率。

自2019年5月1日起，实施失业保险总费率1%的省，延长阶段性降低失业保险费率的期限至2022年4月30日。

【知识点 4】 生育保险费的征缴

1. 生育保险费的征缴范围

职工应当参加生育保险，由用人单位按照国家规定缴纳生育保险费，职工个人不缴纳生育保险费。

省、自治区、直辖市人民政府根据本地实际情况，可以决定上述三项保险费的征缴范围适用于本行政区域内生育保险的征收、缴纳。

2. 生育保险费的缴费基数和费率

依据《企业职工生育保险试行办法》，生育保险费的缴费比例由当地人民政府根据计划内生育人数和生育津贴、生育医疗费等费用确定，并可根据费用支出情况适时调整，但最高不得超过工资总额的 1%。

企业缴纳的生育保险费作为期间费用处理，列入企业管理费用。

【知识点 5】 工伤保险费的征缴

1. 工伤保险费的征缴范围

职工应当参加工伤保险，由用人单位缴纳工伤保险费，职工个人不缴纳工伤保险费。

根据《工伤保险条例》的规定，工伤保险的征缴范围，包括中华人民共和国境内的企业、事业单位、社会团体、民办非企业单位、基金会、律师事务所、会计师事务所等组织和有雇工的个体工商户。

公务员和参照公务员法管理的事业单位、社会团体的工作人员因工作遭受事故伤害或者患职业病的，由所在单位支付费用。

2. 工伤保险费的缴费基数和费率

国家根据不同行业的工伤风险程度确定行业的差别费率，并根据工伤保险费使用、工伤发生率等情况在每个行业内确定若干费率档次。行业差别费率及行业内费率档次由国务院社会保险行政部门制定，报国务院批准后公布施行。

社会保险经办机构根据用人单位使用工伤保险基金、工伤发生率和所属行业费率档次等情况，确定用人单位缴费费率。

用人单位应当按照本单位职工工资总额，根据社会保险经办机构确定的费率缴纳工伤保险费。

自 2019 年 5 月 1 日起，延长阶段性降低工伤保险费率的期限至 2022 年 4 月 30 日，工伤保险基金累计结余可支付月数在 18～23 个月的统筹地区可以现行费率为基础下调 20%，累计结余可支付月数在 24 个月以上的统筹地区可以现行费率为基础下调 50%。

>> 第九节
组合式税费支持政策

一 增值税

【知识点 1】 对增值税小规模纳税人免征增值税

自 2022 年 4 月 1 日至 2022 年 12 月 31 日，增值税小规模纳税人适用 3% 征收率的应税销售收入，免征增值税；适用 3% 预征率的预缴增值税项目，暂停预缴增值税。

《财政部 税务总局关于延续实施应对疫情部分税费优惠政策的公告》（财政部 税务总局公告 2021 年第 7 号）第一条规定的税收优惠政策，执行期限延长至 2022 年 3 月 31 日。

【知识点 2】 小规模纳税人免征增值税等征管规定

2022 年 4 月 1 日起，增值税小规模纳税人适用 3% 征收率应税销售收入免征增值税的，应按规定开具免税普通发票。纳税人选择放弃免税并开具增值税专用发票的，应开具征收率为 3% 的增值税专用发票。

增值税小规模纳税人取得应税销售收入，纳税义务发生时间在 2022 年 3 月 31 日前，已按 3% 或者 1% 征收率开具增值税发票，发生销售折让、中止或者退回等情形需要开具红字发票的，应按照对应征收率开具红字发票；开票有误需要重新开具的，应按照对应征收率开具红字发票，再重新开具正确的蓝字发票。

增值税小规模纳税人发生增值税应税销售行为，合计月销售额未超过 15 万元（以 1 个季度为 1 个纳税期的，季度销售额未超过 45 万元，下同）的，免征增值税的销售额等项目应当填写在《增值税及附加税费申报表（小规模纳税人适用)》"小微企业免税销售额"或者"未达起征点销售额"相关栏次。

合计月销售额超过 15 万元的，免征增值税的全部销售额等项目应当填写在《增值税及附加税费申报表（小规模纳税人适用)》"其他免税销售额"栏次及《增值税减免税申报明细表》对应栏次。

此前已按照《财政部　税务总局关于统一增值税小规模纳税人标准的通知》（财税〔2018〕33 号）第二条、《国家税务总局关于小规模纳税人免征增值税政策有关征管问题的公告》（2019 年第 4 号）第五条、《国家税务总局关于明确二手车经销等若干增值税征管问题的公告》（2020 年第 9 号）第六条规定转登记的纳税人，根据《国家税务总局关于统一小规模纳税人标准等若干增值税问题的公告》（2018 年第 18 号）相关规定计入"应交税费——待抵扣进项税额"科目核算、截至 2022 年 3 月 31 日的余额，在 2022 年度可分别计入固定资产、无形资产、投资资产、存货等相关科目，按规定在企业所得税或个人所得税税前扣除，对此前已税前扣除的折旧、摊销不再调整；对无法划分的部分，在 2022 年度可一次性在企业所得税或个人所得税税前扣除。

已经使用金税盘、税控盘等税控专用设备开具增值税发票的小规模纳税人，可以继续使用现有设备开具发票，也可以自愿向税务机关免费换领税务 UKey 开具发票。

【知识点 3】 进一步加大增值税期末留抵退税政策实施力度

1. 自 2022 年 4 月 1 日起，加大小微企业增值税期末留抵退税政策力度，将先进制造业按月全额退还增值税增量留抵税额政策范围扩大至符合条件的小微企业（含个体工商户，下同），并一次性退还小微企业存量留抵税额。

（1）符合条件的小微企业，可以自 2022 年 4 月纳税申报期起向主管税务机关申请退还增量留抵税额。在 2022 年 12 月 31 日前，退税条件按照以下第 3 项执行。

（2）符合条件的微型企业，可以自 2022 年 4 月纳税申报期起向主管税务机关申请一次性退还存量留抵税额；符合条件的小型企业，可以自 2022 年 5 月纳税申报期起向主管税务机关申请一次性退还存量留抵税额。

2. 加大"制造业"、"科学研究和技术服务业"、"电力、热力、燃气及水生产和供应业"、"软件和信息技术服务业"、"生态保护和环境治理业" 和 "交通运输、仓储和邮政业"（以下称制造业等行业）增值税期末留抵退税政策力度，将先进制造业按月全额退还增值税增量留抵税额政策范围扩大至符合条件的制造业等行业企业（含个体工商户，下同），并一次性退还制造业等行业企业存量留抵税额。

（1）符合条件的制造业等行业企业，可以自 2022 年 4 月纳税申报期起向主管税务机关申请退还增量留抵税额。

（2）符合条件的制造业等行业中型企业，可以自 2022 年 7 月纳税申报期起向主管税务机关申请一次性退还存量留抵税额；符合条件的制造业等行业大型企业，可以自 2022 年 10 月纳税申报期起向主管税务机关申请一次性退还存量留抵税额。

3. 适用上述政策的纳税人需同时符合以下条件：

（1）纳税信用等级为 A 级或者 B 级；

（2）申请退税前 36 个月未发生骗取留抵退税、骗取出口退税或虚开增值税专用发票情形；

（3）申请退税前 36 个月未因偷税被税务机关处罚两次及以上；

（4）2019 年 4 月 1 日起未享受即征即退、先征后返（退）政策。

4. 所称增量留抵税额，区分以下情形确定：

（1）纳税人获得一次性存量留抵退税前，增量留抵税额为当期期末留抵税额与 2019 年 3 月 31 日相比新增加的留抵税额。

（2）纳税人获得一次性存量留抵退税后，增量留抵税额为当期期末留抵税额。

5. 所称存量留抵税额，区分以下情形确定：

（1）纳税人获得一次性存量留抵退税前，当期期末留抵税额大于或等于 2019 年 3 月 31 日期末留抵税额的，存量留抵税额为 2019 年 3 月 31 日期末留抵税额；当期期末留抵税额小于 2019 年 3 月 31 日期末留抵税额的，存量留抵税额为当期期末留抵税额。

（2）纳税人获得一次性存量留抵退税后，存量留抵税额为零。

6. 所称中型企业、小型企业和微型企业，按照《中小企业划型标准规定》（工信部联企业〔2011〕300 号）和《金融业企业划型标准规定》（银发〔2015〕309 号）中的营业收入指标、资产总额指标确定。其中，资产总额指标按照纳税人上一会计年度年末值确定。营业收入指标按照纳税人上一会计年度增值税销售额确定；不满一个会计年度的，按照以下公式计算：

$$增值税销售额（年）=上一会计年度企业实际存续期间增值税销售额/$$
$$企业实际存续月数 \times 12$$

所称增值税销售额，包括纳税申报销售额、稽查查补销售额、纳税评估调整销售额。适用增值税差额征税政策的，以差额后的销售额确定。

对于工信部联企业〔2011〕300 号和银发〔2015〕309 号文件所列行业以外的纳税人，以及工信部联企业〔2011〕300 号文件所列行业但未采用营业收入指标或资产总额指标划型确定的纳税人，微型企业标准为增值税销售额（年）100 万元以下（不含 100 万元）；小型企业标准为增值税销售额（年）2000 万元以下（不含 2000 万元）；中型企业标准为增值税销售额（年）1 亿元以下（不含 1 亿元）。

所称大型企业，是指除上述中型企业、小型企业和微型企业外的其他企业。

7. 所称制造业等行业企业，是指从事《国民经济行业分类》中"制造业"、"科学研究和技术服务业"、"电力、热力、燃气及水生产和供应业"、"软件和信息技术服务业"、"生态保护和环境治理业"和"交通运输、仓储和邮政业"业务相应发生的增值税销售额占全部增值税销售额的比重超过 50% 的纳税人。

上述销售额比重根据纳税人申请退税前连续 12 个月的销售额计算确定；申请退税前经营期不满 12 个月但满 3 个月的，按照实际经营期的销售额计算确定。

8. 适用上述政策的纳税人，按照以下公式计算允许退还的留抵税额：

$$允许退还的增量留抵税额 = 增量留抵税额 \times 进项构成比例 \times 100\%$$
$$允许退还的存量留抵税额 = 存量留抵税额 \times 进项构成比例 \times 100\%$$

进项构成比例，为 2019 年 4 月至申请退税前一税款所属期已抵扣的增值税专用发票（含带有"增值税专用发票"字样全面数字化的电子发票、税控机动车销售统一发票）、收费公路通行费增值税电子普通发票、海关进口增值税专用缴款书、解缴税款完税凭证注明的增值税额占同期全部已抵扣进项税额的比重。

9. 纳税人出口货物劳务、发生跨境应税行为，适用免抵退税办法的，应先办理免抵退税。免抵退税办理完毕后，仍符合规定条件的，可以申请退还留抵税额；适用免退税办法的，相关进项税额不得用于退还留抵税额。

10. 纳税人自 2019 年 4 月 1 日起已取得留抵退税款的，不得再申请享受增值税即征即退、先征后返（退）政策。纳税人可以在 2022 年 10 月 31 日前一次性将已取得的留抵退税款全部缴回后，按规定申请享受增值税即征即退、先征后返（退）政策。

纳税人自 2019 年 4 月 1 日起已享受增值税即征即退、先征后返（退）政策的，可以在 2022 年 10 月 31 日前一次性将已退还的增值税即征即退、先征后返（退）税款全部缴回后，按规定申请退还留抵税额。

11. 纳税人可以选择向主管税务机关申请留抵退税，也可以选择结转下期继续抵扣。纳税人应在纳税申报期内，完成当期增值税纳税申报后申请留抵退税。2022 年 4 月至 6 月的留抵退税申请时间，延长至每月最后一个工作日。

纳税人可以在规定期限内同时申请增量留抵退税和存量留抵退税。同时符合上述 1、2 项相关留抵退税政策的纳税人，可任意选择申请适用上述留抵退税政策。

12. 纳税人取得退还的留抵税额后，应相应调减当期留抵税额。

如果发现纳税人存在留抵退税政策适用有误的情形，纳税人应在下个纳税申报期结束前缴回相关留抵退税款。

【知识点 4】 进一步加大增值税期末留抵退税政策实施力度征管规定

1. 自 2022 年 4 月 1 日起纳税人申请留抵退税，应在规定的留抵退税申请期间，完成本期增值税纳税申报后，通过电子税务局或办税服务厅提交《退（抵）税申请表》。

2. 在计算允许退还的留抵税额的进项构成比例时，纳税人在 2019 年 4 月至申请退税前一税款所属期内按规定转出的进项税额，无需从已抵扣的增值税专用发票（含带有"增值税专用发票"字样全面数字化的电子发票、税控机动车销售统一发票）、收费公路通行费增值税电子普通发票、海关进口增值税专用缴款书、解缴税款完税凭证注明的增值税额中扣减。

3. 纳税人按照规定，需要申请缴回已退还的全部留抵退税款的，可通过电子税务局或办税服务厅提交《缴回留抵退税申请表》。税务机关应自受理之日起 5 个工作日内，依申请向纳税人出具留抵退税款缴回的《税务事项通知书》。纳税人在缴回已退还的全部留抵退税款后，办理增值税纳税申报时，将缴回的全部退税款在《增值税及附加税费申报表附列资料（二）》（本期进项税额明细）第 22 栏"上期留抵税额退税"填写负数，并可继续按规定抵扣进项税额。

4. 适用增值税一般计税方法的个体工商户，可自《国家税务总局关于进一步加大增值税期末留抵退税政策实施力度有关征管事项的公告》（国家税务总局公告 2022 年第 4 号）发布之日起，自愿向主管税务机关申请参照企业纳税信用评价指标和评价方式参加评价，并在以后的存续期内适用国家税务总局纳税信用管理相关规定。对于已按照省税务机关公布的纳税信用管理办法参加纳税信用评价的，也可选择沿用原纳税信用级别，符合条件的可申请办理留抵退税。

5. 纳税人办理留抵退税的其他事项，按照《国家税务总局关于办理增值税期末留抵税额退税有关事项的公告》（2019 年第 20 号）的规定执行，其中办理增量留抵退税的相关征管规定适用于存量留抵退税。

【知识点 5】 促进服务业领域困难行业纾困发展有关增值税政策

1. 《财政部　税务总局　海关总署关于深化增值税改革有关政策的公告》（财政部　税务总局　海关总署公告 2019 年第 39 号）第七条和《财政部　税务总局关于明确生活性服务业增值税加计抵减政策的公告》（财政部　税务总局公告 2019 年第 87 号）规定的生产、生活性服务业增值税加计抵减政策，执行期限延长至 2022 年 12 月 31 日。

2. 自 2022 年 1 月 1 日至 2022 年 12 月 31 日，航空和铁路运输企业分支机构暂停预缴增值税。2022 年 2 月纳税申报期至《财政部　税务总局关于促进服务业领域困难行业纾困发展有关增值税政策的公告》（财政部　税务总局公告 2022 年第 11 号）发布之日已预缴的增值税予以退还。

3. 自 2022 年 1 月 1 日至 2022 年 12 月 31 日，对纳税人提供公共交通运输服务取得的收入，免征增值税。公共交通运输服务的具体范围，按照《营业税改征增值税试点有关事项的规定》（财税〔2016〕36 号印发）执行。此前已征收入库的按上述规定应予免征的增值税税款，可抵减纳税人以后月份应缴纳的增值税税款或者办理税款退库。已向购买方开具增值税专用发票的，应将专用发票追回后方可办理免税。

二 企业所得税

【知识点 1 】　进一步实施小微企业所得税优惠政策

1. 自 2022 年 1 月 1 日起至 2024 年 12 月 31 日，对小型微利企业年应纳税所得额超过 100 万元但不超过 300 万元的部分，减按 25% 计入应纳税所得额，按 20% 的税率缴纳企业所得税。

2. 所称小型微利企业，是指从事国家非限制和禁止行业，且同时符合年度应纳税所得额不超过 300 万元、从业人数不超过 300 人、资产总额不超过 5000 万元等三个条件的企业。

从业人数，包括与企业建立劳动关系的职工人数和企业接受的劳务派遣用工人数。所称从业人数和资产总额指标，应按企业全年的季度平均值确定。具体计算公式如下：

$$季度平均值 = （季初值 + 季末值）÷ 2$$
$$全年季度平均值 = 全年各季度平均值之和 ÷ 4$$

年度中间开业或者终止经营活动的，以其实际经营期作为一个纳税年度确定上述相关指标。

【知识点 2 】　小型微利企业所得税优惠政策征管规定

1. 自 2022 年 1 月 1 日起符合财政部、税务总局规定的小型微利企业条件的企业（以下简称小型微利企业），按照相关政策规定享受小型微利企业所得税优惠政策。

企业设立不具有法人资格分支机构的，应当汇总计算总机构及其各分支机构的从业人数、资产总额、年度应纳税所得额，依据合计数判断是否符合小型微利企业条件。

2. 小型微利企业无论按查账征收方式或核定征收方式缴纳企业所得税，均可享受小型微利企业所得税优惠政策。

3. 小型微利企业在预缴和汇算清缴企业所得税时，通过填写纳税申报表，即可享受小型微利企业所得税优惠政策。

4. 小型微利企业预缴企业所得税时，资产总额、从业人数、年度应纳税所得额指标，暂按当年度截至本期预缴申报所属期末的情况进行判断。

5. 原不符合小型微利企业条件的企业，在年度中间预缴企业所得税时，按照相关政策标准判断符合小型微利企业条件的，应按照截至本期预缴申报所属期末的累计情况，计算减免税额。当年度此前期间如因不符合小型微利企业条件而多预缴的企业所得税税款，可在以后季度应预缴的企业所得税税款中抵减。

6. 企业预缴企业所得税时享受了小型微利企业所得税优惠政策，但在汇算清缴时发现不符合相关政策标准的，应当按照规定补缴企业所得税税款。

7. 小型微利企业所得税统一实行按季度预缴。按月度预缴企业所得税的企业，在当年度 4 月、7 月、10 月预缴申报时，若按相关政策标准判断符合小型微利企业条件的，下一个预缴申报期起调整为按季度预缴申报，一经调整，当年度内不再变更。

【知识点 3】 中小微企业设备器具企业所得税税前扣除

1. 中小微企业在 2022 年 1 月 1 日至 2022 年 12 月 31 日期间新购置的设备、器具，单位价值在 500 万元以上的，按照单位价值的一定比例自愿选择在企业所得税税前扣除。其中，企业所得税法实施条例规定最低折旧年限为 3 年的设备器具，单位价值的 100% 可在当年一次性税前扣除；最低折旧年限为 4 年、5 年、10 年的，单位价值的 50% 可在当年一次性税前扣除，其余 50% 按规定在剩余年度计算折旧进行税前扣除。

企业选择适用上述政策当年不足扣除形成的亏损，可在以后 5 个纳税年度结转弥补，享受其他延长亏损结转年限政策的企业可按现行规定执行。

2. 所称中小微企业是指从事国家非限制和禁止行业，且符合以下条件的企业：

（1）信息传输业、建筑业、租赁和商务服务业：从业人员 2000 人以下，或营业收入 10 亿元以下或资产总额 12 亿元以下；

（2）房地产开发经营：营业收入 20 亿元以下或资产总额 1 亿元以下；

（3）其他行业：从业人员 1000 人以下或营业收入 4 亿元以下。

3. 所称设备、器具，是指除房屋、建筑物以外的固定资产；所称从业人数，包括与企业建立劳动关系的职工人数和企业接受的劳务派遣用工人数。

从业人数和资产总额指标，应按企业全年的季度平均值确定。具体计算公式如下：

$$季度平均值 =（季初值 + 季末值）÷ 2$$

$$全年季度平均值 = 全年各季度平均值之和 ÷ 4$$

年度中间开业或者终止经营活动的，以其实际经营期作为一个纳税年度确定上述相关指标。

4. 中小微企业可按季（月）在预缴申报时享受上述政策。此前企业在 2022 年已购置的设备、器具，可在预缴申报、年度汇算清缴时享受。

5. 中小微企业可根据自身生产经营核算需要自行选择享受上述政策，当年度未选择享受的，以后年度不得再变更享受。

三 资源税、城市维护建设税、房产税、城镇土地使用税、印花税（不含证券交易印花税）、耕地占用税和教育费附加、地方教育附加

【知识点 1】 小微企业 "六税两费" 减免政策

1. 自 2022 年 1 月 1 日起至 2024 年 12 月 31 日，由省、自治区、直辖市人民政府根据本地区实际情况，以及宏观调控需要确定，对增值税小规模纳税人、小型微利企业和个体工商户可以在 50% 的税额幅度内减征资源税、城市维护建设税、房产税、城镇土地使用税、印花税（不含证券交易印花税）、耕地占用税和教育费附加、地方教育附加。

2. 增值税小规模纳税人、小型微利企业和个体工商户已依法享受资源税、

城市维护建设税、房产税、城镇土地使用税、印花税、耕地占用税、教育费附加、地方教育附加其他优惠政策的,可叠加享受上述第 1 项的优惠政策。

3. 所称小型微利企业,是指从事国家非限制和禁止行业,且同时符合年度应纳税所得额不超过 300 万元、从业人数不超过 300 人、资产总额不超过 5000 万元等三个条件的企业。

从业人数,包括与企业建立劳动关系的职工人数和企业接受的劳务派遣用工人数。所称从业人数和资产总额指标,应按企业全年的季度平均值确定。具体计算公式如下:

$$季度平均值 = (季初值 + 季末值) \div 2$$

$$全年季度平均值 = 全年各季度平均值之和 \div 4$$

年度中间开业或者终止经营活动的,以其实际经营期作为一个纳税年度确定上述相关指标。

小型微利企业的判定以企业所得税年度汇算清缴结果为准。登记为增值税一般纳税人的新设立的企业,从事国家非限制和禁止行业,且同时符合申报期上月末从业人数不超过 300 人、资产总额不超过 5000 万元等两个条件的,可在首次办理汇算清缴前按照小型微利企业申报享受上述第 1 项优惠政策。

【知识点 2】 进一步实施小微企业 "六税两费" 减免政策有关征管

1. 关于小型微利企业"六税两费"减免政策的适用

(1) 适用"六税两费"减免政策的小型微利企业的判定以企业所得税年度汇算清缴(以下简称汇算清缴)结果为准。登记为增值税一般纳税人的企业,按规定办理汇算清缴后确定是小型微利企业的,除本条第(2)项规定外,可自办理汇算清缴当年的 7 月 1 日至次年 6 月 30 日申报享受"六税两费"减免优惠;2022 年 1 月 1 日至 6 月 30 日期间,纳税人依据 2021 年办理 2020 年度汇算清缴的结果确定是否按照小型微利企业申报享受"六税两费"减免优惠。

(2) 登记为增值税一般纳税人的新设立企业,从事国家非限制和禁止行业,且同时符合申报期上月末从业人数不超过 300 人、资产总额不超过 5000 万元两项条件的,按规定办理首次汇算清缴申报前,可按照小型微利企业申报享受"六税两费"减免优惠。

登记为增值税一般纳税人的新设立企业，从事国家非限制和禁止行业，且同时符合设立时从业人数不超过 300 人、资产总额不超过 5000 万元两项条件的，设立当月依照有关规定按次申报有关"六税两费"时，可申报享受"六税两费"减免优惠。

按规定办理首次汇算清缴后确定不属于小型微利企业的一般纳税人，自办理汇算清缴的次月 1 日至次年 6 月 30 日，不得再申报享受"六税两费"减免优惠；按次申报的，自首次办理汇算清缴确定不属于小型微利企业之日起至次年 6 月 30 日，不得再申报享受"六税两费"减免优惠。

新设立企业按规定办理首次汇算清缴后，按规定申报当月及之前的"六税两费"的，依据首次汇算清缴结果确定是否可申报享受减免优惠。

新设立企业按规定办理首次汇算清缴申报前，已按规定申报缴纳"六税两费"的，不再根据首次汇算清缴结果进行更正。

（3）登记为增值税一般纳税人的小型微利企业、新设立企业，逾期办理或更正汇算清缴申报的，应当依据逾期办理或更正申报的结果，按照本条第（1）项、第（2）项规定的"六税两费"减免税期间申报享受减免优惠，并应当对"六税两费"申报进行相应更正。

2. 关于增值税小规模纳税人转为一般纳税人时"六税两费"减免政策的适用

增值税小规模纳税人按规定登记为一般纳税人的，自一般纳税人生效之日起不再按照增值税小规模纳税人适用"六税两费"减免政策。增值税年应税销售额超过小规模纳税人标准应当登记为一般纳税人而未登记，经税务机关通知，逾期仍不办理登记的，自逾期次月起不再按照增值税小规模纳税人申报享受"六税两费"减免优惠。

上述纳税人如果符合上述第 1 条规定的小型微利企业和新设立企业的情形，或登记为个体工商户，仍可申报享受"六税两费"减免优惠。

3. 关于"六税两费"减免优惠的办理方式

纳税人自行申报享受减免优惠，不需额外提交资料。

4. 关于纳税人未及时申报享受"六税两费"减免优惠的处理方式

纳税人符合条件但未及时申报享受"六税两费"减免优惠的，可依法申请抵减以后纳税期的应纳税费款或者申请退还。

四　延缓缴纳部分税费

【知识点】　制造业中小微企业延缓缴纳部分税费

1. 延缓缴纳 2021 年第四季度部分税费

自 2021 年 11 月 1 日起，制造业中小微企业（含个人独资企业、合伙企业、个体工商户，下同）延缓缴纳 2021 年第四季度部分税费。

（1）所称制造业中小微企业是指国民经济行业分类中行业门类为制造业，且年销售额 2000 万元以上（含 2000 万元）4 亿元以下（不含 4 亿元）的企业（以下称制造业中型企业）和年销售额 2000 万元以下（不含 2000 万元）的企业（以下称制造业小微企业）。

销售额是指应征增值税销售额，包括纳税申报销售额、稽查查补销售额、纳税评估调整销售额。适用增值税差额征税政策的，以差额后的销售额确定。

（2）所称制造业中小微企业年销售额按以下方式确定：

截至 2021 年 9 月 30 日成立满一年的企业，按照所属期为 2020 年 10 月至 2021 年 9 月的销售额确定；

截至 2021 年 9 月 30 日成立不满一年的企业，按照所属期截至 2021 年 9 月 30 日的销售额/实际经营月份×12 个月的销售额确定；

2021 年 10 月 1 日及以后成立的企业，按照首个申报期销售额/实际经营月份×12 个月的销售额确定。

（3）延缓缴纳的税费包括所属期为 2021 年 10 月、11 月、12 月（按月缴纳）或者 2021 年第四季度（按季缴纳）的企业所得税、个人所得税（代扣代缴除外）、国内增值税、国内消费税及附征的城市维护建设税、教育费附加、地方教育附加，不包括向税务机关申请代开发票时缴纳的税费。

（4）符合规定条件的制造业中小微企业，在依法办理纳税申报后，制造业中型企业可以延缓缴纳上述第 3 条规定的各项税费金额的 50%，制造业小微企业可以延缓缴纳上述第 3 条规定的全部税费。延缓的期限为 3 个月。延缓期限届满，纳税人应依法缴纳缓缴的税费。

2. 继续延缓缴纳 2021 年第四季度部分税费

2022 年 2 月，国家税务总局、财政部明确，制造业中小微企业延缓缴纳

2021 年第四季度部分税费政策，缓缴期限继续延长 6 个月。

3. 延缓缴纳 2022 年第一季度、第二季度部分税费

（1）符合规定条件的制造业中小微企业，在依法办理纳税申报后，制造业中型企业可以延缓缴纳以下第（3）项规定的各项税费金额的 50%，制造业小微企业可以延缓缴纳规定的全部税费，延缓的期限为 6 个月。延缓期限届满，纳税人应依法缴纳相应月份或者季度的税费。

（2）所称制造业中小微企业年销售额按以下方式确定：

截至 2021 年 12 月 31 日成立满一年的企业，按照所属期为 2021 年 1 月至 2021 年 12 月的销售额确定。

截至 2021 年 12 月 31 日成立不满一年的企业，按照所属期截至 2021 年 12 月 31 日的销售额/实际经营月份×12 个月的销售额确定。

2022 年 1 月 1 日及以后成立的企业，按照实际申报期销售额/实际经营月份×12 个月的销售额确定。

（3）延缓缴纳的税费包括所属期为 2022 年 1 月、2 月、3 月、4 月、5 月、6 月（按月缴纳）或者 2022 年第一季度、第二季度（按季缴纳）的企业所得税、个人所得税、国内增值税、国内消费税及附征的城市维护建设税、教育费附加、地方教育附加，不包括代扣代缴、代收代缴以及向税务机关申请代开发票时缴纳的税费。

（4）符合规定条件的制造业中小微企业，符合《中华人民共和国税收征收管理法》及其实施细则规定可以申请延期缴纳税款的，仍然可以依法申请办理延期缴纳税款。

>> 习题演练

单项选择题

1. 增值税法定增值额与理论增值额不一致的主要原因是各国在规定扣除范围时，是否允许扣除外购的（　　）。

A. 固定资产　　　B. 生产资料　　　C. 固定资产折旧　D. 生活资料

【参考答案】A

【答案解析】法定增值额与理论增值额不一致的一个重要原因是各国在规定扣除范围时，对外购固定资产的处理办法不同。

2. 自 2018 年 5 月 1 日起，增值税小规模纳税人标准统一为年应征增值税销售额（　　）万元及以下。

A. 80　　　　　　　B. 500　　　　　　　C. 50　　　　　　　D. 150

【参考答案】B

【答案解析】增值税小规模纳税人标准为年应征增值税销售额 500 万元及以下。

3. 增值税一般纳税人汽车租赁公司提供汽车租赁服务取得的租金收入，根据现行增值税政策规定适用税率是（　　）。

A. 13%　　　　　　B. 9%　　　　　　C. 10%　　　　　　D. 6%

【参考答案】A

【答案解析】增值税一般纳税人提供有形动产租赁服务适用 13% 的税率。

4. 下列关于增值税视同销售货物行为的说法，正确的是（　　）。

A. 购进的货物用于集体福利的，视同销售货物

B. 购进的货物用于个人消费的，视同销售货物

C. 位于同一县市实行统一核算的两个机构间的货物移送销售的，视同销售货物

D. 购进的货物用于无偿赠送给其他单位的，视同销售货物

【参考答案】D

【答案解析】根据《增值税暂行条例实施细则》第四条规定，单位或者个体工商户的下列行为，视同销售货物：①将货物交付其他单位或者个人代销；②销售代销货物；③设有两个以上机构并实行统一核算的纳税人，将货物从一个机构移送其他机构用于销售，但相关机构设在同一县（市）的除外；④将自产或者委托加工的货物用于非增值税应税项目；⑤将自产、委托加工的货物用于集体福利或者个人消费；⑥将自产、委托加工或者购进的货物作为投资，提供给其他单位或者个体工商户；⑦将自产、委托加工或者购进的货物分配给股东或者投资者；⑧将自产、委托加工或者购进的货物无偿赠送其他单位或者个人。

5. 根据现行增值税法规政策规定，下列项目中准予从销项税额中抵扣进项税额的是（   ）。

A. 免征增值税项目购进的货物   B. 集体福利购进的货物

C. 生产应税项目购进的免税农产品   D. 简易计税项目购进的货物

【参考答案】C

【答案解析】增值税一般纳税人购进货物时，用于简易计税方法计税项目、免征增值税项目、集体福利或者个人消费，进项税额不得从销项税额中抵扣。一般纳税人购进免税农产品准予按规定抵扣。

6. 个人发生应税行为按期纳税的，增值税起征点最高标准为（   ）。

A. 月销售额 20000 元（含本数）

B. 月销售额 30000 元（不含本数）

C. 月销售额 100000 元（含本数）

D. 月销售额 100000 元（不含本数）

【参考答案】A

【答案解析】个人发生应税行为按期纳税的，增值税起征点的幅度为 5000 ~ 20000 元（含本数）。

7. 2021 年 7 月，某计算机股份有限公司（一般纳税人）销售给某商场 100 台计算机，不含税单价为 4300 元/台，已开具税控系统专用发票，双方议定送货上门，商场支付运费 1500 元（开具普通发票），当月该公司可以抵扣的进项税额为 3400 元。该计算机股份公司应纳增值税为（   ）元。

A. 6970   B. 52672.57   C. 69955.00   D. 73317.95

【参考答案】B

【答案解析】计算机公司送货上门的运费作为销售计算机的价外费用，适用税率为 13%。应纳税额 = 100 × 4300 × 13% + 1500 ÷ （1 + 13%）× 13% − 3400 = 52672.57（元）

8. 某生产企业为增值税小规模纳税人，主管税务机关核定其按月纳税。假设 2021 年 7 月，该企业实现含税销售额 120000 元，则其当月应纳增值税为（   ）元。

A. 0   B. 4368.93   C. 3600.00   D. 3495.15

【参考答案】A

【答案解析】2021 年 4 月 1 日至 2022 年 12 月 31 日，对月销售额 15 万元以下（含本数）的增值税小规模纳税人，免征增值税。

9. 关于进口货物的增值税组成计税价格，下列说法正确的是（　　）。

A. 组成计税价格不含消费税　　　　B. 组成计税价格不含关税

C. 组成计税价格含增值税　　　　D. 组成计税价格含关税和消费税

【参考答案】D

【答案解析】纳税人进口货物，按照组成计税价格和规定的税率计算应纳税额。组成计税价格 = 关税完税价格 + 关税 + 消费税。

10. 下列不应包括在航空运输服务计税销售额中的是（　　）。

A. 燃油附加费　　　　B. 旅客违约金

C. 机场建设费　　　　D. 行李超重费

【参考答案】C

【答案解析】航空运输服务销售额不包括代收的机场建设费和代售其他航空运输企业客票而代收转付的价款。

11. 自 2019 年 2 月 1 日至 2023 年 12 月 31 日，下列业务中免征增值税的是（　　）。

A. 公共交通运输服务

B. 企业集团内单位之间无偿提供的服务

C. 企业集团内单位之间的资金无偿借贷行为

D. 企业之间的资金无偿借贷行为

【参考答案】C

【答案解析】自 2019 年 2 月 1 日至 2023 年 12 月 31 日，对企业集团内单位之间的资金无偿借贷行为，免征增值税。

12. 下列企业中，不属于消费税纳税义务人的是（　　）。

A. 零售金银首饰的首饰店　　　　B. 从事白酒批发业务的商贸企业

C. 进口小汽车的外贸企业　　　　D. 委托加工烟丝的卷烟厂

【参考答案】B

【答案解析】消费税的纳税人，是指在中华人民共和国境内生产、委托加工和进口应税消费品的单位和个人，以及从事卷烟批发和金银首饰零售业务的单位和个人。白酒在批发环节不征收消费税，从事白酒批发业务的商贸企业不属于消费税的纳税人。

13. 纳税人采用以旧换新方式销售的金银首饰，征收消费税的计税依据是（　　）。

A. 销售金银首饰的含增值税的全部价款，不得扣除换回旧首饰价款

B. 销售金银首饰的不含增值税的全部价款，不得扣除换回旧首饰价款

C. 实际收取的不含增值税的全部价款

D. 实际收取的含增值税的全部价款，扣除换回旧首饰价款

【参考答案】C

【答案解析】纳税人采用以旧换新（含翻新改制）方式销售金银首饰，应按实际收取的不含增值税的全部价款确定计税依据征收消费税。

14. 下列各项中，不符合消费税纳税义务发生时间规定的是（　　）。

A. 进口的应税消费品，为报关进口的当天

B. 自产自用的应税消费品，为移送使用的当天

C. 采取预收货款结算方式的，为发出应税消费品的当天

D. 委托加工的应税消费品，为支付加工费的当天

【参考答案】D

【答案解析】纳税人委托加工应税消费品的，纳税义务发生时间为纳税人提货的当天。

15. 下列关于从量计征消费税应税消费品计税依据的叙述，不正确的是（　　）。

A. 销售应税消费品的，为应税消费品的生产数量

B. 自产自用应税消费品的，为应税消费品的移送使用数量

C. 委托加工应税消费品的，为纳税人收回的应税消费品数量

D. 进口应税消费品的，为海关核定的应税消费品进口征税数量

【参考答案】A

【答案解析】适用从量计税方法的，其计税依据的确定：销售应税消费品的，为应税消费品的销售数量；自产自用应税消费品的，为应税消费品的移送使用数量；委托加工应税消费品的，为纳税人收回的应税消费品数量；进口的应税消费品，为海关核定的应税消费品进口征税数量。

16. 下列应税消费品中，准予按照生产领用量抵扣外购应税消费品的已纳

消费税的是 (　　　)。

　　A. 外购已税白酒生产白酒

　　B. 外购已税小汽车生产的小汽车

　　C. 外购已税鞭炮焰火生产的鞭炮焰火

　　D. 外购已税机动游艇生产的机动游艇

【参考答案】C

【答案解析】外购的白酒、小汽车、游艇已缴纳的消费税不属于可以抵扣的范围。

17. 根据现行消费税政策,成品油纳税环节是 (　　　)。

　　A. 批发环节　　　　　　　　　　B. 生产和批发环节

　　C. 生产(进口)环节　　　　　　D. 零售环节

【参考答案】C

【答案解析】成品油的消费税在生产(进口)环节征收。

18. 按现行消费税政策,以下各项只在零售环节计征消费税的是 (　　　)。

　　A. 金银首饰　　　B. 超豪华小汽车　C. 摩托车　　　　D. 白酒

【参考答案】A

【答案解析】金银首饰只在零售环节征税;超豪华小汽车在生产(进口)和零售环节双环节征税;摩托车和白酒在生产(进口)环节征税。

19. 下列各项中,不属于企业所得税视同销售行为的是 (　　　)。

　　A. 将自产的货物用于职工福利

　　B. 将自产的货物用于本企业办公楼的在建工程

　　C. 将外购的货物用于对外投资

　　D. 将自产的货物从境内分支机构移送到境外的分支机构

【参考答案】B

【答案解析】选项 B 属于企业内部处置资产的行为,不视同销售确认收入,相关资产的计税基础延续计算。

20. 某居民企业为本企业任职或受雇的全体员工支付的补充养老保险费、补充医疗保险费,分别在不超过职工工资总额 (　　　) 标准内的部分,在计算企业所得税应纳税所得额时准予扣除;超过的部分,不予扣除。

　　A. 3%　　　　　　　B. 5%　　　　　　　C. 10%　　　　　　D. 15%

【参考答案】B

【答案解析】企业为在本企业任职或者受雇的全体员工支付的补充养老保险费、补充医疗保险费，分别在不超过职工工资总额5%标准内的部分，在计算企业所得税应纳税所得额时准予扣除；超过的部分，不予扣除。

21. 企业所得税年度纳税申报表附表《纳税调整项目明细表》中所列的"销售折扣、折让和退回"属于（　　）。

　A. 收入类调整项目　　　　　　　B. 资产类调整项目

　C. 扣除类调整项目　　　　　　　D. 特殊事项调整项目

【参考答案】A

【答案解析】在企业所得税年度纳税申报表附表《纳税调整项目明细表》中，"销售折扣、折让和退回"属于收入类调整项目。

22. 下列各项，属于企业所得税不征税收入的是（　　）。

　A. 国债利息收入

　B. 因债权人缘故确实无法支付的应付款项

　C. 依法收取并纳入财政管理的行政事业性收费

　D. 接受捐赠收入

【参考答案】C

【答案解析】本题涉及的知识点是企业所得税不征税与免税收入的划分。根据《企业所得税法》规定，依法收取并纳入财政管理的行政事业性收费属于不征税收入。

23. 自2019年1月1日至2025年12月31日，企业用于目标脱贫地区的公益性扶贫捐赠支出，在计算企业所得税应纳税所得额时适用的政策为（　　）。

　A. 据实扣除　　　　　　　　　　B. 不得扣除

　C. 按利润总额的12%限额扣除　　D. 按发生额的50%扣除

【参考答案】A

【答案解析】自2019年1月1日至2025年12月31日，企业通过公益性社会组织或者县级（含县级）以上人民政府及其组成部门和直属机构，用于目标脱贫地区的扶贫捐赠支出，准予在计算企业所得税应纳税所得额时据实扣除。

24. 下列情形中，纳税人应当进行土地增值税清算的是（　　）。

A. 取得销售许可证满 1 年仍未销售完毕的

B. 转让未竣工结算房地产开发项目 50% 股权的

C. 直接转让土地使用权的

D. 房地产开发项目尚未竣工但已销售面积达到 50% 的

【参考答案】C

【答案解析】发生下列情形，纳税人应当进行土地增值税清算：①房地产开发项目全部竣工、完成销售的；②整体转让未竣工决算房地产开发项目的；③直接转让土地使用权的。

25. 房地产开发企业将开发产品用于下列（　　）项目，不属于视同销售房地产，不用缴纳土地增值税。

A. 开发的部分房地产用于职工福利

B. 开发的部分房地产与其他单位交换非货币资产

C. 开发的部分房地产用于抵偿债务

D. 开发的部分房地产用于办公自用

【参考答案】D

【答案解析】房地产开发企业将开发产品用于以下项目，发生所有权转移时应视同销售房地产，包括：①职工福利；②奖励；③对外投资；④分配给股东或投资人；⑤抵偿债务；⑥换取其他单位和个人的非货币性资产。

26. 中国公民李某取得工程设计收入 20000 元，从中拿出 5000 元，直接捐赠给了农村义务教育，李某就该笔收入应预缴的个人所得税为（　　）元。

A. 0　　　　　　B. 1400　　　　　　C. 3200　　　　　　D. 3800

【参考答案】C

【答案解析】直接捐赠不能在计算应纳税所得额时扣除。该笔收入应预缴的个人所得税 = 20000 × (1 − 20%) × 20% = 3200（元）。

27. 约翰是美国人，2019 年 7 月 10 日来华工作，2020 年 5 月 15 日回国，则该纳税人（　　）。

A. 2019 年度为我国非居民个人，2020 年度为我国居民个人

B. 2019 年度为我国居民个人，2020 年度为我国非居民个人

C. 2019 年度和 2020 年度均为我国非居民个人

D. 2019 年度和 2020 年度均为我国居民个人

【参考答案】C

【答案解析】在中国境内无住所又不居住，或者无住所而一个纳税年度内在中国境内居住累计不满 183 天的个人，为非居民个人。在 2019 年度和 2020 年度，约翰的在华时间都没有超过 183 天，因此这两年都属于我国的非居民个人。

28. 居民个人 2021 年取得的下列所得应并入当年综合所得，计算缴纳个人所得税的是（　　）。

A. 证券经纪人佣金收入

B. 股权奖励

C. 与用人单位解除劳动关系取得一次性补偿收入

D. 个人因出境定居而一次性领取的年金个人账户资金

【参考答案】A

【答案解析】根据个人所得税法修改后优惠政策衔接的有关规定，选项 B、C、D 不并入当年综合所得，单独按规定计算纳税。

29. 王某 2018 年 5 月购买小轿车一辆，当时已纳车辆购置税 20000 元，2019 年 6 月由于车辆质量问题退回厂家，应退车辆购置税（　　）元。

A. 20000　　　　　B. 18000　　　　　C. 16000　　　　　D. 0

【参考答案】B

【答案解析】应退税额 = 20000 ×（1 − 1 × 10%）= 18000（元）

30. 下列企业既是增值税纳税人又是资源税纳税人的是（　　）。

A. 销售有色金属矿产品的贸易公司

B. 进口有色金属矿产品的企业

C. 在境内开采有色金属矿产品销售的企业

D. 在境外开采并销售有色金属矿产品的企业

【参考答案】C

【答案解析】选项 A、B 是增值税纳税人不是资源税纳税人，选项 D 不属于我国资源税和增值税的纳税人。

31. 根据印花税相关规定，下列说法错误的是（　　）。

A. 资金账簿按实收资本和资本公积合计金额减半征收印花税

B. 出版单位与发行单位之间订立的图书订购单不征收印花税

C. 纳税人以电子形式签订的合同应征收印花税

D. 在中国境外签订的，适用于中国境内并在境内有法律效力的合同应征收印花税

【参考答案】B

【答案解析】出版单位与发行单位之间订立的图书、报刊、音像征订凭证要按购销合同贴花。

32. 下列关于房产税纳税人的说法，正确的是（　　　）。

A. 产权出典的，由出典人缴纳房产税

B. 产权属于国家所有的，由经营管理单位缴纳房产税

C. 无论产权所有人是否在房屋所在地，均由产权所有人缴纳房产税

D. 纳税人无租使用免税单位房产的，由免税单位缴纳房产税

【参考答案】B

【答案解析】选项 A，产权出典的，由承典人缴纳房产税；选项 C，产权所有人、承典人不在房屋所在地，由房产代管人或使用人纳税；选项 D，纳税单位和个人无租使用免税单位房产的，应由使用人代为缴纳房产税。

33. 某纳税人直接向河流排放总铅 6000 千克（自动监测仪读数），已知总铅污染当量值为 0.025，假定其所在省公布的水污染物环保税税率为每污染当量 4 元，则该纳税人应纳的环保税为（　　　）元。

A. 600　　　　　B. 24000　　　　　C. 680000　　　　　D. 960000

【参考答案】D

【答案解析】污染当量数＝排放量÷污染当量值＝6000÷0.025＝240000

应纳环保税＝污染当量数×具体适用税额＝240000×4＝960000（元）

34. 单位和个人发生下列行为，应该缴纳契税的是（　　　）。

A. 转让土地使用权　　　　　B. 承受不动产所有权

C. 赠与不动产所有权　　　　　D. 转让不动产所有权

【参考答案】B

【答案解析】契税是以所有权发生转移的不动产为征税对象，向产权承受人征收的一种财产税。

35. 下列选项中，关于城市维护建设税的说法错误的是（　　　）。

A. 撤县建市后，纳税人所在地在市区的，城市维护建设税适用税率为7%

B. 撤县建市后，纳税人适用的城市维护建设税税率统一为7%

C. 纳税人跨地区提供建筑服务，按预缴增值税所在地的城市维护建设税适用税率计算缴纳城市维护建设税

D. 纳税人跨地区出租不动产的，以预缴增值税税额为计税依据，在预缴增值税所在地缴纳城市维护建设税

【参考答案】B

【答案解析】撤县建市后，纳税人所在地在市区的，城市维护建设税适用税率为7%。纳税人所在地在市区以外其他镇的，城市维护建设税适用税率仍为5%。

36. 下列属于企业基本养老保险费的征税范围是（ ）。

A. 属于企业性质的用人单位　　　　　B. 个人

C. 属于企业性质的用人单位及其职工个人　　　D. 政府补贴

【参考答案】C

【答案解析】基本养老保险，由用人单位和职工共同缴纳。

37. 企业职工基本养老保险职工个人的缴费比例为（ ）。

A.8%　　　　　B.6%　　　　　C.7%　　　　　D.9%

【参考答案】A

【答案解析】职工缴纳基本养老保险费的比例为个人缴费工资的8%。

38. 国家为促进社会公益事业的发展，按照法律、法规、国务院及其财政部门的规定，特许发行彩票筹集的专项资金属于（ ）。

A. 以政府名义接受的捐赠收入　　　　B. 罚没收入

C. 彩票公益金　　　　　D. 国有资源有偿使用收入

【参考答案】C

【答案解析】彩票公益金是从彩票发行收入中按规定比例提取的，专项用于社会福利、体育等社会公益事业的资金。彩票公益金是政府非税收入形式之一。

二 多项选择题

1. 下列关于增值税小规模纳税人的说法，正确的有 (　　)。

A. 实行简易征收办法

B. 非企业性单位可以选择按小规模纳税人纳税

C. 不得抵扣进项税额

D. 一经认定为小规模纳税人，不得再转为一般纳税人

【参考答案】ABC

【答案解析】小规模纳税人会计核算健全，能够提供准确税务资料的，可以向主管税务机关办理一般纳税人资格登记，成为一般纳税人。

2. 下列业务应按5%的征收率计算缴纳增值税的有 (　　)。

A. 一般纳税人销售不动产

B. 房地产开发企业的一般纳税人销售自行开发的房地产老项目，选择适用简易计税方法的

C. 小规模纳税人销售不动产

D. 小规模纳税人出租不动产

【参考答案】BCD

【答案解析】5%征收率的适用范围：一般纳税人销售不动产，选择适用简易计税方法，征收率为5%。房地产开发企业的一般纳税人销售自行开发的房地产老项目，选择适用简易计税方法，征收率为5%。小规模纳税人销售不动产，适用5%征收率。

小规模纳税人出租不动产，征收率为5%。

3. 依据增值税有关规定，下列行为属于增值税征税范围的有 (　　)。

A. 婚介公司提供婚介服务

B. 房地产开发公司销售房屋

C. 饭店提供餐饮服务

D. 根据国家指令无偿提供的铁路运输服务、航空运输服务

【参考答案】ABC

【答案解析】根据国家指令无偿提供的铁路运输服务、航空运输服务，属

于《营业税改征增值税试点实施办法》（财税〔2016〕36号附件1）规定的用于公益事业的服务，不视同销售服务，属于不征收增值税项目。

4. 增值税一般纳税人的下列建筑服务可以选择适用简易方法按3%征收率计算缴纳增值税的有（　　）。

A. 为建筑工程老项目提供的建筑服务

B. 以清包工方式提供的建筑服务

C. 以包工包料方式提供的建筑服务

D. 为甲供工程提供的建筑服务

【参考答案】ABD

【答案解析】增值税一般纳税人的下列建筑服务可以选择适用简易方法按3%征收率计算缴纳增值税：为建筑工程老项目提供的建筑服务；以清包工方式提供的建筑服；为甲供工程提供的建筑服务。

5. 下列情形，属于视同提供增值税应税服务的有（　　）。

A. 某运输公司免费为市孤儿院提供运输服务

B. 某运输公司免费为市政府运送物品

C. 某律师事务所免费为某企业提供资产重组相关业务法律咨询服务

D. 某律师事务所在市民广场进行免费法律咨询服务

【参考答案】BC

【答案解析】单位或者个体工商户向其他单位或者个人无偿提供服务，视同销售应税服务。但用于公益事业或者以社会公众为对象的除外。

6. 下列各项，不予从销项税额中抵扣进项税额的有（　　）。

A. 专门用于简易计税方法计税项目购进的专利技术

B. 既用于增值税应税项目又用于简易计税方法计税项目购进的固定资产

C. 非正常损失的购进货物

D. 购进国内旅客运输服务

【参考答案】AC

【答案解析】下列项目进项税额不得从销项税额中抵扣：用于简易计税方法计税项目、免征增值税项目、集体福利或者个人消费的购进货物、加工修理修配劳务或者应税服务。其中涉及的固定资产、无形资产、不动产，仅指专用于上述项目的无形资产（不包括其他权益性无形资产）、不动产；非正常损失的购进货物，以及相关的加工修理修配劳务和交通运输服务。2019年4月1日起，纳税人购进国内旅客运输服务，其进项税额允许从销项税额中抵扣。

7. 根据增值税政策规定，下列项目中按差额确定销售额的有（　　）。

A. 一般纳税人采取一般计税方法销售自行开发的房地产项目

B. 农业生产者销售自产农产品

C. 一般纳税人转让金融商品

D. 一般纳税人提供客运场站服务

【参考答案】ACD

【答案解析】一般纳税人销售自行开发的房地产项目，适用一般计税方法计税的，按照取得的全部价款和价外费用，扣除受让土地时向政府部门支付的土地价款后的余额为销售额；金融商品转让，按照卖出价扣除买入价后的余额为销售额；一般纳税人提供客运场站服务，以其取得的全部价款和价外费用，扣除支付给承运方运费后的余额为销售额；农业生产者销售自产农产品按收取的全部价款和价外费用确定销售额。

8. 税务机关代开增值税专用发票时，下列关于备注栏的填写正确的有（　　）。

A. 注明纳税人名称和纳税人识别号

B. 为出售或出租不动产代开发票时应注明不动产的详细地址

C. 为纳税人代开建筑服务发票时应注明建筑服务发生地县（市、区）名称及项目名称

D. 填写代开税务机关的统一代码

【参考答案】ABC

【答案解析】根据规定，税务机关在"销售方纳税人识别号"栏填写代开税务机关的统一代码，而不是在备注栏填写。

9. 在现行消费税征税范围中，采用复合计征方法的有（　　）。

A. 小汽车　　　　B. 卷烟　　　　C. 实木地板　　　D. 白酒

【参考答案】BD

【答案解析】白酒和卷烟实行从量定额与从价定率相结合征税办法；小汽车和实木地板均采用比例税率征税。

10. 纳税人将自产的应税消费品用于（　　）方面，应缴纳消费税。

A. 职工福利　　　　　　　　B. 对外投资

C. 连续生产应税消费品　　　D. 对外捐赠

【参考答案】ABD

【答案解析】纳税人将自产的应税消费品用于连续生产应税消费品的，不再缴纳消费税；用于职工福利、对外投资和对外捐赠均属于视同销售，应缴纳消费税。

11. 消费税的计税销售额为销售应税消费品从购买方收取的全部价款和价外费用，包括（　　）。

A. 集资款　　　B. 增值税税款　　　C. 优质费　　　D. 包装费

【参考答案】ACD

【答案解析】向购货方收取的增值税税款不属于价外费用。

12. 下列关于金银首饰征收消费税的说法中，正确的有（　　）。

A. 金银首饰的纳税人是境内从事金银首饰零售业务的单位和个人

B. 经营单位将金银首饰用于职工福利视同零售业务

C. 带料加工的金银首饰，应按委托方收回金银首饰的销售价格确定计税依据

D. 纳税人销售的金银首饰的计税依据为含消费税的销售额

【参考答案】ABD

【答案解析】带料加工的金银首饰，应按受托方销售同类金银首饰的销售价格确定计税依据征收消费税。没有同类金银首饰销售价格，按照组成计税价格计算纳税。组成计税价格 =（材料成本 + 加工费）÷（1 − 金银首饰消费税税率）。

13. 下列各项中，应同时征收增值税和消费税的有（　　）。

A. 批发环节销售的卷烟

B. 零售环节销售的金基合金首饰

C. 生产环节销售的普通化妆品

D. 进口环节取得外国政府捐赠的小汽车

【参考答案】AB

【答案解析】选项 C，征收增值税不征收消费税；选项 D，外国政府、国

际组织无偿援助的进口物资和设备属于增值税免税项目。

14. 下列选项中属于企业所得税纳税人的有（　　　）。

A. 居民企业　　　　B. 非居民企业　　C. 个人独资企业　D. 合伙企业

【参考答案】AB

【答案解析】根据《企业所得税法》规定，企业所得税纳税人分为居民企业和非居民企业。个人独资企业、合伙企业不适用该法。

15. 下列项目应在企业所得税年度纳税申报表附表《收入明细表》中第13 行"视同销售收入"栏填报的有（　　　）。

A. 将自产的货物用于对外投资　　　B. 销售货物的同时出租包装物

C. 将外购的货物用于广告样品　　　D. 债务重组收益

【参考答案】AC

【答案解析】"视同销售收入"填报纳税人视同销售情形确认的收入，选项 A、C 属于视同销售收入；选项 B 属于其他业务收入；选项 D 属于营业外收入。

16. 下列固定资产中，不得计算折旧在企业所得税前扣除的有（　　　）。

A. 未投入使用的仓库

B. 以融资租赁方式租入的固定资产

C. 单独估价作为固定资产入账的土地

D. 已足额提取折旧仍继续使用的固定资产

【参考答案】CD

【答案解析】选项 A，房屋、建筑物以外未投入使用的固定资产是不得计算折旧在税前扣除的；选项 B，以融资租赁方式租出的固定资产不得计算折旧在税前扣除。

17. 2022 年 1 月 1 日至 2024 年 12 月 31 日，对小型微利企业年应纳税所得额超过 100 万元但不超过 300 万元的部分，减按 25% 计入应纳税所得额，按 20% 的税率缴纳企业所得税。下列属于小型微利企业的条件的有（　　　）。

A. 从事国家非限制和禁止行业

B. 年度应纳税所得额不超过 300 万元

C. 从业人数不超过 300 人、资产总额不超过 5000 万元

D. 按查账征收方式缴纳企业所得税

【参考答案】ABC

【答案解析】小型微利企业无论按查账征收方式或核定征收方式缴纳企业所得税，均可享受上述优惠政策。

18. 根据土地增值税法律制度的规定，下列属于土地增值税纳税义务人的有（　　）。

A. 转让中国土地使用权的外国企业

B. 转让外国土地使用权的外国企业

C. 转让中国土地使用权的人民政府

D. 转让中国土地使用权的非营利组织

【参考答案】ACD

【答案解析】转让位于我国的土地使用权才属于土地增值税的纳税人，所以选项 B 不属于土地增值税的纳税人。

19. 下列各项中，以每次收入额为个人所得税计税依据的有（　　）。

A. 偶然所得　　　　　　　　B. 个体工商户生产、经营所得

C. 工资、薪金所得　　　　　D. 利息、股息、红利所得

【参考答案】AD

【答案解析】生产经营所得按年计算纳税，平时预缴；工资薪金所得对于居民个人属综合所得，按年计算，非居民个人以每月收入额计算纳税。

20. 个人所得税专项附加扣除中说法正确的有（　　）。

A. 纳税人在中国境外接受学历（学位）继续教育的支出，在学历（学位）教育期间按照每月 400 元定额扣除

B. 纳税人接受技能人员职业资格继续教育享受专项附加扣除的应当留存相关证书等资料备查

C. 住房租金支出由签订租赁住房合同的承租人扣除

D. 有关部门和单位有责任和义务向税务部门提供或者协助核实与专项附加扣除有关的信息

【参考答案】BCD

【答案解析】根据《个人所得税专项附加扣除暂行办法》第八条规定，纳税人在中国境内接受学历（学位）继续教育的支出，在学历（学位）教育期间按照每月 400 元定额扣除。

21. 下列情形中纳税人应当依法办理纳税申报的有（　　　）。

A. 取得应税所得没有扣缴义务人

B. 非居民个人在中国境内取得工资、薪金所得

C. 取得境外所得

D. 因移居境外注销中国户籍

【参考答案】ACD

【答案解析】非居民个人在中国境内取得工资、薪金所得按月申报纳税，不进行汇算清缴。

22. 下列关于个人所得税缴纳时间说法正确的有（　　　）。

A. 纳税人取得应税所得没有扣缴义务人的，应当在取得所得的次月15日内向税务机关报送纳税申报表，并缴纳税款

B. 纳税人取得应税所得没有扣缴义务人的，应当在取得所得的次年3月1日至6月30日内向税务机关报送纳税申报表，并缴纳税款

C. 居民个人从中国境外取得所得的，应当在取得所得的次月15日内申报纳税

D. 居民个人从中国境外取得所得的，应当在取得所得的次年3月1日至6月30日内申报纳税

【参考答案】AD

【答案解析】纳税人取得应税所得没有扣缴义务人的，应当在取得所得的次月15日内向税务机关报送纳税申报表，并缴纳税款；居民个人从中国境外取得所得的，应当在取得所得的次年3月1日至6月30日内申报纳税。

23. 根据车辆购置税法，关于车辆购置税下列说法正确的有（　　　）。

A. 车辆购置税的税率为10%

B. 车辆购置税实行一次性征收

C. 纳税人应当自纳税义务发生之日起60日内申报缴纳车辆购置税

D. 农用运输车不属于车辆购置税的征税范围

【参考答案】ABC

【答案解析】农用运输车属于汽车，购置农用运输车应按规定缴纳车辆购置税。

24. 下列各项中，免征或减征车船税的有（　　　）。

A. 军队、武装警察部队专用的车船

B. 节约能源、使用新能源的车船

C. 捕捞、养殖渔船

D. 半挂牵引车

【参考答案】ABC

【答案解析】军队、武装警察部队专用的车船免税；对节约能源车船，减半征收车船税；对使用新能源车船，免征车船税；半挂牵引车应征收车船税。

25. 环境保护税的计税单位有（   ）。

A. 每污染当量   B. 每吨   C. 每千克指数   D. 超标分贝

【参考答案】ABD

【答案解析】应税污染物的计税依据，按照下列方法确定：①应税大气污染物按照污染物排放量折合的污染当量数确定；②应税水污染物按照污染物排放量折合的污染当量数确定；③应税固体废物按固体废物的排放量确定；④应税噪声按照超过国家规定标准的分贝数确定。

26. 下列关于城镇土地使用税纳税义务发生时间的说法，正确的有（   ）。

A. 通过拍卖方式取得建设用地（不属于新征用耕地），应从合同约定的交付土地时间的次月起缴纳城镇土地使用税

B. 以出让方式取得土地使用权，应由受让方从合同约定的交付土地时间的次月起缴纳城镇土地使用税

C. 购置存量房，自房产权属登记机关签发房屋权属证书的次月起计征城镇土地使用税

D. 购置新建商品房，自签订房屋销售合同的次月起计征城镇土地使用税

【参考答案】ABC

【答案解析】购置新建商品房，自房屋交付使用之次月起计征城镇土地使用税。

27. 税务机关可以核定纳税人印花税计税依据的情形有（   ）。

A. 未如实登记和完整保存应税凭证的

B. 未按规定建立印花税应税凭证登记簿的

C. 不如实提供应税凭证致使计税依据明显偏低的

D. 在检查中发现纳税人有未按规定汇总缴纳印花税情况的

【参考答案】ABCD

【答案解析】纳税人有下列情形的，税务机关可以核定纳税人印花税计税依据：①未按规定建立印花税应税凭证登记簿，或未如实登记和完整保存应税凭证的；②拒不提供应税凭证或不如实提供应税凭证致使计税依据明显偏低的；③采用按期汇总缴纳办法的，未按税务机关规定的期限报送汇总缴纳印花税情况报告，经税务机关责令限期报告，逾期仍不报告的或者税务机关在检查中发现纳税人有未按规定汇总缴纳印花税情况的。

28. 下列各项中，符合资源税纳税义务发生时间规定的有（   ）。

A. 采取分期收款结算方式的为实际收到款项的当天

B. 采取预收货款结算方式的为发出应税产品的当天

C. 自产自用应税产品的为移送使用应税产品的当天

D. 扣缴资源税款义务发生时间，为支付首笔货款或者开具应支付货款凭据的当天

【参考答案】BCD

【答案解析】纳税人采取分期收款结算方式的，其纳税义务发生时间，为销售合同规定的收款日期的当天。

29. 职工基本医疗保险的征收范围包括（   ）。

A. 城镇各类企业及其职工　　　B. 事业单位及其职工

C. 社会团体及其专职人员　　　D. 国家机关及其工作人员

【参考答案】ABCD

【答案解析】职工基本医疗保险的征收范围包括：国有和国有控股企业、股份有限公司、外商投资企业及其职工，城镇集体企业、城镇私营企业和其他城镇企业及其职工，国家机关及其工作人员，事业单位及其职工，社会团体及其专职人员，民办非企业单位及其职工，城镇个体工商户及其雇工。

30. 在下列各项中，属于非税收入的有（   ）。

A. 政府性基金收入　　　　　　B. 行政事业性收费收入

C. 社会保险费收入　　　　　　D. 罚没收入

【参考答案】ABD

【答案解析】非税收入是相对于税收收入而言的，具体包括行政事业性收费收入、政府性基金收入、罚没收入、国有资源（资产）有偿使用收入、国

有资本收益、彩票公益金收入、特许经营收入、中央银行收入、以政府名义接受的捐赠收入、主管部门集中收入、政府收入的利息收入、其他非税收入。

三 判断题

1. 依照现行增值税的相关规定，纳税人出口货物税率均为零。　　（　　）

【参考答案】错误

【答案解析】纳税人出口货物税率为零，但是国务院另有规定的除外。

2. 一项销售行为如果既涉及货物又涉及服务，应分别核算销售额，征收增值税。　　　　　　　　　　　　　　　　　　　　　　（　　）

【参考答案】错误

【答案解析】一项销售行为如果既涉及货物又涉及服务，为混合销售。从事货物的生产、批发或者零售的单位和个体工商户的混合销售行为，按照销售货物缴纳增值税；其他单位和个体工商户的混合销售行为，按照销售服务缴纳增值税。一般情形下，混合销售行为销售额为货物销售额与应税服务销售额的合计。但纳税人销售活动板房、机器设备、钢结构件等自产货物的同时提供建筑、安装服务，不属于混合销售，应分别核算货物和建筑服务的销售额，分别适用不同的税率或者征收率。

3. 农业生产者销售的自产农业产品，免征增值税。　　　　（　　）

【参考答案】正确

4. 一般纳税人会计核算不健全，或者不能够提供准确税务资料的，应核定征收增值税。　　　　　　　　　　　　　　　　　　　　（　　）

【参考答案】错误

【答案解析】一般纳税人而言，增值税应纳税额＝销项税额－进项税额，不存在增值税应纳税额核定征收的情形，如果未能取得增值税进项发票的，则不考虑相应的进项。另外，即使取得增值税进项发票，但进项发票不符合法律、行政法规或者国务院税务主管部门有关规定的，其进项税额仍不得从销项税额中抵扣。

5. 个人出租住房，按照5%的增值税征收率减按1.5%计算纳税。（　　）

【参考答案】正确

【答案解析】按照 5% 的征收率减按 1.5% 计算应纳增值税额的是个人出租住房。

6. 纳税人销售旧货的，按照简易办法依照 3% 征收率征收增值税。（　　）

【参考答案】错误

【答案解析】纳税人销售旧货的，按照简易办法依照 3% 征收率减按 2% 征收增值税。

7. 单位或者个体工商户向其他单位或者个人无偿提供服务，视同销售服务。　　　　　　　　　　　　　　　　　　　　　　　　　（　　）

【参考答案】错误

【答案解析】视同销售服务，是指单位或者个体工商户向其他单位或者个人无偿提供服务，但用于公益事业或者以社会公众为对象的除外。

8. 增值税一般纳税人购进用于对外捐赠的货物，取得合法扣税凭证的，可以抵扣增值税进项税额。　　　　　　　　　　　　　　　　　（　　）

【参考答案】正确

【答案解析】纳税人将外购货物无偿赠送其他单位和个人视同销售货物，其进项税额准予抵扣。

9. 委托加工应税消费品收回后以不高于受托方的计税价格出售的，不再缴纳消费税。　　　　　　　　　　　　　　　　　　　　　　　（　　）

【参考答案】正确

【答案解析】委托加工的应税消费品收回后直接出售的，不再缴纳消费税；直接销售，是指委托方将收回的应税消费品，以不高于受托方的计税价格出售。

10. 超豪华小汽车为每辆零售价格 120 万元（不含增值税）及以上的乘用车和中轻型商用客车，即乘用车和中轻型商用客车子税目中的超豪华小汽车。　　　　　　　　　　　　　　　　　　　　　　　　（　　）

【参考答案】错误

【答案解析】超豪华小汽车，为每辆零售价格 130 万元（不含增值税）及以上的乘用车和中轻型商用客车，即乘用车和中轻型商用客车子税目中的超豪华小汽车。

11. 纳税人兼营卷烟批发和零售业务的，应当分别核算批发和零售环节的销售额、销售数量；未分别核算批发和零售环节销售额、销售数量的，按照全部销售额、销售数量计征批发环节消费税。　　　　　　　　（　　）

【参考答案】正确

【答案解析】纳税人兼营卷烟批发和零售业务的，应当分别核算批发和零售环节的销售额、销售数量；未分别核算批发和零售环节销售额、销售数量的，按照全部销售额、销售数量计征批发环节消费税。

12. 企业综合利用资源，生产符合国家产业政策规定的产品所取得的收入，可以在计算应纳税所得额时减按 70% 计入收入总额。　　　　　（　　）

【参考答案】错误

【答案解析】生产国家非限制和禁止并符合国家和行业相关标准的产品取得的收入，减按 90% 计入收入总额。

13. 企业纳税年度发生的亏损，准予向以后年度结转，但结转年限一律不超过 5 年。　　　　　　　　　　　　　　　　　　　　　　　（　　）

【参考答案】错误

【答案解析】自 2018 年 1 月 1 日起，当年具备高新技术企业或科技型中小企业资格（以下统称资格）的企业，其具备资格年度之前 5 个年度发生的尚未弥补完的亏损，准予结转以后年度弥补，最长结转年限由 5 年延长至10 年。

14. 不征税收入用于支出所形成的费用或者财产，经税务机关批准可以税前扣除或者计算对应的折旧、摊销税前扣除。　　　　　　　　（　　）

【参考答案】错误

【答案解析】根据《企业所得税法》及其实施条例规定，不征税收入不缴纳企业所得税；不征税收入用于支出所形成的费用或者财产，不得在税前扣除或者不得计算对应的折旧、摊销在税前扣除。

15. 企业在重组过程中，应当在交易发生时确认有关资产的转让所得或者损失，相关资产应当按照交易价格重新确定计税基础。　　　　　（　　）

【参考答案】正确

【答案解析】《企业所得税法实施条例》规定："除国务院财政、税务主管部门另有规定外，企业在重组过程中，应当在交易发生时确认有关资产的转让所得或者损失，相关资产应当按照交易价格重新确定计税基础。"

16. 企业以买一赠一等方式组合销售本企业商品的，不属于捐赠，应将总的销售金额按各项商品的公允价值的比例来分摊确认各项销售收入。（　　）

【参考答案】正确

【答案解析】根据《国家税务总局关于确认企业所得税收入若干问题的通知》（国税函〔2008〕875号）规定，企业以买一赠一等方式组合销售本企业商品的，不属于捐赠，应将总的销售金额按各项商品的公允价值的比例来分摊确认各项的销售收入。

17. 对房地产的抵押，在抵押期间不征收土地增值税。抵押期满后，因无力赎回房地产，丧失了对该项房地产的产权，且无收入的，因此也不应征收土地增值税。（　　）

【参考答案】错误

【答案解析】抵押期间不征税；抵押期满转移产权的，应征税。

18. 因城市实施规划、国家建设的需要而搬迁，由纳税人自行转让原房地产的，免征土地增值税。（　　）

【参考答案】正确

【答案解析】因国家建设需要而被政府征收、收回的房地产，免征土地增值税。因城市市政规划、国家建设的需要而搬迁，由纳税人自行转让原房地产而取得的收入，免征土地增值税。

19. 扣缴义务人向居民个人支付综合所得时，应当按照累计预扣法计算预扣税款，并按月办理扣缴申报。（　　）

【参考答案】错误

【答案解析】扣缴义务人向居民个人支付工资、薪金所得时，应当按照累计预扣法计算预扣税款，并按月办理扣缴申报。劳务报酬等所得按次扣缴。

20. 纳税人为非独生子女的，其他兄弟姐妹没有工作不需缴纳个人所得税，60岁以上的父母由纳税人赡养，因此每月在个人所得税税前可以扣除2000元的赡养老人支出。（　　）

【参考答案】错误

【答案解析】根据《个人所得税专项附加扣除暂行办法》第二十二条规定，纳税人赡养一位及以上被赡养人的赡养支出，统一按照以下标准定额扣除：……纳税人为非独生子女的，由其与兄弟姐妹分摊每月2000元的扣除额度，每人分摊的额度不能超过每月 1000 元。

21. 根据车辆购置税法，纳税人自产、受赠、获奖或者以其他方式取得并自用的应税车辆的计税价格，由主管税务机关参照最低计税价格核定。（　）

【参考答案】错误

【答案解析】纳税人以受赠、获奖或者其他方式取得自用应税车辆的计税价格，按照购置应税车辆时相关凭证载明的价格确定，不包括增值税税款。

22. 已经办理免税、减税手续的车辆因转让、改变用途等原因不再属于免税、减税范围的，无论转让与否，均应缴纳车辆购置税，应纳车辆购置税税额＝初次办理纳税申报时确定的计税价格×（1－使用年限×10%）×10%。

（　）

【参考答案】错误

【答案解析】应纳车辆购置税税额＝初次办理纳税申报时确定的计税价格×（1－使用年限×10%）×10%－已纳税额

23. 自 2018 年 1 月 1 日至 2023 年 12 月 31 日，对金融机构与小型企业、微型企业签订的借款合同免征印花税。（　）

【参考答案】正确

24. 在中华人民共和国领域和中华人民共和国管辖的其他海域，向环境排放应税污染物的企业事业单位和其他生产经营者为环境保护税的纳税人。（　）

【参考答案】错误

【答案解析】直接向环境排放应税污染物。

25. 对已缴纳契税的购房单位和个人，在办理房屋权属变更登记后退房的，退还已纳契税。（　）

【参考答案】错误

【答案解析】对已缴纳契税的购房单位和个人，在未办理房屋权属变更登记前退房的，退还已纳契税；在办理房屋权属变更登记后退房的，不予退还已纳契税。

26. 烟叶税的计税依据为纳税人收购烟叶实际支付的价款总额，包括纳税人支付给烟叶生产销售单位和个人的烟叶收购价款和价外补贴。（　）

【参考答案】正确

27. 两个或两个以上的公司，依照法律规定、合同约定，合并为一个公

司，且原投资主体存续的，对合并后公司承受原合并各方土地、房屋权属，免征契税。 （ ）

【参考答案】正确

28. 对实行增值税期末留抵退税的纳税人，允许其从城市维护建设税、教育费附加和地方教育附加的计税（征）依据中扣除退还的增值税税额。（ ）

【参考答案】正确

29. 生育保险的缴费人包括用人单位及其职工。 （ ）

【参考答案】错误

【答案解析】依据《企业职工生育保险试行办法》，生育保险费的提取比例由当地人民政府确定，并可根据费用支出情况适时调整，但最高不得超过工资总额的 1%。职工个人不缴纳生育保险费。

30. 政府性捐赠收入属于政府非税收入，不纳入财政一般预算，实行"收支两条线"管理。 （ ）

【参考答案】错误

【答案解析】政府性捐赠收入属于政府非税收入，应严格按照政府非税收入管理规定和财政部政府收支分类科目的要求，全额纳入财政一般预算，实行"收支两条线"管理。

四 简答题

1. 符合哪些条件，主管税务机关可要求纳税人进行土地增值税清算？

【参考答案】本题涉及的知识点是土地增值税的清算条件。对符合以下条件之一的，主管税务机关可要求纳税人进行土地增值税清算：

（1）已竣工验收的房地产开发项目，已转让的房地产建筑面积占整个项目可售建筑面积的比例在 85% 以上，或该比例虽未超过 85%，但剩余的可售建筑面积已经出租或自用；

（2）取得销售（预售）许可证满 3 年仍未销售完毕的；

（3）纳税人申请注销税务登记但未办理土地增值税清算手续的，应在办理注销登记前进行土地增值税清算；

（4）省（自治区、直辖市、计划单列市）税务机关规定的其他情况。

2. 国家税务总局公布的数据显示，2019 年上半年，个人所得税两步税改因素叠加累计新增减税 3077 亿元，人均累计减税 1340.5 元，累计 1.15 亿人无须再缴纳工资、薪金所得个人所得税。

请结合上述材料和相关政策回答下列问题。

（1）简述个人所得税两步税改在减税方面的主要措施。

（2）简述个人所得税改革在减税的同时加强征管的措施。

【参考答案】

（1）第一步：自 2018 年 10 月 1 日起，将个人所得税基本减除费用标准由 3500 元提高至 5000 元并适用新税率表。调整税率结构大幅拉大了"综合所得"20% 以下各档次税率级距和生产经营所得税率级距，进一步降低中低收入劳动者的税负。

第二步：2019 年 1 月 1 日起，新修订的《个人所得税法》全面施行。取得"综合所得"或"经营所得"的纳税人，在 5000 元的基本减除费用和"三险一金"专项扣除外，还可以依条件享受子女教育、继续教育、大病医疗、住房贷款利息或者住房租金、赡养老人 6 项专项附加扣除。

（2）新增综合所得汇算清缴措施。居民个人取得综合所得，按年计算个人所得税；有扣缴义务人的，由扣缴义务人按月或者按次预扣预缴税款；需要办理汇算清缴的，应当在取得所得的次年 3 月 1 日至 6 月 30 日内办理汇算清缴，税款多退少补。

新增自然人纳税人识别号管理。纳税人有中国公民身份号码的，以中国公民身份号码为纳税人识别号；纳税人没有中国公民身份号码的，由税务机关赋予其纳税人识别号。

新增关联交易纳税调整条款。有下列情形之一的，税务机关有权按照合理方法进行纳税调整：①个人与其关联方之间的业务往来不符合独立交易原则而减少本人或者其关联方应纳税额，且无正当理由；②居民个人控制的，或者居民个人和居民企业共同控制的设立在实际税负明显偏低的国家（地区）的企业，无合理经营需要，对应当归属于居民个人的利润不作分配或者减少分配；③个人实施其他不具有合理商业目的的安排而获取不当税收利益。税务机关依照前款规定作出纳税调整，需要补征税款的，应当补征税款，并依法加收利息。

实现社会共享共治，加强个人所得税风险管理。①公安、人民银行、金融监督管理等相关部门应当协助税务机关确认纳税人的身份、金融账户信息。教育、卫生、医疗保障、民政、人力资源社会保障、住房城乡建设、公安、人民银行、金融监督管理等相关部门应当向税务机关提供纳税人子女教育、继续教育、大病医疗、住房贷款利息、住房租金、赡养老人等专项附加扣除信息。②有关部门依法将纳税人、扣缴义务人遵守本法的情况纳入信用信息系统，并实施联合激励或者惩戒。

五 综合案例题

1. 某广告公司是增值税一般纳税人，2021 年 6 月期末留抵税额为 0.37 万元，按规定加计抵减结转下期抵减进项税额为 3.5 万元。2021 年 7 月发生如下经济业务：

（1）为客户提供广告服务取得含税收入 620 万元。

（2）支付给电视台、报纸杂志社广告发布费，取得的增值税专用发票注明金额合计为 300 万元。电视台、报纸杂志社都是增值税一般纳税人。

（3）支付广告位租赁费，取得的增值税专用发票注明金额合计为 100 万元，税额 9 万元。

（4）销售一处房产取得含税收入 350 万元，该房产为 2010 年以 180 万元的价格购买。

（5）销售一批淘汰的办公用电脑取得含税收入 0.65 万元，该批电脑为 2011 年 10 月购买。

（6）2016 年 6 月购入的一处办公用房，本月重新装修，用作职工集体宿舍。该不动产购买当月取得的增值税专用发票注明金额 200 万元，税额 10 万元。公司依法抵扣了进项税额，对该不动产采用直线法按照 20 年的折旧年限计提折旧，残值率为 10%。本月装修发生装修费用支出 20 万元，取得一般纳税人开具的增值税专用发票。

（7）除上述业务外，公司本月购进其他的货物、服务取得的合法抵扣凭证注明可以抵扣的进项税额合计 6.28 万元。

假设本月取得的合法抵扣凭证都依法在本月抵扣进项税额。可以简易计税的业务均办理简易计税备案。

根据上述资料分步计算该广告公司本月应纳增值税税额。(答案以万元表示,保留2位小数。)

【参考答案】

(1)销项税额=620÷(1+6%)×6%=35.09(万元)

(2)广告发布费和租赁费进项税额=300×6%+9=27(万元)

(3)销售不动产应纳税额=(350-180)÷(1+5%)×5%=8.10(万元)

(4)销售电脑应纳增值税税额=0.65÷(1+3%)×2%=0.01(万元)

(5)已经计提折旧=200×(1-10%)÷20÷12×(6+12+12+7)=27.75(万元)

不动产改变用途进项税额转出=10×(200-27.75)÷200=8.61(万元)

(6)本期进项税额合计=27+6.28-8.61=24.67(万元)

加计抵减进项税额=24.67×10%=2.47(万元)

本期可以抵减的加计抵减进项税额=2.47+3.5=5.97(万元)

(7)一般计税项目应纳税额=35.09-24.67-0.37-5.97=4.08(万元)

(8)应纳税额=4.08+8.10+0.01=12.19(万元)

2. 某酒厂为增值税一般纳税人,从事白酒、黄酒的生产销售,2021年7月发生业务如下:

(1)向某商场销售自产S牌型号白酒10吨,开具普通发票,取得含税收入35万元,另收取包装物押金1万元,到期没收押金0.5万元。

(2)生产食用酒精一批,将其中的60%用于销售,开具的增值税专用发票注明金额15万元。将剩余40%的食用酒精作为酒基,加入食品添加剂调制成38度的配制酒,当月全部销售,开具的增值税专用发票注明金额24万元、税额3.12万元。

(3)将自产的11吨K型号白酒用于抵债,取得对方开具的增值税专用发票上注明价款26万元、增值税3.38万元。已知该批白酒的实际生产成本为1.3万元/吨,最低不含税销售价格为2.4万元/吨,平均不含税销售价格为2.7万元/吨,最高不含税销售价格为3万元/吨。

(4)将自产M型号白酒15吨,以套装形式对外销售(每套酒品中含小瓶保健酒一瓶,共2吨),总计取得不含销售额9.5万元(保健酒价值1.8

万元)。

（5）将自产的调味料酒对外销售，取得含税收入3.39万元。

（6）该厂广告领用0.6吨新开发的药酒，作广告样品使用，该种药酒无同类产品出厂价，生产成本每吨3.7万元。

其他资料：白酒定额税率0.5元/500克，比例税率为20%；药酒成本利润率为5%，消费税税率为10%；其他酒消费税税率为10%。

要求：根据资料分步计算该酒厂本月应缴纳的消费税税额（答案以万元表示，保留2位小数）。

【参考答案】

（1）应纳消费税 = $(35 + 1) \div (1 + 13\%) \times 20\% + 10 \times 2000 \times 0.5 \div 10000 = 7.37$（万元）

（2）应纳消费税 = $24 \times 10\% = 2.4$（万元）

（3）应纳消费税 = $11 \times 3 \times 20\% + 11 \times 2000 \times 0.5 \div 10000 = 6.6 + 1.1 = 7.7$（万元）

（4）应纳消费税 = $9.5 \times 20\% + (15 + 2) \times 2000 \times 0.5 \div 10000 = 1.9 + 1.7 = 3.6$（万元）

（5）不缴纳消费税

（6）应纳消费税 = $0.6 \times 3.7 \times (1 + 5\%) \div (1 - 10\%) \times 10\% = 0.26$（万元）

3. 某商贸公司为增值税一般纳税人，兼营商品加工、批发、零售和进出口业务，2021年4月相关经营业务如下：

（1）进口化妆品一批，支付国外的买价300万元、由本公司负担的包装材料费用20万元、国外的经纪费4万元；支付运抵我国海关地前的运输费用20万元、装卸费用和保险费用6万元；支付海关地再运往商贸公司的运输费用8.72万元，取得增值税专用发票。

（2）受托加工化妆品一批，委托方提供的原材料不含税金额85.8万元，加工结束向委托方开具普通发票收取加工费和添加辅助材料的含税金额共计45.2万元，该化妆品商贸公司当地无同类产品市场价格。

（3）购买初级农产品一批，支付不含税价款20万元，运输费增值税发票注明含税价款1.1万元，当月将购回的农产品用于公司员工食堂。

（4）购进其他商品，取得增值税专用发票，支付价款200万元、增值税26万元，支付运输单位含税运输费用21.8万元（取得增值税专用发票），待货物验收入库时发现短缺商品金额10万元（占支付金额的5%），经查实应由运输单位赔偿。

（5）将进口化妆品的80%重新加工制作成套装化妆品，当月销售给其他商场并开具增值税专用发票，取得不含税销售额650万元；直接销售给消费者个人，开具普通发票，取得含税销售额67.8万元。

（6）销售除化妆品以外的其他商品，开具增值税专用发票，应收不含税销售额300万元，由于月末前可将全部货款收回，给所有购货方的销售折扣比例为5%，实际收到金额285万元。

（7）取得化妆品的逾期包装物押金收入13.56万元。

（8）将上月外购的食用植物油直接无偿捐赠给目标脱贫地区的敬老院，该批食用植物油购进不含税价为1.6万元，购进当月取得增值税专用发票并已抵扣进项税额。捐赠时该批食用植物油不含税市场价为1.68万元。

（注：关税税率20%，化妆品消费税税率15%；当月购销各环节所涉及的票据符合税法规定）

要求：按下列顺序回答问题：

（1）分别计算该公司进口环节应缴纳的关税、消费税、增值税。

（2）计算该公司加工环节应代收代缴的消费税。

（3）计算该公司国内销售环节应缴纳的消费税总和。

（4）计算该公司国内销售环节实现的销项税额总和。

（5）计算该公司国内销售环节准予抵扣的进项税额总和。

（6）计算该公司国内销售环节应缴纳的增值税。

【参考答案】

（1）关税到岸价格 = 300 + 20 + 4 + 20 + 6 = 350（万元）

进口环节应缴纳关税 = 350 × 20% = 70（万元）

组成计税价格 = （350 + 70）÷（1 - 15%）= 494.12（万元）

进口环节应缴纳消费税 = 494.12 × 15% = 74.12（万元）

进口环节应缴纳增值税 = 494.12 × 13% = 64.24（万元）

（2）受托加工环节应代收代缴消费税 = ［85.8 + 45.2 ÷（1 + 13%）］÷

$(1-15\%)\times15\% = 22.2$（万元）

（3）国内销售环节应缴纳消费税 $= [650 + 67.8 \div (1 + 13\%) + 13.56 \div (1 + 13\%)] \times 15\% - 74.12 \times 80\% = 49$（万元）

（4）国内销售环节实现的销项税额 $= [45.2 \div (1 + 13\%) + 650 + 67.8 \div (1 + 13\%) + 300 + 13.56 \div (1 + 13\%)] \times 13\% = 138.06$（万元）

（5）国内销售环节准予抵扣的进项税额 $= 64.24 + 8.72 \div (1 + 9\%) \times 9\% + [26 + 21.8 \div (1 + 9\%) \times 9\%] \times (1 - 5\%) = 91.37$（万元）

根据规定，将外购的食用植物油直接无偿捐赠给目标脱贫地区的敬老院，免征增值税。

销售免税货物对应的进项税额不得抵扣，已经抵扣的外购食用植物油进项税额必须转出。

进项税额转出额 $= 1.6 \times 10\% = 0.16$（万元）

（6）国内销售环节应缴纳的增值税 $= 138.06 - 91.37 + 0.16 = 46.85$（万元）

4. 某市居民企业 2021 年申报上年度企业所得税，经市税务稽查部门检查，企业 2020 年度利润总额 896.6 万元，主营业务收入 12200 万元。其他涉及 2020 年度的相关资料如下：

（1）实际发放工资总额 500 万元，其中包括符合条件的残疾人工资 30 万元，并按实发工资总额的 2% 拨缴了工会经费（取得工会相关票据），按 14%、8% 列支了职工福利费和职工教育经费；

（2）销售费用 2000 万元（其中：广告费和业务宣传费分别为 1500 万元和 200 万元）；管理费用 1000 万元（其中：列支与生产经营活动无关的支出 200 万元、与生产经营活动相关的业务招待费 200 万元）；财务费用 300 万元（包括支付分支机构融资利息 50 万元）；

（3）购买节能设备，取得的增值税专用发票上注明价款 100 万元、增值税 17 万元，并申报抵扣了进项税；

（4）用符合不征税收入条件的财政补贴购买了一项固定资产，该固定资产当年计提折旧 120 万元；

（5）营业外支出 200 万元，其中：银行罚息 6 万元、税收滞纳金 4 万元、通过公益性社会团体向老年机构捐款 190 万元。

要求：计算该企业 2020 年度应缴纳的企业所得税。

【参考答案】

（1）会计利润总额 = 896.6（万元）

（2）应纳税所得额：

纳税调整减少额：残疾人工资 30 万元。

纳税调整增加额：

业务招待费：200 × 60% = 120（万元）；12200 × 5‰ = 61（万元）；调增应纳税所得额 = 200 - 61 = 139（万元）。

公益性捐赠：捐赠限额 = 896.6 × 12% = 107.59（万元）；调增应纳税所得额 = 190 - 107.59 = 82.41（万元）。

纳税调整增加额合计 = 200 + 139 + 50 + 120 + 82.41 + 4 = 595.41（万元）

应纳税所得额 = 896.6 - 30 + 595.41 = 1462.01（万元）

（3）应缴纳企业所得税 = 1462.01 × 25% - 10 = 355.5（万元）

5. 2020 年 5 月某事业单位转让一幢自建旧办公楼，原造价 500 万元，经房地产评估机构评定，该楼重置成本价为 1500 万元，成新度折扣率为七成新。转让前为取得土地使用权支付的地价款和有关费用 300 万元，转让时取得收入 2300 万元（不含增值税），假设该项目适用简易计税办法，请计算该纳税人应缴纳的土地增值税税额（城市维护建设税税率 7%，教育费附加征收率 3%，印花税税率 0.5‰）。

【参考答案】

第一步，确认转让收入为 2300 万元。

第二步，确定扣除项目及金额，能提供旧房及建筑物评估价格的情况下，扣除项目包含以下几项：

（1）取得土地使用权支付的地价款及有关费用为 300 万元。

（2）房地产评估价格 = 1500 × 70% = 1050（万元）

（3）与转让房地产有关的税金 = 2300 × 5% × （7% + 3%） + 2300 × 0.5‰ = 12.65（万元）

扣除的项目金额合计 = 300 + 1050 + 12.65 = 1362.65（万元）

第三步，计算土地增值额：

增值额 = 2300 - 1362.65 = 937.35（万元）

第四步，计算增值比率：

增值率 = 937.35 ÷ 1362.65 × 100% ≈ 68.79%

第五步，确定适用税率和速算扣除系数，增值率超过 50% ~ 100% 的，适用税率为 40%，速算扣除系数为 5%。

第六步，应纳土地增值税额 = 937.35 × 40% − 1362.65 × 5% = 306.81（万元）。

6. 王先生为中国居民个人，于 2021 年 1 月 1 日全职受雇于中国境内 A 咨询公司，每月税前基本工资、薪金收入额为 30000 元人民币，A 公司每月为其扣缴三险一金为 3500 元。除此之外，王先生为独生子女，父母均健在，父亲 1961 年 2 月出生，母亲 1964 年 10 月出生；王先生夫妻共育有两个子女，儿子 2013 年 8 月出生，上小学三年级，女儿 2017 年 1 月出生，每天送托儿所，支付入托费用 6000 元/年，双方约定，子女教育扣除由王先生按扣除标准的 100% 扣除。2021 年王先生没有其他扣除项目，相关扣除资料已全部向 A 咨询公司提交。

根据上述资料，请计算：

（1）2021 年 1 月 A 咨询公司为王先生应扣缴的个人所得税额。

（2）2021 年 2 月 A 咨询公司为王先生应扣缴的个人所得税额。

个人所得税预扣率表一（居民个人工资、薪金所得预扣预缴适用）

级 数	累计预扣预缴应纳税所得额	预扣率（%）	速算扣除数
1	不超过 36000 元的部分	3	0
2	超过 36000 元至 144000 元的部分	10	2520
3	超过 144000 元至 300000 元的部分	20	16920
4	超过 300000 元至 420000 元的部分	25	31920
5	超过 420000 元至 660000 元的部分	30	52920
6	超过 660000 元至 960000 元的部分	35	85920
7	超过 960000 元的部分	45	181920

【参考答案】

专项附加扣除：

赡养老人的计算时间为被赡养人年满 60 周岁的当月至赡养义务终止的年末。所以赡养老人的专项附加扣除从 2021 年 2 月开始，每月标准 2000 元。

子女教育，不包括学龄前（3周岁）的，因此王先生只能享受一个子女教育，标准为每月1000元。可以从2021年1月开始。

（1）王先生2021年1月累计预扣预缴应纳税所得额 = 累计工资薪金收入 − 累计减除费用 − 累计专项扣除 − 累计专项附加扣除 = 30000 − 5000 − 3500 − 1000 = 20500（元）

王先生2021年1月应预扣预缴税额 = （累计预扣预缴应纳税所得额 × 预扣率 − 速算扣除数）− 累计已预扣预缴税额 = （20500 × 3% − 0）− 0 = 615（元）

（2）王先生2021年2月累计预扣预缴应纳税所得额 = 累计工资薪金收入（30000元/月 × 2个月）− 累计减除费用（5000元/月 × 2个月）− 累计专项扣除（3500元/月 × 2个月）− 累计专项附加扣除（1000元/月 × 2个月 + 2000）= 60000 − 10000 − 7000 − 4000 = 39000（元）

王先生2021年2月应预扣预缴税额 = （累计预扣预缴应纳税所得额 × 预扣率 − 速算扣除数）− 累计已预扣预缴税额 = （39000 × 10% − 2520）− 615 = 1380 − 615 = 765（元）

7. 张某投资成立一家超市，为个人独资企业，2021年发生以下业务：

全年超市收入总额400万元，营业成本255.8万元，税金及附加10万元，期间费用123万元（其中包括5名员工的工资30万元以及张某的工资6万元），营业外支出10万元，利润总额1.2万元。

当年税务局对该A独资企业进行税收检查，发现以下事项：

（1）将张某家庭生活费4万元记入企业的期间费用。

（2）该企业和张某家庭共用价值15万元的轿车一辆，无法划分清楚使用范围，该车已经使用2年，该企业会计账簿未计提该轿车的折旧，税务机关根据当地情况核定准予在税前扣除折旧数，每年为2万元。

（3）计提存货跌价准备3万元在申报时已经税前扣除。

（4）实际发生招待费3万元在申报时已经税前扣除。

（5）向非金融机构借款的利息支出8万元全部计入了费用，在申报时已经税前扣除（金融机构同类、同期贷款利息应为6万元）。

（6）营业外支出中包括被环保部门处以的罚款6万元，银行加罚的利息4万元。

（7）张某个人取得存款利息收入 1 万元，国债利息收入 1 万元。

（8）张某在 12 月将个人一间住房用于出租，收取租金 6000 元（不含增值税），支付相关税费 240 元，修理房屋支出 1000 元。

（假设：该纳税人除了上述收入外没有其他收入，每月自己缴纳"三险一金" 2500 元，全年享受首套住房贷款利息专项附加扣除。）

要求：

（1）计算张某投资的个人独资企业应纳税所得额；

（2）计算张某投资的个人独资企业应纳个人所得税；

（3）计算张某其他项目应纳个人所得税。

【参考答案】

（1）张某投资的个人独资企业，在计算应纳税所得额时，纳税调整事项有：

张某的工资调整额 = 6（万元）；家庭生活费纳税调整额 = 4（万元）；轿车的纳税调整额 = -2（万元）；存货跌价准备调整额 = 3（万元）。

招待费扣除限额：$400 \times 5‰ = 2$（万元），$3 \times 60\% = 1.8$（万元），限额为 1.8 万元，招待费的纳税调整 $= 3 - 1.8 = 1.2$（万元）。

利息支出的纳税调整 $= 8 - 6 = 2$（万元）

营业外支出纳税调整 = 6（万元）

个人独资企业应纳税所得额 $= 1.2 + 6 + 4 - 2 + 3 + 1.2 + 2 + 6 - 6 - 0.25 \times 12 - 0.1 \times 12 = 11.2$（万元）

（2）张某投资的个人独资企业应纳个人所得税 $= 112000 \times 20\% - 10500 = 11900$（元）

（3）存款利息和国债利息免税，个人出租住房缴纳个人所得税 $= (6000 - 240 - 800) \times (1 - 20\%) \times 10\% = 396.8$（元）。

8. 2020 年 5 月，某钨矿开采企业（增值税一般纳税人）销售自采钨矿原矿，取得不含税销售额 20000 元。另收取从矿区到车站运输费用 3480 元；将自采钨矿原矿加工为精矿销售，取得不含税销售额 30000 元。钨矿原矿与精矿的换算比为 1.5。钨矿资源税税率 6.5%。请计算该企业当月应纳资源税额。

【参考答案】

当月应纳资源税 = 20000 × 1.5 × 6.5% + 30000 × 6.5% = 3900（元）

纳税人将其开采的原矿加工为精矿销售的，按精矿销售额为计税依据计算缴纳资源税。纳税人开采并销售原矿的，将原矿销售额（不含增值税）换算为精矿销售额计算缴纳资源税。原矿销售额不包括从矿区到车站、码头或用户指定运达地点的运输费用。

9. 2020 年 6 月，甲公司与乙公司签订一份设备采购合同，价款为 2000 万元，两个月后因采购合同作废，又改签为融资租赁合同，租金总额为 2100 万元。请计算甲公司上述行为应缴纳的印花税额。

【参考答案】

应缴纳的印花税 = 2000 × 0.3‰ × 10000 + 2100 × 0.05‰ × 10000 = 7050（元）

【答案解析】依照《印花税暂行条例》规定，合同签订时即应贴花，履行完税手续，不论合同是否兑现或能否按期兑现，都一律按照规定贴花。

甲公司与乙公司签订的设备采购合同，应按照"购销合同"缴纳印花税，即：2000 × 0.3‰ × 10000 = 6000（元）。改签的融资租赁合同，应按照"借款合同"缴纳印花税，即：2100 × 0.05‰ × 10000 = 1050（元）。

10. 某市甲公司 2020 年发生以下应税行为：

（1）5 月与乙公司签订房屋租赁合同注明原值 1000 万元的房产出租给乙公司开办酒店，合同约定 5 月 31 日交付使用，租期 1 年，年租金 120 万元；

（2）6 月底自建的办公楼交付使用，其人账价值 1500 万元（不包括中央空调 80 万元）。

假定以上价格均不含增值税；当地政府规定按房产原值一次扣除 20% 后的余值计算房产税。

要求：根据上述资料，请计算：

（1）甲公司 2020 年出租的房产应缴纳的房产税；

（2）甲公司 2020 年自建的办公楼应缴纳的房产税。

【参考答案】

（1）甲公司 2020 年出租的房产应缴纳的房产税 = 1000 × （1 − 20%） × 1.2% ÷ 12 × 5 + 120 × 12% ÷ 12 × 7 = 12.4（万元）

（2）甲公司 2020 年自建的办公楼应缴纳的房产税 =（1500 + 80）×（1 - 20%）×1.2% ÷12 ×6 = 7.584（万元）

11. 某企业 8 月向大气直接排放二氧化硫、氟化物各 10 千克，一氧化碳、氯化氢各 100 千克，假设大气污染物每污染当量税额按《环境保护税税目税额表》最低标准 1.2 元计算，这家企业只有一个排放口，计算企业 8 月大气污染物应缴纳的环境保护税。

【参考答案】

第一步，计算各污染物的污染当量数。

二氧化硫：10 ÷0.95 = 10.53

氟化物：10 ÷0.87 = 11.49

一氧化碳：100 ÷16.7 = 5.99

氯化氢：100 ÷10.75 = 9.3

第二步，按污染物的污染当量数排序（每一排放口或者没有排放口的应税大气污染物，对前三项污染物征收环境保护税）。

氟化物（11.49）>二氧化硫（10.53）>氯化氢（9.3）>一氧化碳（5.99）

选取前三项污染物。

第三步，计算应纳税额。

氟化物：11.49 ×1.2 = 13.79（元）

二氧化硫：10.53 ×1.2 = 12.64（元）

氯化氢：9.3 ×1.2 = 11.16（元）

该企业 8 月大气污染物应缴环境保护税 = 13.79 + 12.64 + 11.16 = 37.59（元）

12. A 企业（一般纳税人）2020 年 1—6 月拥有的房产、土地情况，以及发生的业务如下：

（1）拥有厂房原值 2500 万元，3 月底给厂房安装了智能化楼宇设施，整体安装价值 200 万元；该企业拥有露天游泳池原值 300 万元；独立围墙原值 150 万元；6 月底新购入写字楼一幢，产权转移书据上注明不含增值税成交价格为 8000 万元，同时取得房产证和土地使用证各一件。该企业占地面积 6000 平方米，其中 300 平方米土地无偿给消防队使用；6 月底以出让方式取得一块土地的使用权，因政府扶持享受减免了 300 万的土地出让金后实际支付土地出让金 2700 万元。

（2）A 企业由于丢失，换发《工商营业执照》《卫生许可证》《银行基本账户开户证》各一份。

（3）与银行订立借款合同一份，借款金额 500 万元，应付利息 50 万元；与金融机构签订融资租赁合同一份，合同上载明租金总额为 800 万元。

（4）签订财产保险合同一份，财产价值 1000 万元，保险费 40000 元；签订机动车保险合同一份，机动车价值 50 万元，保险费 10800 元。

（其他资料：当地房产税原值减除比例为 20%；城镇土地使用税年税额为每平方米 10 元；契税税率为 3%）

要求：根据上述资料，请计算：

（1）该企业 1—6 月应纳的房产税。

（2）该企业 1—6 月应纳的城镇土地使用税。

（3）该企业应缴纳的契税。

（4）该企业应缴纳的印花税。

【参考答案】

（1）该企业 1—6 月应纳房产税 = 2500 ×（1 − 20%）×1.2% ×3/12 + （2500 + 200）×（1 − 20%）×1.2% ×3/12 = 6 + 6.48 = 12.48（万元）

（2）该企业 1—6 月应纳的城镇土地使用税 =（6000 − 300）×10 ÷ 2 ÷ 10000 = 2.85（万元）

（3）对承受国有土地使用权应支付的土地出让金应征收契税，不得因减免出让金而减免契税。该企业应缴纳的契税 =（8000 + 2700 + 300）×3% = 330（万元）。

（4）购入办公楼应纳印花税 = 8000 ×0.5‰ ×10000 = 40000（元）

房产证、土地使用证、换发的工商营业执照应纳印花税 = 5 ×3 = 15（元）

借款合同应纳印花税 =（5000000 + 8000000）×0.05‰ = 650（元）

财产保险合同应纳印花税 =（40000 + 10800）×1‰ = 50.8（元）

共计应纳印花税 = 40000 + 15 + 650 + 50.8 = 40715.8（元）

第三章

纳税服务和征收管理

>> 第一节
深化税收征管改革

【知识点1】 深化税收征管改革总体要求

1. 指导思想

以习近平新时代中国特色社会主义思想为指导，全面贯彻党的十九大和十九届二中、三中、四中、五中全会精神，围绕把握新发展阶段、贯彻新发展理念、构建新发展格局，深化税收征管制度改革，着力建设以服务纳税人缴费人为中心、以发票电子化改革为突破口、以税收大数据为驱动力的具有高集成功能、高安全性能、高应用效能的智慧税务，深入推进精确执法、精细服务、精准监管、精诚共治，大幅提高税法遵从度和社会满意度，明显降低征纳成本，充分发挥税收在国家治理中的基础性、支柱性、保障性作用，为推动高质量发展提供有力支撑。

2. 工作原则

坚持党的全面领导，确保党中央、国务院决策部署不折不扣落实到位；坚持依法治税，善于运用法治思维和法治方式深化改革，不断优化税务执法方式，着力提升税收法治化水平；坚持为民便民，进一步完善利企便民服务措施，更好满足纳税人缴费人合理需求；坚持问题导向，着力补短板强弱项，切实解决税收征管中的突出问题；坚持改革创新，深化税务领域"放管服"改革，推动税务执法、服务、监管的理念和方式手段等全方位变革；坚持系统观念，统筹推进各项改革措施，整体性集成式提升税收治理效能。

3. 主要目标

到2022年，在税务执法规范性、税费服务便捷性、税务监管精准性上取得重要进展。到2023年，基本建成"无风险不打扰、有违法要追究、全过程强智控"的税务执法新体系，实现从经验式执法向科学精确执法转变；基本建成"线下服务无死角、线上服务不打烊、定制服务广覆盖"的税费服务新体系,实现从无差别服务向精细化、智能化、个性化服务转变;基本建成以"双随机、一公开"监管和"互联网＋监管"为基本手段、以重点监管为补充、以"信用＋风险"监管为基础的税务监管新体系,实现从"以票管税"向"以数治税"分类精准监管转变。到2025年,深化税收征管制度改革取得显著成效,基本建成功能强大的智慧税务,形成国内一流的智能化行政应用系统,全方位提高税务执法、服务、监管能力。

【知识点2】 全面推进税收征管数字化升级和智能化改造

1. 加快推进智慧税务建设

充分运用大数据、云计算、人工智能、移动互联网等现代信息技术,着力推进内外部涉税数据汇聚联通、线上线下有机贯通,驱动税务执法、服务、监管制度创新和业务变革,进一步优化组织体系和资源配置。2022年基本实现法人税费信息"一户式"、自然人税费信息"一人式"智能归集,2023年基本实现税务机关信息"一局式"、税务人员信息"一员式"智能归集,深入推进对纳税人缴费人行为的自动分析管理、对税务人员履责的全过程自控考核考评、对税务决策信息和任务的自主分类推送。2025年实现税务执法、服务、监管与大数据智能化应用深度融合、高效联动、全面升级。

2. 稳步实施发票电子化改革

2021年建成全国统一的电子发票服务平台,24小时在线免费为纳税人提供电子发票申领、开具、交付、查验等服务。制定出台电子发票国家标准,有序推进铁路、民航等领域发票电子化,2025年基本实现发票全领域、全环节、全要素电子化,着力降低制度性交易成本。

3. 深化税收大数据共享应用

探索区块链技术在社会保险费征收、房地产交易和不动产登记等方面的应用,并持续拓展在促进涉税涉费信息共享等领域的应用。不断完善税收大数据云平台,加强数据资源开发利用,持续推进与国家及有关部门信息系统互联互通。2025年建成税务部门与相关部门常态化、制度化数据共享协调机制,依法保障涉税涉费必要信息获取;健全涉税涉费信息对外提供机制,打造规模大、类型多、价值高、颗粒度细的税收大数据,高效发挥数据要素驱动作用。完善税收大数据安全治理体系和管理制度，加强安全态势感知平台建设，常态化开展数据安全风险评估和检查，健全监测预警和应急处置机制，确保数据全生命周期安全。加强智能化税收大数据分析，不断强化税收大数据在经济运行研判和社会管理等领域的深层次应用。

【知识点3】 不断完善税务执法制度和机制

1. 健全税费法律法规制度

全面落实税收法定原则，加快推进将现行税收暂行条例上升为法律。完善现代税收制度，更好发挥税收作用，促进建立现代财税体制。推动修订税收征收管理法、反洗钱法、发票管理办法等法律法规和规章。加强非税收入管理法制化建设。

2. 严格规范税务执法行为

坚持依法依规征税收费，做到应收尽收。同时，坚决防止落实税费优惠政策不到位、征收"过头税费"及对税收工作进行不当行政干预等行为。全面落实行政执法公示、执法全过程记录、重大执法决定法制审核制度，推进执法信息网上录入、执法程序网上流转、执法活动网上监督、执法结果网上查询，2023年基本建成税务执法质量智能控制体系。不断完善税务执法及税费服务相关工作规范，持续健全行政处罚裁量基准制度。

3. 不断提升税务执法精确度

创新行政执法方式，有效运用说服教育、约谈警示等非强制性执法方式，让执法既有力度又有温度，做到宽严相济、法理相融。坚决防止粗放式、选择性、"一刀切"执法。准确把握一般涉税违法与涉税犯罪的界限，做到依法处置、罚当其责。在税务执法领域研究推广"首违不罚"清单制度。坚持包容审慎原则，积极支持新产业、新业态、新模式健康发展，以问题为导向完善税务执法，促进依法纳税和公平竞争。

4. 加强税务执法区域协同

推进区域间税务执法标准统一，实现执法信息互通、执法结果互认，更好服务国家区域协调发展战略。简化企业涉税涉费事项跨省迁移办理程序，2022年基本实现资质异地共认。持续扩大跨省经营企业全国通办涉税涉费事项范围，2025 年基本实现全国通办。

5. 强化税务执法内部控制和监督

2022 年基本构建起全面覆盖、全程防控、全员有责的税务执法风险信息化内控监督体系，将税务执法风险防范措施嵌入信息系统，实现事前预警、事中阻断、事后追责。强化内外部审计监督和重大税务违法案件"一案双查"，不断完善对税务执法行为的常态化、精准化、机制化监督。

【知识点 4】 大力推行优质高效智能税费服务

1. 确保税费优惠政策直达快享

2021 年实现征管操作办法与税费优惠政策同步发布、同步解读，增强政策落实的及时性、确定性、一致性。进一步精简享受优惠政策办理流程和手续，持续扩大"自行判别、自行申报、事后监管"范围，确保便利操作、快速享受、有效监管。2022 年实现依法运用大数据精准推送优惠政策信息，促进市场主体充分享受政策红利。

2. 切实减轻办税缴费负担

积极通过信息系统采集数据，加强部门间数据共享，着力减少纳税人缴费人重复报送。全面推行税务证明事项告知承诺制，拓展容缺办理事项，持续扩大涉税资料由事前报送改为留存备查的范围。

3. 全面改进办税缴费方式

2021 年基本实现企业税费事项能网上办理，个人税费事项能掌上办理。2022 年建成全国统一规范的电子税务局，不断拓展"非接触式""不见面"办税缴费服务。逐步改变以表单为载体的传统申报模式，2023 年基本实现信息系统自动提取数据、自动计算税额、自动预填申报，纳税人缴费人确认或补正后即可线上提交。

4. 持续压减纳税缴费次数和时间

落实《优化营商环境条例》，对标国际先进水平，大力推进税（费）种综合申报，依法简并部分税种征期，减少申报次数和时间。扩大部门间数据共享范围，加快企业出口退税事项全环节办理速度，2022 年税务部门办理正常出口退税的平均时间压缩至 6 个工作日以内，对高信用级别企业进一步缩短办理时间。

5. 积极推行智能型个性化服务

全面改造提升12366税费服务平台，加快推动向以24小时智能咨询为主转变，2022年基本实现全国咨询"一线通答"。运用税收大数据智能分析识别纳税人缴费人的实际体验、个性需求等，精准提供线上服务。持续优化线下服务，更好满足特殊人员、特殊事项的服务需求。

6. 维护纳税人缴费人合法权益

完善纳税人缴费人权利救济和税费争议解决机制，畅通诉求有效收集、快速响应和及时反馈渠道。探索实施大企业税收事先裁定并建立健全相关制度。健全纳税人缴费人个人信息保护等制度，依法加强税费数据查询权限和留痕等管理，严格保护纳税人缴费人及扣缴义务人的商业秘密、个人隐私等，严防个人信息泄露和滥用等。税务机关和税务人员违反有关法律法规规定、因疏于监管造成重大损失的，依法严肃追究责任。

【知识点5】 精准实施税务监管

1. 建立健全以"信用＋风险"为基础的新型监管机制

健全守信激励和失信惩戒制度，充分发挥纳税信用在社会信用体系中的基础性作用。建立健全纳税缴费信用评价制度，对纳税缴费信用高的市场主体给予更多便利。在全面推行实名办税缴费制度基础上，实行纳税人缴费人动态信用等级分类和智能化风险监管，既以最严格的标准防范逃避税，又避免影响企业正常生产经营。健全以"数据集成＋优质服务＋提醒纠错＋依法查处"为主要内容的自然人税费服务与监管体系。依法加强对高收入高净值人员的税费服务与监管。

2. 加强重点领域风险防控和监管

对逃避税问题多发的行业、地区和人群，根据税收风险适当提高"双随机、一公开"抽查比例。对隐瞒收入、虚列成本、转移利润以及利用"税收洼地""阴阳合同"和关联交易等逃避税行为，加强预防性制度建设，加大依法防控和监督检查力度。

3. 依法严厉打击涉税违法犯罪行为

充分发挥税收大数据作用，依托税务网络可信身份体系对发票开具、使用等进行全环节即时验证和监控，实现对虚开骗税等违法犯罪行为惩处从事后打击向事前事中精准防范转变。健全违法查处体系，充分依托国家"互联网＋监管"系统多元数据汇聚功能，精准有效打击"假企业"虚开发票、"假出口"骗取退税、"假申报"骗取税费优惠等行为，保障国家税收安全。对重大涉税违法犯罪案件，依法从严查处曝光并按照有关规定纳入企业和个人信用记录，共享至全国信用信息平台。

【知识点6】 持续深化拓展税收共治格局

1. 加强部门协作

大力推进会计核算和财务管理信息化，通过电子发票与财政支付、金融支付和各类单位财务核算系统、电子档案管理信息系统的衔接，加快推进电子发票无纸化报销、入账、归档、存储。持续深化"银税互动"，助力解决小微企业融资难融资贵问题。加强情报交换、信息通报和执法联动，积极推进跨部门协同监管。

2. 加强社会协同

积极发挥行业协会和社会中介组织作用，支持第三方按市场化原则为纳税人提供个性化服务，加强对涉税中介组织的执业监管和行业监管。大力开展税费法律法规的普及宣传，持续深化青少年税收法治教育，发挥税法宣传教育的预防和引导作用，在全社会营造诚信纳税的浓厚氛围。

3. 强化税收司法保障

公安部门要强化涉税犯罪案件查办工作力量，做实健全公安派驻税务联络机制。实行警税双方制度化、信息化、常态化联合办案，进一步畅通行政执法与刑事执法衔接工作机制。检察机关发现负有税务监管相关职责的行政机关不依法履责的，应依法提出检察建议。完善涉税司法解释，明晰司法裁判标准。

4. 强化国际税收合作

深度参与数字经济等领域的国际税收规则和标准制定，持续推动全球税收治理体系建设。落实防止税基侵蚀和利润转移行动计划，严厉打击国际逃避税，保护外资企业合法权益，维护我国税收利益。不断完善"一带一路"税收征管合作机制，支持发展中国家提高税收征管能力。进一步扩大和完善税收协定网络，加大跨境涉税争议案件协商力度，实施好对所得避免双重征税的双边协定，为高质量引进来和高水平走出去提供支撑。

【知识点7】 强化税务组织保障

1. 优化征管职责和力量

强化市县税务机构在日常性服务、涉税涉费事项办理和风险应对等方面的职责，适当上移全局性、复杂性税费服务和管理职责。不断优化业务流程，合理划分业务边界，科学界定岗位职责，建立健全闭环管理机制。加大人力资源向风险管理、税费分析、大数据应用等领域倾斜力度，增强税务稽查执法力量。

2. 加强征管能力建设

坚持更高标准、更高要求，着力建设德才兼备的高素质税务执法队伍，加大税务领军人才和各层次骨干人才培养力度。高质量建设和应用学习兴税平台，促进学习日常化、工作学习化。

3. 改进提升绩效考评

在实现税务执法、税费服务、税务监管行为全过程记录和数字化智能归集基础上，推动绩效管理渗入业务流程、融入岗责体系、嵌入信息系统，对税务执法等实施自动化考评，将法治素养和依法履职情况作为考核评价干部的重要内容，促进工作质效持续提升。

>> 第二节
纳税服务

一 纳税服务理念

【知识点1】 纳税服务的概念

纳税服务，是指税务机关依据税收法律、行政法规的规定，在税收征收、管理、检查和实施税收法律救济过程中，向纳税人提供的服务事项和措施。

【知识点2】 纳税服务的性质

纳税服务是税务机关依法提供的一种无偿的公共服务。纳税服务属于公共服务的范畴,在提供过程中,税务机关应遵循基本公共服务均等化的理念,满足所有纳税人办理涉税事项的合理需要,税务机关应当按照公平、普遍的原则来提供。

【知识点3】 纳税服务的目标

纳税服务的目标是帮助纳税人了解税法,提高纳税人的满意度,使纳税人受益或感受便利,这种受益或便利具体表现为获得税收知识,享受政策,减少办税过程中的时间、精力、物力等成本,目的是提高税法遵从度。

【知识点4】 纳税服务与税收征管之间的关系及作用

纳税服务与税收征管之间是相互依存、辩证统一、互相促进的关系。纳税服务在现代税收管理体系中的作用体现在:实行服务管理联动,合力促进纳税遵从;促进纳税还权还责,把握服务供给尺度;推进办税便利化改革,助力分类分级管理。

二 纳税服务内容

纳税服务内容主要包括税法宣传、纳税咨询、办税服务、权益保护、信用管理和社会协作6个方面。

【知识点1】 税法宣传是法定职责

税务机关应当广泛宣传税收法律、行政法规,普及纳税知识,无偿地为纳税人提供纳税咨询服务。

【知识点2】 税法日常宣传内容

税务机关在日常工作中开展的宣传,其内容可以分为两大类:

(1)税收政策宣传,对税收政策及其解读进行宣传;

（2）办税流程宣传，对涉税事项的办理渠道、报送资料、办理程序、办理方法等进行宣传。

【知识点3】 纳税咨询服务的概念

纳税咨询服务有广义和狭义之分。

广义的纳税咨询，是指纳税人就纳税方面的问题向解答方询问，解答方凭借其对税收法规、政策的了解程度提出解决方案的过程和活动。这里的解答方包括税务机关和会计师事务所、税务师事务所等涉税专业服务机构。

狭义的纳税咨询，是指税务机关提供的纳税咨询服务，主要指税务机关设立专门机构或者利用现有的人力、物力资源，为纳税人提供针对税收方面的答疑解惑，涉及内容主要有税收法律法规、税收政策、办税程序及有关涉税事项等。

通过纳税咨询，有利于纳税人准确理解税收政策和掌握办税程序，减轻纳税人办税负担，规避税收风险。

【知识点4】 纳税咨询的形式

纳税咨询的形式主要包括电话咨询、互联网咨询和面对面咨询3种形式。

（1）电话咨询，是指税务机关通过对外公开的咨询服务电话解答公众和纳税人提出的涉税问题。

（2）互联网咨询，是指税务机关通过互联网为公众和纳税人提供涉税咨询服务。

（3）面对面咨询，是指税务机关为公众和纳税人提供面对面咨询服务。

【知识点5】 办税服务制度

办税服务制度包括文明服务、优质服务、便利服务3个方面。

（1）文明服务，是指税务机关工作人员在为纳税人提供办税服务时，所应遵循的着装规范、仪容举止、岗前准备、服务用语、接待规范和服务纪律等方面的要求。

（2）优质服务，是指税务机关在为纳税人提供办税服务时，为了提高服务质效所应遵循的各项服务制度。主要包括：①首问责任制；②领导值班；

③办税公开；④导税服务；⑤一次性告知；⑥延时服务；⑦限时服务；⑧提醒服务；⑨预约服务等。

（3）便利服务，是指税务机关在为纳税人提供办税服务时，为减轻纳税人办税负担而提供的各项办税便利化措施。主要包括：①免填单服务；②24小时自助服务；③通办服务等。

【知识点6】 纳税人权利与义务

纳税人在履行纳税义务过程中，依法享有下列权利：①知情权；②保密权；③税收监督权；④纳税申报方式选择权；⑤申请延期申报权；⑥申请延期缴纳税款权；⑦申请退还多缴税款权；⑧依法享受税收优惠权；⑨委托税务代理权；⑩陈述与申辩权；⑪对未出示税务检查证和税务检查通知书的拒绝检查权；⑫税收法律救济权；⑬依法要求听证的权利；⑭索取有关税收凭证的权利。

依照宪法、税收法律和行政法规的规定，纳税人在纳税过程中负有以下义务：①依法进行税务登记的义务；②依法设置账簿、保管账簿和有关资料，以及依法开具、使用、取得和保管发票的义务；③财务会计制度和会计核算软件备案的义务；④按照规定安装、使用税控装置的义务；⑤按时、如实申报的义务；⑥按时缴纳税款的义务；⑦代扣、代收税款的义务；⑧接受依法检查的义务；⑨及时提供信息的义务；⑩报告其他涉税信息的义务。

【知识点7】 纳税人需求管理

通过税务网站、纳税服务热线、办税服务厅或召开座谈会等多种形式，定期收集关于税收政策、征收管理、纳税服务及权益保护等方面的纳税人需求，并逐步实现通过信息化手段进行收集、整理、分析。及时解决本级职权可以处理的纳税人正当、合理需求；及时呈报需要上级税务机关解决的事项；对于暂时不能解决的纳税人合理需求，应当分析原因、密切跟踪，待条件具备时主动采取措施予以解决；对于已经处理的纳税人需求，应通过电话回访、问卷调查、随机抽查等形式，对相关措施的实际效果进行评估，未达到预期效果的，及时采取措施进一步解决。通过收集、分析、处理和持续的效果评估，实现纳税人需求的动态管理。

纳税人需求管理应遵循依法服务、科学高效、统筹协调和自愿参与的工作原则。税务机关开展纳税人需求管理包括需求征集、需求分析、需求响应和结果运用四个环节。税务机关应加强对需求结果的应用：一是改进工作，二是辅助决策，三是定期公开。

【知识点8】 纳税人满意度调查

在国家税务总局每2年开展一次全国纳税人满意度调查的基础上，省级税务机关可以适时开展对具体服务措施的满意度调查，但原则上在一个年度内不得对纳税人进行重复调查，以免增加纳税人负担。税务机关应当对调查获取的信息进行深入分析、合理应用，及时整改存在的问题和不足，逐步完善服务措施，使有限的服务资源发挥出最大的效能。

纳税人满意度调查类型分为全面调查、专项调查和日常调查。

各级税务机关可自行组织或委托第三方专业机构实施调查，可采用电话、网络、信函、入户走访、窗口服务评价等方式开展。调查指标主要包括各级税务机关在政策落实、规范执法、服务质效、信息化建设、廉洁自律等方面的情况。

税务机关开展纳税人满意度调查包括制定方案、调查准备、调查实施、统计汇总、数据分析、形成报告、资料归档及其他八个环节。税务机关应加强对纳税人满意度调查结果的应用：一是考核通报，二是改进工作，三是外部反馈，四是需求管理。

【知识点9】 涉税信息查询

认真执行《纳税人涉税保密信息管理暂行办法》，明确工作职责，严格贯彻涉税保密的相关规定。严格遵守信息披露、提供和查询程序，防止泄露纳税人个人隐私和商业秘密。对于税务机关和税务人员在税收征收管理各环节采集、接触到的纳税人涉密信息，必须在职责范围内接收、使用和传递。强化保密教育，努力增强税务人员的保密意识，切实保障纳税人的保密权。

涉税信息查询，是指税务机关依法对外提供的信息查询服务。可以查询的信息包括由税务机关专属掌握可对外提供查询的信息，以及有助于纳税人履行纳税义务的税收信息。涉税咨询、依申请公开信息不属于涉税信息查询。

社会公众可以通过报刊、网站、信息公告栏等公开渠道查询税收政策、重大税收违法案件信息、非正常户认定信息等依法公开的涉税信息。税务机关应当对公开涉税信息的查询途径及时公告,方便社会公众查询。

纳税人可以通过网站、客户端软件、自助办税终端等渠道,经过有效身份认证和识别,自行查询税费缴纳情况、纳税信用评价结果、涉税事项办理进度等自身涉税信息。

对于纳税人无法自行获取所需自身涉税信息,可以向税务机关提出书面申请,税务机关应当在本单位职责权限内予以受理。纳税人书面申请查询,要求税务机关出具书面查询结果的,税务机关应当出具《涉税信息查询结果告知书》。涉税信息查询结果不作为涉税证明使用。

纳税人对查询结果有异议,可以向税务机关申请核实,并提交相关资料。

税务机关应当对纳税人提供的异议信息进行核实,并将核实结果告知纳税人。税务机关确认涉税信息存在错误,应当及时进行信息更正。

各级税务机关应当采取有效措施,切实保障涉税信息查询安全可控。对于未按规定提供涉税信息或泄露纳税人信息的税务人员,应当按照有关规定追究责任。

【知识点 10】 纳税服务投诉管理

严格执行《纳税服务投诉管理办法》(国家税务总局公告 2019 年第 27 号修订发布),各级税务机关应配备专门的纳税服务投诉管理人员,健全内部管理机制,畅通投诉受理渠道,规范统一处理流程,利用信息化手段,建立纳税服务投诉"受理、承办、转办、督办、反馈、分析和持续改进"一整套流程的处理机制。定期对投诉事项进行总结、分析和研究,及时发现带有倾向性和普遍性的问题,提出预防和解决的措施,实现从被动接受投诉到主动预防投诉的转变。

各级税务机关的纳税服务部门是纳税服务投诉的主管部门,负责纳税服务投诉的接收、受理、调查、处理、反馈等事项。需要其他部门配合的,由纳税服务部门进行统筹协调。

税务机关应当建立纳税服务投诉事项登记制度,记录投诉时间、投诉人、被投诉人、联系方式、投诉内容、受理情况及办理结果等有关内容。

纳税服务投诉范围包括:①纳税人对税务机关工作人员服务言行进行的投诉;②纳税人对税务机关及其工作人员服务质效进行的投诉;③纳税人对

税务机关及其工作人员在履行纳税服务职责过程中侵害其合法权益的行为进行的其他投诉。

纳税人可以通过网络、电话、信函或者当面等方式提出投诉。

纳税人进行纳税服务投诉原则上以实名提出。

纳税人对纳税服务的投诉，可以向本级税务机关提交，也可以向其上级税务机关提交。

税务机关应在规定时限内将处理结果以适当形式向投诉人反馈。反馈时应告知投诉人投诉是否属实，对投诉人权益造成损害的行为是否终止或改正；不属实的投诉应说明理由。

【知识点 11】 纳税人纳税信用管理

税务机关负责纳税人纳税信誉等级评定工作。纳税人纳税信誉等级的评定办法由国家税务总局制定。

纳税信用管理是指税务机关对纳税人的纳税信用信息开展的采集、评价、确定、发布和应用等活动。

《纳税信用管理办法（试行）》（国家税务总局公告 2014 年第 40 号发布）适用于已办理税务登记，从事生产、经营并适用查账征收的企业纳税人。

根据《国家税务总局关于纳税信用管理有关事项的公告》（国家税务总局公告 2020 年第 15 号）非独立核算分支机构可自愿参与纳税信用评价。

纳税信用信息采集，是指税务机关对纳税人纳税信用信息的记录和收集。

纳税信用信息包括纳税人信用历史信息、税务内部信息、外部信息。

纳税信用评价采取年度评价指标得分和直接判级方式。评价指标包括税务内部信息和外部评价信息。纳税信用评价周期为一个纳税年度。

纳税信用评价结果的确定和发布遵循谁评价、谁确定、谁发布的原则。税务机关每年 4 月确定上一年度纳税信用评价结果，并为纳税人提供查询服务。对纳税信用评价结果，按分级分类原则，依法有序开放。

2020 年 11 月 1 日起，纳税人对指标评价情况有异议的，可在评价年度次年 3 月填写《纳税信息复评（核）申请表》，向主管税务机关提出复核，主管税务机关在开展年度评价时审核调整，并随评价结果向纳税人提供复核情况的自我查询服务。

税务机关按照守信激励，失信惩戒的原则，对不同信用级别的纳税人实施分类服务和管理。

【知识点12】 税务机关对涉税专业服务的监管

涉税专业服务机构，是指税务师事务所和从事涉税专业服务的会计师事务所、律师事务所、代理记账机构、税务代理公司、财税类咨询公司等机构。

涉税专业服务机构可以从事下列涉税业务：①纳税申报代理；②一般税务咨询；③专业税务顾问；④税收策划；⑤涉税鉴证；⑥纳税情况审查；⑦其他税务事项代理；⑧其他涉税服务。第③项至第⑥项涉税业务，应当由具有税务师事务所、会计师事务所、律师事务所资质的涉税专业服务机构从事，相关文书应由税务师、注册会计师、律师签字，并承担相应的责任。

税务机关涉税专业服务监管的主要内容：

（1）涉税专业服务机构行政登记管理，根据国务院第91次常务会议决定，将"税务师事务所设立审批"调整为"具有行政登记性质的事项"，应当对税务师事务所实施行政登记管理。

（2）实名制管理，对涉税专业服务机构及其从事涉税服务人员进行实名制管理。税务机关依托金税三期应用系统，建立涉税专业服务管理信息库。

（3）资料报送和留存备查，应当建立业务信息采集制度，利用现有的信息化平台分类采集业务信息，加强内部信息共享，提高分析利用水平。涉税专业服务机构应当以年度报告形式，向税务机关报送从事涉税专业服务的总体情况。

（4）信用评价管理，应当建立信用评价管理制度，对涉税专业服务机构从事涉税专业服务情况进行信用评价，对其从事涉税服务人员进行信用记录。

（5）执业情况检查，对涉税专业服务机构从事涉税专业服务的执业情况进行检查，根据举报、投诉情况进行调查。

（6）利用行业协会监督指导，应当加强对税务师行业协会的监督指导，与其他相关行业协会建立工作联系制度。可以委托行业协会对涉税专业服务机构从事涉税专业服务的执业质量进行评价。

>> 第三节
税费基础管理

本节相关知识点见本书第二章。

>> 第四节
税收风险管理

一 税收风险管理概述

【知识点1】 风险的概念

风险就是活动或事件消极的不确定性可能引起的后果与预测目标发生的多种负偏离的综合。风险是针对不希望发生的事件而言的，它包括以下两个方面：

1. 发生的可能性；
2. 一旦发生，后果的严重程度。

【知识点2】 风险管理的概念

风险管理，是指如何在一个肯定有风险的环境里把风险减至最低的管理过程。当中包括了对风险的量度、评估和应对策略。

【知识点3】 风险管理过程

风险管理力求把由风险导致的各种不利后果减少到最低程度，使之正好符合有关方在时间和质量方面的要求。一方面，风险管理能促进决策的科学化、合理化、减少决策的风险性；另一方面，风险管理的实施可以使各项活动或行为中面临的风险损失降至最低。

首先，风险管理必须识别风险。风险识别要确定何种风险可能会对企业产生影响，最重要的是量化不确定性的程度和每个风险可能造成损失的程度。

其次，风险管理要着眼于风险控制，公司通常采用积极的措施来控制风险。通过降低其损失发生的概率，缩小其损失程度来达到控制目的。控制风险的最有效方法就是制定切实可行的应急方案，编制多个备选的方案，最大限度地对企业所面临的风险做好充分的准备。

最后，风险管理要学会规避风险。在既定目标不变的情况下，改变方案的实施路径，从根本上消除特定的风险因素。

【知识点4】 税收风险

税收风险，是指在征税过程中，由于制度方面的缺陷，政策、管理方面的失误，以及种种不可预知和控制的因素所引起的税源状况恶化、税收调节功能减弱、税收增长乏力，最终导致税收收入不能满足政府实现职能需要的一种可能性。

二 税收风险的类型和成因

【知识点1】 税收风险类型

1. 按照风险来源，可分为税务部门内部风险和企业税收遵从风险。

2. 按照风险可测程度，可分为指标性税收风险和非指标性税收风险。

3. 按照风险等级评定，可分为一般税收风险和重大税收风险。

【知识点2】 企业税收遵从风险

税收遵从风险，是指纳税人未能履行法定税收义务所产生的风险。严格意义上，税收遵从风险是税收风险的组成部分。税收不遵从是税收遵从的相对概念。与税收相关的法律规定了一系列纳税人必须履行的义务，如果纳税人没有履行这些义务就产生了税收不遵从行为。

尽管实际的税收义务在不同的纳税人之间和国与国之间会有所不同，但是基本上所有的纳税人都有如下四个方面的税收义务，"遵从"主要就是和这四个义务相关：①税务登记；②及时制作或保存必需的税务信息；③全面准确的信息报告；④按时缴纳税款。

如果纳税人未能履行上述任何一项义务，即可认为是"不遵从"。

【知识点3】 税务部门内部风险

税收部门内部风险存在于税收管理的整个过程和各个环节，就其具体内容而言，主要包括税制改革风险、涉外税收风险、税源监管风险以及税收执法风险等。

三 税收风险管理的基本原则和意义

【知识点1】 税收风险管理的基本原则

各级税务机关要因地制宜，统筹安排管理资源，按照统分结合、分类分级应对的原则，合理划分各层级和各部门在税收风险管理工作中的职责，形成纵向联动、横向互动的工作机制，做到职责清晰、分工明确、运行顺畅。

【知识点2】 税收风险管理的意义

1. 税收风险管理是现代税收管理的先进理念和国际通行做法，是完善我国税收管理体系、提高治理能力、实现税收现代化的有效举措，是构建科学严密税收征管体系的核心工作。

2. 税收风险管理是税收征管改革的突破口，实施税收风险管理，就是要把有限的征管资源优先配置到高风险领域和大企业税收领域，实现税源管理专业化，推动服务管理方式创新和税收管理体制变革。

3. 税收风险管理是完成组织收入目标的重要抓手，开展税收风险管理，通过风险分析识别，有助于找准税收漏洞，有效实施风险应对，促进税收收入的可持续增长。

四 税收风险管理工作的重要性

【知识点】 税收风险管理工作的重要性

1. 税收风险管理是推进税收治理现代化的必然要求

《关于进一步深化税收征管改革的意见》要求深入推进精准监管，此次征管改革将显著提高税收风险管理的科学性水平，进一步推动税收治理现代化向前发展。以税收征管信息化平台为依托、以风险管理为导向、以分类分级管理为基础，推进征管资源合理有效配置，实现外部纳税遵从风险分级可控、内部主观努力程度量化可考的现代税收征管方式，是税收征管体制改革的方向。

2. 税收风险管理是促进纳税遵从的根本途径

通过加强税收风险管理，对纳税人实施差别化精准管理，对暂未发现风险的纳税人不打扰，对低风险纳税人予以提醒辅导，对中高风险纳税人重点监管。为愿意遵从的纳税人提供便利化办税条件，对不遵从的纳税人予以惩罚震慑，将从根本上解决纳税人不愿遵从或无遵从标准的问题，提高纳税遵从水平。

3. 税收风险管理是提高税务机关主观能动性的重要抓手

在做好基础管理的同时，通过对信息收集、风险识别、等级排序、任务推送、风险应对等环节实施过程监控和效果评价，可有效增强各级税务机关的主观努力程度，查找征管中的薄弱环节，防范税务系统内部风险，提高征管质效。

五 税收风险管理工作的定位

【知识点】 税收风险管理工作的定位

税收风险管理是加强税种管理的有效方法和手段。在税种管理中，把税收风险管理的方法与税种管理特点紧密结合起来，研究各税种的风险发生规律，建立税种风险分析指标体系和模型，形成体现税种特点的风险任务，为开展综合性的统一应对提供专业支撑。

税收风险管理也是加强日常征管的有效方法和手段。在日常征管过程中，应用税收风险管理方法，按照税收风险管理流程，加强登记、发票、申报、征收等环节的管理。特别是要结合精简审批、减少环节、下放权力等创新税收服务和管理的要求，发挥税收风险管理的优势，加强事前、事中和事后的风险监控，堵塞管理漏洞，提高征管质效。

税收风险管理还是加强大企业税收管理的有效方法和手段。在大企业税收管理过程中，运用税收风险管理的理念和方法，提升大企业复杂涉税事项的管理层级，发挥各级税务机关的系统优势，实现大企业由基层的分散管理转变为跨层级的统筹管理，促进税收征管整体资源的优化配置。

六 税收风险管理工作的职责划分和工作机制

【知识点1】 各级税务机关在税收风险管理中的职责

1. 国家税务总局税收风险管理职责

国家税务总局负责税收风险管理制度和机制的顶层设计。制定税收风险管理工作规程；统一业务口径及数据标准，开展数据治理；建立第三方涉税信息采集及应用制度；开发部署金税三期决策支持风险管理系统（以下简称决策支持风险管理系统）；建立健全全国或者区域范围的风险管理特征库、模型和指标体系；制定税收风险管理过程监控和效果评价标准。

组织开展区域性、行业性以及特定类型纳税人或者特定事项的税收风险分析工作（如千户集团税收风险分析）；整合风险应对任务并向省税务机关推送；组织对省税务机关及国家税务总局税收风险管理工作领导小组办公室（以下简称国家税务总局风险办）成员单位的风险管理过程监控和效果评价；开展纳税遵从行为规律分析；实施跨省风险管理任务调度；组织开展跨省数据集成和调度；组织征管主观努力程度监控及评价；组织制定税收风险管理战略规划。

2. 省税务机关税收风险管理职责

按照国家税务总局工作部署，结合本地实际，建立健全税收风险管理工作机制，开展数据治理，开展第三方涉税信息采集及应用工作，完善、应用省级决策支持风险管理系统，改进、优化风险管理特征库、模型和指标体系，统筹安排税收风险管理各项工作任务，接受国家税务总局风险办对其风险应对全流程的过程监控和效果评价。

按照国家税务总局计划开展区域性、行业性以及特定类型纳税人或者特定事项的税收风险分析工作（如千户集团税收风险分析）；结合国家税务总局推送的风险应对任务，进一步开展专业分析，形成本省风险纳税人库；

对纳税人进行风险等级排序，结合征管资源配置情况，确定应对任务；组织开展风险应对，或将风险应对任务推送给下级税务机关；组织对下级税务机关的过程监控及效果评价，并向国家税务总局反馈整体应对情况；开展纳税遵从行为规律分析；负责全省风险管理任务调度；负责全省数据集成和调度；组织征管主观努力程度监控及评价；组织制定本省税收风险管理年度计划。

3. 市、县税务机关税收风险管理职责

市、县税务机关重点做好税收风险应对工作，必要时，也可以组织开展风险分析识别工作。其他税收风险管理工作事项，由省税务机关具体规定。

【知识点 2】 各级税务机关在税收风险管理中的工作机制

1. 国家税务总局风险办及其成员单位税收风险管理工作机制

（1）强化国家税务总局风险办统筹职能。

①统筹风险管理工作规程和年度计划制定工作。组织成员单位共同制定税收风险管理工作规程和年度计划；按照横向互动、纵向联动的原则，在征求成员单位及省税务机关税收风险管理工作领导小组办公室（以下简称省税务局风险办）意见后，报国家税务总局税收风险管理工作领导小组审定后下发。

②统筹风险应对任务推送工作。根据组织收入工作需要，定期召开风险管理专题会议，审议成员单位及各地区在风险管理工作中提炼或发现的具有全局性、普遍性特征的风险事项，以及成员单位提交的特定类型纳税人或特定风险事项，适时推送各地应对。相关司局遇到情况紧急、风险程度高、风险指向具体纳税人的特殊风险管理任务，可以会签国家税务总局风险办并报经局领导批准后，单独成文下发或通过决策支持风险管理系统向下推送。

③统筹风险应对过程监控及效果评价工作。对推送各地应对的风险管理任务，国家税务总局风险办统一组织实施应对过程监控和效果评价工作。

④统筹风险分析识别模型建设工作。组织税务系统精干力量，按计划逐步建立具有代表性的覆盖重点行业、税种及特定类型纳税人的风险分析识别指标体系及模型库，并及时内置到决策支持风险管理系统中，供各单位及各地区使用。

⑤统筹决策支持风险管理系统功能完善工作。汇总成员单位及各地提出的关于完善决策支持风险管理系统功能的业务需求和意见，提交相关部门统一完善系统功能。

⑥统筹税收数据治理工作。建立标准、规范、充分、完备的数据库。从数据来源、内容、格式、口径、质量、应用等多方面实施数据治理，制定税收数据管理办法。不断拓宽数据来源、丰富数据内容、规范数据格式、统一数据口径、提高数据质量、强化数据利用，有效发挥税收数据在风险管理工作中的基础性作用。

⑦统筹开展第三方涉税信息获取及应用工作。统一指导成员单位获取税收风险管理工作所需第三方涉税信息。成员单位负责提出第三方涉税信息的业务需求，国家税务总局风险办负责制定业务标准和技术实现。第三方涉税信息交换至金税三期外部信息交换系统，供各单位及各地开展风险管理工作使用。

（2）发挥国家税务总局风险办成员单位的职能作用。

①各税种管理部门（含国际税收部门）结合自身工作特点，承担分管税种或本部门业务的第三方涉税信息采集、分析识别模型建设及风险分析识别工作，向国家税务总局风险办提供具有全局性、普遍性特征的风险事项。对特殊风险管理事项进行跟踪、指导、评价，并总结经验，进一步完善相关风险指标和风险任务。

②大企业税收管理部门在国家税务总局风险办的统一领导下，牵头负责全国千户集团税收风险分析专题办公室，负责千户集团税收风险的分析识别工作。分析结果报国家税务总局风险办统一推送各地。省税务局风险办统筹再分析后，明确相关税务机关及应对主体，组织实施风险应对。省税务局风险办将应对结果反馈给国家税务总局风险办，同时报送全国千户集团税收风险分析专题办公室。大企业税收管理部门可对相应情况进行跟踪、指导、评价、考核，并总结经验，完善工作机制。

③高风险纳税人税收风险管理的主要应对手段为税务稽查。稽查部门负责承接风险管理部门推送的高风险线索，重点稽查，并反馈查处结果。对于高风险应对任务中反映出的行业性、地域性或特定类型纳税人的共性税收风险特征，稽查部门应及时提交给国家税务总局风险办，补充到风险分析识别指标体系及模型库中，促进风险分析识别模型的优化和完善。

2. 省税务局风险办工作机制

(1) 统一税收风险管理组织领导。

各地要定期召开税收风险管理工作领导小组会议，审议本单位税收风险管理年度工作计划和总结、本地区税收风险管理重大事项等（会议纪要报国家税务总局风险办备案）。同时，要根据国家税务总局风险管理年度工作计划，因地制宜，细化并制订本地税收风险管理年度计划。

(2) 统一接收国家税务总局推送风险事项。

国家税务总局风险办按计划下发的税收风险管理事项，统一由省税务局风险办负责接收。国家税务总局风险办成员单位下发的特殊风险管理事项，也应由省税务局风险办统一接收；其他部门接收的，须将接收的风险事项报送省税务局风险办统筹管理。

(3) 统一扎口推送风险应对任务。

省税务局风险办接收国家税务总局风险管理事项后，组织相关部门开展细化分析，统筹任务安排，扎口推送给有关单位开展风险应对工作。对国家税务总局风险办成员单位下发的特殊风险管理事项，省税务局风险办可以组织相关部门开展细化分析，也可由相关部门开展细化分析。细化分析后的风险管理事项经省税务局风险办统筹后，扎口推送有关单位应对。

(4) 统一反馈风险应对情况。

应对结束后，省税务局风险办应分析总结应对情况，及时将应对情况反馈给国家税务总局风险办。国家税务总局风险办将应对情况通报给风险事项发起单位。对国家税务总局风险办成员单位下发的特殊风险管理事项，省税务局风险办在向国家税务总局风险办反馈应对情况的同时，要将应对情况反馈给特殊风险事项发起单位。

七　建立健全以"信用＋风险"为基础的新型监管机制

【知识点】　建立健全以 "信用＋风险" 为基础的新型监管机制

健全守信激励和失信惩戒制度，充分发挥纳税信用在社会信用体系中的基础性作用。建立健全纳税缴费信用评价制度，对纳税缴费信用高的市场主体给予更多便利。在全面推行实名办税缴费制度基础上，实行纳税人缴费人动态信用等级分类和智能化风险监管，既以最严格的标准防范逃避税，又避免影响企业正常生产经营。健全以"数据集成＋优质服务＋提醒纠错＋依法查处"为主要内容的自然人税费服务与监管体系。依法加强对高收入高净值人员的税费服务与监管。

八　加强重点领域风险防控和监管

【知识点】 加强重点领域风险防控和监管

对逃避税问题多发的行业、地区和人群，根据税收风险适当提高"双随机、一公开"抽查比例。对隐瞒收入、虚列成本、转移利润以及利用"税收洼地""阴阳合同"和关联交易等逃避税行为，加强预防性制度建设，加大依法防控和监督检查力度。

九　税收风险管理的基本内容

【知识点】 税收风险管理的基本内容

税收风险管理的基本内容包括目标规划、信息收集、风险识别、等级排序、风险应对、过程监控和评价反馈，以及通过评价成果应用于规划目标的修订校正，从而形成良性互动、持续改进的管理闭环。

1. 目标规划

要结合税收形势和外部环境，确定税收风险管理工作重点、工作措施和实施步骤，形成系统性、全局性的战略规划和年度计划，统领和指导税收风险管理工作。

2. 信息收集

各级税务机关要落实信息管税的工作思路，将挖掘和利用好内外部涉税信息作为税收风险管理工作的基础。注重收集宏观经济信息、第三方涉税信息、企业财务信息、生产经营信息、纳税申报信息，整合不同应用系统信息。建立企业基础信息库，并定期予以更新。对于集团性大企业，还要注重收集集团总部信息。

3. 风险识别

各级税务机关要建立覆盖税收征管全流程、各环节、各税种、各行业的风险识别指标体系、风险特征库和分析模型等风险分析工具。统筹安排风险识别工作，运用风险分析工具，对纳税人的涉税信息进行扫描、分析和识别，找出容易发生风险的领域、环节或纳税人群体，为税收风险管理提供精准指向和具体对象。

4. 等级排序与推送

根据风险识别结果，建立风险纳税人库，按纳税人归集风险点，综合评定纳税人的风险分值，并进行等级排序，确定每个纳税人的风险等级。结合征管资源和专业人员的配置情况，按照风险等级由高到低合理确定需采取措施的应对任务数量。风险应对任务由风险办扎口管理，统一推送下达。按纳税人区域、规模和特定事项等要素，合理确定风险应对层级和承办部门。

5. 风险应对

要按纳税人区域、规模和特定事项等要素，合理确定风险应对层级和承办部门。风险应对过程中，可采取风险提醒、纳税评估、税务审计、反避税调查、税务稽查等差异化应对手段。

6. 过程监控及评价反馈

要对税收风险管理全过程实施有效监控，建立健全考核评价机制，及时监控和通报各环节的运行情况，并对风险识别的科学性和针对性、风险等级排序的准确性、风险应对措施的有效性等进行效果评价。要将风险应对效果纳入绩效考核体系。加强对过程监控和评价结果的应用，优化识别指标和模型，完善管理措施，提出政策调整建议，实现持续改进。要全面归集分析税务总局定点联系企业税收风险的性质及成因，提出风险防控建议，反馈给企业集团。

十 税收风险分析统筹

【知识点】 税务风险管理的任务统筹

任务统筹，是指对通过风险分析识别、上级交办、部门转办以及其他途径产生的风险任务进行归集、整理、汇总、比对、审批、推送、分配等过程。任务统筹应遵循"科学合理""过滤重复""归并执行"的原则，即任务安排要充分考虑应对部门承受能力，力求做到科学合理；利用系统过滤或人工干预，避免任务重复派发；对同一纳税人涉及多项事项，应归并任务，统一下发，防止多头下达任务。

任务来源包括三种情况：风险识别后等级排序结果；举报、上级交办、督办、部门转办、情报交换等风险信息接收；下级税务机关风险应对任务提请情况。

1. 任务统筹

各级风险办负责任务统筹：

（1）国家税务总局：

①整合风险应对任务并向省级税务机关推送，实施跨省风险管理任务调度。

②风险办按需召开风险管理专题会议，审议成员单位及各地区在风险管理工作中提炼或发现的具有全局性、普遍性特征的风险事项，以及成员单位提交的特定类型纳税人或特定风险事项，适时推送各地应对。

③千户集团风险应对任务由风险办统一推送至省级风险办，并抄送相关省级税务机关大企业税收管理部门。

④国家税务总局稽查局根据工作需要，具体负责组织或督促相关地区稽查部门实施稽查。

⑤其他应由国家税务总局统筹的风险管理任务。

（2）省级、市级、县（区）级税务机关：

①整合风险应对任务并向下级税务机关推送，负责本级范围内风险管理任务调度。

②风险办统一接收上级风险办按计划下发的税收风险管理事项，组织相关部门开展细化分析，统筹任务安排，统一扎口推送给有关单位开展风险应对工作。

③千户集团风险应对任务实施以省级、市级税务机关为主。对于重大或复杂涉税事项的千户集团风险应对任务，由省级税务机关组织开展应对。

④对其他部门接收的，须将接收的风险事项报送风险办统筹管理。

⑤各级稽查部门具体负责协调、实施辖区内税务稽查工作。

⑥其他应统筹的风险管理任务。

2.任务对象拟定

(1)风险办按风险管理计划,统筹服务提醒、更正提示、纳税评估、特别纳税调整、税务稽查任务,审定下级申请任务,整合举报、上级交办、督办、部门转办、情报交换等事项,拟定待推送任务清册。

待推送任务清册应说明风险任务类型、任务对象确定方式、各类任务拟推送具体对象。

(2)任务类型。

风险办根据风险点性质、紧急程度、应对实施便利性,结合系统实现渠道、部门职责合理确定任务类型。

对涉嫌偷逃抗骗税,以及经风险等级排序确定的高风险纳税人,经稽查局分析确认后纳入税务稽查对象范围。

(3)任务对象确定方式。

风险办依据风险等级排序的结果,结合风险应对机关、稽查部门的应对能力,确定风险应对任务数量。

举报、上级交办、督办、部门转办、情报交换任务直接进入任务审批环节。

(4)任务对象拟定原则。

①无特殊情况,风险积分相同,信用评价积分较低的优先纳入推送范围。

②风险应对任务类型按应对策略从高原则确定。

③对同一纳税人纳税评估、税务稽查等税务检查任务,一个年度内原则上只推送一次。

税务机关已掌握纳税人新的涉税违法线索,或因执行国际条约需要,以及纳税人再次出现税款流失风险的,经县(区)级以上(含)税务机关主要负责人批准后,可对已实施税务检查的纳税人再次实施税务检查。

④对存在未完成风险应对任务的纳税人,应根据上述原则及风险排查实际情况,确认是否独立推送应对任务、并案或移交处理。

⑤已确定的风险应对任务原则上年度内推送完毕。

3.任务审批

本级税收风险管理工作领导小组负责风险应对任务审批。经审批:

(1)不予推送的,审核情况反馈任务提请、移交部门。

（2）准予推送的，进入任务推送环节。

4. 任务推送

（1）风险办按确定的风险应对任务类型、方式、对象，组织任务推送实施。

（2）推送服务提醒的，应结合纳税信用评价结果，按确定的推送范围、信息推送渠道方式，按户（人）归集各类提醒事项。

（3）准予推送且需并案处理的，风险点推送并入未完成风险应对任务，一并应对处理。

（4）需报上级督办、交下级督办、交下级办理、移送其他部门的，按目标机关推送。

十一 税收风险管理的重点工作

【知识点】 税收风险管理的重点工作

1. 改革大企业税收风险管理方式，实施两级风险分析及差别化应对

贯彻落实《深化大企业税收服务与管理改革实施方案》（税总发〔2015〕157号印发），提升大企业税收复杂事项风险管理层级，实施税务总局和省税务机关两级统筹分析，组织分类分级差别化应对，实现风险防控"精确制导"。税务总局组建千户集团税收风险分析专业团队，联合省税务机关大企业税收管理部门，跨区域统筹开展千户集团税收风险分析工作。税务总局风险办扎口统一推送千户集团税收风险应对任务。省税务局风险办按照风险等级将应对任务推送给相应税务机关，并确定风险应对主体，实施差别化风险应对。省税务机关参照税务总局对千户集团的风险分析方法，统筹开展本省大企业的税收风险分析工作。

2. 开展高收入者个人所得税风险管理工作

省税务机关要借助第三方涉税信息，围绕重点人群、重点项目、重点行业、重点政策，研究建立高收入者个人税收风险管理工作机制，积极开展高收入者个人所得税风险分析及应对工作。

3. 做好增值税发票及出口退税风险管理工作

积极运用增值税发票管理新系统数据，针对高风险特征企业，前移风险

识别关口，在发票开具、纳税申报、出口退税等环节应用风险识别指标及模型，以人机结合方式开展事中风险分析，缩短风险反应时间。

4. 加强税收征管主观努力程度评价工作

提升税收征管主观能动性，加强风险管理成效、组织收入力度、第三方涉税信息获取及应用等重点事项的主观努力程度评价工作，科学测算提高征收率的增收目标，强化对风险管理过程的监控和评价工作，采取措施，积极作为，提高通过加强征管促进组织收入的成效。

5. 加强户籍、登记及申报风险管理工作

强化户籍管理，防范脱管户，对"一址多照""多家企业法定代表人为同一人""法人代表和财务负责人及办税人员为同一人"等风险户予以重点关注，及时掌握户籍信息变动情况。适时调整"双定户"税额标准。监控纳税人不申报、迟申报和错误申报等情况，分析原因，采取措施，提高纳税申报及时性和准确性。

6. 加强欠税风险管理工作

加强申报后的税款入库跟踪管理，防范申报税款未及时足额入库的风险。定期开展纳税人欠税偿还能力分析，查明欠税原因，有针对性地分类采取清缴欠税措施，严格执行税收保全措施及强制执行措施。加强与人民法院和破产管理人的沟通协调，力争欠税清理工作取得实质性成效。

7. 加强重点行业税收风险管理工作

着重防范金融保险、投资管理、物流、电力、大型连锁商业零售、房地产和建筑安装等行业税收风险。

十二 纳税评估流程

【知识点 1】 确定纳税评估对象

1. 确定纳税评估对象的方法

纳税评估的对象为主管税务机关负责管理的所有纳税人及其应纳所有税种。税务机关的纳税评估机构应当根据税源管理工作的需要，依据日常管理中掌握和采集的相关信息，采取计算机分析、人工分析及人机结合分析等手段，对纳税人纳税申报资料进行简单的分析，并有针对性地筛选确定需要实施纳税评估的对象。

2. 重点纳税评估对象的确定

纳税评估的重点对象包括：①综合审核对比分析中发现有问题或疑点的纳税人；②重点税源户；③特殊行业的重点企业；④税负异常变化的企业；⑤长时间零税负和负税负申报的纳税人；⑥纳税信用等级低下的纳税人；⑦日常管理和税务稽查检查中发现过较多问题的行业的纳税人。

【知识点2】 收集纳税评估资料

收集纳税评估资料可以分为税务机关内部信息资料和外部信息资料。

1. 内部信息资料

在纳税评估过程中，税务机关可以直接根据金税三期工程系统内纳税人依法报送的纳税申报资料、各项核定、认定事项的结果、增值税交叉稽核系统各类票证比对结果等，确定或调整纳税人的计税依据和应纳税额。

2. 外部信息资料

对于从第三方收集的数据，税务机关应当确保数据的来源合法。数据本身的真实性和准确性由提供数据的第三方负责。对于通过公开资料采集的数据资料，如上市公司披露的报告、行业协会公开的资料、互联网上发布的新闻等，税务机关应当确保该数据来源合法，引用准确。

【知识点3】 纳税评估案头分析

在对纳税评估对象一定时间区间的相关资料调取和归集后，要结合纳税评估案源的内容进行初步的案头分析。案头分析的主要内容如下：

1. 税务登记资料的分析

通过税务登记表和税务机关日常采集的信息，主要了解企业的注册资本及注册资本的构成、企业的组织结构，总、分支机构情况、关联企业情况，主营项目、生产经营的范围、主要产品生产工艺流程，银行基本账户从业人员情况等。

2. 税收优惠资格认定、减免税备案和核准资料的分析

通过对税收优惠资格认定、减免税备案和核准资料的分析，了解企业享受税收优惠的情况。

3. 发票情况的分析

通过对发票领购情况的分析，了解企业使用发票的种类、数量和结构，可以辅助判断企业生产经营的变化情况，从发票领购的数量和结构判断是否存在异常。

4. 纳税申报资料的分析

（1）纳税人是否按照税法规定的程序、手续和时限履行申报纳税义务，各项纳税申报附送的各类抵扣、列支凭证是否合法、真实、完整；

（2）纳税申报主表、附表及项目、数字之间的逻辑关系是否正确，适用的税目、税率及各项数字计算是否准确，申报数据与税务机关所掌握的相关数据是否相符；

（3）收入、费用、利润及其他有关项目的调整是否符合税法规定，减免税、亏损结转、获利年度的确定是否符合税法规定并正确履行相关手续；

（4）与上期和同期申报纳税情况有无较大差异。

【知识点4】 纳税评估调查核实

纳税评估调查核实包括税务约谈和实地调查核实。

1. 税务约谈

约谈是纳税评估工作的重要环节，是验证或消除疑点的重要途径。约谈实际上包含了两个概念，即约谈与举证。

约谈是在纳税评估开始之后，评估人员根据案头分析所确认的疑点问题，主动约请纳税人、扣缴义务人以及其他相关人员与税务机关沟通相关信息，要求纳税人解释说明涉税问题，同时给予纳税人政策性宣传、辅导的一个活动过程。

举证则是在约谈过程中，纳税人或者其他相关人员就税务机关提出质疑的问题，进行解释、说明，并提供相应的资料以证明其纳税情况真实、合理的一个活动过程。

约谈和举证是一个问题的两个方面，即从税务机关或者纳税评估人员的角度考虑是约谈；而从纳税人即纳税评估对象的角度考虑是举证，即对其纳税情况的真实性与合理性进行证明。

（1）约谈的程序。

约谈程序一般包括约谈通知、约谈实施和约谈结论等几个阶段。

①约谈通知，是在约谈举证的建议被批准之后，向纳税人发出约谈通知文书，约请纳税人的财务负责人、法人代表或经法人代表授权的税务代理人到税务机关对疑点问题举证、说明和解释等。

②当面约谈应由两名或两名以上评估人员在税务机关固定场所进行。在约谈过程中，税务机关可以就纳税评估中发现的问题，要求纳税人和扣缴义务人进行解释。对约谈情况做约谈笔录。对疑点问题基本清楚，但详细情况或有关数据有待进一步查实的，可以由纳税人在规定期限内对疑点问题进行自查；自查完毕，纳税人向税务机关提交"纳税人自查报告"及相关证据材料。

③在约谈结束之后，由评估人员根据约谈笔录、纳税人自查报告及相关证据材料对纳税人疑点问题进行分析确认，并按照纳税评估工作的要求继续下一步工作。

（2）税务约谈的工作要求。

①启动约谈前，应根据纳税人存在的涉税疑点，整理编写约谈提纲，确定约谈的时间、地点、对象和内容，经单位负责人审批同意后制作《税务约谈通知书》，在约谈日期前的合理期间内送达纳税人。

②约谈时，应告知被询问人的权利和义务，就相关涉税问题进行询问，纳税人就相关问题进行举证说明，如果纳税人提交书面说明或者相关材料的，应当保存原件，保存原件确有困难的，应当及时复印、影印，并要求纳税人签字盖章。

③约谈人员不得少于两名，约谈过程中应制作相应的税务文书。

④约谈结束后，应将整个约谈情况进行分析整理，制作工作底稿，并进行备案归档。

2. 实地调查核实

实地调查核实，是指税务机关通过到纳税人生产经营场所了解情况、审核账目凭证等方式，对评估分析中发现的纳税人的涉税疑点或问题进行核实，并采取进一步征管措施的工作方法。

（1）实地调查核实情形。

发现纳税人存在下列情形之一的，可实施实地调查核实：

①纳税人的解释说明和提供的有关资料无法排除其涉税疑点或问题的;

②纳税人不积极配合税务约谈,拖延、推诿、不及时提供有关资料,使涉税疑点无法核实的;

③对实行核定征收的纳税人进行纳税评估时,缺少评估分析资料的;

④其他需要实施实地调查核实的。

(2)实地调查核实方法。

在纳税评估调查核实阶段,评估人员需要到纳税人生产经营场所进行实地调查核实,通常可以采用实物盘存法、观察法、抽查法和查对法等方法。

【知识点5】 评估处理与管理建议

1. 评估处理

评估处理,是指针对评估筛选出的涉税疑点,根据案头分析、约谈举证和调查核实各阶段对疑点问题的确认结果,对具体评估对象涉税问题性质进行评估认定,并按照税收法律、法规进行分类处理。

发现的计算和填写错误、政策和程序理解偏差等一般性问题,或存在的疑点问题经约谈、举证、调查核实等程序认定事实清楚,不具有偷税等违法嫌疑,无须立案查处的,可提请纳税人自行改正。需要纳税人自行补充的纳税资料,以及需要纳税人自行补正申报、补缴税款、调整账目的,税务机关应督促纳税人按照税法规定逐项落实。

发现纳税人存在偷、逃、抗、骗等需要立案查处的税收违法行为嫌疑,移交税务稽查部门处理。

2. 管理建议

评估人在纳税评估结束后,应当及时进行总结和分析,有针对性地提出日常监控管理目标和强化管理的措施建议。

根据建议对象的不同,管理建议可以分为对外管理建议和对内管理建议。

对外管理建议,是指评估人员针对在纳税评估过程中所发现的纳税问题而向纳税人提出的一系列的改进建议与意见,其目的在于督促纳税人更为全面、及时地履行纳税义务,同时宣传有关的税收法律法规。对外管理建议大多是在约谈核实的过程中进行的。

对内管理建议主要是针对税务管理部门提出的,是指评估人员针对评估过程中发现的税务机关在税收征管方面存在的一些不足而提出的有针对性的建议和意见。根据管理建议综合程度的高低，对内管理建议可以分为个案管理建议与综合管理建议。

三 纳税评估方法

纳税评估方法贯穿于整个纳税评估过程，在纳税评估的不同环节有不同的方法。这里主要介绍纳税评估的案头分析方法。

【知识点1】 核对法

核对法，是指评估人员将从各种渠道所获得或者所掌握的纳税人相关涉税数据信息资料进行简单地核对比较，并据以对纳税人的税收法律义务履行情况做出初步评判的一种评估方法。

核对法是纳税评估中最为常用的方法，也是最为基本的方法。纳税评估中评估人员运用核对法时，主要核对以下3个方面的内容。

1. 表表核对

（1）申报表间的核对。

各税种的纳税申报表虽然有所差别，但是其中的很多内容都是存在勾稽关系的。纳税申报表间的核对主要是不同纳税申报表之间具有勾稽关系的项目或者是同一申报表中具有勾稽关系的项目的核对。

（2）财务报表间的核对。

财务报表间的核对主要是不同财务报表间具有勾稽关系的项目的核对。比如，本期报表期初余额与上期报表期末余额核对，资产负债表中的"未分配利润"与利润分配表中的"未分配利润"项目核对等。通过核对，如果发现其中存在不正常的问题，即存在勾稽关系的项目之间存在严重的不相关关系，那么就可以列为进一步评估的疑点。

（3）申报表与财务报表间的核对。

由于税款的计算与缴纳是以企业的会计核算为基础的，企业所有税种纳税申报表上的数据也几乎都可以从其会计核算中找到依据，纳税申报表特别是企业所得税纳税申报表上的很大一部分数据也都可以在财务会计报表上找到对应的数据。一旦某个企业的这种关系被打破了，需要作进一步分析。

2. 表实核对

表实核对是将纳税人的申报表以及财务报表等与管理员或者其他人员在实际的税收征管中掌握和了解的纳税人实际的生产经营情况以及其他相关信息进行核对。表实核对需要根据税务机关收集到的具体信息资料确定。

3. 内外核对

内外核对，是指纳税评估人员应当将其所能够收集和掌握到的全部信息进行核对，一方面，要将税务机关征收管理系统内的信息即机内信息与征收管理系统外的信息即机外信息的数据进行核对；另一方面，则需要将税务机关在日常征管中掌握的纳税人涉税信息与外部信息进行核对。

【知识点 2】 比较分析法

比较分析法是评估人员在纳税人数据信息资料的基础上，将纳税申报数据、财务会计数据以及其他资料数据等进行比较和分析以揭示其中差异，在此基础上再将其差异与原先设定的参照数据进行比对，以判断其差异是否正常，进而判明纳税人在纳税申报等方面是否存在问题的一种分析方法。比较分析法是当前税务机关在纳税评估中常用的一种分析方法。

1. 绝对数比较分析

绝对数比较分析，是指纳税评估人员在评估过程中，直接将纳税人申报纳税的绝对数值指标，包括总量与总额，与选择作为参照指标对象的绝对数值进行比较，寻找其中存在的差异并进行判断的一种比较分析方法。在纳税评估中常用的绝对数指标包括：应纳税收入额、应纳税所得额、应纳税额、成本总额、费用总额、利润总额、投资收益额、资产总额、投资总额等。

2. 相对数比较分析

相对数比较分析，是指纳税评估人员通过计算得到评估对象某些评估项目的百分比、比率或比重结构等相对数指标，然后再与所选定的对象进行比较，发现其中存在的差异，并进一步分析判断的一种比较分析方法。

【知识点 3】 逻辑推理法

逻辑推理法是一种定量与定性相结合的分析方法，主要通过具有外在或者内在的逻辑联系和相关性的多个数据之间趋同或反差关系，分析纳税人可能存在税收风险的一种方法。

在纳税评估中，税务人员可以运用于逻辑推理分析的逻辑关系和相关关系主要包括以下 5 个方面。

1. 企业生产经营宗旨的逻辑分析

投资者设立企业以及企业从事生产经营的目的，在大的方面都是一致的，即追求最大化的经济利益。按照这样的逻辑，如果一个企业高价购入商品或者原材料，而低价销售其产品或者商品，即使缴纳的税款相对较多，评估人员仍然应当给予高度关注；如果一个企业长期亏损却根本不考虑停产整顿、转产转行，甚至还试图扩大生产规模，即使表面上都在按期履行纳税申报义务，甚至税负率还不低，税务机关都应当进行重点评估并将其列为怀疑的重点。

2. 经济效益的逻辑分析

通过对企业经济效益的分析与判断，可以在相当程度上了解企业生存与发展的能力，进而对其税收申报与税款缴纳情况作出判断。通常而言，企业经济效益较好，那么扩大生产规模的可能性就大，生产能力与生存能力就强，而且应当具有规模效益，那么在税款缴纳与税额数量上也就应当呈现相对增长的态势。

3. 经济环境的逻辑分析

企业外部所处的经济环境直接影响企业的生产经营状况，而企业的生产经营状况又与税款的申报与缴纳直接相关。通常而言，当一个地区或者一个行业的经济景气度较高时，意味着该地区以及该行业的纳税人处于一个相对较好的生产经营环境，企业的生产与销售以及经济效益等都处于上升阶段，自然，与销售和效益相关的流转税和所得税也应该呈现上升的趋势。相反，在经济衰退时期，纳税人的销售收入与效益都会呈现下降的趋势，税款缴纳数额下降也属于正常现象。

4. 经济业务的逻辑分析

不同的企业有不同的经济业务，而不同的经济业务又有不同的特点。对不同经济业务的特点进行分析，会发现其中存在很多的相关关系、逻辑关系。比如，货物生产企业以及商品加工企业需要大量地购入商品或者原材料产品，但是一个仓储企业出现大量购买商品或者原材料时就应当判断其生产经营发生了问题。经济业务的不同特点以及其中存在的相关关系、逻辑关系为税务机关开展纳税评估提供了运用逻辑推理进行分析判断的理论依据。

5. 收入、成本（费用）配比分析

收入与成本（费用）相配比既是会计核算的一项基本原则，也是所得税法上应纳税所得计算与确认的一项重要原则。该原则的基本内涵是某个纳税人所取得的收入应当与为取得收入的成本、费用相互匹配。通常而言，纳税人的成本大幅度增长的同时，其收入也应当大幅度增长，相应缴纳的税收也应该大幅度增长。如果某个纳税人的成本费用大幅度增长，但是收入与缴纳的税款却没有相应增长，那么其中就有可能存在问题，需要评估人员采取进一步的措施。

十四　纳税评估指标的设定

【知识点 1】　纳税评估指标的设定原则

1. 相关性原则

相关性原则，是指设定的各项指标，必须与分析的内容密切相关，必须能够反映和说明相关税收事项的内容和实质，能说明税收业务情况的关键指标和能反映税收业务情况特征和规律的指标。

2. 全面性原则

全面性原则，是指要全面地选出那些能够反映纳税人税收法律义务履行情况全貌的指标，既要考核现状，也要考核历史状况．还要反映发展趋势；既要考核资金流，也要考核货物流，还要反映票流。

3. 结构性原则

结构性原则，是指可以根据税务机关的主体业务和税源经济特点，分类税收风险指标。既可按税种分类，也可按具体业务分类或按照税种和具体业务一并分类。

4. 可行性原则

可行性原则，是指设定的各项指标数据采集的可行性。指标数据来源，应尽量从税务机关现有的数据情报中抽取，不再增加纳税人和基层税务机关的工作负担。

5. 可评价原则

该原则保证指标效果可以评价，以便管理、更新指标。

【知识点2】 纳税评估指标设定的基本流程

1. 建立和完善信息采集机制

税收风险分析识别是对纳税人的纳税申报行为进行全面、充分的指标测算、对比和分析。因此实现对纳税人涉税情况的全方位分析，必须占有大量的、翔实的信息和资料，税务部门应积极与社会各部门进行数据信息交换，建立和完善信息采集机制，广泛搜集各类涉税信息。

2. 建立相互协调的分类风险特征指标体系

根据税务机关的主体业务，可以建立若干大类若干个具体指标。具体分类包括：征管类、增值税类、消费税类、企业所得税类、个人所得税类、财务报表类、出口退税类、国际税收类、组织收入类等。指标设置在分类的基础上，要避免重复、矛盾，做到相互协调。

3. 建立规范的风险指标构成要素

一个风险指标的建立，不仅仅只含有指标名称、指标公式，而是由一系列指标要素构成。如在建立风险指标体系的同时，还应按照纳税人的生产能力、经营规模、区域经济发展状况科学制定每一个指标的合理区间，即同一指标的上下限数量界限（预警值）；还应按照产生风险的原因，提出详细的风险应对指引。

4. 建立纳税评估指标库维护制度

在建立健全纳税评估指标库时，要考虑到社会经济发展、科学技术进步等因素；通过实践来检验风险指标设立的合理性，对指标库中的指标名称、指标内容、指标数据等要素，及时更新、修正和补充。

5. 建立评价制度

通过全方位的监控评价，推动风险指标设定的不断完善，有助于提升风险指标的科学性和有效性。

【知识点3】 纳税评估指标的构成要素

一个完整的纳税评估指标主要包括以下要素：指标名称、指标公式、数据来源、风险描述、应对指引、政策依据、分析周期、分析单位、风险评估等级、参数设置（指标属性、指标类型、指标权重、预警值类型、风险分值）等。

【知识点4】 纳税评估常用分析指标

纳税评估指标，是指税务机关筛选评估对象、进行评估分析时所应用的指标。纳税评估分析时常用的主要指标分为通用分析指标和特定分析指标两大类。

1. 通用分析指标

（1）收入类评估分析指标。

营业收入变动率 =（本期营业收入 - 基期营业收入）÷ 基期营业收入 × 100%

如营业收入变动率超出预警值范围，可能存在少计收入问题。

（2）成本类评估分析指标。

单位产成品原材料耗用率 = 本期投入原材料 ÷ 本期产成品成本 × 100%

分析单位产品当期耗用原材料与当期产出的产成品成本比率，判断纳税人是否存在账外销售问题、是否错误使用存货计价方法、是否存在人为调整产成品成本等问题。

营业成本变动率 =（本期营业成本 - 基期营业成本）÷ 基期营业成本 × 100%

营业成本变动率超出预警值范围，可能存在多列成本、扩大税前扣除范围等问题。

（3）费用类评估分析指标。

销售(管理、财务)费用变动率 =［本期销售(管理、财务)费用 - 基期

销售(管理、财务)费用］÷ 基期销售(管理、财务)费用 × 100%

如果销售（管理、财务）费用变动率与前期相差较大，可能存在税前多列支销售（管理、财务）费用问题，或者人为调剂费用所属期间等问题。

成本费用率 =（本期销售费用 + 本期管理费用 +

本期财务费用）÷ 本期营业成本 × 100%

分析纳税人期间费用与销售成本之间关系，与预警值相比较，如相差较大，企业可能存在多列或少列期间费用问题。

$$成本费用利润率＝利润总额÷成本费用总额×100\%$$

$$成本费用总额＝营业成本总额＋期间费用总额$$

分析投入的费用与实现成果之间的关系，如果低于预警值，可能存在少计收入、多列费用的问题。

（4）利润类评估分析指标及其计算公式和指标功能。

$$营业利润变动率＝（本期营业利润－基期营业$$

$$利润）÷基期营业利润×100\%$$

$$营业毛利率变动率＝（本期营业毛利率－基期营业$$

$$毛利率）÷基期营业毛利率×100\%$$

$$营业毛利率＝（营业收入－营业成本）÷营业收入×100\%$$

营业毛利率变动20%以上的为异常，但要结合纳税人的销售规模来判断。营业毛利率比上年上升，增值税税负率却比上年下降的为异常，纳税人可能存在瞒报销售或多抵扣进项税的问题。指标若与预警值相比相差较大，可能存在多结转成本或不计、少计收入问题。

（5）资产类评估分析指标及其计算公式和指标功能。

$$净资产收益率＝净利润÷平均净资产×100\%$$

分析纳税人资产综合利用情况。如指标与预警值相差较大，可能存在隐瞒收入，或闲置未用资产计提折旧问题。

$$总资产周转率＝（利润总额＋利息支出）÷平均总资产×100\%$$

$$存货周转率(次数)＝销货成本÷平均存货余额$$

$$平均存货余额＝（期初存货＋期末存货）÷2$$

$$存货周转天数＝计算期天数÷存货周转率(次数)＝$$

$$计算期天数×平均存货余额÷销货成本$$

存货周转率不仅可以用来衡量企业生产经营各环节中存货运营效率，还被用来评价企业的经营业绩，反映企业的绩效。

通过存货周转率的计算与分析，可以测定企业一定时期内存货资产的周转速度，是反映企业购、产、销平衡效率的一种尺度。存货周转率越高，表明企业存货资产变现能力越强，存货及占用在存货上的资金周转速度越快，但是存货周转率过快，则可能说明有多列成本的问题。

$$应收账款周转率 = 赊销收入净额 \div 应收账款平均余额$$

$$应收账款周转天数 = 360 \div 应收账款周转率$$

$$赊销收入净额 = 销售收入 - 现销收入 - (销售退回 + 销售折让 + 销售折扣)$$

$$应收账款平均余额 = (应收账款余额年初数 + 应收账款余额年末数) \div 2$$

应收账款周转次数，是指在一定时期内（通常为一年）应收账款转化为现金的平均次数。应收账款周转次数是一个正指标，周转次数越多，说明应收账款的变现能力越强，企业应收账款的管理水平越高；周转次数越少，说明应收账款的变现能力越弱，企业应收账款的管理水平越低。

$$固定资产综合折旧率 = 基期固定资产折旧总额 \div 基期固定资产原值总额 \times 100\%$$

固定资产综合折旧率高于基期标准值，可能存在税前多列支固定资产折旧额问题。要求企业提供各类固定资产的折旧计算情况，分析固定资产综合折旧率变化的原因。

$$资产负债率 = 负债总额 \div 资产总额 \times 100\%$$

如果资产负债率与预警值相差较大，则企业偿债能力有问题，要考虑由此对税收收入产生的影响。

2. 纳税评估特定分析指标及使用方法

（1）增值税评估分析指标及使用方法。

①增值税税负率。

$$增值税税负率 = 本期应纳增值税税额 \div 本期应税销售收入 \times 100\%$$

增值税税负率一般会低于税率，小规模纳税人的税负率就是其征收率，增值税税负率受所属行业、所处地区影响，不同行业性质和地区税负率不同，各地区和行业都有平均税负率，可以参考判断该指标是否正常。

增值税税负率低于平均水平，可能存在少计收入，多抵扣进项税额，多列成本等问题。

②增值税发票评估指标。

a. 一般纳税人增票（申请增加开票量）异常评估指标。

按正常规律，一般纳税人经营情况大部分时间是正常经营的，出现销售波动时要求增加发票也是合理的，但企业在一个月内出现多次增票且增票总数较多，就认为企业经营波动太大，不符合经营常理，应对企业进行核查，防止虚开后突然注销以及走逃。

b. 增值税专用发票用量变动异常评估指标。

$$指标值 = 一般纳税人专用发票使用量 - 一般纳税人专用发票上月使用量$$

增值税专用发票用量骤增，除正常业务变化外，可能有虚开现象。纳税人开具增值税专用发票超过上月，且份数较多的。

重点核查纳税人的购销合同是否真实、纳税人的生产经营情况是否与签订的合同情况相符并实地检查存货等。主要核查存货类"原材料""产成品"以及货币资金"银行存款""现金"以及应收账款、预收账款等科目。

（2）企业所得税评估分析指标及使用方法。

①企业所得税税负率。

$$企业所得税税负率 = 应纳所得税额 \div 利润总额 \times 100\%$$

与当地同行业同期和本企业基期所得税负担率相比，低于标准值可能存在不计或少计销售（营业）收入、多列成本费用、扩大税前扣除范围等问题，运用其他相关指标深入评估分析。

②营业利润税负率。

$$营业利润税负率 = 本期应纳税额 \div 本期营业利润 \times 100\%$$

与当地同行业同期和本企业基期所得税负担率相比，如果低于预定值，企业可能存在销售未计收入、多列成本费用、扩大税前扣除范围等问题，应作进一步分析。

③企业应纳税所得额变动率。

$$应纳税所得额变动率 = （评估期累计应纳税所得额 - 基期累计应纳税$$
$$所得额） \div 基期累计应纳税所得额 \times 100\%$$

该指标如果发生较大变化，可能存在少计收入、多列成本，人为调节利润问题；也可能存在资本化支出费用化处理等问题。

④企业所得税贡献率。

$$企业所得税贡献率 = 应纳所得税额 \div 营业收入 \times 100\%$$

将当地同行业同期与本企业基期所得税贡献率相比，低于标准值视为异常，可能存在不计或少计销售（营业）收入、多列成本费用、扩大税前扣除范围等问题，应运用所得税变动率等相关指标作进一步评估分析。

⑤企业所得税贡献变动率。

企业所得税贡献变动率＝（评估期企业所得税贡献率－基期企业所得税

贡献率）÷基期企业所得税贡献率×100%

与企业基期指标和当地同行业同期指标相比，低于标准值可能存在不计或少计销售（营业）收入、多列成本费用、扩大税前扣除范围等问题。

⑥企业所得税税负变动率。

企业所得税税负变动率＝（评估期企业所得税税负率－基期企业

所得税税负率）÷基期企业所得税税负率×100%

与企业基期和当地同行业同期指标相比，低于标准值可能存在不计或少计销售（营业）收入、多列成本费用、扩大税前扣除范围等问题。

3. 评估指标的配比分析

纳税评估分析时，要综合运用各类指标，并参照评估指标预警值进行配比分析。

（1）营业收入变动率与营业利润变动率配比分析。

正常情况下，二者基本同步增长，如果出现不同步增长，则应分析可能存在异常情况，例如，营业收入增长率大于营业利润增长率且相差较大，可能存在企业多列成本费用、扩大税前扣除范围问题。

（2）营业收入变动率与营业成本变动率配比分析。

正常情况下，二者基本同步增长，如果出现不同步增长，则应分析可能存在异常情况。例如，营业收入变动率小幅增长，营业成本变动率增幅较大或者营业收入变动率下降，营业成本变动率保持不变，可能存在企业账外经营或少计收入、多列成本等问题。

（3）营业收入变动率与期间费用变动率配比分析。

当营业收入变动率增幅较小或者不增长，而期间费用变动率增加较多，可能存在企业少计收入、多列期间费用、扩大税前扣除范围等问题；当营业收入变动率增幅较大，而期间费用变动率保持不动甚至下降，可能存在企业少列期间费用，延迟费用确认问题，应结合应收账款、应付账款账户的变化深入分析。

（4）增值税税负率、销售额变动率配比分析。

计算分析纳税人税负率，与销售额变动率等指标配合使用，将销售额变动率和税负率与相应的正常峰值进行比较，销售额变动率高于正常峰值、税负率低于正常峰值的，销售额变动率低于正常峰值、税负率低于正常峰值的和销售额变动率及税负率均高于正常峰值的均可列入疑点范围。

与预警值对比。销售额变动率高于正常峰值及税负率低于预警值或销售额变动率正常而税负率低于预警值的，以进项税额为评估重点，查证有无扩大进项抵扣范围、骗抵进项税额、不按规定申报抵扣等问题，对应核实销项税额计算的正确性。

对销项税额的评估，应侧重查证有无账外经营、瞒报、迟报计税销售额、错用税率等问题。

（5）存货变动率、营业收入变动率、总资产收益率配比分析。

一般来讲，存货周转速度越快，存货占用水平越低，流动性越强，存货转化为现金或应收账款的速度就越快，这样会增强企业的短期偿债能力及获利能力。存货周转率反映了企业销售效率和存货使用效率。在正常情况下，如果企业经营顺利，存货周转率越高，说明企业存货周转得越快，企业的销售能力越强，营运资金占用在存货上的金额也会越少。

总资产收益率指标集中体现了资产运用效率和资金利用效果之间的关系，在企业资产总额一定的情况下，利用总资产收益率指标可以分析企业盈利的稳定性和持久性。

如果存货变动率提高，营业收入变动率应该增加，总资产收益率也应该增加，如果不存在这种关系，则可能存在账外经营、少计收入、多列费用等情况。

纳税评估指标应该根据实际评估需求并结合数据获取成本分析设计，体现其灵活性。在使用指标进行分析时，也应该根据实际情况选择使用，既可以单独使用，也可以结合多项指标综合使用。

纳税评估模型的构建

【知识点1】 纳税评估模型的构建原则

1. 行业优先性原则

在一个省内，应对省内的每一个重点行业单独建立行业风险模型。但鉴于目前建模条件，应优先选取一些重点行业进行建模。优先建模行业的选取标准可以纳税人覆盖面、销售规模、税收贡献率为依据。具体选取标准可以为：①销售收入排名前两百的行业；②入库税金排名前两百的行业；③纳税人户数排名前两百的行业。

对一个省内的纳税人户数较少、销售规模较小、税收贡献率较低的其他行业可采取"分类＋通用指标"方式，建立通用的行业风险分析指标，进行统一风险扫描和排序，完成任务推送的全覆盖。

2. 建模数据来源的外部性原则

建立行业模型的数据，应通过对纳税人进行典型调查得到。因为税务机关目前掌握的内部数据还不能满足建模的需要，特别是企业的单位物耗、单位能耗及生产规模、生产标准、工艺流程、投入产出率等各类与纳税人生产经营有关的涉税信息，可根据行业特点，设置《行业数据情报采集表》，采集主要材料、主要辅料、委外加工费、工资薪金、其他制造费用（能耗）、产成品、副产品（B 品）、下脚料、受托加工支出、材料转让支出等相关项目数据。

3. 模型的动态管理原则

行业模型建立后，指标和数据应该是动态的，需要经常进行维护更新。这是因为企业生产经营是不断发展变化的，由于科学技术不断进步发展，生产经营方式不断改进，价格不断上下波动，因此建立行业模型指标、数据的定期采集、维护机制具有长远意义。要善于不断从企业的生产经营变化中发现规律、总结规律，更新公式、指标和各项数据。

【知识点 2】 纳税评估模型构建的一般程序

纳税评估模型建立的一般程序应包括以下步骤：行业分类、典型调查、信息采集分析、风险指标确定、纳税评估模型构建、模型验证及完善。

1. 行业分类

实行行业分类管理是按行业建立纳税评估模型的理论基础和依据。同类行业纳税人涉及的经营内容、管理方式、行业标准、技术设备、物流渠道、核算方式、投入产出比都基本相同。因此，同类行业企业的生产经营信息可以互为参考，具有可比性。

实践中还应根据行业的规模大小、工艺流程异同、纳税信誉等级、财务核算健全与否等标准，对行业进行进一步细分与归类。

2. 典型调查

在进行税源分类的基础上，针对不同行业、选择不同规模、不同类型的纳税人进行调查，摸清行业特点；探索行业经营规律，制定出有效的行业风险识别模型。

选取调查的企业样本数量应当大于或等于30。样本数量太小，样本平均值不足以代表总体平均值，即预警值不具有代表性。如果企业数量过少，如小于30户，可以所有企业作为样本。

选取样本企业时，在随机抽样的基础上，应当尽量选取财务核算较为规范的企业，以避免由于基础数据的不真实导致评估预警值的不准确。

样本企业典型调查内容主要包括：①核实纳税人的基础征管信息，如各种税收登记信息；②调查纳税人生产经营基本情况，如生产工艺流程、行业特点、生产经营规律情况；③调查经营信息，如生产规模、经营面积、实际生产能力、投入产出率、单位能耗指标、购销渠道、关联企业等情况；④调查财务信息、如银行账户、资金分布、财务核算、销售方式、材料成本核算方法、账簿是否健全、资金运营状况等；⑤核实税收管理信息，履行纳税义务的情况，历史和当期经营成果、税额和税负率等各项财税指标；⑥调查纳税人的各种内控指标和制度等。

3. 信息采集分析

对典型调查中采集的涉税信息归集分类、逐一分析，归纳出行业生产经营规律和生产工艺流程；汇总统计各行业纳税评估指标的历史数据、当期数据、公认标准、行业标准等。对资源能源消耗型企业，加强关键能耗数据采集，拓展第三方信息；对劳动密集型企业，加强对生产不同产品的生产工时、工人数量、劳动生产率及设备生产能力等信息采集。

4. 行业风险指标的确定

在开展充分调查和信息采集分析的基础上，应科学、合理地确定可衡量该行业纳税人生产经营情况涉税风险指标和公认指标。行业风险指标应按以下原则确定：①与企业生产经营客观依存度较大，而企业难以改变的因素，如可以从第三方查证的耗电量等数据；②根据可以量化的指标来测算该行业应达到的符合实际的标准值及变动幅度值。

5. 纳税评估模型构建

纳税评估模型的建立首先必须通过全面准确采集、科学有效分析和监控行业指标，并结合纳税人的申报信息所产生的涉税指标，实现行业风险指标和涉税指标的有机结合和互相制约，从而建立有针对性和准确性的行业风险指标体系。一个完整的纳税评估模型主要包括以下内容：行业介绍（行业定义、行业状况、企业类型划分、工艺简介、行业发展趋势）、行业生产经营特点、行业涉税风险点、风险指标设置、风险应对指引等。

6. 模型验证及完善

纳税评估模型建立后，将行业模型中建立的风险指标、预警值、权重、风险值得分等，运用到纳税评估实践中进行检验，根据评估实际结果与预警值的比对，对纳税评估模型中存在的缺陷反复进行完善修改，对相关的指标值不断进行修正，验证纳税评估模型的合理性和准确性。

【知识点 3】 纳税评估模型的主要应用

1. 投入产出模型

投入产出法主要适用于产品相对较为单一的制造业企业。由于测算、分析侧重的内容和角度不同，不同的行业适用的投入产出测算指标和模型不同，投入产出表现形式不同，分析的方法也不尽相同，如按其表现形式可分为投入产出比、单位产品定耗的分析；按其侧重面的不同可分为原材料投入产出比、废料的产出及再利用率、单位产品辅助材料（包装物）耗用定额的分析等。以投入产出比模型说明如下：

（1）投入产出比评估模型。

$$评估期产品产量 = 当期投入原材料数量 \times 投入产出比$$

$$评估期产品销售数量 = \frac{评估期期初}{库存产品数量} + 评估期产品产量 - 评估期期末库存数量$$

$$测算评估期应税销售收入 = 评估期产品销售数量 \times 评估期产品销售单价$$

$$问题值 = （测算应税销售收入 - 企业实际申报应税$$
$$销售收入） \times 适用税率（征收率）$$

（2）模型分析重点。

根据已确定的行业或产品的投入产出比及企业评估期原材料的耗用数量，测算出产品生产数量，与企业账面记载产品产量相比对，同时结合产品库存数量及销售单价等信息进行关联测算，并与企业实际申报的应税销售收入对比，查找企业可能存在的问题。

2. 能耗测算模型

能耗测算法主要是根据纳税人评估期内水、电、煤、气、油等能源、动力的生产耗用情况，利用单位产品能耗定额测算纳税人实际生产、销售数量，并与纳税人申报信息对比、分析的一种方法。其中耗电、耗水等数据可从电力部门、自来水公司等取得核实，相对较为客观。

（1）能耗评估模型。

$$评估期产品产量 = 评估期生产能耗量 \div 评估期单位产品能耗定额$$

$$评估期产品销售数量 = \frac{评估期期初}{库存产品数量} + 评估期产品产量 - 评估期期末库存数量$$

$$评估期销售收入测算数 = 评估期销售数量 \times 评估期产品销售单价$$

$$问题值 = （测算应税销售收入 - 企业实际申报应税$$
$$销售收入）\times 适用税率（征收率）$$

（2）模型分析重点。

根据生产耗用的电力、水、煤、气等能量耗用定额指标，测算产品产量，进而测算其销售额和应纳税额，与申报信息进行对比分析，查找企业纳税疑点和线索。

3. 工时（工资）耗用模型

工时（工资）耗用模型，是指在单位产品耗用生产时间基本确定的前提下，按照纳税人在一定时期耗用工时总量，分析、测算该时期内的产品产量及销售数量或销售额，并与申报信息对比分析的方法，工资耗用是生产耗用工时反映在货币上的金额表现。该方法主要适用于单位产品耗用工时或者工资基本稳定，工资或工时记录完整、核算规范的工业企业。

（1）工时（工资）评估模型。

$$评估期产品产量 = 评估期生产人员工时总量（工资总额）或某一主要生产$$
$$环节工时总量（工资总额）\div 单位产品耗用工时（或者工资）$$

$$评估期产品销售数量 = \frac{评估期初}{库存产品数量} + 评估期产品产量 - 评估期期末库存数量$$

$$测算应税销售收入 = 评估期产品销售数量 \times 评估期产品销售单价$$

$$问题值 =（测算应税销售收入 - 企业实际申报应税$$

$$销售收入）\times 适用税率（征收率）$$

（2）模型分析重点。

按照纳税人在一定时期耗用工资（工时）总量，分析、测算该时期内的产品数量及销量或销售额，并与申报信息对比分析。

4. 设备生产能力模型

设备生产能力法，是指主要生产设备在原料、动力和人员等正常运转下产出的能力。可分为设计生产能力和实际生产能力。

（1）设备生产能力评估模型。

$$评估期产品产量 = \frac{评估期若干设备的}{日产量或时产量} \times 评估期正常工作日或工作时$$

$$评估期产品销售数量 = \frac{评估期期初}{库存产品数量} + 评估期产品产量 - 评估期期末库存数量$$

$$测算应税销售收入 = 评估期产品销售数量 \times 评估期产品销售单价$$

$$问题值 =（测算应税销售收入 - 企业实际申报应税$$

$$销售收入）\times 适用税率（征收率）$$

（2）模型分析重点。

按照纳税人投入生产的单位设备生产能力，测算、分析纳税人的实际生产量，进而核实应税销售收入，并与纳税人申报信息对比、分析是否存在涉税问题。

5. 税负对比模型

税负对比分析法是通过企业税负与行业税负的对比，对税负异常的企业围绕关联指标展开分析，以发现企业税收风险的一种方法。税负对比分析法的适用范围很广，基本上对所有行业均可适用。

税负对比评估模型：

$$税负差异率 =（企业税收负担率 - 行业税收负担率）\div 行业税收负担率 \times 100\%$$

税负对比分析法属于综合分析法，影响因素较多，涉及税基的多个方面。因此，用该法发现企业税负异常时，应结合其他分析方法进行多角度分析。

6. 资金监控模型

资金监控法就是通过对纳税人一定时期内的"银行存款""现金""应收账款""应收票据"等资金核算科目的监控，分析其资金的流转状况，并以此评析纳税人当期申报信息是否真实的方法。

纳税人发出货物时常用借方会计科目有："银行存款""现金""应收账款""应收票据""对外投资"等，而与之对应的贷方会计科目一般为"主营业务收入"或"其他业务收入"等。将纳税人的上述资金类核算科目的借方发生额与其相对应的会计科目贷方发生额相对比，就可以有效地分析、判断纳税人当期申报的销售信息是否真实。资金监控法主要适用于一般纳税人和财务核算规范的小规模企业。

资金监控评估模型：

$$\frac{\substack{当期应收\\账款收入\\类借方发\\生额}+\substack{当期应收\\票据收入\\类借方发\\生额}+\substack{当期银行\\存款收入\\类借方发\\生额}+\substack{当期现金\\收入类借\\方发生额}+\substack{当期对外\\投资视同\\销售类借\\方发生额}}{1+适用税率或征收率} \leq \substack{当期产品销\\售收入贷\\方发生额}+\substack{其他业务\\收入类贷\\方发生额}$$

在一般情况下，公式左右方应当平衡；如果左方小于右方，可能存在纳税人前期预收账款在本期发出货物实现收入，也可能存在纳税人发出货物后，购买方用货物抵顶欠款，纳税人基本上不存在偷税问题；如果左方大于右方，则企业存在偷税的可能性较大。

十六 增值税常见风险

【知识点1】 销项税额类风险

1. 未按照增值税纳税义务发生时间确认收入风险

风险描述：企业因增值税纳税义务发生时间的规定与会计确认收入时间的规定存在差异，纳税人未按照增值税纳税义务发生时间确认收入。例如企业发出商品但未取得报酬或者企业仍然保留商品所有权和控制权时，按照会计准则可不予确认收入，但按照税法规定增值税纳税义务可能已发生，存在因税法差异未计或少计提销项税金的风险。

2. 往来账期末余额较大、长期挂账隐匿收入风险

风险描述：企业"预收账款""应收账款""其他应收款"等科目期末金额长期较大，可能将实现收入长期挂账、不确认收入，甚至账外循环，涉及少缴增值税风险。

3. 价外费用和其他收入未按规定缴纳增值税风险

风险描述：企业提供货物、劳务以及服务过程中可能存在向购买方收取的品牌使用费、手续费、补贴、基金、集资费、返还利润、奖励费、违约金、滞纳金、延期付款利息、赔偿金、代收款项、代垫款项、包装费、包装物租金、储备费、优质费、运输装卸费以及其他各种性质的价外收费，可能未全额申报缴纳增值税的风险。但是对于符合条件的代为收取的政府性基金或者行政事业性收费不作为价外费用。

4. 非集团内企业之间资金拆借少计利息收入风险

风险描述：企业将贷款资金借给其他单位和个人使用，自身列支贷款利息，不收取利息或收取利息不计收入，少缴增值税的风险。

5. 将增值税应税产品用于集体福利或者个人消费、投资、分配给投资者、无偿赠送等行为未按规定申报，少缴税款风险

风险描述：企业将增值税应税产品用于集体福利或者个人消费、投资、分配给投资者、无偿赠送未视同销售行为，未按规定申报纳税的风险。

6. 新产品试生产期间未计应税收入风险

风险描述：新产品试生产期间形成的产品出售时，未计提销项税额少缴增值税的风险。

7. 集团内非同一县（市）机构间移送存货用于销售未计应税收入风险

风险描述：企业将原辅料、包装物、产成品等存货在集团机构非同一县（市）的机构间相互移送，可能存在未申报销售收入的风险。

8. 委托代销已满180天未收到代销清单不及时确认销售风险

风险描述：企业以委托代销方式销售产品，发出商品已满180天仍未收到代销清单或者货款，企业不及时确认销售实现，造成延迟确认计算销项税额的风险。

9. 以非货币资产对外投资、捐赠、分配利润等未按规定缴纳增值税风险

风险描述：企业用非货币资产对外投资、捐赠、分配利润等的资产未按

照规定视同销售确认收入及计提税金，造成少缴纳税款的风险。

10. 销售使用过的固定资产未缴纳增值税或者计税方法适用错误风险

风险描述：企业销售自己使用过的固定资产，如果购进时属于不得抵扣且未抵扣进项税额的，适用简易办法依照 3% 征收率减按 2% 征收增值税政策的，可以放弃减税，按照简易办法依照 3% 征收率缴纳增值税，并可以开具增值税专用发票；如果购进时不属于不得抵扣且未抵扣进项税额的，按照一般计税方法依照 13% 税率（自 2019 年 4 月 1 日起执行）缴纳增值税。企业可能存在不计提增值税或者适用税率不正确的风险，或将依照简易办法 3% 征收率计算的应纳税款与一般计税办法计算的销项税额混淆少缴增值税的风险。

11. 废弃物下脚料处置未按规定缴纳增值税风险

风险描述：企业存在对外销售下脚料和生产各环节产生的个别废品，未确认收入、未计提销项税额的风险。销售自己使用过的除固定资产以外的废旧包装物、废旧材料等未按正常税率申报缴纳增值税的风险。企业以废弃物处置收入抵减清理费用，造成少计销售收入，少缴增值税的风险；企业废弃物中仍有市场价值的商品，未按照市场价格确认收入并计提销项税额的风险；企业在处理废弃物过程中，替关联方支付相关费用，导致多抵扣进项税额或多列费用的风险。

12. 增值税税率适用错误风险

风险描述：企业销售自产货物的同时提供服务不属于混合销售的，应分别核算货物和服务销售额，分别适用不同税率或者征收率；或者企业兼营不同税率的产品或者服务，未分别核算不同税率的销售额，从而有意高税低报或者采用低税率计算销售税额，导致少缴增值税的风险。

【知识点 2】 进项税抵扣类风险

1. 混淆增值税一般计税方法和简易计税方法风险

风险描述：除混用于一般计税和简易计税的固定资产、不动产、无形资产外，适用一般计税方法的纳税人，兼营简易计税方法计税项目、免税项目而未划分清楚，将简易计税项目、免税项目取得的进项税额一并计入一般计税项目进行抵扣，多计进项税额的风险。

2. 通过取得增值税专用发票虚列成本费用，多抵扣进项税额风险

风险描述：企业虚列各项未真实发生的采购成本及费用项目，通过取得增值税发票来多抵扣进项税额的风险。

比如企业可能存在从第三方取得发票或采用虚开运输发票多计进项成本费用；部分农产品收购企业可能存在虚开农副产品收购发票，或扩大农产品范围的情况；园林绿化企业可能通过非法取得农产品收购发票，多抵扣苗木、花卉、木材等农产品进项税；建筑企业由于部分上游材料无法取得发票，可能存在通过代开甚至接受虚开，大量不合理列支各类原材料及劳务项目；企业也存在将各类与生产经营无关的费用通过各种渠道取得的增值税扣税凭证列支少缴税款。

3. 购进农产品单价不实或业务不实少缴增值税风险

风险描述：生产企业购进的主要农产品，可能存在购进的单价差异过大，农产品价格不实的风险；在向农业生产者收购农产品自行填开《农产品收购统一发票》时，企业可能存在虚开收购单价，或者将装卸费计入农产品收购价格，造成在计算核定农产品进项税额时，多计算农产品进项税额的风险；部分生产企业在日常的农产品采购业务中，会向小规模纳税人（个体工商户）或者一般纳税人购买粮食，但可能存在不能取得卖方开具的发票或者对方不愿开具发票，企业自己开具《农产品收购统一发票》，甚至让他人为自己开具增值税专用发票用于计算抵扣进项税额的风险。

4. 购进农产品原材料未按核定扣除办法计算抵扣进项税额少缴增值税风险

风险描述：自2012年7月1日起，以购进农产品为原料生产销售液体乳及乳制品、酒及酒精、植物油的增值税一般纳税人，纳入农产品增值税进项税额核定扣除试点范围，其购进农产品无论是否用于生产上述产品，增值税进项税额均按照《农产品增值税进项税额核定扣除试点实施办法》的规定抵扣。企业可能存在未按农产品增值税进项税额核定扣除办法计算抵扣进项税额，少缴税金的风险。

5. 抬高买价虚增材料采购成本，多抵扣进项税额风险

风险描述：根据相关规定，购进农产品为原料生产货物的，农产品增值税进项税额可按照投入产出法、成本法和参照法计算当期可以抵扣的增值税进项税额。适用农产品增值税进项税额核定扣除办法的企业，可能存在购进

原材料单价和数量不真实，以虚增单耗扣除率、虚增"农产品平均购买单价"指标、虚增材料采购成本、虚抵进项税额的情况，少缴增值税的风险。

6. 购买货物或者应税劳务、服务发生退货、中止未按规定转出进项税额风险

风险描述：一般纳税人购进货物或者应税劳务、服务，取得增值税专用发票后发生退回，企业可能存在未按规定进行进项税额转出少缴纳增值税的风险。

7. 外购用于简易计税方法计税项目、免征增值税项目、集体福利或个人消费，未按规定转出进项税额风险

风险描述：企业将外购货物、加工修理修配劳务、服务、无形资产和不动产用于简易计税方法计税项目、免征增值税项目、集体福利或者个人消费，其对应的进项税额不得抵扣。企业在采购环节可能存在发生上述事项但未按规定做进项税额转出，少缴增值税的风险。

8. 管理不善造成原材料、库存商品、不动产、在建工程等的非正常损失未按规定转出进项税额风险

风险描述：由于管理不善造成货物被盗、丢失、霉烂变质，以及因违反法律法规造成原材料、商品被依法没收、销毁、拆除等未按规定作进项税额转出，少缴纳增值税的风险。

【知识点3】 增值税优惠类风险

1. 免税与应税业务收入划分不清或故意混淆少缴增值税风险

风险描述：税收征管中企业应就免征增值税的经营项目到主管税务机关进行备案，且应分别核算应税收入与免税收入。未严格区分或故意混淆增值税应税收入和免税收入，少缴增值税的风险。

2. 扩大免税范围不计提销项少缴增值税风险

风险描述：将应税商品错误适用免税处理的风险。如：将深加工农产品当作免税初级农产品进行申报，扩大农产品免税范围，不计提销项税额。

3. 统借统还业务中，向下属单位收取高于支付给金融机构借款利率水平的利息未按规定缴纳增值税风险

风险描述：在统借统还业务实际操作中，企业集团或企业集团中的核心

企业以及集团所属财务公司等统借方可能存在向企业集团或者集团内下属单位收取的利息高于支付给金融机构借款利率水平或者支付的债券票面利率水平的情况。《财政部　国家税务总局关于全面推开营业税改征增值税试点的通知》（财税〔2016〕36号）规定，对这类情况不能享受免征增值税，应全额缴纳增值税。因此，企业可能存在未缴纳或未全额缴纳增值税的风险。

十七　企业所得税常见风险

【知识点1】　应税收入类风险

1. 发生视同销售行为未按规定申报缴纳企业所得税风险

风险描述：企业将资产移送他人用于市场推广或销售、交际应酬、职工奖励或福利、股息分配、对外捐赠和其他改变资产所有权属的，发生非货币性资产交换，以及将货物、财产、劳务用于捐赠、偿债、赞助、集资、广告、样品等，可能未按税法规定视同销售货物、转让财产或者提供劳务确认收入，或重复列支成本的风险。

2. 国债转让收入混为持有期间利息收入少缴企业所得税风险

风险描述：企业存在将国债转让收入与国债利息收入一并作为免税收入申报，造成少缴纳企业所得税的风险。企业投资国债、并从国务院财政部门取得的国债利息收入，应以国债发行时约定应付利息的日期，确认利息收入的实现。转让国债，应在国债转让收入确认时确认免税国债利息收入的实现。

企业到期前转让国债，或者从非发行者投资购买的国债，其持有期间尚未兑付的国债利息收入，按以下公式计算确定：

$$国债利息收入 = 国债金额 \times (适用年利率 \div 365) \times 持有天数$$

3. 取得的专项用途财政资金不符合企业所得税不征税收入条件风险

风险描述：取得的财政性资金不符合或部分不符合企业所得税不征税收入的条件，如不能提供专项用途的资金拨付文件、专门的资金管理办法或具体管理要求等，可能存在少确认应税收入的风险。

4. 未支出且未缴回的专项用途财政资金未确认收入风险

风险描述：企业将符合条件的财政性资金作不征税收入处理后，在5年（60个月）内未发生支出且未缴回财政或其他拨付资金的政府部门的部分，未按规定计入取得该资金第六年的应税收入总额的风险。

5. 取得的各项补贴收入未确认当期收入风险

风险描述：企业取得的各种补贴收入［如：政府补贴、出口贴息、专项补贴、增值税即征即退、先征后退（返）、增值税加计抵减、其他税款返还、行政罚款返还、取得代扣代缴个人所得税手续费等］，除国务院、财政部和国家税务总局规定不计入当期损益外，未按税法规定确认当期收入的风险。

6. 处置废旧物、下脚料、副产品等不计或少计收入风险

风险描述：企业对外销售下脚料、残次废产品、副产品未确认收入或计入往来账目，如以废弃物处置收入抵减清理费用，少计销售收入的风险。

7. 公允价值变动损益未按规定进行纳税调整风险

风险描述：企业以公允价值计量的金融资产、金融负债以及投资性房地产等，持有期间公允价值变动不计入应纳税所得额，在实际处理或结算时，处置所得的价款扣除其历史成本后的差额计入处置或结算期间的应纳税所得额。因此，企业在计算应纳税所得额时，应在会计利润总额基础上对公允价值损益做纳税调整。

8. 未按纳税义务发生时间确认收入风险

风险描述：企业取得租金、利息、特许权使用费等收入，未按照合同约定的应支付的日期及金额确认收入的风险。

9. 跨年工程未按完工进度或者完成的工作量确认收入风险

风险描述：企业受托加工制造大型机械设备、船舶、飞机，以及从事建筑、安装、装配工程业务或者提供其他劳务等，持续时间超过 12 个月的，未按照纳税年度内完工进度或者完成的工作量确认收入的风险。

【知识点2】 扣除类风险

1. 未取得合法有效凭证的支出税前扣除风险

风险描述：按规定，企业发生支出，应取得税前扣除凭证，作为计算企业所得税应纳税所得额时扣除相关支出的依据。企业可能存在业务招待费、差旅费、会议费等项目未取得真实、合法、有效的凭证而税前扣除，且未作纳税调整，少缴企业所得税的风险。

2. 与生产经营无关的支出税前扣除风险

风险描述：按规定，企业实际发生的与取得收入有关的、合理的支出，包括成本、费用、税金、损失和其他支出，准予在计算应纳税所得额时扣除。企业可能存在列支离退休职工费用、个人学历教育费用、个人车辆油修费、员工家属区物业费用、员工子女教育费、商业保险等与生产经营无关的费用，税前未做纳税调整，少缴企业所得税的风险。

3. 重复列支成本费用少缴企业所得税风险

风险描述：除另有规定外，企业实际发生的成本、费用、税金、损失和其他支出，不得重复扣除。企业可能存在设立分支机构，将同一项支出在不同分支机构中重复列支；高管工资在总公司和分公司重复列支；利用同一张发票重复列支支出等风险。

4. 其他不得扣除的支出项目未进行纳税调整风险

风险描述：企业可能存在列支《企业所得税法》第十条规定的不得扣除的支出项目（向投资者支付的股息、红利等权益性投资收益款项、企业所得税税款、税收滞纳金、罚金罚款和被没收财物的损失、本法第九条规定以外的捐赠支出、非广告性质赞助支出、未经核定的准备金支出、与取得收入无关的其他支出）未做纳税调整，少缴企业所得税的风险。

5. 工资、薪金支出未按规定税前扣除风险

风险描述：按规定，企业发生的合理的工资、薪金支出，准予扣除。企业可能存在税前扣除已经计提但未实际发放的工资、薪金，税前扣除的计税工资超过政府有关部门给予的限定数额未按规定进行调整，雇用季节工、临时工、实习生、返聘离退休人员、接受外部劳务派遣用工所实际发生的费用未区分为工资、薪金支出和职工福利费支出，将职工福利费混入到工资、薪金中进行税前扣除等风险。

6. 超标准列支有扣除限额的费用风险

风险描述：按规定，企业发生的职工福利费支出、职工教育经费、工会经费、业务招待费、广告和业务宣传费、公益性捐赠支出、手续费及佣金支出等每年的税前扣除均有限额的限制。企业可能存在未按规定准确归集核算相关费用，税前超额扣除的风险。

7. 预提费用税前扣除少缴税款风险

风险描述：企业设置预提费用科目，税前列支已经计提但未实际发生的预估房租、水电费及预提的清算预估的土地增值税等费用；年末应付工资贷方有余额，在汇算清缴期结束后仍未发放，未做纳税调增处理，可能存在少缴税款的风险。

8. 不征税收入对应的支出税前扣除风险

风险描述：按规定，企业的不征税收入用于支出所形成的费用或者财产，不得扣除或者计算对应的折旧、摊销扣除。企业可能存在取得的财政拨款、行政事业性收费、政府性基金等不征税收入未计入收入总额但用于支出，形成的费用或者财产折旧、摊销未单独核算，税前扣除该部分支出，少缴企业所得税的风险。

【知识点3】 资产类风险

1. 未按规定计提固定资产折旧风险

风险描述：企业未按照税法规定的时间、范围和方法计提折旧；超出税法规定的范围，如对临时性施工设备、房屋建筑物外未使用的固定资产计提折旧；对与生产经营无关的资产计提折旧等风险。

2. 未按规定摊销无形资产风险

风险描述：企业可能存在取得的土地使用权的摊销年限未按照税法规定进行摊销，人为缩短摊销年限，多计提当期摊销费用的风险；可能存在支付的土地出让金、土地权属登记费未作为无形资产进行摊销，在管理费用中一次性列支的风险；可能存在达到无形资产标准的管理系统软件，未按照规定进行摊销在管理费用中一次性列支的风险；可能存在将应计入无形资产原值的软件安装调试费在管理费用中列支等未按规定摊销无形资产的风险。

3. 应资本化的利息支出一次性税前扣除风险

风险描述：企业为购置、建造固定资产、无形资产和经过12个月以上的建造才能达到预定可销售状态的存货而发生的借款，在有关资产购置、建造期间发生的合理的借款费用，未作为资本性支出计入有关资产的成本，而计入直接作为财务费用税前扣除的风险。

【知识点4 】 损失类风险

1. 资产损失未按规定申报扣除风险

风险描述：企业发生的各项资产损失未按照税法规定申报扣除；在申报当年未进行会计处理，不符合扣除条件的风险。

2. 资产损失相关证据资料不合规风险

风险描述：2017 年度之前资产损失专项申报资料需到主管税务机关备案，2017 年度及以后将资料留存备查，企业可能存在留存资料不完整、不规范，存在不符合税前扣除条件的风险。

【知识点5 】 优惠类风险

1. 非权益性投资行为产生的收益作为免税收入风险

风险描述：企业取得的兼具权益和债权双重特性的混合性投资行为产生的投资收益（永续债除外），或企业收取的保本理财产品利息收入，不符合享受股息红利免税收入条件的风险。

2. 持有股票不足 12 个月的投资收益作为免税收入风险

风险描述：企业持有居民企业公开发行并上市流通的股票期间取得投资收益按照税法规定必须连续 12 月以上才能享受免税。企业可能存在一律视同符合条件的居民企业之间的权益性投资收益享受免税优惠造成少缴纳企业所得税的风险。

3. 不符合"目录"范围规定申报享受税收优惠风险

风险描述：核实企业所从事的项目是否符合《公共基础设施项目企业所得税优惠目录》《环境保护节能节水项目企业所得税优惠目录》的规定，企业同时从事不在"目录"范围内的项目取得的所得，应与享受优惠的公共基础设施项目所得分开核算，并合理分摊期间费用，没有分开核算的，不得享受企业所得税优惠政策。

4. 超范围享受农产品初加工和项目所得优惠风险

风险描述：享受税收优惠的农产品初加工范围是否符合《享受企业所得税优惠政策的农产品初加工范围（试行）》（财税〔2008〕149 号）和《财政部 国家税务总局关于享受企业所得税优惠的农产品初加工有关范围的补充

通知》(财税〔2011〕26号)的规定;企业从事农、林、牧、渔业项目,凡属于《产业结构调整指导目录(2011年版)》(国家发展和改革委员会令第9号)中限制和淘汰类的项目,不得享受优惠政策。

5. 研发费用的归集超范围或不规范风险

风险描述:研发费用和日常运营费用未分别核算,未按规定设置辅助账,未能如实提供产研共用设备和人员使用记录,擅自扩大研发费用归集口径,造成研发费用支出归集不准确,将运营领用的材料、常规升级等计入研发费,将后勤辅助人员工资计入研发费,虚构外聘人员劳务费,扩大其他费用范围,存在多享受加计扣除税收优惠政策的风险。

6. 特殊收入扣减处理不合规风险

风险描述:企业当期取得的研发过程中形成的下脚料、残次品、中间试制品等特殊收入;不足扣减的,允许加计扣除的研发费用按零计算。企业研发活动直接形成产品或作为组成部分形成的产品对外销售的,研发费用中对应的材料费用不得加计扣除。

7. 委托研发费用未按规定税前扣除风险

风险描述:企业在生产经营过程中,可能存在委托外部机构或个人开展研发活动的情况。其中,对企业委托境内外部机构或个人开展研发活动发生的费用,可由委托方按照研发活动发生费用的80%作为基数进行加计扣除,受托方不得加计扣除;委托境外进行研发活动所发生的费用,按照费用实际发生额的80%计入委托方的委托境外研发费用,委托境外研发费用不超过境内符合条件的研发费用2/3的部分,可以按规定在企业所得税前加计扣除。在实务中,由于财务人员对文件理解片面或操作不当,企业可能存在将不符合条件受托研发费用享受加计扣除、或将委托境外研发费用超过规定限额扣除,少缴企业所得税的风险。

8. 购置节能节水等设备不符合抵免条件风险

风险描述:企业购置节能节水、环境保护、安全生产设备不属于目录规定,核实设备是否已投入使用,申请抵免的起始年度与购入并实际投入使用年度是否一致,少缴纳企业所得税的风险。

9. 专用设备转让、出租未按规定补缴税款风险

风险描述:企业购置并实际投入使用、已开始享受税收优惠的环境保护、

节能节水、安全生产专用设备，如从购置之日起 5 个纳税年度内转让、出租的，应在该专用设备停止使用当月，停止享受企业所得税优惠，并补缴已经抵免的企业所得税税款。

【知识点 6】 其他风险

1. 向非居民企业支付股息、利息、特许权使用费等未代扣代缴企业所得税风险

风险描述：对非居民企业取得来源于中国境内的股息、红利等权益性投资收益和利息、租金、特许权使用费所得、转让财产所得以及其他所得应当缴纳的企业所得税，实行源泉扣缴，对非居民企业直接负有支付相关款项义务的单位或者个人未代扣代缴企业所得税的风险。

2. 境外机构亏损抵减境内机构盈利少缴税款风险

风险描述：居民企业在境外投资设立不具有独立纳税地位的分支机构，其来源于境外的所得，以境外收入总额扣除与取得境外收入有关的各项合理支出后的余额为应纳税所得额的风险。企业在汇总计算缴纳企业所得税时，其境外营业机构的亏损不得抵减境内营业机构的盈利。

十八 个人所得税常见风险

【知识点 1】 职工工资薪金所得风险

1. 股权激励未按规定代扣代缴个人所得税风险

风险描述：企业对员工实施股权激励，授予员工股票期权、股权期权、限制性股票和股权奖励，未按规定代扣代缴个人所得税的风险。

2. 以免费旅游或以发票报销方式为员工报销费用发放津贴、补贴、奖金，未按规定并入工资薪金所得代扣代缴个人所得税风险

风险描述：企业以免费旅游方式提供对职工的奖励，职工以凭票报销的形式取得的旅游费用未并入职工工资薪金所得，未扣缴个人所得税的风险；或以油票、修理费、办公费、飞机票、通信费等报销形式，发放职工奖金，隐匿个人所得，少申报个人所得税的风险。

3. 将自产产品用于职工福利、奖励、分配给投资者未代扣代缴个人所得

税风险

风险描述：企业将自产产品用于职工福利、奖励、分配给投资者未按规定代扣代缴个人所得税的风险。

【知识点2】 自然人股东所得风险

1. 分配利润未代扣代缴自然人股东个人所得税风险

风险描述：企业向个人股东分配利润时，未按规定代扣代缴个人所得税的风险。

2. 未分配利润、盈余公积、资本公积转增注册资本（股本）未按规定代扣代缴自然人股东个人所得税风险

风险描述：企业以未分配利润、盈余公积、资本公积转增实收资本（股本），未按照"利息、股息、红利所得"项目代扣代缴自然人股东个人所得税的风险。

3. 自然人股东借用企业资金长期挂账未按规定代扣代缴个人所得税风险

风险描述：个人股东借用企业资金长期挂账，既不归还，又未用于企业生产经营的，企业未按规定代扣代缴个人所得税的风险。

4. 为自然人股东、职工购买房屋、汽车及其他财产未按规定代扣代缴个人所得税风险

风险描述：企业为个人股东、职工购买房屋、汽车及其他财产，未按规定代扣代缴个人所得税的风险。

【知识点3】 其他人员所得风险

1. 支付董事、监事董事费、监事费未按规定代扣代缴个人所得税风险

风险描述：企业向在公司任职的董事、监事支付董事费、监事费，未按规定代扣代缴个人所得税的风险。

2. 向个人借款所付的利息未代扣代缴个人所得税风险

风险描述：企业为筹集经营资金，向员工或其他个人集资借款，并支付利息，企业未按规定代扣代缴利息所得个人所得税的风险。

3. 促销活动向个人发放礼品未代扣代缴个人所得税风险

风险描述：企业在销售产品的过程中，通常会举办一些营销活动，在活

动中向个人派发礼品。企业向个人派发礼品，存在未代扣代缴个人所得税的风险。

>> 第五节
税费法律责任追究

本节相关知识点见本书第四章。

>> 习题演练

一 单项选择题

1. 纳税人有欠税情形而以其财产设定抵押、质押的，应当向抵押权人、质权人说明（   ）情况。

A. 欠税　　　　　B. 财产　　　　　C. 债务　　　　　D. 债权

【参考答案】A

【答案解析】根据《中华人民共和国税收征收管理法》第四十六条的规定，纳税人有欠税情形而以其财产设定抵押、质押的，应当向抵押权人、质权人说明其欠税情况。抵押权人、质权人可以请求税务机关提供有关的欠税情况。

2. 税务机关应当广泛宣传税收法律、行政法规，普及纳税知识，（   ）地为纳税人提供纳税咨询服务。

A. 无偿　　　　　B. 有偿　　　　　C. 全天候　　　　　D. 全方位

【参考答案】A

【答案解析】根据《中华人民共和国税收征收管理法》第七条的规定，税务机关应当广泛宣传税收法律、行政法规，普及纳税知识，无偿地为纳税人提供纳税咨询服务。

3. 关于调账检查，调取当年账簿进行检查的，税务机关必须在（   ）日内退还所调取的账簿资料。

A. 30 日　　　　B. 3 个月　　　　C. 45 日　　　　D. 60 日

【参考答案】A

【答案解析】根据《中华人民共和国税收征收管理法实施细则》第八十六条的规定，税务机关行使《中华人民共和国税收征收管理法》第五十四条第（一）项职权时，可以在纳税人、扣缴义务人的业务场所进行；必要时，经县以上税务局（分局）局长批准，可以将纳税人、扣缴义务人以前会计年度的账簿、记账凭证、报表和其他有关资料调回税务机关检查，但是税务机关必须向纳税人、扣缴义务人开付清单，并在 3 个月内完整退还；有特殊情况的，经设区的市、自治州以上税务局局长批准，税务机关可以将纳税人、扣缴义务人当年的账簿、记账凭证、报表和其他有关资料调回检查，但是税务机关必须在 30 日内退还。

4. 扣缴义务人代扣、代收税款时，纳税人要求扣缴义务人开具代扣、代收税款凭证的，扣缴义务人是否应当开具?（　　）

A. 不用　　　　　　　　　　B. 应当

C. 税额 100 元以上的应当开　　D. 税额 10 元以下的不用开

【参考答案】B

【答案解析】根据《中华人民共和国税收征收管理法》第三十四条的规定，税务机关征收税款时，必须给纳税人开具完税凭证。扣缴义务人代扣、代收税款时，纳税人要求扣缴义务人开具代扣、代收税款凭证的，扣缴义务人应当开具。

5. 扣缴义务人依法履行代扣、代收税款义务时，纳税人不得拒绝。纳税人拒绝的，扣缴义务人应当（　　）。

A. 采取税收保全措施　　　　B. 及时报告税务机关处理

C. 采取税收强制措施　　　　D. 责令限期改正

【参考答案】B

【答案解析】根据《中华人民共和国税收征收管理法》第三十条的规定，扣缴义务人依法履行代扣、代收税款义务时，纳税人不得拒绝。纳税人拒绝的，扣缴义务人应当及时报告税务机关处理。

6. 纳税人对税务机关的处罚决定不服的，可以依法向（　　）申请行政复议，也可以依法向人民法院起诉。

A. 政府主管部门　　　　　　　B. 上一级主管税务机关

C. 市政府　　　　　　　　　　D. 作出行政决定的税务机关

【参考答案】B

【答案解析】根据《中华人民共和国税收征收管理法》第八十八条的规定，当事人对税务机关的处罚决定、强制执行措施或者税收保全措施不服的，可以依法申请行政复议，也可以依法向人民法院起诉。

7. 纳税人未按规定的期限办理纳税申报和报送纳税资料，情节严重的，税务机关可以处（　　）的罚款。

A. 2000元以下　　　　　　　B. 2000元以上5000元以下

C. 2000元以上10000元以下　　D. 10000元以上

【参考答案】C

【答案解析】根据《中华人民共和国税收征收管理法》第六十二条的规定，纳税人未按照规定的期限办理纳税申报和报送纳税资料的，或者扣缴义务人未按照规定的期限向税务机关报送代扣代缴、代收代缴税款报告表和有关资料的，由税务机关责令限期改正，可以处2000元以下的罚款；情节严重的，可以处2000元以上10000元以下的罚款。

8. 税务机关采取税收强制执行措施，须经（　　）批准。

A. 税务所长

B. 县以上税务局（分局）局长

C. 县级税务局（分局）农村分局长

D. 省以上税务局局长

【参考答案】B

【答案解析】根据《中华人民共和国税收征收管理法》第四十条的规定，从事生产、经营的纳税人、扣缴义务人未按照规定的期限缴纳或者解缴税款，纳税担保人未按照规定的期限缴纳所担保的税款，由税务机关责令限期缴纳，逾期仍未缴纳的，经县以上税务局（分局）局长批准，税务机关可以采取相关强制执行措施。

9. 税务机关查封商品、货物或其他财产时，必须开付（　　）。

A. 凭证　　　　B. 收据　　　　C. 清单　　　　D. 证明

【参考答案】C

【答案解析】根据《中华人民共和国税收征收管理法》第四十七条的规定，税务机关扣押商品、货物或者其他财产时，必须开付收据；查封商品、货物或者其他财产时，必须开付清单。

10. 税务机关查询从事生产、经营的纳税人、扣缴义务人在银行或者其他金融机构的存款账户，须经（   ）批准。

    A. 开户银行负责人

    B. 设区的市、自治州以上税务局（分局）局长

    C. 县以上税务局（分局）局长

    D. 银行县、市支行或者市分行负责人

    【参考答案】C

    【答案解析】根据《中华人民共和国税收征收管理法》第五十四条的规定，经县以上税务局（分局）局长批准，凭全国统一格式的检查存款账户许可证明，查询从事生产、经营的纳税人、扣缴义务人在银行或者其他金融机构的存款账户。税务机关在调查税收违法案件时，经设区的市、自治州以上税务局（分局）局长批准，可以查询案件涉嫌人员的储蓄存款。

11. 税务机关对骗税行为，追征所骗取的税款的期限为（   ）。

    A. 2 年   B. 5 年   C. 无限期   D. 20 年

    【参考答案】C

    【答案解析】根据《中华人民共和国税收征收管理法》第五十二条的规定，对偷税、抗税、骗税的，税务机关追征其未缴或者少缴的税款、滞纳金或者所骗取的税款，不受前款规定期限的限制。

12. 税务机关应当对纳税人（   ）的情况定期予以公告。

    A. 生产经营   B. 财务状况   C. 应交税金   D. 欠缴税款

    【参考答案】D

    【答案解析】根据《中华人民共和国税收征收管理法》第四十五条的规定，税务机关应当对纳税人欠缴税款的情况定期予以公告。

13. 税务机关在采取税收保全措施时（   ）不在保全措施的范围之内。

    A. 高档消费品

    B. 易腐烂的商品

    C. 个人及其所扶养家属维持生活必需的住房和用品

D. 金银首饰

【参考答案】C

【答案解析】根据《中华人民共和国税收征收管理法》第三十八条的规定，个人及其所扶养家属维持生活必需的住房和用品，不在税收保全措施的范围之内。

14. 税务机关在调查税收违法案件时，经(　　)批准，可以查询案件涉嫌人员的储蓄存款。

A. 省、自治区、直辖市税务局局长

B. 县以上税务局（分局）局长

C. 设区的市、自治州以上税务局（分局）局长

D. 县以上税务局（分局）局长和银行县、市支行或市分行行长

【参考答案】C

【答案解析】根据《中华人民共和国税收征收管理法》第五十四条的规定，税务机关在调查税收违法案件时，经设区的市、自治州以上税务局（分局）局长批准，可以查询案件涉嫌人员的储蓄存款。

15. 下列对象不适用税收保全措施的是（　　）。

A. 企业　　　　　　　　　B. 个体工商业户

C. 个人所得税扣缴义务人　　D. 企业的分支机构

【参考答案】C

【答案解析】根据《中华人民共和国税收征收管理法》第五十五条的规定，税务机关对从事生产、经营的纳税人以前纳税期的纳税情况依法进行税务检查时，发现纳税人有逃避纳税义务行为，并有明显的转移、隐匿其应纳税的商品、货物及其他财产或者应纳税的收入的迹象的，可以按照本法规定的批准权限采取税收保全措施或者强制执行措施。

16. 下列检查中，超越《中华人民共和国税收征收管理法》所赋予税务机关权限的是（　　）。

A. 到车站检查纳税人托运应纳税货物的有关单据

B. 到机场检查纳税人托运应纳税商品的有关单据

C. 到邮政企业检查纳税人邮寄应纳税货物的有关凭证

D. 上路检查纳税人所运输的应纳税商品、货物

【参考答案】D

【答案解析】根据《中华人民共和国税收征收管理法》第五十四条的规定，税务机关有权到车站、码头、机场、邮政企业及其分支机构检查纳税人托运、邮寄应纳税商品、货物或者其他财产的有关单据、凭证和有关资料。

17. 下列说法正确的是（　　）。

A. 纳税担保书须经纳税人、纳税担保人签字盖章并经税务机关同意后方为有效

B. 纳税担保书只要经税务机关同意后即可有效

C. 纳税担保书须经纳税人、纳税担保人签字盖章即可有效

D. 纳税担保书须经纳税人、纳税担保人签字盖章并经税务主管官员同意后方为有效

【参考答案】A

【答案解析】根据《中华人民共和国税收征收管理法实施细则》第六十二条的规定，纳税担保人同意为纳税人提供纳税担保的，应当填写纳税担保书，写明担保对象、担保范围、担保期限和担保责任以及其他有关事项。担保书须经纳税人、纳税担保人签字盖章并经税务机关同意，方为有效。

18. 下列违法行为中，属于偷税的是（　　）。

A. 未按规定办理税务登记，造成未纳税的事实

B. 未按规定期限申报纳税的

C. 未按规定申报纳税，经通知申报而拒不申报，少缴税款的

D. 因计算错误，造成税款少缴的

【参考答案】C

【答案解析】根据《中华人民共和国税收征收管理法》第六十三条的规定，纳税人伪造、变造、隐匿、擅自销毁账簿、记账凭证，或者在账簿上多列支出或者不列、少列收入，或者经税务机关通知申报而拒不申报或者进行虚假的纳税申报，不缴或者少缴应纳税款的，是偷税。

19. 因纳税人、扣缴义务人计算错误等失误，未缴或者少缴税款的，税务机关在3年内可以追征税款、滞纳金，有特殊情况的，追征期可以延长到（　　）。

A. 10 年　　　　　　B. 5 年　　　　　　C. 无限期　　　　　　D. 20 年

【参考答案】B

【答案解析】根据《中华人民共和国税收征收管理法》第五十二条的规

定，因纳税人、扣缴义务人计算错误等失误，未缴或者少缴税款的，税务机关在 3 年内可以追征税款、滞纳金；有特殊情况的，追征期可以延长到 5 年。

20. 因税务机关的责任，致使纳税人、扣缴义务人未缴或者少缴税款的，税务机关在 3 年内可以要求纳税人、扣缴义务人补缴税款，（   ）加收滞纳金。

A. 可以   B. 不得   C. 根据实际情况 D. 按 50%

【参考答案】B

【答案解析】根据《中华人民共和国税收征收管理法》第五十二条的规定，因税务机关的责任，致使纳税人、扣缴义务人未缴或者少缴税款的，税务机关在 3 年内可以要求纳税人、扣缴义务人补缴税款，但是不得加收滞纳金。

21. 除涉及国家秘密、商业秘密或者个人隐私外，听证（   ）举行。

A. 当场   B. 简易   C. 不公开   D. 公开

【参考答案】D

【答案解析】根据《中华人民共和国行政处罚法》第四十二条第三款的规定，除涉及国家秘密、商业秘密或者个人隐私外，听证公开举行。

22. 违法事实确凿并有法定依据，对(   )处以 50 元以下的罚款或者警告的行政处罚的，可以当场作出行政处罚决定。

A. 公民   B. 法人   C. 其他组织   D. 社会团体

【参考答案】A

【答案解析】根据《中华人民共和国行政处罚法》第三十三条的规定，违法事实确凿并有法定依据，对公民处以 50 元以下罚款或者警告的行政处罚的，可以当场作出行政处罚决定。

23. 违法事实确凿并有法定依据，对法人或者其他组织处以(   )元以下的罚款或者警告的行政处罚的，可以当场作出行政处罚决定。

A. 50   B. 100   C. 1000   D. 60

【参考答案】C

【答案解析】根据《中华人民共和国行政处罚法》第三十三条的规定，违法事实确凿并有法定依据，对法人或者其他组织处以 1000 元以下罚款或者警告的行政处罚的，可以当场作出行政处罚决定。

24. 从事生产、经营的纳税人、扣缴义务人有《中华人民共和国税收征收管理法》规定的税收违法行为，拒不接受税务机关处理的，税务机关可以（　　）。

　　A. 扣留其发票

　　B. 停止对其的一切纳税服务

　　C. 收缴其发票或者停止向其发售发票

　　D. 让负责人到税务机关接受处理

【参考答案】C

【答案解析】根据《中华人民共和国税收征收管理法》第七十二条的规定，从事生产、经营的纳税人、扣缴义务人有本法规定的税收违法行为，拒不接受税务机关处理的，税务机关可以收缴其发票或者停止向其发售发票。

25. 从事生产、经营的纳税人的财务、会计制度或者财务、会计处理办法和（　　），应当报送税务机关备案。

　　A. 会计核算软件　　　　　　B. 计算机应用的型号

　　C. 人事管理软件　　　　　　D. 计算机的说明书

【参考答案】A

【答案解析】根据《中华人民共和国税收征收管理法实施细则》第二十四条的规定，从事生产、经营的纳税人应当自领取税务登记证件之日起15日内，将其财务、会计制度或者财务、会计处理办法报送主管税务机关备案。纳税人使用计算机记账的，应当在使用前将会计电算化系统的会计核算软件、使用说明书及有关资料报送主管税务机关备案。

26. 从事生产、经营的纳税人应当将其在银行开立的（　　），向税务机关报告。

　　A. 基本存款账户　　　　　　B. 其他存款账户

　　C. 专用账户　　　　　　　　D. 全部账户

【参考答案】D

【答案解析】根据《中华人民共和国税收征收管理法实施细则》第十七条的规定，从事生产、经营的纳税人应当自开立基本存款账户或者其他存款账户之日起15日内，向主管税务机关书面报告其全部账号；发生变化的，应当自变化之日起15日内，向主管税务机关书面报告。

27. 从事生产、经营的纳税人应当自（　　）之日起15日内，将其财务、会计制度或者财务、会计处理办法报送主管税务机关备案。

A. 领取营业执照　　　　　　　　B. 领取税务登记证件

C. 发生纳税义务　　　　　　　　D. 批准成立

【参考答案】B

【答案解析】根据《中华人民共和国税收征收管理法实施细则》第二十四条的规定，从事生产、经营的纳税人应当自领取税务登记证件之日起 15 日内，将其财务、会计制度或者财务、会计处理办法报送主管税务机关备案。

28. 扣缴义务人应扣未扣的税款，税务机关应向（　　　）追缴。

A. 扣缴义务人　　　　　　　　　B. 纳税人

C. 扣缴义务人或纳税人　　　　　D. 扣缴义务人和纳税人各按 50%

【参考答案】B

【答案解析】根据《中华人民共和国税收征收管理法》第六十九条的规定，扣缴义务人应扣未扣、应收而不收税款的，由税务机关向纳税人追缴税款，对扣缴义务人处应扣未扣、应收未收税款 50% 以上 3 倍以下的罚款。

29. 纳税人采取邮寄方式办理纳税申报的，以（　　　）为实际申报日期。

A. 税务机关收到日期　　　　　　B. 投寄日期

C. 填制纳税申报表日期　　　　　D. 寄出的邮戳日期

【参考答案】D

【答案解析】根据《中华人民共和国税收征收管理法》第三十一条的规定，纳税人采取邮寄方式办理纳税申报的，应当使用统一的纳税申报专用信封，并以邮政部门收据作为申报凭据。邮寄申报以寄出的邮戳日期为实际申报日期。

二　多项选择题

1. 《中华人民共和国税收征收管理法》第八条所称为纳税人、扣缴义务人保密的情况，是指（　　　）。

A. 纳税人、扣缴义务人的商业秘密

B. 纳税人的欠税情况

C. 纳税人、扣缴义务人的税收违法行为

D. 个人隐私

【参考答案】AD

【答案解析】根据《中华人民共和国税收征收管理法实施细则》第五条的规定，《中华人民共和国税收征收管理法》第八条所称为纳税人、扣缴义务人保密的情况，是指纳税人、扣缴义务人的商业秘密及个人隐私。纳税人、扣缴义务人的税收违法行为不属于保密范围。

2. 按照《中华人民共和国税收征收管理法》规定，纳税人偷税的，税务机关应(   )。

 A. 追缴其不缴或者少缴的税款

 B. 处不缴或者少缴的税款 5 倍以下的罚款

 C. 加收滞纳金

 D. 处不缴或者少缴的税款 50% 以上 5 倍以下的罚款

【参考答案】ACD

【答案解析】根据《中华人民共和国税收征收管理法》第六十四条的规定，纳税人、扣缴义务人编造虚假计税依据的，由税务机关责令限期改正，并处五万元以下的罚款。纳税人不进行纳税申报，不缴或者少缴应纳税款的，由税务机关追缴其不缴或者少缴的税款、滞纳金，并处不缴或者少缴的税款50% 以上 5 倍以下的罚款。

3. 从事生产、经营的纳税人、扣缴义务人必须按照国务院财政、税务主管部门规定的保管期限保管(   )。

 A. 账簿   B. 记账凭证   C. 完税凭证   D. 发票存根

【参考答案】ABCD

【答案解析】根据《中华人民共和国税收征收管理法》第二十四条的规定，从事生产、经营的纳税人、扣缴义务人必须按照国务院财政、税务主管部门规定的保管期限保管账簿、记账凭证、完税凭证及其他有关资料。

4. 从事生产、经营的纳税人的(   )应当报送税务机关备案。

 A. 财务、会计制度   B. 财务、会计处理办法

 C. 会计核算软件   D. 财务人员基本情况

【参考答案】ABC

【答案解析】根据《中华人民共和国税收征收管理法实施细则》第二十四条的规定，从事生产、经营的纳税人应当自领取税务登记证件之日起 15 日内，将其财务、会计制度或者财务、会计处理办法报送主管税务机关备案。

纳税人使用计算机记账的,应当在使用前将会计电算化系统的会计核算软件、使用说明书及有关资料报送主管税务机关备案。

5. 对纳税人采取以下措施,应由县以上税务局(分局)局长批准的有(　　)。

A. 加收滞纳金 　　　　　　　　　B. 查询案件涉嫌人员的储蓄存款

C. 冻结银行存款 　　　　　　　　D. 查封财产

【参考答案】CD

【答案解析】依据《中华人民共和国税收征收管理法》第三十八条。

6. 对纳税人的(　　)行为,税务机关可以无限期追征其税款、滞纳金。

A. 偷税 　　　　B. 抗税 　　　　C. 骗税 　　　　D. 误算

【参考答案】ABC

【答案解析】根据《中华人民共和国税收征收管理法》第五十二条的规定,对偷税、抗税、骗税的,税务机关追征其未缴或者少缴的税款、滞纳金或者所骗取的税款,不受前款规定期限的限制。

7. 根据《中华人民共和国税收征收管理法》的规定,适用于核定征收的情况包括(　　)。

A. 按规定设置账簿的个体经营户

B. 账目混乱或者成本资料、收入凭证、费用凭证残缺不全,难以查账征收的

C. 发生纳税义务,未按照规定的期限办理纳税申报的,经税务机关责令限期申报,逾期仍不申报的

D. 关联企业不按照独立企业之间的业务往来收取支付价款、费用,而减少其应纳税的收入或者所得额的

【参考答案】BC

【答案解析】根据《中华人民共和国税收征收管理法》第三十五条的规定,纳税人有下列情形之一的,税务机关有权核定其应纳税额:……(4)虽设置账簿,但账目混乱或者成本资料、收入凭证、费用凭证残缺不全,难以查账的;(5)发生纳税义务,未按照规定的期限办理纳税申报,经税务机关责令限期申报,逾期仍不申报的。……

8. 关于欠税公告,下列说法正确的有(　　)。

A. 欠税公告的税务机关是县级以上各级税务机关

B. 欠税公告的场所是指办税场所或新闻媒体

C. 欠税公告实行不定期公告制度

D. 欠税公告的具体办法由国家税务总局制定

【参考答案】ABD

【答案解析】依据《欠税公告办法（试行）》（国家税务总局令第9号公布，国家税务总局令第44号修订）。

9. 关于税收保全和强制执行措施涉及的主体的范围，下列说法正确的有（　　）。

A. 税收保全措施只能对从事生产、经营的纳税人行使

B. 税收保全措施可以对纳税人、扣缴义务人、纳税担保人行使

C. 税收强制执行措施可以对纳税人、扣缴义务人、纳税担保人行使

D. 《中华人民共和国税收征收管理法》第三十八条、第四十条、第四十二条所称个人所扶养家属是指与纳税人共同居住生活的配偶、直系亲属以及无生活来源并由纳税人扶养的其他亲属

【参考答案】ACD

【答案解析】根据《中华人民共和国税收征收管理法实施细则》第六十条的规定，《中华人民共和国税收征收管理法》第三十八条、第四十条、第四十二条所称个人所扶养家属，是指与纳税人共同居住生活的配偶、直系亲属及无生活来源并由纳税人扶养的其他亲属。

10. 关于银行账号，下列说法正确的有（　　）。

A. 从事生产、经营的纳税人应当自开立基本存款账户或者其他存款账户起15日内，向主管税务机关以口头或书面方式报告

B. 从事生产、经营的纳税人应当自开立基本存款账户或者其他存款账户起15日内，向主管税务机关书面报告其全部账号

C. 从事生产经营的纳税人银行账号发生变化的，应当自变化之日起15日内，向主管税务机关书面报告

D. 纳税人的银行账号发生变化的，纳税人的开户银行应当自变化之日起15日内，向税务机关书面报告

【参考答案】BC

【答案解析】根据《中华人民共和国税收征收管理法实施细则》第十七条的规定，从事生产、经营的纳税人应当自开立基本存款账户或者其他存款账户之日起 15 日内，向主管税务机关书面报告其全部账号；发生变化的，应当自变化之日起 15 日内，向主管税务机关书面报告。

11. 纳税人、扣缴义务人对税务机关所作出的决定，依法享有（　　）和请求国家赔偿等权利。

A. 陈述权、申辩权　　　　　　B. 申请行政复议

C. 提起行政诉讼　　　　　　　D. 拒绝履行决定

【参考答案】ABC

【答案解析】根据《中华人民共和国税收征收管理法》第八条的规定，纳税人、扣缴义务人对税务机关所作出的决定，享有陈述权、申辩权；依法享有申请行政复议、提起行政诉讼、请求国家赔偿等权利。

12. 纳税人、扣缴义务人有下列（　　）情形，须向税务机关报告。

A. 扣缴义务人依法履行代扣、代收税款义务时，纳税人拒绝的

B. 纳税人有合并、分立情形的

C. 欠缴税款数额较大的纳税人在处分其不动产或者大额资产之前

D. 纳税人放弃到期债权的

【参考答案】ABC

【答案解析】根据《中华人民共和国税收征收管理法》第四十八条的规定，纳税人有合并、分立情形的，应当向税务机关报告，并依法缴清税款。第四十九条规定，欠缴税款数额较大的纳税人在处分其不动产或者大额资产之前，应当向税务机关报告。

根据《中华人民共和国税收征收管理法实施细则》第九十四条的规定，纳税人拒绝代扣、代收税款的，扣缴义务人应当向税务机关报告，由税务机关直接向纳税人追缴税款、滞纳金；纳税人拒不缴纳的，依照《中华人民共和国税收征收管理法》第六十八条的规定执行。

13. 纳税人分立时未缴清税款的，下列说法正确的有（　　）。

A. 税务机关有权向分立后的任何一个纳税人追缴全部税款

B. 税务机关只能向其中的一个追缴税款

C. 税务机关可以向分立后的所有纳税人追缴税款

D. 税务机关不能同时向分立后的所有纳税人追缴税款

【参考答案】AC

【答案解析】根据《中华人民共和国税收征收管理法》第四十八条的规定，纳税人有合并、分立情形的，应当向税务机关报告，并依法缴清税款。纳税人合并时未缴清税款的，应当由合并后的纳税人继续履行未履行的纳税义务；纳税人分立时未缴清税款的，分立后的纳税人对未履行的纳税义务应当承担连带责任。

14. 纳税人有下列情况之一的，税务机关不得加收滞纳金。（　　　）

A. 纳税人因有特殊困难，不能按期缴纳税款的

B. 经批准延期缴纳税款的期限内

C. 因税务机关的责任，致使纳税人未缴或者少缴税款的

D. 因纳税人计算错误等失误，未缴或者少缴税款的

【参考答案】BC

【答案解析】根据《中华人民共和国税收征收管理法实施细则》第四十二条的规定，税务机关应当自收到申请延期缴纳税款报告之日起20日内作出批准或者不予批准的决定；不予批准的，从缴纳税款期限届满之日起加收滞纳金。

根据《中华人民共和国税收征收管理法》第五十二条的规定，因税务机关的责任，致使纳税人、扣缴义务人未缴或者少缴税款的，税务机关在3年内可以要求纳税人、扣缴义务人补缴税款，但是不得加收滞纳金。

15. 纳税人有下列情形之一的，税务机关可要求其提供纳税担保。（　　　）

A. 纳税人因有特殊困难，不能按期缴纳税款的

B. 纳税人有逃避纳税义务的行为，并在限期缴纳税款的期限内有明显转移其应纳税商品的迹象

C. 欠缴税款的纳税人或者他的法定代表人需要出境的

D. 纳税人同税务机关在纳税上发生争议时，需要申请行政复议的

【参考答案】BCD

【答案解析】根据《中华人民共和国税收征收管理法》第三十八条的规定，税务机关有根据认为从事生产、经营的纳税人有逃避纳税义务行为的，可以在规定的纳税期之前，责令限期缴纳应纳税款；在限期内发现纳税人有明显的转移、隐匿其应纳税的商品、货物及其他财产或者应纳税的收入的迹

象的，税务机关可以责成纳税人提供纳税担保。

16. 税收保全措施适用于(　　　)。

A. 临时从事经营的纳税人　　　　B. 扣缴义务人

C. 从事生产、经营的纳税人　　　　D. 纳税担保人

【参考答案】AC

【答案解析】根据《中华人民共和国税收征收管理法》第三十八条的规定，税务机关有根据认为从事生产、经营的纳税人有逃避纳税义务行为的，可以在规定的纳税期之前，责令限期缴纳应纳税款；在限期内发现纳税人有明显的转移、隐匿其应纳税的商品、货物及其他财产或者应纳税的收入的迹象的，税务机关可以责成纳税人提供纳税担保。如果纳税人不能提供纳税担保，经县以上税务局（分局）局长批准，税务机关可以采取下列税收保全措施……

17. 税收强制执行措施适用于(　　　)。

A. 从事生产、经营的纳税人　　　　B. 扣缴义务人

C. 纳税担保人　　　　D. 税务行政处罚当事人

【参考答案】ABCD

【答案解析】根据《中华人民共和国税收征收管理法》第四十条的规定，从事生产、经营的纳税人、扣缴义务人未按照规定的期限缴纳或者解缴税款，纳税担保人未按照规定的期限缴纳所担保的税款，由税务机关责令限期缴纳，逾期仍未缴纳的，经县以上税务局（分局）局长批准，税务机关可以采取下列强制执行措施……

18. (　　　)情形下，行政机关可以当场收缴罚款。

A. 当场做出 20 元以下的罚款

B. 不当场收缴事后难以执行

C. 交通不便地区当事人提出当场缴纳

D. 行政机关认为应当当场收缴

【参考答案】ABC

【答案解析】根据《中华人民共和国行政处罚法》第四十七条的规定，有下列情形之一的，执法人员可以当场收缴罚款：（1）依法给予 20 元以下的罚款的。（2）不当场收缴事后难以执行的。

19. 受到税务行政处罚的当事人依法享有的权利包括(　　　)。

A. 陈述权　　　　　　　　　B. 申辩权

C. 申请复议或提起行政诉讼权　　D. 赔偿权

【参考答案】ABCD

【答案解析】根据《中华人民共和国税收征收管理法》第八条的规定，纳税人、扣缴义务人对税务机关所作出的决定，享有陈述权、申辩权；依法享有申请行政复议、提起行政诉讼、请求国家赔偿等权利。

20. 听证应公开举行，但涉及(　　)的除外。

A. 国家秘密　　B. 商业秘密　　C. 个人隐私　　D. 个人请求

【参考答案】ABC

【答案解析】听证应公开举行，但涉及国家秘密、商业秘密、个人隐私的除外。

21. 虚开发票行为包括(　　)。

A. 为他人开具与实际经营业务情况不符的发票

B. 让他人为自己开具与实际经营业务情况不符的发票

C. 介绍他人开具与实际经营业务情况不符的发票

D. 为自己开具与实际经营业务情况不符的发票

【参考答案】ABCD

【答案解析】根据《中华人民共和国发票管理办法》第二十二条的规定，任何单位和个人不得有下列虚开发票行为：（1）为他人、为自己开具与实际经营业务情况不符的发票；（2）让他人为自己开具与实际经营业务情况不符的发票；（3）介绍他人开具与实际经营业务情况不符的发票。

22. 纳税人满意度调查分为(　　)。

A. 全面调查　　　　　　　　B. 专项调查

C. 日常调查　　　　　　　　D. 个别调查

【参考答案】ABC

【答案解析】纳税人满意度调查分为全面调查、专项调查和日常调查。

23. 税务机关对涉税专业服务机构采取的监管措施包括(　　)。

A. 建立行政登记　　　　　　B. 实名制管理

C. 业务信息采集　　　　　　D. 信用评价

【参考答案】ABCD

【答案解析】依据《涉税专业服务监管办法（试行）》（国家税务总局公告 2017 年第 13 号发布）第七条、第八条、第九条、第十一条。

24. 根据纳税服务投诉产生的原因，纳税服务投诉大致可以分为（　　　）。

A. 对服务态度的投诉　　　　　B. 对服务质效的投诉

C. 对服务制度的投诉　　　　　D. 对侵害纳税人合法权益的投诉

【参考答案】ABD

【答案解析】依据《国家税务总局关于修订〈纳税服务投诉管理办法〉的公告》（国家税务总局公告 2019 年第 27 号）第九条。

三 判断题

1. 《中华人民共和国税收征收管理法》第五十二条所称纳税人的失误，是指非主观故意的计算公式运用错误及明显的笔误。　　　　　　（　　　）

【参考答案】正确

2. 根据《中华人民共和国税收征收管理法》第八十六条的规定，违反税收法律、行政法规应当给予行政处罚的行为，在 5 年内未被发现的，不再给予行政处罚。这一期限从税务违法行为发生之日起计算；违法行为有连续或继续状态的，从行为终了之日起计算。　　　　　　　　　　　（　　　）

【参考答案】正确

3. 《中华人民共和国税收征收管理法》规定的行政处罚，罚款额在 2000 元以下的，可以由税务所决定。　　　　　　　　　　　　　　（　　　）

【参考答案】正确

4. 《中华人民共和国税收征收管理法》及其实施细则所规定期限的最后 1 日是法定休假日的，以休假日期满的次日为期限的最后 1 日；在期限内有超过 3 日以上法定休假日的按休假日天数顺延。　　　　　　　　（　　　）

【参考答案】正确

5. 《中华人民共和国税收征收管理法》所称存款，包括独资企业投资人、企业合伙人、个体工商户的储蓄存款及股东资金账户中的股票和资金等。（　　　）

【参考答案】错误

【答案解析】根据《中华人民共和国税收征收管理法实施细则》第七十

二条的规定，《中华人民共和国税收征收管理法》所称存款，包括独资企业投资人、合伙企业合伙人、个体工商户的储蓄存款及股东资金账户中的资金等。

6. 2019 年 6 月 15 日，某贸易公司法人代表王某要求到美国考察，税务机关发现该公司还有欠税，税务机关可以要求其提供纳税担保，如不提供担保，又不缴清欠税的，可以通知出境管理机关阻止其出境。　　　　（　　）

【参考答案】正确

7. 从事生产、经营的纳税人账户发生变化的，应当自变化之日起 30 日内，向主管税务机关书面报告，并办理变更税务登记。　　　　（　　）

【参考答案】错误

【答案解析】根据《中华人民共和国税收征收管理法实施细则》第十七条的规定，从事生产、经营的纳税人应当自开立基本存款账户或者其他存款账户之日起 15 日内，向主管税务机关书面报告其全部账号；发生变化的，应当自变化之日起 15 日内，向主管税务机关书面报告。

8. 当纳税人既有应退税款又有欠缴税款时，税务机关可以将应退税款和利息先抵扣欠缴税款；抵扣后尚有余额的，由税务机关决定抵顶纳税人下期应纳税款或退还纳税人。　　　　（　　）

【参考答案】错误

【答案解析】根据《中华人民共和国税收征收管理法实施细则》第七十九条的规定，当纳税人既有应退税款又有欠缴税款的，税务机关可以将应退税款和利息先抵扣欠缴税款；抵扣后有余额的，退还纳税人。

9. 当税收收入任务完成之后，税务机关可以延缓征收税款。　　（　　）

【参考答案】错误

【答案解析】根据《中华人民共和国税收征收管理法》第二十八条的规定，税务机关依照法律、行政法规的规定征收税款，不得违反法律、行政法规的规定开征、停征、多征、少征、提前征收、延缓征收或者摊派税款。

10. 对查封的商品、货物或者其他财产，税务机关可以指令被执行人负责保管，保管责任由税务机关承担。　　　　（　　）

【参考答案】错误

【答案解析】根据《中华人民共和国税收征收管理法实施细则》第六十七条的规定，对查封的商品、货物或者其他财产，税务机关可以指令被执行人负责保管，保管责任由被执行人承担。

11. 对法律、行政法规没有规定负有代扣、代收税款义务的单位和个人，税务机关可以根据工作需要要求其履行代扣、代收税款义务。 （ ）

【参考答案】错误

【答案解析】根据《中华人民共和国税收征收管理法》第三十条的规定，扣缴义务人依照法律、行政法规的规定履行代扣、代收税款的义务。对法律、行政法规没有规定负有代扣、代收税款义务的单位和个人，税务机关不得要求其履行代扣、代收税款义务。

12. 对经责令限期缴纳税款，逾期仍不缴纳的从事生产、经营的纳税人，税务机关可依法采取强制执行措施。 （ ）

【参考答案】正确

13. 对纳税人欠缴的税款，税务机关可以在3年内追征，特殊情况的，可延长到5年。 （ ）

【参考答案】错误

【答案解析】依据《中华人民共和国税收征收管理法》第五十二条第三款规定。

14. 对税务机关依法进行的税务检查，纳税人不得拒绝，并应如实反映情况、提供有关资料，不得隐瞒。 （ ）

【参考答案】正确

15. 加收滞纳金的起止时间，为纳税人、扣缴义务人发生税款滞纳之日起至纳税人、扣缴义务人实际缴纳或者解缴税款之日止。 （ ）

【参考答案】正确

16. 减税、免税申请既可采取书面形式，也可采取口头形式。 （ ）

【参考答案】错误

【答案解析】依据《中华人民共和国税收征收管理法》第三十三条的规定。

17. 经设区的市、自治州以上税务局局长批准，税务机关可以将纳税人、扣缴义务人当年的账簿、记账凭证、报表和其他有关资料调回税务机关检查，并在3个月内退还。 （ ）

【参考答案】错误

【答案解析】根据《中华人民共和国税收征收管理法实施细则》第八十

六条的规定，税务机关行使《中华人民共和国税收征收管理法》第五十四条第（一）项职权时，可以在纳税人、扣缴义务人的业务场所进行；必要时，经县以上税务局（分局）局长批准，可以将纳税人、扣缴义务人以前会计年度的账簿、记账凭证、报表和其他有关资料调回税务机关检查，但是税务机关必须向纳税人、扣缴义务人开付清单，并在 3 个月内完整退还；有特殊情况的，经设区的市、自治州以上税务局局长批准，税务机关可以将纳税人、扣缴义务人当年的账簿、记账凭证、报表和其他有关资料调回检查，但是税务机关必须在 30 日内退还。

18. 经县以上税务局（分局）局长批准，凭全国统一格式的检查存款账户许可证明，税务机关可以查询税务案件涉嫌人员的储蓄存款。　　（　　）

【参考答案】错误

【答案解析】根据《中华人民共和国税收征收管理法》第五十四条第（六）项的规定，经县以上税务局（分局）局长批准，凭全国统一格式的检查存款账户许可证明，查询从事生产、经营的纳税人、扣缴义务人在银行或者其他金融机构的存款账户。税务机关在调查税收违法案件时，经设区的市、自治州以上税务局（分局）局长批准，可以查询案件涉嫌人员的储蓄存款。

19. 纳税信用评价结果的确定和发布遵循谁评价、谁确定、谁发布的原则。　　（　　）

【参考答案】正确

四 简答题

1. 什么是税收保全措施？

【参考答案】根据《中华人民共和国税收征收管理法》第三十八条的规定，税务机关有根据认为从事生产、经营的纳税人有逃避纳税义务行为的，可以在规定的纳税期之前，责令限期缴纳应纳税款；在限期内发现纳税人有明显的转移、隐匿其应纳税的商品、货物及其他财产或者应纳税的收入的迹象的，税务机关可以责成纳税人提供纳税担保。如果纳税人不能提供纳税担保，经县以上税务局（分局）局长批准，税务机关可以采取下列税收保全措施：

（1）书面通知纳税人开户银行或者其他金融机构冻结纳税人的金额相当于应纳税款的存款；

（2）扣押、查封纳税人的价值相当于应纳税款的商品、货物或者其他财产。

纳税人在前款规定的限期内缴纳税款的，税务机关必须立即解除税收保全措施；限期期满仍未缴纳税款的，经县以上税务局（分局）局长批准，税务机关可以书面通知纳税人开户银行或者其他金融机构从其冻结的存款中扣缴税款，或者依法拍卖或者变卖所扣押、查封的商品、货物或者其他财产，以拍卖或者变卖所得抵缴税款。

个人及其所扶养家属维持生活必需的住房和用品，不在税收保全措施的范围之内。

2. 什么是税收强制执行措施？

【参考答案】根据《中华人民共和国税收征收管理法》第四十条的规定，从事生产、经营的纳税人、扣缴义务人未按照规定的期限缴纳或者解缴税款，纳税担保人未按照规定的期限缴纳所担保的税款，由税务机关责令限期缴纳，逾期仍未缴纳的，经县以上税务局（分局）局长批准，税务机关可以采取下列强制执行措施：

（1）书面通知其开户银行或者其他金融机构从其存款中扣缴税款；

（2）扣押、查封、依法拍卖或者变卖其价值相当于应纳税款的商品、货物或者其他财产，以拍卖或者变卖所得抵缴税款。

税务机关采取强制执行措施时，对前款所列纳税人、扣缴义务人、纳税担保人未缴纳的滞纳金同时强制执行。

个人及其所扶养家属维持生活必需的住房和用品，不在强制执行措施的范围之内。

3. 纳税人在履行纳税义务过程中，依法享有哪些权利？

【参考答案】纳税人在履行纳税义务过程中，依法享有下列权利：①知情权；②保密权；③税收监督权；④纳税申报方式选择权；⑤申请延期申报权；⑥申请延期缴纳税款权；⑦申请退还多缴税款权；⑧依法享受税收优惠权；⑨委托税务代理权；⑩陈述与申辩权；⑪对未出示税务检查证和税务检查通知书的拒绝检查权；⑫税收法律救济权；⑬依法要求听证的权利；⑭索取有关税收凭证的权利。

4. 纳税人在纳税过程中负有哪些义务？

【参考答案】依照宪法、税收法律和行政法规的规定，纳税人在纳税过程中负有以下义务：①依法进行税务登记的义务；②依法设置账簿、保管账簿和有关资料及依法开具、使用、取得和保管发票的义务；③财务会计制度和会计核算软件备案的义务；④按照规定安装、使用税控装置的义务；⑤按时、如实申报的义务；⑥按时缴纳税款的义务；⑦代扣、代收税款的义务；⑧接受依法检查的义务；⑨及时提供信息的义务；⑩报告其他涉税信息的义务。

五 论述题

办税服务厅作为税务部门对外服务的窗口，既是涉税事项最集中、征纳互动最频繁、纳税人诉求最直接的场所，也是各类矛盾问题和风险隐患易发的场所，如何全面预防和妥善处置办税服务厅突发事件？

【参考答案】办税服务厅突发事件，是指突然发生、影响办税服务厅正常办税秩序，造成生命财产损失，危害公共安全，需要采取应急处置措施予以应对的事件。

（1）办税服务厅的突发事件，大致可以分为以下3类：

①办税秩序类。由于税收政策和管理程序调整等造成的办税服务厅滞留人员激增并影响正常办税秩序的突发事件。

②系统故障类。由于计算机软件、硬件及网络系统等升级或其他突发故障，影响工作正常运行的突发事件。

③其他类。因公共安全、自然灾害等造成办税服务厅无法正常办理涉税业务的各类突发事件。

（2）办税服务厅突发事件应坚持预防为主。

①预防和应急准备。作为面向纳税人服务的基层税务机关，特别是要从制度上预防办税服务厅突发事件的发生，及时消除风险隐患。

预防和应急准备工作包括：组织准备、编制预案、资源准备、培训演练等。

②监测和预警。各级税务机关应建立办税服务厅突发事件分析预警机制，运用信息化手段，加强突发事件风险排查，实现办税服务厅动态监控。突发

事件发生时，首先发现的税务工作人员为第一知情人，办税服务厅负责人为第一处置人。第一知情人应及时向第一处置人和应急工作领导小组报告，确保应急预案及时启动。

（3）办税服务厅突发事件应对策略。提高对突发事件的反应、处置和舆情控制能力，采取有效措施，综合运用调解、行政、法律等多种手段，把不良影响和损失降到最低。

①办税秩序类突发事件的应对策略。办税秩序类突发事件包括办税拥堵和现场冲突两种。应针对不同情况进行及时处置。

A.办税拥堵的应对策略。办税服务厅发生排队拥堵时，值班领导应及时做好现场秩序的维护和拥堵原因识别。通过增加导税人员、调整窗口功能、增设办税窗口、增辟等候休息区等方式，引导或分流办税人员，防止出现秩序混乱的情况。发生严重拥堵时，办税服务厅负责人应及时报告办税服务厅应急工作领导小组。

B.现场冲突的应对策略。办税服务厅发生人员冲突时，值班领导应第一时间介入，引导相关人员到安静场所进行沟通。认真倾听，安抚相关人员的情绪，并对相关人员的抱怨或投诉妥善进行处理，避免冲突升级。当相关人员情绪失控时，要做好隔离和疏散工作，必要时向公安部门报案并做好现场处置。办税服务厅工作人员要加强自我保护、自我克制，避免与办税人员发生肢体冲突。税务机关要妥善处理后续事宜并进行舆情监控。

②系统故障类突发事件的应对策略。由于计算机软件、硬件，电力或网络系统等升级或突发故障等原因导致涉税业务不能正常办理时，办税服务厅负责人应第一时间上报突发事件应急领导小组，并启动应急预案。办税服务厅应配合有关技术部门尽快解决，并做好现场秩序维护和办税人员的解释疏导工作。利用显示屏、公告栏、电话、短信、微信等方式提醒纳税人合理安排办税时间。对短时间内不能解决故障的，通过手工处理或提供延时或预约服务等方式，待故障修复后及时为纳税人办理相关事宜。

③其他类突发事件的应对策略。涉及公共安全、自然灾害等其他类突发事件发生时，第一处置人应在第一时间报告相关部门及应急工作领导小组。同时在当地政府统一领导下，按照相关应急预案积极部署应对。

A.群体性事件处置。办税服务厅发生群体性事件时，办税服务厅负责人应立即报告办税服务厅应急工作领导小组，启动应急预案，必要时及时向当地公安机关报警，并配合公安部门做好现场处置。工作人员应尽快组织办税服务厅内其他纳税人撤离现场，安排人员保护重要岗位和重要资料。

B. 其他突发事件处置。当地震发生时，办税服务厅负责人应按照《国家突发公共事件总体应急预案》和《国家地震应急预案》相关要求，指挥办税服务厅内人员紧急疏散、有序撤离、检查伤情、稳定情绪，及时向办税服务厅应急工作领导小组负责人报告。

当洪涝灾害发生时，办税服务厅负责人应按照《国家突发公共事件总体应急预案》相关要求，要迅速组织办税服务厅内人员安全转移，在有安全保障的前提下切断电源，及时向办税服务厅应急工作领导小组负责人报告。

当火灾发生时，办税服务厅负责人应及时发出火灾信息并立即向消防部门报警，同时向办税服务厅应急工作领导小组负责人报告。火灾初起，办税服务厅负责人在有安全保障的前提下切断电源，组织人员使用消防器材灭火，抢救重要涉税资料，迅速引导办税服务厅内人员有序撤离、逃生。

（4）办税服务厅突发事件事后管理。

办税服务厅突发事件发生后，应按照税务系统舆情管理相关要求和程序，依法依规做好信息发布。未经许可，任何个人不得擅自发布事件相关信息。突发事件结束后，应及时将事件相关情况报上级主管税务机关备案，并总结经验教训，加强防范，完善应急预案。

对在处置工作中预警及时、处置妥善，有效保障生命财产安全的单位和个人，应依据相关规定给予表彰和奖励。对在工作中玩忽职守、处置不当，导致事件发生或扩大，造成重大损失或恶劣影响的单位和个人，应依照相关规定，视其情节和危害程度，给予党纪政纪处分或移交司法机关处理。

第四章

涉税法律基础

依法治国是我国的基本方略，要做好税务工作，首先要对涉税相关法律有所掌握，可以说，涉税法律基础知识是各个岗位税务干部都需要掌握的基本知识。为帮助税务干部进一步了解涉税相关法律知识，我们对这部分内容进行了梳理。本章主要介绍了法理及行政法基础知识，包括法的基本范畴及法律体系、法的创制及适用、依法治国建设社会主义法治国家、税务行政法律关系与税务行政行为等内容，并对"三项制度"的相关内容进行了阐述。还介绍了税务行政执法中涉及的税务行政许可、税务行政处罚、税务行政强制以及相关税收保障措施的具体情况。针对近年来行政案件中出现问题比较频繁的证据，专门对税务行政执法证据的提取、固定和审查等司法行政规定进行了介绍。最后，对税务行政复议、税务行政应诉工作、税务行政赔偿等税务行政法律救济方式的相关内容进行了阐述。另外，对公务员法、税收执法责任制的基本知识、涉嫌危害税收征管犯罪以及税务职务犯罪等情况，也进行了阐述。

>> 第一节
法理及行政法基础

一　法的基本范畴和体系

【知识点1】 法的概念

法是由国家制定或认可，并由国家强制力保证实施的行为规范的总和，它通过设定人们的权利和义务，来规范和调整人们之间的交互行为，从而确认、保护和发展一定的社会关系和社会秩序。

广义的"法律"是指法律的整体，包括宪法、法律、行政法规、部门规章、地方性法规、地方政府规章等；狭义的法律仅指全国人民代表大会及其常务委员会制定的规范性文件。

【知识点2】 法的特征

法的特征包括：规范性、国家意志性、国家强制性、普遍性。

法律规范的行为模式主要有 3 种：一是可为模式，表示人们可以怎样行为；二是应为模式，表示人们应当或必须怎样行为；三是勿为模式，表示禁止人们怎样行为。

法律规范体现国家意志，法表现为什么形式，其规范的内容如何，均由国家意志决定。

法与道德规范等其他社会规范不同，它的强制性体现为国家强制性，即以国家强制力作为后盾，由国家强制力保障实施。

法的普遍性，是指法作为一般的行为规范在国家权力管辖范围内具有普遍适用的效力和特性。一是效力对象的广泛性。在一国范围之内，任何人的合法行为都应受法的保护，任何人的违法行为，也都应受法的制裁。二是效力的重复性。这是指法不能为一人或一事而制定，它在有效期内，对人们的行为具有反复适用的效力。

【知识点 3】 法的作用

法的作用，是指法作为一种社会规范，对人们的行为和社会生活所产生的影响和结果。主要包括法的规范作用和法的社会作用。

法的规范作用是法自身表现出来的，对人们的行为或社会关系可能的影响。可以分为：指引作用、评价作用、预测作用、教育作用和强制作用。

法的社会作用，是指法在实现一定的社会目的和任务的过程中所发挥的作用。概括起来法的社会作用主要表现为：禁止专横，制止暴力，维护社会秩序与和平；控制和解决社会纠纷和争端；促进社会价值目标的实现等。

对法的作用既不能夸大，也不能忽视；要认识到法既不是无用的，也不是万能的。

【知识点 4】 法的渊源

我国的正式法的渊源有：宪法、法律、行政法规、地方性法规、部门规章和地方政府规章等。

宪法，是国家的根本大法，是我国法的主要渊源。宪法由国家最高权力机关——全国人民代表大会制定和修改，由全国人大常委会负责解释，具有最高的法律效力。一切法律、行政法规、地方性法规、自治条例和单行条例、规章都不得同宪法相抵触。

法律，即由全国人大及其常委会制定的规范性法律文件。可划分为基本法律和基本法以外的法律，基本法律由全国人大制定和修改，包括刑事、民事、国家机构和其他的基本法律；基本法以外的其他法律由全国人大常委会制定。法律的效力仅次于宪法，而高于其他国家机关制定的法规、规章等。

行政法规，是指国家最高行政机关即国务院根据宪法和法律而制定的关于国家行政管理活动的规范性法律文件，行政法规的效力仅次于宪法和法律。

地方性法规，是我国地方的人民代表大会及其常委会所制定的适用于本行政区域的一类规范性法律文件。根据我国立法法的相关规定，省、自治区、直辖市的人民代表大会及其常务委员会以及设区的市的人民代表大会及其常务委员会有权依法制定地方性法规。地方性法规不得与宪法、法律、行政法规相冲突，但其效力高于下级地方性法规、同级和下级政府规章。

自治条例和单行条例，民族自治地方的人民代表大会有权依照当地民族的政治、经济和文化的特点，制定自治条例和单行条例，在不违背法律或者行政法规基本原则的前提下，对法律和行政法规的规定作出变通规定，在本民族自治区域适用。

部门规章，由国务院部委和直属机构制定，在全国范围内发生效力。部门规章的效力低于宪法、法律和行政法规，与地方政府规章之间具有同等效力，在各自的权限范围内施行。如若部门规章之间、部门规章与地方政府规章之间对同一事项的规定不一致时，由国务院作出裁决。

地方政府规章，制定主体是省、自治区、直辖市和设区的市、自治州的人民政府。政府规章不得与宪法、法律、行政法规、上级和本级地方法规、上级政府规章相冲突。政府规章在本区域内有效。

国际条约，是两个或两个以上国家或国际组织之间缔结的确定其相互关系中权利和义务的各种协议。国际条约属于国际法范畴，不属于国内法，但对缔结或加入条约的国家自身以及国内的个人和单位都有法的约束力，这些条约在我国也是一种正式法源。

二 法的创制及适用

【知识点1】 法的制定和实施

法的制定,是指一定的国家机关依照法定的职权和程序,制定、修改和废止法律和其他规范性法律文件的活动。广义上的立法概念与法律制定的含义是相同的,泛指一切有权的国家机关依法制定各种规范性法律文件的活动;狭义上的立法仅指国家最高权力机关及其常设机关依法制定、修改和废止宪法和法律的活动。

法的实施,是指法在社会生活中的运用和实现的活动和过程。具体来说就是通过执法、司法、守法以及法律监督等途径,把法律规范中规定的权利义务关系转化为现实生活中的权利义务关系,使法从抽象的行为模式变成人们的具体行为。以法的实施主体和内容为标准,法的实施的基本方式有:法的执行、法的适用、法的遵守和法律监督。

【知识点2】 法的适用规则

执法机关和司法机关将法律规定应用于实际工作和案件时,就要考虑如何适用法律。适用法律时要注意法的效力等级,即法律位阶。法律位阶是指不同国家机关制定的规范性法律文件在法律渊源体系中所处的效力等级,可以分为上位法、下位法和同位法。

法律规范冲突时主要遵循以下3种适用规则:上位法优先适用于下位法,新法优先适用于旧法和特别法优先适用于一般法。

上位法优先适用于下位法,是不同位阶的法律渊源之间出现冲突时适用法律的规则。下位法的规定应当符合上位法,不得与上位法相矛盾、相抵触。

新法优于旧法,是同一位阶的法律渊源之间发生冲突时公认的适用规则。执法、司法活动中在选择适用的法律规范时,需要考虑什么情况下适用新的法律规范,什么情况下适用原有的法律规范。

法的生效时间通常有2种方式:一是自公布之日起生效;二是明文规定生效时间。第二种是最常见的生效方式,即在法律中明确规定本法发生法律效力的时间。

法的效力终止或法的废止，是指法的效力消灭，不再加以适用的情形。法的终止分为明示终止和默示终止。明示终止是指具有立法权的国家机关通过明确的方式宣布某一法律失去效力。通常有两种情形：一是新法取代旧法，并同时宣布旧法失效；二是有关机关颁发文件，宣布某个或某些法律废止。默示终止也有两种情形：一是对同一问题新法作出了不同于旧法的规定，而新法生效后，旧法并未明示终止，对于新发生的事项，按照"新法优于旧法"规则适用新法，原有规范不再执行；二是法律本身规定的有效期届满，自行废止。

法律溯及力，是指新的法律生效后，对其生效前所发生的事件和行为是否适用的问题。如果适用，新法就具有溯及力，如果不能适用，则说明新法不具有溯及力。法一般不应当被赋予溯及力，这是法的溯及力问题中的一个基本原则。

特别法优于一般法也是同一位阶的法律渊源之间出现冲突时的适用规则。一般法是对一般人、一般事或在更大范围内有效的法律规范；特别法是相比较而言，人或事或地域或时间更为特定化的法律规范。如果对同一事项的处理，特别法的规定与一般法的规定不一致时，按照"特别法优于一般法"的规则处理。

三 学习贯彻习近平法治思想　推进全面依法治国

【知识点1】 学习贯彻习近平法治思想，推进全面依法治国

习近平总书记在中央全面依法治国工作会议上发表重要讲话，从统筹中华民族伟大复兴战略全局和世界百年未有之大变局、实现党和国家长治久安的战略高度，全面回顾了我国社会主义法治建设历程特别是党的十八大以来取得的历史性成就，明确提出了当前和今后一个时期推进全面依法治国的总体要求，用"十一个坚持"系统阐述了新时代推进全面依法治国的重要思想和战略部署，深入回答我国社会主义法治建设一系列重大理论和实践问题。这次中央全面依法治国工作会议明确了习近平法治思想在全面依法治国工作中的指导地位。

党的十八大以来，习近平总书记高度重视全面依法治国，亲自谋划、亲自部署、亲自推动。在这一过程中，习近平总书记创造性提出了关于全面依

法治国的一系列新理念新思想新战略，形成了内涵丰富、科学系统的思想体系，为建设法治中国指明了前进方向，在中国特色社会主义法治建设进程中具有重大政治意义、理论意义、实践意义。习近平法治思想从历史和现实相贯通、国际和国内相关联、理论和实际相结合上深刻回答了新时代为什么实行全面依法治国、怎样实行全面依法治国等一系列重大问题，是顺应实现中华民族伟大复兴时代要求应运而生的重大理论创新成果，是马克思主义法治理论中国化最新成果，是习近平新时代中国特色社会主义思想的重要组成部分，是全面依法治国的根本遵循和行动指南。党的十八大以来，我国社会主义法治建设发生历史性变革、取得历史性成就，全面依法治国实践取得重大进展，根本在于有习近平新时代中国特色社会主义思想特别是习近平法治思想的科学指引。

习近平法治思想内涵丰富、论述深刻、逻辑严密、系统完备。就其主要方面来讲，就是习近平总书记在这次会议重要讲话中精辟概括的"十一个坚持"：坚持党对全面依法治国的领导；坚持以人民为中心；坚持中国特色社会主义法治道路；坚持依宪治国、依宪执政；坚持在法治轨道上推进国家治理体系和治理能力现代化；坚持建设中国特色社会主义法治体系；坚持依法治国、依法执政、依法行政共同推进，法治国家、法治政府、法治社会一体建设；坚持全面推进科学立法、严格执法、公正司法、全民守法；坚持统筹推进国内法治和涉外法治；坚持建设德才兼备的高素质法治工作队伍；坚持抓住领导干部这个"关键少数"。

【知识点2】 社会主义法治的总目标

2014 年 10 月 20 日至 23 日，中国共产党第十八届四中全会在北京召开，全会审议并通过了《中共中央关于全面推进依法治国若干重大问题的决定》，确立了建设中国特色社会主义法治体系，建设社会主义法治国家的总目标。

党的四中全会专题讨论依法治国问题，在党的历史上是第一次，反映了中国共产党对依法治国的高度重视，预示着我国法治建设进入一个全面深化、攻坚克难的新阶段。

我国社会主义法治的总目标是：建设中国特色社会主义法治体系，建设社会主义法治国家。在中国共产党领导下，坚持中国特色社会主义制度，贯彻中国特色社会主义法治理论，形成完备的法律规范体系、高效的法治实施体系、严密的法治监督体系、有力的法治保障体系，形成完善的党内法规体系，坚持依法治国、依法执政、依法行政共同推进，坚持法治国家、法治政府、法治社会一体建设，实现科学立法、严格执法、公正司法、全民守法，促进国家治理体系和治理能力现代化。

【知识点3】 依法治国必须坚持的五大基本原则

依法治国必须坚持的五大基本原则是：

（1）坚持中国共产党的领导。党的领导是中国特色社会主义最本质的特征，是社会主义法治最根本的保证。

（2）坚持人民主体地位。人民是依法治国的主体和力量源泉，社会主义法治确认和落实人民当家作主的地位，以保障人民根本权益为出发点和落脚点。

（3）坚持法律面前人人平等。平等是社会主义法律的基本属性。任何组织和个人都必须尊重宪法法律权威，都必须在宪法法律范围内活动，都必须依照宪法法律行使权力或权利、履行职责或义务，不得有超越宪法法律的特权。

（4）坚持依法治国和以德治国相结合。国家和社会治理需要法律和道德共同发挥作用。既重视发挥法律的规范作用，又重视发挥道德的教化作用，实现法律和道德相辅相成、法治和德治相得益彰。

（5）坚持从中国实际出发。中国特色社会主义道路、理论体系、制度是全面推进依法治国的根本遵循。建设依法治国必须从我国基本国情出发，不盲目照搬外国法治理念和模式。

【知识点4】 依法治国的六项基本任务

依法治国的六项基本任务是：

（1）完善以宪法为核心的中国特色社会主义法律体系，加强宪法实施。

（2）深入推进依法行政，加快建设法治政府。

（3）保证公正司法，提高司法公信力。

（4）增强全民法治观念，推进法治社会建设。

（5）加强法治工作队伍建设。

（6）加强和改进党的领导。

四 税务行政法律关系与税务行政行为

【知识点1】 税务行政法律关系的概念

税务行政法律关系,是指由税法设立并受税法规范和调整的税务机关与其税务行政相对人之间的权利义务关系。

税务行政法律关系的特征包括:①税务行政法律关系中,有一方当事人必须是税务机关。②税务行政法律关系中,税务行政机关与其行政相对人之间的权力义务具有不对等性,主要表现为行政主体在作出行政行为时,无需征得行政相对人的同意;行政主体作出的生效的行政行为,行政相对人必须履行;行政诉讼中主要由行政机关负举证责任。③税务行政法律关系中,税务行政机关与行政相对人之间的权利义务是法定的,税务行政机关与其相对人必须依法享有权利与承担义务。

【知识点2】 税务行政法律关系的要素

税务行政法律关系的要素包括主体、客体和内容。

税务行政主体主要是各级税务机关,它是指依法享有国家征税权,能够以自己的名义进行税务行政管理活动,并独立承担由此产生的法律责任的税务行政组织,包括各级税务机关和法律、法规授权的税务机构。

税务行政相对人,是指在税务行政法律关系中被税务行政主体管理的一方当事人,即与税务行政主体相对应的,受行政权力作用或行政行为约束的另一方主体。

【知识点3】 税务行政法律关系的内容

税务行政法律关系的内容,是指税务行政法律关系主体在税务行政法律关系中所享有的权利和所承担的义务。税务行政法律关系的内容是连接税务行政法律关系主体之间的纽带。既包括税务行政主体的权力与义务,也包括税务行政相对人的权利与义务。

税务行政职权主要表现为:行政立法权、行政决策权、行政决定权、行政命令权、行政制裁权、行政强制权、行政司法权等。税务行政主体的职权是国家征税权的具体表现形式。

税务行政相对人的权利，是指税务行政法律关系中的税务行政相对人，依照税法规定享有的为一定行为或不为一定行为的资格。即税务行政相对人可以选择是否为一定行为，也可以自动放弃。

税务行政关系的客体，是指税务行政法律关系主体的权利义务所指向的标的、目标或对象，包括物和行为两大类。

【知识点 4】 税务行政行为的概念

税务行政行为，是指税务行政主体为实现国家税务行政管理目的所实施的具有法律意义并产生法律效果的活动。

税务行政行为的主体是税务行政主体。税务机关的工作人员，其在职权范围之内以税务机关名义行使行政职权时，作出的行为也属于税务行政行为。

税务行政行为的目的是履行国家税务行政管理的职责，实现国家税务行政管理的目标。

税务行政行为的表现形式是行使税务行政权力，是国家行政权的直接体现。

税务行政行为是具有法律意义、产生行政法律效果的行为。具有法律意义是指法律明确规定了该税务行政行为实施的法律依据。产生的法律效果是指能够产生法律上规定的状态或结果。

【知识点 5】 税务行政行为的分类

以行政行为的对象是否特定为标准，行政行为分为抽象行政行为与具体行政行为。抽象行政行为，是指行政主体以不特定的人或事为管理对象，制定具有普遍约束力的规范性文件的行政行为。具体行政行为，是指行政主体在行政管理过程中，针对特定的人或事采取具体措施的行为，其行为的内容和结果将直接影响某一个人或组织的权利或义务，其最突出的特点就是行为对象的特定化和具体化。

以行政行为的适用与效力作用的对象范围为标准，行政行为分为内部行政行为与外部行政行为。内部行政行为，是指行政主体在内部行政组织管理过程中所作出的只对行政组织内部产生法律效力的行政行为。外部行政行为，是指行政主体在对社会实施行政管理过程中，针对公民、法人或其他组织作出的行政行为。

以行政行为受法律约束的程度为标准，行政行为分为羁束行政行为与自由裁量行政行为。羁束行政行为，是指法律规范对行政行为的范围、条件、标准、方式、程序等作了较详细、具体、明确规定的行政行为。自由裁量行政行为，是指法律规范仅对行为目的、行为范围等作出原则性的规定，而将行为具体条件、标准、幅度、方式等留给行政主体自行选择、决定的行政行为。

以行政主体是否可以主动作出行政行为为标准，行政行为分为依职权的行政行为与依申请的行政行为。依职权行政行为，是指行政行为依据法律设定或授予的职权，无需相对方的申请而主动实施的行政行为。依申请的行政行为，是指行政主体必须根据相对方的申请才能实施的行政行为，未经对方的请求，行政主体不能主动作出行政行为。

以行政行为是否应当具备一定的法定形式为标准，行政行为分为要式行政行为与非要式行为。要式行政行为，是指必须具备某种法定形式或遵守法定程序才能成立生效的行政行为。非要式行政行为，是指无须一定方式和程序，无论采取何种形式都可以成立的行政行为。

【知识点6】 税务行政行为的生效要件

即时生效，是指税务行政行为一经作出立即生效，在这种情况下，税务行政行为成立的时间就是生效时间。

受领生效，是指税务机关的税务行政行为必须经行政相对人受领相关法律文书后方能生效。

附条件生效，是指税务行政行为的生效附有一定期限或条件，当期限来到或条件满足时，税务行政行为才能够生效。

五 "三项制度" 推行

【知识点1】 三项制度的内容

三项制度，是指行政执法公示制度、行政执法全过程记录制度和重大执法决定法制审核制度。

行政执法公示制度，是指行政机关在行政执法事前、事中和事后3个环节，依法及时主动向行政相对人和社会公开有关行政执法信息的活动。

行政执法全过程记录制度，是指行政机关采用文字、音像记录的形式，对税务执法的启动、调查取证、审核决定、送达执行等全部过程进行记录，并全面系统归档保存，实现执法全过程留痕和可回溯管理的活动。

重大执法决定法制审核制度，是指行政机关作出重大执法决定前，由法制审核机构对决定的合法性进行审核的活动。

【知识点2】 全面推行三项制度的意义

全面推行三项制度是对促进严格规范公正文明执法，具有基础性、整体性、突破性作用的制度创新。

全面推行三项制度是服务税收工作主题、主业、主线的实践创新。

全面推行三项制度是对国家税收利益、行政相对人合法权益、税务干部正当权益进行一体保护的价值创新。

【知识点3】 推行三项制度的工作要求

行政执法公示工作坚持基础信息与专项信息相结合，规范公示内容。坚持统一平台与多元渠道相结合，规范公示载体。坚持事前事中事后相结合，规范公示环节。坚持分工负责与统一发布相结合，规范公示流程。

行政执法全过程记录工作注重完善文字记录、注重严格记录归档、注重规范音像记录、注重发挥记录作用。

重大执法决定法制审核工作着力实化审核主体、着力量化审核范围、着力细化审核内容、着力优化审核程序。

>> 第二节
税务行政执法

一 税务行政许可

【知识点1】 行政许可的基本知识

行政许可是国家管理社会经济事务的一种有效手段，是行政机关根据公民、法人或者其他组织的申请,经依法审查,准予其从事特定活动的行为。

行政许可是依申请的行政行为,行政许可是要式行政行为,行政许可是授益性行政行为,行政许可是外部行政行为,行政许可的内容是国家一般禁止的活动。

行政许可分为一般许可、特许、认可、核准等,并针对不同许可的特点有不同程序。

行政许可的基本原则包括:合法性原则、公开公平公正原则、便民原则、救济原则及信赖保护原则。

【知识点2】 税务行政许可

税务行政许可,是指税务机关根据纳税人或者其他当事人的申请,经依法审查,准予其从事特定税务活动的行为。

税务行政许可由具有行政许可权的税务机关在法定权限内实施,各级税务机关下属的事业单位一律不得实施行政许可。税务机关是否具有行政许可权,由设定税务行政许可的法律、法规确定。没有法律、法规的规定,税务机关不得委托其他机关实施税务行政许可。

税务行政许可的实施程序一般包括:公示许可事项、提出申请、受理审查、审查、变更与延续。

申请人申请材料存在可以当场更正的错误的,应当告知并允许申请人当场更正。申请材料不齐全或者不符合法定形式的,应当当场或者在5日内一次告知申请人需要补正的全部内容,逾期不告知的,自收到申请材料之日起即为受理。

听证不是作出税务行政许可决定的必经程序,但是对于下列事项,税务机关应当举行听证:①法律、法规、规章规定实施税务行政许可应当听证的事项;②税务机关认为需要听证的其他涉及公共利益的许可事项;③税务行政许可直接涉及申请人与他人之间重大利益关系的事项。

作出许可决定的期限有3种情形:一是当场作出许可决定;二是行政机关应当自受理行政许可申请之日起20日内作出行政许可决定,20日内不能作出决定的,经本行政机关负责人批准,可以延长10日,并应当将延长期限的理由告知申请人;三是行政许可采取统一办理或者联合办理、集中办理的,办理的时间不得超过 45 日。

税务行政许可有有效期限的，被许可人需要延续依法取得的行政许可的有效期的，应当在该行政许可有效期届满 30 日前向作出行政许可决定的行政机关提出申请。

税务行政许可所依据的法律、法规修改或废止，或者准予行政许可所依据的客观情况发生重大变化的，为了公共利益的需要，税务机关可以依法变更或者撤回已经生效的税务行政许可。对被依法撤回的税务行政许可，税务机关应当依法办理相关注销手续。

三 税务行政处罚

【知识点 1】 税务行政处罚的概念及特征

税务行政处罚，是指税务行政处罚主体依法对行政相对人违反税收征管制度和税收征管秩序的行为所实施的制裁。

税务行政处罚的主体是拥有处罚权的税务机关。拥有处罚权的行政机关或者法律、法规授权的组织，才可以实施行政处罚。

税务行政处罚的对象是行政相对人。

税务行政处罚的前提是行政相对人实施了税收违法行为，这表明行政处罚是行政相对人因违法而承担的一种行政责任，不是刑事责任或民事责任。

税务行政处罚是税务机关依法作出的一种具体行政行为，具有惩治和制裁性质。

【知识点 2】 税务行政处罚的基本原则

处罚法定原则。公民、法人或其他组织的人身和财产权利非经法定程序不受剥夺或限制。行政处罚是因行政相对人违法而对其人身自由、经营活动和财产权利的一种限制，所以实施处罚时必须严格遵循法定原则。税务行政处罚法定原则主要包含处罚依据法定、处罚主体法定、处罚权限法定和处罚程序法定等。

处罚公正、公开原则。行政处罚遵循公正、公开的原则。设定和实施行政处罚必须以事实为依据，与违法行为的事实、性质、情节及社会危害程度相当。对违法行为给予行政处罚的规定必须公布；未经公布的，不得作为行政处罚的依据。

处罚与教育相结合原则，是指设定和实施行政处罚既要体现对违法行为的制裁，又要贯彻教育违法者自觉守法的精神，实现制裁与教育的双重功能。

保障相对人权利原则。纳税人在行政处罚过程中享有知情权、陈述权和申辩权等；在处罚决定作出后，当事人如对处罚决定不服，则享有依法提起行政复议、行政诉讼和申请国家赔偿等权利。

职能分离原则。在行政机关内部运用分权原则，要求行政机关将其内部的某些相关职能加以分离，使之分属于不同的机构或不同的工作人员掌管或行使，以便在行政机关内部建立起相互制约机制，控制权力专断。税务行政处罚领域的职能分离原则主要体现在以下方面：

（1）税务机关对涉税违法行为的调查机构与审理机构分离。

（2）作出罚款决定的税务机关与收缴罚款的机构分离。

（3）税务处罚案件听证主持人与调查、检查人员分离。

（4）行政机关执法人员当场作出的处罚决定应向所属行政机关备案等。

行政处罚不免除民事责任、不取代刑事责任原则。税务机关依法对涉税违法行为给予的行政处罚，并不免除施害方对第三方应承担的民事赔偿责任，也不能取代其应承担的刑事责任。需要移交司法机关的，税务机关要依法将案件进行移交。

【知识点3】 税务行政处罚的种类及设定

行政处罚的各类共有六类：①警告通报批评；②罚款，没收非法所得；③暂扣许可证件、降低资质等级、吊销许可证件；④限制开展生产经营活动、责令停产停业、责令关闭、限制从业；⑤行政拘留；⑥法律、行政法规规定的其他行政处罚。

目前法律、法规、规章明确的税务行政处罚的种类有：罚款；没收非法财物、没收违法所得；停止办理出口退税权以及吊销发票准印证四种。

法律可以设定各种行政处罚，限制人身自由的行政处罚只能由法律设定；行政法规可以设定除限制人身自由以外的行政处罚；地方性法规可以设定除限制人身自由和吊销营业执照以外的行政处罚；部门规章和地方政府规章可以设定警告、通报批评或者一定数额罚款的行政处罚。

税收规范性文件虽不能设定税务行政处罚，却可以在上位法对行政处罚设定的基础上，进一步细化和完善。不过无论如何细化和完善，都不能突破上位法设定的行政处罚的种类、范围和幅度。

【知识点4】 税务行政处罚注意事项

当前税务行政处罚的主体包括：各级税务局、税务分局、税务所和省以下税务局的稽查局。

税务行政处罚的相对人也就是受处罚的对象，既可以是纳税人、扣缴义务人，也可以是纳税担保人和其他税务行政相对人，依法享有知情权、陈述权和申辩权、申请听证权、拒绝不正当处罚的权利、其他法定权利。

对当事人的同一个违法行为，不得给予2次以上罚款的行政处罚。同一违法行为违反多个法律规范应当给予罚款处罚的，按照罚款款额高的处罚。

下列3种情形可免于处罚：①违法行为超过处罚时效，不予处罚。②未满14周岁的未成年人、精神病人、智力残疾人在不能辨认或不能控制自己行为时实施的行为，不予处罚。③违法行为轻微并及时纠正，未造成危害后果的，不予处罚。④初次违法且危害后果轻微并及时改正的，可以不予行政处罚；⑤当事人有证据可以证明没有主观过错的，不予行政处罚。

从轻、减轻处罚的情形。在下列情形下可以从轻或减轻处罚：①主动消除或者减轻违法行为危害后果的；②受他人胁迫有违法行为的；③配合行政机关查处违法行为有立功表现的；④已满14周岁不满18周岁的人有违法行为的；⑤其他依法从轻或者减轻行政处罚的。

违法行为在2年内未被发现的，不再给予行政处罚。法律另有规定的除外。涉及公民生命健康安全、金融安全且有危害后果的，上述期限延长至5年。

三 税务行政强制

【知识点1】 行政强制的概念和原则

行政强制，是指法定的行政强制主体为维持公共秩序或为履行已经生效的行政决定，而对行政相对人的人身、财产或行为采取强制性措施的具体行政行为。

行政强制分为行政强制措施与行政强制执行。行政强制措施一般是行政机关在行政决定作出前所采取的强制手段，行政强制执行则是在行政决定作出后，为了执行和实现行政决定内容所采取的强制手段；行政强制措施都是暂时性的，而行政强制执行是终局性的。

行政强制遵循合法性原则、合理性原则、教育与强制相结合原则、权利救济原则。

【知识点 2】 行政强制的种类和设定

行政强制措施，是指行政机关在行政管理过程中，为制止违法行为、防止证据损毁、避免危害发生、控制危险扩大等情形，依法对公民的人身自由实施暂时性限制，或者对公民、法人或者其他组织的财物实施暂时性控制的行为。

行政强制措施的种类包括：限制公民人身自由，查封场所、设施或者财物，扣押财物，冻结存款、汇款以及其他行政强制措施等。

行政强制措施由法律设定；尚未制定法律且属于国务院行政管理职权事项的，行政法规可以设定除限制人身自由和冻结存款、汇款以及应当由法律规定的行政强制措施以外的行政强制措施；地方性法规只有在尚未制定法律、行政法规，且属于地方性事务的，才可以设定查封、扣押措施。法律、法规以外的其他规范性文件不得设定行政强制措施。

行政强制执行，是指行政机关或者行政机关申请人民法院对不履行行政决定的公民、法人或者其他组织依法强制履行义务的行为。

行政强制执行的方式包括：加处罚款或者滞纳金；划拨存款、汇款；拍卖或者依法处理查封、扣押的场所、设施或者财物；排除妨碍、恢复原状；代履行以及其他强制执行方式等。

行政强制执行由法律设定。

【知识点 3】 行政强制注意事项

实施行政强制措施应当遵循一定的外部程序和内部程序，基本规定如下：①实施前须向行政机关负责人报告并经批准；②由两名以上行政执法人员实施；③出示执法身份证件；④通知当事人到场；⑤当场告知当事人采取行政强制措施的理由、依据及当事人依法享有的权利、救济途径；⑥听取当事人的陈述和申辩；⑦制作现场笔录；⑧现场笔录由当事人和行政执法人员签名或者盖章，当事人拒绝的，在笔录中予以注明；⑨当事人不到场的，邀请见证人到场，由见证人和行政执法人员在现场笔录上签名或者盖章。

行政机关实施查封、扣押措施，查封、扣押的期限不得超过 30 日；情况复杂的，经行政机关负责人批准，可以延长，但是延长期限不得超过 30 日。

当事人没有违法行为；查封、扣押的场所、设施或者财物与违法行为无关；行政机关对违法行为已经作出处理决定不再需要采取行政强制措施；查封、扣押期限已经届满以及其他不再需要采取行政强制措施的，作出查封、扣押的行政机关应当立即解除行政强制措施。

行政机关作出强制执行决定前，除紧急情况即时适用强制以外，应当事先以书面形式催告当事人履行义务。

行政强制执行决定书应当直接送达当事人。当事人拒绝接收或者无法直接送达当事人的，应当按照《中华人民共和国民事诉讼法》的有关规定送达。行政机关采用公告方式送达强制执行文书时，要适用民事诉讼法满 60 日方视为送达的期限规定。

行政机关依法作出金钱给付义务的行政决定，当事人逾期不履行的，行政机关可以依法加处罚款或者滞纳金。加处罚款或者滞纳金的数额不得超出金钱给付义务的数额。

【知识点4】 税务行政强制执行

《中华人民共和国行政强制法》和《中华人民共和国税收征收管理法》《中华人民共和国税收征收管理法实施细则》的规定相冲突时，原则上按照《中华人民共和国行政强制法》的规定执行；《中华人民共和国行政强制法》规定法律、法规另有规定除外的事项，按照《中华人民共和国税收征收管理法》《中华人民共和国税收征收管理法实施细则》的规定执行；《中华人民共和国行政强制法》规定法律另有规定除外的事项，按照《中华人民共和国税收征收管理法》的规定执行。

税收保全措施的手段一般是查封、扣押和冻结，税务行政强制执行的方式是扣缴和拍卖、变卖，但这并不妨碍税务机关在实施强制执行前，先行采取查封、扣押手段限制相对人的财产，然后再进行依法拍卖、变卖处理。

税务行政强制执行会产生一定数额的费用，比如扣押、查封、保管、拍卖、变卖等费用，拍卖或者变卖所得应该先扣除相关费用后，再按照税款、滞纳金、罚款和加处罚款顺序进行清偿。清偿后剩余部分应当在 3 日内退还被执行人。税务机关因查封、扣押而产生的保管费用，依据《中华人民共和国行政强制法》的规定由行政机关承担。

四　相关税收保障措施

【知识点 1】　税收保全措施

《中华人民共和国税收征收管理法》第三十七条规定的税收保全措施。该保全措施针对的对象是未按照规定办理税务登记的从事生产、经营的纳税人以及临时从事经营的纳税人，对于办理了税务登记的纳税人和非生产、经营的纳税人这两类对象不适用该规定。这是第三十七条与第三十八条和第五十五条规定的保全之间的主要区别。

保全措施的标的范围包括纳税人开始生产、经营以来至税务机关检查前的所有应纳税款、滞纳金；保全的手段主要是扣押；主要程序：税务机关核定纳税人的应纳税额，并责令缴纳——纳税人不缴纳的——税务机关依法实施保全。

《中华人民共和国税收征收管理法》第三十八条规定的税收保全被定位为税收征管中的保全措施，实施时注意以下要点：①保全的对象是已办理税务登记的从事生产、经营的纳税人。②保全的标的范围是纳税人当期的应纳税款，不包含滞纳金。③保全的手段包括冻结、扣押、查封。④在法定的纳税期以前实施，也称"期前保全"。⑤程序要求：税务机关有根据认为纳税人有逃避纳税义务行为——责令限期缴纳应纳税款——在限期内发现纳税人有明显转移、隐匿其应纳税的商品、货物以及其他财产或者应纳税的收入迹象的——责成纳税人提供纳税担保——纳税人不提供纳税担保的——经县以上税务局长批准，依法实施保全。⑥该项保全必须经县以上税务局（分局）局长批准。

《中华人民共和国税收征收管理法》第五十五条的规定被定位为税务

检查中的保全措施，实施时要注意以下要点：①保全的对象是从事生产、经营的纳税人。②保全的适用前提条件：发生在税务机关对从事生产经营的纳税人以前纳税期进行纳税检查过程中，发现纳税人有逃避纳税义务行为，并有明显的转移、隐匿其应纳税的商品、货物以及其他财产或者应纳税的收入的迹象为前提。针对的是从事生产经营的纳税人以前纳税期至税务检查实施前的税款、滞纳金。③经县以上税务局（分局）局长批准方可采取保全措施。

【知识点2】 针对税款的强制执行

《中华人民共和国税收征收管理法》第三十七条、第三十八条规定的税收强制执行，两者有区别。一是对象不同。依据《税收征收管理法》第三十七条实施的强制执行，对象是未办理税务登记的从事生产、经营的纳税人以及临时从事经营的纳税人；依据第三十八条实施的强制执行，对象是办理了税务登记的从事生产、经营的纳税人。二是强制的方式不同。依据《税收征收管理法》第三十七条实施的强制执行，只能由税务机关依法拍卖或者变卖所扣押的商品、货物，以拍卖或者变卖所得抵缴税款；依据第三十八条实施的强制执行，税务机关可以书面通知纳税人开户银行或者其他金融机构从其冻结的存款中扣缴税款，也可依法拍卖或者变卖所扣押、查封的商品、货物或者其他财产，以拍卖或者变卖所得抵缴税款。

《中华人民共和国税收征收管理法》第四十条规定的税收强制执行：一是适用对象包括各种未按规定期限缴纳税款或解缴税款的从事生产经营的纳税人、扣缴义务人，以及未按规定期限履行担保义务的纳税担保人；二是强制执行的手段包括扣缴存款；扣押、查封、依法拍卖、变卖商品、货物或其他财产，以拍卖或变卖所得抵缴税款和滞纳金；三是需要先责令相对人限期缴纳，逾期未缴的才能实施强制执行；四是应当经县以上税务局（分局）局长的批准。

《中华人民共和国税收征收管理法》第五十五条规定的税收强制执行，税务机关对从事生产、经营的纳税人进行纳税检查，作出处理决定后，纳税人不按决定书补缴税款、滞纳金的，税务机关可以实施强制执行。该项强制执行可以在税收保全后实施，也可以直接实施。在实施该项强制执行时，也应按照《中华人民共和国税收征收管理法》第四十条规定的权限由县以上税务局（分局）局长进行批准。

>> 第三节
税务行政执法证据

一 证据概述

【知识点1】 举证责任

被告对作出的具体行政行为负有举证责任，应当在收到起诉状副本之日起10日内，提供据以作出被诉具体行政行为的全部证据和所依据的规范性文件。被告不提供或者无正当理由逾期提供证据的，视为被诉具体行政行为没有相应的证据。

原告或者第三人提出其在行政程序中没有提出的反驳理由或者证据的，经人民法院准许，被告可以在第一审程序中补充相应的证据。

在诉讼过程中，被告及其诉讼代理人不得自行向原告和证人收集证据。

原告可以提供证明被诉具体行政行为违法的证据。原告提供的证据不成立的，不免除被告对被诉具体行政行为合法性的举证责任。

【知识点2】 举证期限

原告或者第三人应当在开庭审理前或者人民法院指定的交换证据之日提供证据。因正当事由申请延期提供证据的，经人民法院准许，可以在法庭调查中提供。逾期提供证据的，视为放弃举证权利。

原告或者第三人在第一审程序中无正当事由未提供而在第二审程序中提供的证据，人民法院不予接纳。

对当事人无争议，但涉及国家利益、公共利益或者他人合法权益的事实，人民法院可以责令当事人提供或者补充有关证据。

二 证据的提取和固定

【知识点1】 提供证据的要求

当事人向人民法院提供书证的，应当符合下列要求：①提供书证的原件，原本、正本和副本均属于书证的原件。提供原件确有困难的，可以提供与原件核对无误的复印件、照片、节录本；②提供由有关部门保管的书证原件的复制件、影印件或者抄录件的，应当注明出处，经该部门核对无异后加盖其印章；③提供报表、图纸、会计账册、专业技术资料、科技文献等书证的，应当附有说明材料；④被告提供的被诉具体行政行为所依据的询问、陈述、谈话类笔录，应当有行政执法人员、被询问人、陈述人、谈话人签名或者盖章。

当事人向人民法院提供物证的，应当符合下列要求：①提供原物。提供原物确有困难的，可以提供与原物核对无误的复制件或者证明该物证的照片、录像等其他证据；②原物为数量较多的种类物的，提供其中的一部分。

当事人向人民法院提供计算机数据或者录音、录像等视听资料的，应当符合下列要求：①提供有关资料的原始载体。提供原始载体确有困难的，可以提供复制件；②注明制作方法、制作时间、制作人和证明对象等；③声音资料应当附有该声音内容的文字记录。

当事人向人民法院提供证人证言的，应当符合下列要求：①写明证人的姓名、年龄、性别、职业、住址等基本情况；②有证人的签名，不能签名的，应当以盖章等方式证明；③注明出具日期；④附有居民身份证复印件等证明证人身份的文件。

被告向人民法院提供的现场笔录，应当载明时间、地点和事件等内容，并由执法人员和当事人签名。当事人拒绝签名或者不能签名的，应当注明原因。有其他人在现场的，可由其他人签名。

当事人向人民法院提供的在中华人民共和国领域外形成的证据，应当说明来源，经所在国公证机关证明，并经中华人民共和国驻该国使领馆认证，或者履行中华人民共和国与证据所在国订立的有关条约中规定的证明手续。

【知识点2】 证据的调取

有下列情形之一的，人民法院有权向有关行政机关以及其他组织、公民调取证据：①涉及国家利益、公共利益或者他人合法权益的事实认定的；②涉及依职权追加当事人、中止诉讼、终结诉讼、回避等程序性事项的。

原告或者第三人不能自行收集，但能够提供确切线索的，可以申请人民法院调取下列证据材料：①由国家有关部门保存而须由人民法院调取的证据材料；②涉及国家秘密、商业秘密、个人隐私的证据材料；③确因客观原因不能自行收集的其他证据材料。

人民法院不得为证明被诉具体行政行为的合法性，调取被告在作出具体行政行为时未收集的证据。

三 证据的审查

【知识点1】 证据的审查概述

应当根据案件的具体情况，从以下方面审查证据的合法性：①证据是否符合法定形式；②证据的取得是否符合法律、法规、司法解释和规章的要求；③是否有影响证据效力的其他违法情形。

应当根据案件的具体情况，从以下方面审查证据的真实性：①证据形成的原因；②发现证据时的客观环境；③证据是否为原件、原物，复制件、复制品与原件、原物是否相符；④提供证据的人或者证人与当事人是否具有利害关系；⑤影响证据真实性的其他因素。

【知识点2】 不能作为定案依据的证据

下列证据材料不能作为定案依据：①严重违反法定程序收集的证据材料；②以偷拍、偷录、窃听等手段获取侵害他人合法权益的证据材料；③以利诱、欺诈、胁迫、暴力等不正当手段获取的证据材料；④当事人无正当事由超出举证期限提供的证据材料；⑤在中华人民共和国领域以外或者在中华人民共和国香港特别行政区、澳门特别行政区和台湾地区形成的未办理法定证明手续的证据材料；⑥当事人无正当理由拒不提供原件、原物，又无其他证据印证，且对方当事人不予认可的证据的复制件或者复制品；⑦被当事人或者他人进行技术处理而无法辨明真伪的证据材料；⑧不能正确表达意志的证人提供的证言；⑨不具备合法性和真实性的其他证据材料。

以违反法律禁止性规定或者侵犯他人合法权益的方法取得的证据，不能作为认定案件事实的依据。

被告在行政程序中依照法定程序要求原告提供证据，原告依法应当提供而拒不提供，在诉讼程序中提供的证据，人民法院一般不予采纳。

下列证据不能作为认定被诉具体行政行为合法的依据：①被告及其诉讼代理人在作出具体行政行为后或者在诉讼程序中自行收集的证据；②被告在行政程序中非法剥夺公民、法人或者其他组织依法享有的陈述、申辩或者听证权利所采用的证据；③原告或者第三人在诉讼程序中提供的、被告在行政程序中未作为具体行政行为依据的证据。

复议机关在复议程序中收集和补充的证据，或者作出原具体行政行为的行政机关在复议程序中未向复议机关提交的证据，不能作为人民法院认定原具体行政行为合法的依据。

【知识点3】 证据的证明力

证明同一事实的数个证据，其证明效力一般可以按照下列情形分别认定：①国家机关以及其他职能部门依职权制作的公文文书优于其他书证；②鉴定结论、现场笔录、勘验笔录、档案材料以及经过公证或者登记的书证优于其他书证、视听资料和证人证言；③原件、原物优于复制件、复制品；④法定鉴定部门的鉴定结论优于其他鉴定部门的鉴定结论；⑤法庭主持勘验所制作的勘验笔录优于其他部门主持勘验所制作的勘验笔录；⑥原始证据优于传来证据；⑦其他证人证言优于与当事人有亲属关系或者其他密切关系的证人提供的对该当事人有利的证言；⑧出庭作证的证人证言优于未出庭作证的证人证言；⑨数个种类不同、内容一致的证据优于一个孤立的证据。

以有形载体固定或者显示的电子数据交换、电子邮件以及其他数据资料，其制作情况和真实性经对方当事人确认，或者以公证等其他有效方式予以证明的，与原件具有同等的证明效力。

在庭审中一方当事人或者其代理人在代理权限范围内对另一方当事人陈

述的案件事实明确表示认可的，人民法院可以对该事实予以认定。但有相反证据足以推翻的除外。

在行政赔偿诉讼中，人民法院主持调解时当事人为达成调解协议而对案件事实的认可，不得在其后的诉讼中作为对其不利的证据。

在不受外力影响的情况下，一方当事人提供的证据，对方当事人明确表示认可的，可以认定该证据的证明效力；对方当事人予以否认，但不能提供充分的证据进行反驳的，可以综合全案情况审查认定该证据的证明效力。

下列证据不能单独作为定案依据：①未成年人所作的与其年龄和智力状况不相适应的证言；②与一方当事人有亲属关系或者其他密切关系的证人所作的对该当事人有利的证言，或者与一方当事人有不利关系的证人所作的对该当事人不利的证言；③应当出庭作证而无正当理由不出庭作证的证人证言；④难以识别是否经过修改的视听资料；⑤无法与原件、原物核对的复制件或者复制品；⑥经一方当事人或者他人改动，对方当事人不予认可的证据材料；⑦其他不能单独作为定案依据的证据材料。

>> 第四节
税收的刑法保障

一　涉税犯罪类型

【知识点 1】　危害税收征管罪总体特征

从犯罪主体角度分析，既有特殊主体又有一般主体，既包括自然人也包括单位。依据刑法规定，除抗税罪外，单位均可以构成其他危害税收征管犯罪。

从犯罪主观方面分析，在主观上均为故意犯罪，且是直接故意，过失不能构成危害税收征管罪各罪。

从犯罪目的看，基本上都是牟利性犯罪：有的是为了不缴、少缴、骗取税款；有的是为了利用发票获取非法利益。

从罚则上看，刑法对危害税收征管犯罪普遍规定了罚金刑或者没收财产刑。

【知识点2】 涉税犯罪主要罪名

逃税罪，是指纳税人、扣缴义务人采用欺骗、隐瞒方式进行虚假纳税申报或不申报，逃避缴纳、解缴税款的行为。逃税行为情节严重，达到刑法规定的追究刑事责任标准的，作为逃税罪追究刑事责任。

抗税罪，是指以暴力、威胁方法拒不缴纳税款的行为。抗税罪是危害税收征管罪中手段最恶劣、影响最坏的行为。它会直接危害税务人员的人身安全。抗税罪也是危害税收征管犯罪中唯一涉及侵犯人身权利的犯罪，是一种行为犯罪。

逃避追缴欠税罪，是指纳税人欠缴应纳税款，并采取转移或者隐匿财产的手段，致使税务机关无法追缴欠缴的税款，数额较大，应受刑罚处罚的行为。

骗取出口退税罪，是指采取以假报出口等欺骗手段，骗取国家出口退税款，数额较大，应受刑罚处罚的行为。虚开增值税专用发票、用于骗取出口退税、抵扣税款发票罪是指违反国家发票管理制度和国家税收经济秩序，为他人虚开、为自己虚开、让他人为自己虚开、介绍他人虚开增值税专用发票或者虚开用于骗取出口退税、抵扣税款的其他发票，情节严重、税款数额较大、依法应受刑罚处罚的行为。

虚开增值税专用发票、用于骗取出口退税、抵扣税款发票罪，是指违反国家发票管理制度和国家税收经济秩序，为他人虚开、为自己虚开、让他人为自己虚开、介绍他人虚开增值税专用发票或者虚开用于骗取出口退税、抵扣税款的其他发票，情节严重、依法应受刑罚处罚的行为。

虚开发票罪，是指虚开增值税专用发票、用于骗取出口退税、抵扣税款发票以外的其他发票，情节严重、依法应受处罚的行为。虚开发票罪与虚开增值税专用发票、用于骗取出口退税、抵扣税款发票罪的区别，主要体现在虚开发票的类型不同，虚开增值税专用发票、用于骗取出口退税、抵扣税款发票罪限于虚开具有增值税抵扣功能和用于出口退税的发票，而虚开发票罪包括除上述三类发票外的其他各种发票。

伪造、出售伪造的增值税专用发票罪，是指非法印制、复制或者使用其他方法伪造增值税专用发票或者非法销售、倒卖伪造的增值税发票的行为。增值税专用发票依法应由国家税务总局审批的企业印制，其他单位或者个人私自印制的，或者通过其他方式制作假发票的，即构成伪造。

非法出售增值税专用发票罪，是指违反国家税收管理制度和发票管理法规，将增值税专用发票出售的行为。增值税专用发票是增值税抵扣税款的凭证，是计征增值税的依据。增值税专用发票由国家税务机关依照规定发售，只限于增值税的一般纳税人领购使用。除此之外，任何单位和个人不得出售。

非法购买增值税专用发票、购买伪造的增值税专用发票罪，是指违反国家发票管理法规，非法购买增值税专用发票或者购买伪造的增值税专用发票的行为。

持有伪造的发票罪是明知是伪造的发票而持有，且持有数量较大的行为。

二　危害税收征管罪

【知识点 1】　逃税罪立案标准

纳税人采取欺骗、隐瞒手段进行虚假纳税申报或者不申报逃避缴纳税款数额较大并且占应纳税额 10% 以上的即构成此罪，有数额和比例的双重要求。

扣缴义务人采取欺骗、隐瞒手段进行虚假报告或不报告，不缴或者少缴已扣、已收税款，数额较大的即可构成此罪，且没有比例的限制。

《最高人民检察院　公安部关于公安机关管辖的刑事案件立案追诉标准的规定（二）》（公通字〔2010〕23 号）中将"数额较大"界定为"5 万元"。

【知识点 2】　抗税罪立案标准

抗税罪的立案标准主要包括：

（1）造成税务工作人员轻微伤以上的。

（2）给税务工作人员及其亲友的生命、健康、财产等造成损害为威胁，抗拒缴纳税款的。

（3）聚众抗拒缴纳税款的。

（4）以其他暴力、威胁方法拒不缴纳税款的。

【知识点3】 逃避追缴欠税罪立案标准

在客观上应当同时具备4个条件：一是必须有违反税收法规，欠缴应纳税款的事实；二是必须有采取转移或隐匿财产的手段以逃避追缴的行为；三是必须致使税务机关无法追缴欠缴的税款；四是无法追缴的税款数额需达法定的量刑标准，即1万元以上。

数额在1万元以上10万元以下的，处3年以下有期徒刑或者拘役，并处欠缴税款1倍以上5倍以下罚金；数额在10万元以上的，处3年以上7年以下有期徒刑，并处欠缴税款1倍以上5倍以下罚金。单位犯本罪的，实行双罚制。

【知识点4】 骗取出口退税罪立案标准

"数额较大"即骗取国家出口退税款5万元以上。

认定本罪时需要注意的是，纳税人缴纳税款后，采取假报出口或者其他欺骗手段，骗取所缴纳税款的，依照逃税罪的规定定罪处罚；骗取税款超过所缴纳的税款部分，依照骗取出口退税罪定罪处罚。

【知识点5】 其他罪的立案标准及注意点

虚开增值税专用发票或者虚开用于骗取出口退税、抵扣税款的其他发票，虚开的税款数额在1万元以上或者致使国家税款被骗数额在5000元以上的，应予追诉。"虚开的税款数额"和"国家税款被骗数额"成为衡量是否构成该罪的标准。只要其中1个达到法定数额，就可立案侦查。

虚开发票情节严重的，处2年以下有期徒刑、拘役或者管制，并处罚金。情节特别严重的，处2年以上7年以下有期徒刑，并处罚金。

非法出售增值税专用发票的行为。主要包括2种情况：第一，出售主体不合法，即除税务机关及其有关工作人员之外的任何单位和个人有出售行为的，如一般纳税人正常途径购买增值税专用发票后又出售的，即为非法出售。第二，购买主体不合法，即有权出售的税务机关及其工作人员，明知购买人不符合购买条件而予以出售的，亦属于非法出售。

非法购买增值税专用发票或者购买伪造的增值税专用发票后又虚开或者

出售的，不能数罪并罚，而是购买行为被后行为所吸收，分别依照虚开增值税专用发票罪、伪造或者出售伪造的增值税专用发票罪和非法出售增值税专用发票罪的规定定罪处罚。

持有伪造的发票的行为，并非都要追究刑事责任，"数额较大"作为持有伪造的发票罪的构成要件之一。只有达到"数额较大"的程度，才可以作为犯罪处理。

三 涉嫌危害税收征管犯罪案件的移送

【知识点1】 移送的基本规定

违法行为构成犯罪的，行政机关必须将案件移送司法机关，依法追究刑事责任。

纳税人、扣缴义务人有违反《中华人民共和国税收征收管理法》第六十三条、第六十五条、第六十六条、第六十七条、第七十一条规定的行为涉嫌犯罪的，税务机关应当依法移交司法机关追究刑事责任。税务人员徇私舞弊，对依法应当移交司法机关追究刑事责任的不移交，情节严重的，依法追究刑事责任。

行政执法机关对应当向公安机关移送的涉嫌犯罪案件，应当立即指定2名或者2名以上行政执法人员组成专案组专门负责，核实情况后提出移送涉嫌犯罪案件的书面报告，报经本机关正职负责人或者主持工作的负责人审批。

行政执法机关正职负责人或者主持工作的负责人应当自接到报告之日起3日内作出批准移送或者不批准移送的决定。决定批准的，应当在24小时内向同级公安机关移送；决定不批准的，应当将不予批准的理由记录在案。

【知识点2】 移送的注意事项

行政执法机关对应当向公安机关移送的涉嫌犯罪案件，不得以行政处罚代替移送。

行政执法机关向公安机关移送涉嫌犯罪案件前已经作出的警告，责令停产停业，暂扣或者吊销许可证、暂扣或者吊销执照的行政处罚决定，不停止执行。

行政执法机关对公安机关决定立案的案件，应当自接到立案通知书之日起3日内将涉案物品以及与案件有关的其他材料移交公安机关，并办结交接手续；法律、行政法规另有规定的，依照其规定。

依照行政处罚法的规定，行政执法机关向公安机关移送涉嫌犯罪案件前，已经依法给予当事人罚款的，人民法院判处罚金时，依法折抵相应罚金。

【知识点3】 移送的法律责任

行政执法机关违反规定，逾期不将案件移送公安机关的，由本级或者上级人民政府，或者实行垂直管理的上级行政执法机关，责令限期移送，并对其正职负责人或者主持工作的负责人根据情节轻重，给予记过以上的行政处分；构成犯罪的，依法追究刑事责任。

行政执法机关违反规定，对应当向公安机关移送的案件不移送，或者以行政处罚代替移送的，由本级或者上级人民政府，或者实行垂直管理的上级行政执法机关，责令改正，给予通报；拒不改正的，对其正职负责人或者主持工作的负责人给予记过以上的行政处分；构成犯罪的，依法追究刑事责任。

>> 第五节
税务行政法律救济

一 税务行政复议

【知识点1】 税务行政复议概述

税务行政复议，是指纳税人及其他当事人认为税务机关及其工作人员作出的税务具体行政行为侵犯其合法权益，依法向税务行政复议机关提出审查该具体行政行为的申请，由复议机关对该具体行政行为的合法性和适当性进行审查并作出决定的制度和活动。

行政机关是代表国家行使行政管理职权的法定机关，其具体行政行为一经作出，就具有法律的确定力、拘束力和执行力，在没有被有权机关依法定程序否定其效力前，不停止具体行政行为的执行。

禁止不利变更,是指行政复议机关在审查具体行政行为的合法性和适当性过程中,禁止作出对行政复议申请人较原具体行政行为更为不利的行政复议决定。

除非法律另有规定,对引起争议的具体行政行为一般只经一级复议机关复议。申请人对复议决定不服,原则上不能再向其他复议机关申请复议,但可以向人民法院提起行政诉讼。如果申请人在法定期限内不向法院起诉,复议决定即产生终局的法律效力。

行政复议机关审查案件,原则上通过书面方式审查;行政复议机构根据申请人要求或者认为必要时,可以听取申请人、被申请人和第三人的意见,并可以向有关组织和人员调查了解情况;对重大、复杂的案件,申请人提出要求或者复议机构认为必要时,可以采取听证的方式审查。

【知识点2】 税务行政复议受案范围规定

税务行政复议的受案范围主要包括:

(1) 征税行为。包括确认纳税主体、征税对象、征税范围、减税、免税、退税、抵扣税款、适用税率、计税依据、纳税环节、纳税期限、纳税地点和税款征收方式等具体行政行为,征收税款、加收滞纳金,扣缴义务人、受税务机关委托的单位和个人作出的代扣代缴、代收代缴、代征行为等。

(2) 行政许可、行政审批行为。

(3) 发票管理行为,包括发售、收缴、代开发票等。

(4) 税收保全措施、强制执行措施。

(5) 行政处罚行为,包括:罚款;没收财物和违法所得以及停止出口退税权行为。

(6) 不依法履行职责的行为,包括:颁发税务登记;开具、出具完税凭证、外出经营活动税收管理证明;行政赔偿;行政奖励以及其他不依法履行职责的行为。

(7) 资格认定行为。

(8) 不依法确认纳税担保行为。

(9) 政府信息公开工作中的具体行政行为。

(10) 纳税信用等级评定行为。

（11）通知出入境管理机关阻止出境行为。

（12）其他具体行政行为。

（13）纳税人对税务机关作出的征税行为不服时，必须先依照税务机关根据法律、法规确定的税额、期限，先行缴纳或者解缴税款和滞纳金，或者提供相应的担保，才能提出行政复议申请。对其他具体行政行为不服以及要求税务机关依法履行法定职责未按规定履行的，可直接申请行政复议。

（14）申请人认为税务机关的具体行政行为所依据的下列规定不合法，在对具体行政行为申请行政复议时，可一并向复议机关提出对该有关规定的审查申请，申请人对具体行政行为提出行政复议申请时不知道该具体行政行为所依据的规定的，可以在行政复议机关作出行政复议决定以前提出对该规定的审查申请：①国家税务总局和国务院其他部门的规定；②其他各级税务机关的规定；③地方各级人民政府的规定；④地方人民政府工作部门的规定。

【知识点3】 税务行政复议的管辖

对各级税务局的具体行政行为不服的，向其上一级税务局申请行政复议。

对计划单列市税务局的具体行政行为不服的，向国家税务总局申请行政复议。

对税务所（分局）、各级税务局的稽查局的具体行政行为不服的，向其所属税务局申请行政复议。

对两个以上税务机关共同作出的具体行政行为不服的，向共同上一级税务机关申请行政复议；对税务机关与其他行政机关共同作出的具体行政行为不服的，向其共同上一级行政机关申请行政复议。

对被撤销的税务机关在撤销以前所作出的具体行政行为不服的，向继续行使其职权的税务机关的上一级税务机关申请行政复议。

对税务机关作出逾期不缴纳罚款加处罚款的决定不服的，向作出行政处罚决定的税务机关申请行政复议。但是对已处罚款和加处罚款都不服的，一并向作出行政处罚决定的税务机关的上一级税务机关申请行政复议。

【知识点4】 税务行政复议的参加入

申请人，是指对税务机关作出的税务具体行政行为不服，依据法律、法规的规定，以自己的名义向行政复议机关提起复议申请的纳税人、扣缴义务人、纳税担保人等税务行政相对人。

合伙企业申请行政复议的，应当以核准登记的企业为申请人，由执行合伙事务的合伙人代表该企业参加行政复议；其他合伙组织申请行政复议的，由合伙人共同申请行政复议；不具备法人资格的其他组织申请行政复议的，由该组织的主要负责人代表该组织参加行政复议，没有主要负责人的，由共同推选的其他成员代表该组织参加行政复议。

股份制企业的股东大会、股东代表大会、董事会认为税务具体行政行为侵犯企业合法权益的，可以以企业的名义申请行政复议。

有权申请行政复议的公民死亡的，其近亲属可以申请行政复议；有权申请行政复议的公民为无行为能力人或者限制行为能力人，其法定代理人可以代理申请行政复议。

有权申请行政复议的法人或者其他组织发生合并、分立或终止的，承受其权利义务的法人或者其他组织可以申请行政复议。

行政复议期间，申请人以外的公民、法人或者其他组织与被审查的税务具体行政行为有利害关系的，也可以向行政复议机关申请作为第三人参加行政复议。

非具体行政行为的行政管理相对人，但其权利直接被该具体行政行为所剥夺、限制或者被赋予义务的公民、法人或其他组织，在行政管理相对人没有申请行政复议时，可以单独申请行政复议。

同一行政复议案件申请人超过 5 人的，应当推选 1 名至 5 名代表参加行政复议。申请人可以委托 1 名至 2 名代理人参加行政复议。

在税务行政复议中，公民、法人或者其他组织对税务机关的具体行政行为不服申请税务行政复议的，作出具体行政行为的税务机关是被申请人。

对扣缴义务人的扣缴税款行为不服的，以主管该扣缴义务人的税务机关为被申请人；对代征行为不服的，以作出委托的税务机关为被申请人。对税务机关与法律、法规授权的组织共同作出的具体行政行为不服的，以税务机关和该组织为共同被申请人；对税务机关与其他组织以共同名义作出具体行政行为不服的，以税务机关为被申请人。对依照法律、法规和规章规定而经上级税务机关批准作出具体行政行为不服的，以批准机关为被申请人。对经重大税务案件审理程序作出的决定不服的，以审理委员会所在税务机关为被申请人。对税务机关设立的派出机构、内设机构或者其他组织未经法律、法规授权而以自己名义作出的具体行政行为不服的，以税务机关为被申请人。

税务行政复议中的第三人，是指因与被申请复议的具体行政行为有利害关系而参加到行政复议中的公民、法人或其他组织。第三人可以以自己名义参加复议，也可以委托 1 名至 2 名代理人参加行政复议。

【知识点 5】 行政复议程序

申请人可以在知道税务机关作出具体行政行为之日起 60 日内提出行政复议申请。因不可抗力或者被申请人设置障碍等原因耽误法定申请期限的，申请期限的计算应当扣除被耽误时间。申请期限按以下情况计算：①当场作出具体行政行为的，自具体行政行为作出之日起计算。②载明具体行政行为的法律文书直接送达的，自受送达人签收之日起计算。③载明具体行政行为的法律文书邮寄送达的，自受送达人在邮件签收单上签收之日起计算；没有邮件签收单的，自受送达人在送达回执上签名之日起计算。④具体行政行为依法通过公告形式告知受送达人的，自公告规定的期限届满之日起计算。⑤税务机关作出具体行政行为时未告知申请人，事后补充告知的，自该申请人收到税务机关补充告知的通知之日起计算。⑥被申请人能够证明申请人知道具体行政行为的，自证据材料证明其知道具体行政行为之日起计算。税务机关作出具体行政行为，依法应当向申请人送达法律文书而未送达的，视为该申请人不知道该具体行政行为。

申请人对税务机关作出的征税行为不服的，必须依照税务机关根据法律、法规确定的税额、期限，先行缴纳或者解缴税款和滞纳金，或者提供相应的担保，才可以在缴清税款和滞纳金之日起或者所提供的担保得到作出具体行政行为的税务机关确认之日起 60 日内提出行政复议申请。申请人依照行政复议法的规定申请税务机关履行法定职责，税务机关未履行的，有履行期限规定的，自履行期限届满之日起计算，没有履行期限规定的，自税务机关收到申请满 60 日起计算。

税务行政复议机关收到复议申请以后，应当在 5 日内审查，决定是否受理。对不符合规定的税务行政复议申请，决定不予受理，并书面告知申请人。

对不属于该税务机关受理的行政复议申请，应当告知申请人向有关行政复议机关提出。税务行政复议机关收到行政复议申请以后未按照规定期限审查并作出不予受理决定的，视为受理。

行政复议机构应当自受理行政复议申请之日起 7 日内将复议申请书副本或者行政复议申请笔录复印件发送被申请人。被申请人应当自收到复议申请书副本或行政复议申请笔录复印件之日起 10 日内提出书面答复，并提交当初作出具体行政行为的证据、依据和其他有关材料。被申请人拒不提供具体行政行为的证据、依据及有关材料的，视为没有举证，要承担具体行政行为被撤销的风险；在行政复议过程中，被申请人不得自行向申请人和其他有关组织或个人收集证据。

税务行政复议活动中止的具体情形包括：①作为申请人的公民死亡，其近亲属尚未确定是否参加行政复议的；②作为申请人的公民丧失参加行政复议的能力，尚未确定法定代理人参加行政复议的；③作为申请人的法人或者其他组织终止，尚未确定权利义务承受人的；④作为申请人的公民下落不明或者被宣告失踪的；⑤申请人、被申请人因不可抗力，不能参加行政复议的；⑥行政复议机关因不可抗力原因暂时不能履行工作职责的；⑦案件涉及法律适用问题，需要有权机关作出解释或者确认的；⑧案件审查需要以其他案件的审理结果为依据，而其他案件尚未审结的；⑨其他需要中止行政复议的情形。

行政复议终止情形包括：①申请人要求撤回行政复议申请，行政复议机构准予撤回的；②作为申请人的公民死亡，没有近亲属，或者其近亲属放弃行政复议权利的；③作为申请人的法人或者其他组织终止，其权利义务的承受人放弃行政复议权利的；④申请人与被申请人依照《税务行政复议规则》第八十七条的规定，经行政复议机构准许达成和解的；⑤行政复议申请受理以后，发现其他行政复议机关已经先于本机关受理，或者人民法院已经受理的。依照行政复议中止情形①、②、③中止行政复议，满 60 日行政复议中止的原因未消除的，行政复议终止。

按照自愿、合法的原则，申请人和被申请人在行政复议机关作出行政复议决定以前可以达成和解，行政复议机关也可以调解。具体事项包括：①行使自由裁量权作出的具体行政行为，如行政处罚、核定税额、确定应税所得率等；②行政赔偿；③行政奖励；④存在其他合理性问题的具体行政行为。申请人与被申请人在行政复议决定作出前自愿达成和解协议，经行政复议机构准许后终止行政复议，但申请人不得以同一事实和理由再次申请行政复议；行政复议机关可以按照自愿、合法的原则进行调解。

税务行政复议机关应当在收到复议申请之日起 60 日内，根据事实和法律，对有争议的具体行政行为的合法性和适当性进行审查，依法作出复议决定或作出相应处理。

三 税务行政应诉

【知识点1】 行政诉讼的概念和特征

在行政诉讼中，人民法院主要审查行政行为的合法性；原告请求对行政行为所依据的规章以下的规范性文件进行审查的，审查其合法性。但行政诉讼的合法性审查原则不是绝对的，行政处罚明显不当，或者其他行政行为涉及对款额的确定、认定确有错误的，人民法院可以判决变更。

行政诉讼主要审查被告作出的行政行为是否合法，被告应当就其行政行为合法有效承担举证责任。

原告不能以起诉为由停止履行原行政行为所确定的义务和责任，被告有权在行政诉讼期间开展执行工作。但在有些情况下可以裁定停止执行，主要包括：①被告认为需要停止执行的；②原告或者利害关系人申请停止执行，人民法院认为该行政行为的执行会造成难以弥补的损失，并且停止执行不损害国家利益、社会公共利益的；③人民法院认为该行政行为的执行会给国家利益、社会公共利益造成重大损害的；④法律、法规规定停止执行的。

人民法院审理行政案件，不适用调解。行政权的行使往往具有羁束性，行政机关也不能任意处分，因而行政诉讼中不适用调解。但行政赔偿、补偿以及行政机关行使法律、法规规定的自由裁量权的案件可以调解。

【知识点2】 税务行政诉讼的受案范围

税务行政诉讼的受案范围，是指人民法院审理税务行政争议的范围，即公民、法人或者其他组织对税务机关的哪些行政行为不服可以向人民法院提起税务行政诉讼。与税务工作关联性较强的行政诉讼范围有：对暂扣或者吊销许可证和执照、责令停产停业、没收违法所得、没收非法财物、罚款、警告等行政处罚不服的；对限制人身自由或者对财产的查封、扣押、冻结等行政强制措施和行政强制执行不服的；申请行政许可，行政机关拒绝或者在法定期限内不予答复，或者对行政机关作出的有关行政许可的其他决定不服的；对征收、征用决定及其补偿决定不服的；申请行政机关履行保护人身权、财产权等合法权益的法定职责，行政机关拒绝履行或者不予答复的；认为行政机关违法集资、摊派费用或者违法要求履行其他义务的；认为行政机关侵犯其他人身权、财产权等合法权益的。

公民、法人或者其他组织认为行政行为所依据的国务院部门和地方人民政府及其部门制定的规章以外的规范性文件不合法，在对行政行为提起诉讼时，可以一并请求对该规范性文件进行审查。人民法院在审理行政案件中，发现上述规范性文件不合法的，不作为认定行政行为合法的依据，并向制定机关提出处理建议。

【知识点3】 税务行政诉讼管辖

一般案件由基层法院管辖。

中级人民法院管辖对国务院部门或者县级以上地方人民政府所作的行政行为提起诉讼的案件；海关处理的案件；本辖区内重大、复杂的案件；其他法律规定由中级人民法院管辖的案件。

高级、最高人民法院管辖本辖区内重大、复杂的第一审行政诉讼案件。

行政案件一般由最初作出行政行为的行政机关所在地人民法院管辖。

经复议的案件，可以由最初作出行政行为所在地法院管辖，也可以由复议机关所在地人民法院管辖。

对限制人身自由的行政强制措施不服而提起诉讼的，由被告所在地或原告所在地管辖。原告所在地包括原告户籍所在地、经常居住地和被限制人身自由地。

因不动产提起诉讼的，由不动产所在地人民法院专属管辖。两个以上人民法院都有管辖权的案件，原告可以选择其中一个人民法院提起诉讼。原告向两个以上有管辖权的人民法院提起诉讼的，由最先立案的人民法院管辖。

【知识点4】 税务行政诉讼参加人

税务行政行为的相对人以及其他与行政行为有利害关系的公民、法人或其他组织，有权作为原告提起行政诉讼。有权提起诉讼的公民死亡，其近亲属可以作为原告提起税务行政诉讼。有权提起诉讼的法人或者其他组织终止，承受其权利的法人或者其他组织可以作为原告提起税务行政诉讼。

一般情况下，作出争议行政行为的税务机关是被告。特殊情况下，按以下方法规定被告：①经复议的案件，复议机关决定维持原行政行为的，作出原行政行为的行政机关和复议机关是共同被告；复议机关改变原行政行为的，复议机关是被告。②复议机关在法定期限内未作出复议决定，公民、法人或者其他组织起诉原行政行为的，作出原行政行为的行政机关是被告；起诉复议机关不作为的，复议机关是被告。③2个以上行政机关作出同一行政行为的，共同作出行政行为的行政机关是共同被告。④行政机关委托的组织所作的行政行为，委托的行政机关是被告。⑤行政机关被撤销或者职权变更的，继续行使其职权的行政机关是被告。

公民、法人或者其他组织同被诉行政行为有利害关系但没有提起诉讼，或者同案件处理结果有利害关系的，可以作为第三人申请参加诉讼，或者由人民法院通知参加诉讼。人民法院判决第三人承担义务或者减损第三人权益的，第三人有权依法提起上诉。

【知识点5】 税务行政诉讼程序

当事人起诉必须符合下列条件：一是原告必须是行政行为的相对人以及其他与行政行为有利害关系的公民、法人或者其他组织。二是有明确的被告。三是有具体的诉讼请求和事实根据。四是属于人民法院受案范围和受诉人民法院管辖。

行政诉讼的起诉期限一般为6个月内，自知道或者应当知道作出行政行为之日起计算。经复议而不服复议决定，起诉期限为收到复议决定书之日起15日。复议机关逾期不作决定的，起诉原行政行为的，起诉期限为复议期满之日起15日；起诉复议机关不作为的，可以在复议期满之日起15日内向人民法院提起诉讼。行政机关未告知起诉权利或期限的，按最长诉讼时效执行。最长诉讼时效为：因不动产提起诉讼的案件自行政行为作出之日起 20 年，其他案件自行政行为作出之日起 5 年。因不可抗力或者其他不属于其自身的原因耽误起诉期限的，被耽误的时间不计算在起诉期限内。

行政诉讼的判决的方式包括：判决驳回原告诉讼请求；判决撤销或者部分撤销行政行为、重新作出行政行为；判决限期履行法定职责和履行给付义务；判决变更原行政行为；判决确认原行政行为无效；判决责令被告采取补救措施并承担赔偿责任；判决确认原行政行为违法但不撤销原行政行为。

符合下列条件的第一审行政案件，事实清楚、权利义务关系明确、争议不大的，可以适用简易程序：①被诉行政行为是依法当场作出的；②案件涉及款额 2000 元以下的；③属于政府信息公开案件的。其他案件，当事人各方同意适用简易程序的，也可以适用简易程序。人民法院在审理过程中，发现案件不宜适用简易程序的，裁定转为普通程序。发回重审、按照审判监督程序再审的案件不适用简易程序。适用简易程序审理的行政案件，由审判员一人独任审理，并应当在立案之日起 45 日内审结。

当事人不服人民法院第一审判决的，有权在判决书送达之日起 15 日内向上一级人民法院提出上诉。当事人不服人民法院第一审裁定的，有权在裁定书送达之日起 10 日内向上一级人民法院提起上诉。逾期不提起上诉的，人民法院的第一审判决或者裁定发生法律效力。人民法院审理上诉案件应当在收到上诉状之日起 3 个月内作出终审裁判。

三　税务行政赔偿

【知识点 1】　税务行政赔偿概述

税务行政赔偿，是指税务机关和税务机关工作人员违法行使税收征管职权，对公民、法人和其他组织的合法权益造成损害的，由国家承担赔偿责任，并由税务机关具体履行义务的一项法律制度。

税务行政机关及其税务人员在行使行政职权时有下列侵犯财产权情形之一的，受害人有取得赔偿的权利：①违法实施罚款等行政处罚的；②违法对财产采取查封、扣押、冻结等税收保全措施或强制执行措施的；③造成财产损害的其他违法行为。

【知识点2】 税务行政赔偿的构成要件

侵权主体是行使国家税收征管职权的税务机关及其工作人员。

必须是税务机关及其工作人员行使税收征管职权的行为。

必须是行使税收征管职权的行为具有违法性。

必须有公民、法人和其他组织的合法权益受到损害的事实。

必须是违法行为与损害后果有因果关系。

【知识点3】 赔偿范围

违反国家税法规定作出征税行为损害纳税人合法财产权的征税行为。

违反国家法律作出税务行政处罚行为损害纳税人合法财产权的。

违法作出责令纳税人提供纳税保证金或纳税担保行为给纳税人的合法财产造成损害的。

违法作出税收保全措施给纳税人的合法财产权造成损害的。

违法作出通知出入境管理机关阻止纳税人出境给纳税人的合法权益造成损害的。

违法作出税收强制执行措施造成纳税人合法财产权损害的。

违法拒绝颁发税务登记证、审批认定为一般纳税人、发售发票或不予答复造成纳税人合法财产权损害的。

【知识点4】 受理时限

赔偿请求人请求税务行政赔偿的时效为2年，自税务行政人员行使职权时的行为被依法确认为违法之日起计算。

赔偿请求人在赔偿请求时效的最后6个月内，因不可抗力或者其他障碍不能行使请求权的，时效中止。从中止时效的原因消除之日起，赔偿请求时效期间继续计算。

【知识点5】 赔偿方式和标准

赔偿方式，是指国家承担赔偿责任的各种形式。依据《中华人民共和国国家赔偿法》规定，国家赔偿以支付赔偿金为主要方式，赔偿义务机关能够通过返还财产或者恢复原状实施国家赔偿的，应当返还财产或者恢复原状。

侵犯公民人身自由的，每日赔偿金按照国家上年度职工日平均工资计算。

造成公民身体伤害的，应当支付医疗费、护理费，以及赔偿因误工减少的收入。减少的收入每日赔偿金按照国家上年度职工日平均工资计算，最高限额为国家上年度职工平均工资的 5 倍。

造成部分或者全部丧失劳动能力的，应当支付医疗费、护理费等，以及残疾赔偿金，最高额为国家上年度职工平均工资的 10 倍，全部丧失劳动能力的为国家上年度职工平均工资的 20 倍，造成全部丧失劳动能力的，对其抚养的无劳动能力的人，还应当支付生活费。

造成死亡的，应当支付死亡赔偿金、丧葬费，总额为国家上年度职工平均工资的 20 倍。对死者生前抚养的无劳动能力的人，还应当支付生活费。

上述规定的生活费发放标准参照当地民政部门有关生活救济的规定办理。被抚养的人是未成年人的，生活费给付至 18 周岁为止；其他无劳动能力的人，生活费给付至死亡时为止。

违反征收税款，加收滞纳金的，应当返还税款及滞纳金。违法对应予出口退税而未退税的，由赔偿义务机关办理退税。处罚款、没收非法所得或者违反国家规定征收财物、摊派费用的，返还财产。查封、扣押、冻结财产的，解除对财产的查封、扣押、冻结，造成财产损坏或者灭失的，应当恢复原状或者给付相应赔偿金。应当返还的财产损坏的，能恢复原状的恢复原状，不能恢复原状的，按照损害程序给付赔偿金。应当返还财产丢失的，给付相应的赔偿金。财产已经拍卖的，给付拍卖所得的款项。对财产权造成损害的，按照直接损失给予赔偿。

按照《中华人民共和国国家赔偿法》和国家赔偿费用管理办法的规定，税务行政赔偿费用列入各级财政预算，由各级财政按照财政管理体制分级负担。

>> 第六节
税务执法者及其责任

一 公务员基本权利义务及其责任

【知识点1】 基本概念

公务员，是指依法履行公职、纳入国家行政编制、由国家财政负担工资福利的工作人员。

公务员的管理，坚持公开、平等、竞争、择优的原则，依照法定的权限、条件、标准和程序进行。坚持监督约束与激励保障并重的原则。

公务员的任用，坚持德才兼备、以德为先，坚持五湖四海、任人唯贤，坚持事业为上、公道正派，突出政治标准，注重工作实绩。

国家对公务员实行分类管理，提高管理效能和科学化水平。公务员就职时应当依照法律规定公开进行宪法宣誓。

公务员应当具备下列条件：①具有中华人民共和国国籍；②年满18周岁；③拥护中华人民共和国宪法，拥护中国共产党领导和社会主义制度；④具有良好的政治素质和道德品行；⑤具有正常履行职责的身体条件和心理素质；⑥具有符合职位要求的文化程度和工作能力；⑦法律规定的其他条件。

公务员应当履行下列义务：①忠于宪法，模范遵守、自觉维护宪法和法律，自觉接受中国共产党领导；②忠于国家，维护国家的安全、荣誉和利益；③忠于人民，全心全意为人民服务，接受人民监督；④忠于职守，勤勉尽责，服从和执行上级依法作出的决定和命令，按照规定的权限和程序履行职责，努力提高工作质量和效率；⑤保守国家秘密和工作秘密；⑥带头践行社会主义核心价值观，坚守法治，遵守纪律，恪守职业道德，模范遵守社会公德、家庭美德；⑦清正廉洁，公道正派；⑧法律规定的其他义务。

公务员享有下列权利：①获得履行职责应当具有的工作条件；②非因法

定事由、非经法定程序，不被免职、降职、辞退或者处分；③获得工资报酬，享受福利、保险待遇；④参加培训；⑤对机关工作和领导人员提出批评和建议；⑥提出申诉和控告；⑦申请辞职；⑧法律规定的其他权利。

【知识点 2】 监督与惩戒

对公务员监督发现问题的，应当区分不同情况，予以谈话提醒、批评教育、责令检查、诫勉、组织调整、处分。对公务员涉嫌职务违法和职务犯罪的，应当依法移送监察机关处理。

公务员执行公务时，认为上级的决定或者命令有错误的，可以向上级提出改正或者撤销该决定或者命令的意见；上级不改变该决定或者命令，或者要求立即执行的，公务员应当执行该决定或者命令，执行的后果由上级负责，公务员不承担责任；但是，公务员执行明显违法的决定或者命令的，应当依法承担相应的责任。

公务员因违纪违法应当承担纪律责任的，依照本法给予处分或者由监察机关依法给予政务处分；违纪违法行为情节轻微，经批评教育后改正的，可以免予处分。

对同一违纪违法行为，监察机关已经作出政务处分决定的，公务员所在机关不再给予处分。

处分分为：警告、记过、记大过、降级、撤职、开除。对公务员的处分，应当事实清楚、证据确凿、定性准确、处理恰当、程序合法、手续完备。

公务员在受处分期间不得晋升职务、职级和级别，其中受记过、记大过、降级、撤职处分的，不得晋升工资档次。

受处分的期间为：警告，6 个月；记过，12 个月；记大过，18 个月；降级、撤职，24 个月。受撤职处分的，按照规定降低级别。

公务员受开除以外的处分，在受处分期间有悔改表现，并且没有再发生违纪违法行为的，处分期满后自动解除。解除处分后，晋升工资档次、级别和职务、职级不再受原处分的影响。但是，解除降级、撤职处分的，不视为恢复原级别、原职务、原职级。

【知识点 3】 申诉控告

公务员对涉及本人的下列人事处理不服的，可以自知道该人事处理之日起 30 日内向原处理机关申请复核；对复核结果不服的，可以自接到复核决定之日起 15 日内，按照规定向同级公务员主管部门或者作出该人事处理的机关的上一级机关提出申诉；也可以不经复核，自知道该人事处理之日起 30 日内直接提出申诉：①处分；②辞退或者取消录用；③降职；④定期考核定为不称职；⑤免职；⑥申请辞职、提前退休未予批准；⑦不按照规定确定或者扣减工资、福利、保险待遇；⑧法律、法规规定可以申诉的其他情形。

对省级以下机关作出的申诉处理决定不服的，可以向作出处理决定的上一级机关提出再申诉。

受理公务员申诉的机关应当组成公务员申诉公正委员会，负责受理和审理公务员的申诉案件。

公务员对监察机关作出的涉及本人的处理决定不服向监察机关申请复审、复核的，按照有关规定办理。

原处理机关应当自接到复核申请书后的 30 日内作出复核决定，并以书面形式告知申请人。受理公务员申诉的机关应当自受理之日起 60 日内作出处理决定；案情复杂的，可以适当延长，但是延长时间不得超过 30 日。

复核、申诉期间不停止人事处理的执行。公务员不因申请复核、提出申诉而被加重处理。

【知识点 4】 法律责任

公务员辞去公职或者退休的，原系领导成员、县处级以上领导职务的公务员在离职 3 年内，其他公务员在离职 2 年内，不得到与原工作业务直接相关的企业或者其他营利性组织任职，不得从事与原工作业务直接相关的营利性活动。

公务员辞去公职或者退休后有违反前款规定行为的，由其原所在机关的同级公务员主管部门责令限期改正；逾期不改正的，由县级以上市场监管部门没收该人员从业期间的违法所得，责令接收单位将该人员予以清退，并根据情节轻重，对接收单位处以被处罚人员违法所得 1 倍以上 5 倍以下的罚款。

二 税收执法责任管理和税收执法过错责任追究

【知识点 1】 税收执法责任管理的基本内容

税收执法责任管理是依法确定执法主体资格，明确执法责任，规范执法程序，考核执法质量，追究执法过错责任的一种执法监督制度，是行政执法责任管理的重要组成部分。

税收执法责任由岗位职责、工作规程、评议考核和过错责任追究4部分构成。其中岗位职责是基础，工作规程是关键，评议考核是保障。4部分内容有机结合，相互衔接。

岗位职责就是将税收征管流程内的征收、管理、稽查等执法工作，细化为具体对执法岗位及各级税务机关负责人的职权责任和具体标准的确认。岗位职责以事定岗、以岗定责、权责相当。

工作规程就是执法人员履行岗位职责必须遵守的规定和操作程序。工作规程要明确工作步骤、顺序、时限、形式和标准。

评议考核是通过内部考核、外部评议执法人员的执法行为，以执法质量作为考核依据的评价方法。

过错责任追究是对因过失或者故意造成税收执法过错行为的责任人给予相应的内部行政处理。

过错责任追究应当按照税务总局的统一规定实施，对过错责任人员应当给予行政处分或者应当追究刑事责任的，不应依照现行法律、法规、规章的规定执行。

【知识点2】 税收执法过错责任追究

税收执法过错责任是指税务执法人员在执行职务过程中，因故意或者过失导致执法行为违法而应承担的责任。税收执法过错责任追究则是指税务机关依法给予税收执法过错责任人的内部行政处理。

税收执法过错责任追究有以下特征：一是税收执法过错责任追究从性质上讲是一种行政纪律责任追究。二是税收执法过错责任追究，是税务机关实施的内部行政纪律责任追究途径之一，税务机关还有其他机制对其工作人员追究行政纪律责任。三是对过错责任人员应当给予行政处分，追究行政法律责任的，或者应当追究刑事责任的，依照其他法律、行政法规及规章的规定执行，不属于这里所称的税收执法过错责任追究的范围。

行政处理是对存在税收执法过错的责任人，实施批评教育、责令作出书面检查、通报批评、取消评选先进的资格、调离执法岗位、取消执法资格等惩戒措施。批评教育的处理形式要书面记载并附卷。责令待岗期限为 1～6 个月，待岗人员需接受适当形式的培训后方可重新上岗。取消执法资格期限为 1 年，被取消执法资格人员需接受适当形式的培训后方可重新取得执法资格。

【知识点 3】 责任追究机制

税收执法过错责任追究的实施主体是县级以上税务机关，其他税务机关不负责实施税收执法过错责任追究。对执法过错行为的调查和对过错责任的初步定性由各级税务机关税收执法责任管理与过错追究领导小组负责。

因承办人的个人原因造成执法过错的，由承办人承担全部过错责任；承办人为两人或两人以上的，根据过错责任大小分别承担主要责任、次要责任，或者同等负责、全部责任；承办人的过错行为经过批准的，由承办人和批准人共同承担责任，批准人承担主要责任，承办人承担次要责任；因承办人弄虚作假导致批准错误的，由承办人承担全部过错责任；承办人的过错行为经复议维持的，由承办人和复议人员共同承担责任，其中复议人员承担主要责任，承办人承担次要责任；执法过错行为由集体研究决定的，主要领导承担主要责任，其他人员承担次要责任。

税务执法人员因以下原因导致执法过错的不予追究责任。

（1）因法律、法规、规章、税收规范性文件不明确或者有争议而导致执法过错的；

（2）因执行上级税务机关的答复、决定、命令、文件而导致执法过错的；

（3）因不可抗力或意外事件而导致执法过错的；

（4）因业务流程或者税收业务相关软件存在疏漏或者发生改变而导致执法过错的；

（5）执法过错情节显著轻微，主动发现并及时纠正，未造成危害后果的；

（6）其他有证据证明自身与违法过错无关的情形。

三　税收违法违纪及其法律责任

【知识点 1】 责任的主体

有税收违法违纪行为的单位，其负有责任的领导人员和直接责任人员，以及有税收违法违纪行为的个人,应当承担纪律责任。

下列人员有税收违法违纪行为的,由任免机关或者监察机关按照管理权限依法给予处分:①行政机关公务员;②法律、法规授权的具有公共事务管理职能的组织中从事公务的人员;③行政机关依法委托从事公共事务管理活动的组织中从事公务的人员;④企业、事业单位、社会团体中由行政机关任命的人员。法律、行政法规、国务院决定和国务院监察机关、国务院人力资源社会保障部门制定的处分规章对税收违法违纪行为的处分另有规定的,从其规定。

【知识点2】 责任追究

税务机关及税务人员有下列行为之一的,对有关责任人员,给予警告或者记过处分;情节较重的,给予记大过或者降级处分;情节严重的,给予撤职处分:①违反法定权限、条件和程序办理开业税务登记、变更税务登记或者注销税务登记的;②违反规定发放、收缴税控专用设备的;③违反规定开具完税凭证、罚没凭证的;④违反法定程序为纳税人办理减税、免税、退税手续的。

税务机关及税务人员有下列行为之一的,对有关责任人员,给予记过或者记大过处分;情节较重的,给予降级或者撤职处分;情节严重的,给予开除处分:①违反规定发售、保管、代开增值税专用发票以及其他发票,致使国家税收遭受损失或者造成其他不良影响的;②违反规定核定应纳税额、调整税收定额,导致纳税人税负水平明显不合理的。

税务机关及税务人员有下列行为之一的,对有关责任人员,给予警告或者记过处分;情节较重的,给予记大过或者降级处分;情节严重的,给予撤职处分:①违反规定采取税收保全、强制执行措施的;②查封、扣押纳税人个人及其所扶养家属维持生活必需的住房和用品的。

税务机关及税务人员有下列行为之一的,对有关责任人员,给予记过或者记大过处分;情节较重的,给予降级或者撤职处分;情节严重的,给予开除处分:①对管辖范围内的税收违法行为,发现后不予处理或者故意拖延查处,致使国家税收遭受损失的;②徇私舞弊或者玩忽职守,不征或者少征应征税款,致使国家税收遭受损失的。

税务机关及税务人员违反规定要求纳税人、扣缴义务人委托税务代理,或者为其指定税务代理机构的，对有关责任人员，给予记过或者记大过处分；情节较重的，给予降级或者撤职处分；情节严重的，给予开除处分。

税务机关领导干部的近亲属在本人管辖的业务范围内从事与税收业务相关的中介活动，经劝阻其近亲属拒不退出或者本人不服从工作调整的，给予记过或者记大过处分；情节较重的，给予降级或者撤职处分；情节严重的，给予开除处分。

税务人员有下列行为之一的，对有关责任人员，给予记过或者记大过处分；情节较重的，给予降级或者撤职处分；情节严重的，给予开除处分：①在履行职务过程中侵害公民、法人或者其他组织合法权益的；②滥用职权，故意刁难纳税人、扣缴义务人的；③对控告、检举税收违法违纪行为的纳税人、扣缴义务人以及其他检举人进行打击报复的。

税务机关及税务人员有下列行为之一的，对有关责任人员，给予记过或者记大过处分；情节较重的，给予降级或者撤职处分；情节严重的，给予开除处分：①索取、接受或者以借为名占用纳税人、扣缴义务人财物的；②以明显低于市场的价格向管辖范围内纳税人购买物品的；③以明显高于市场的价格向管辖范围内纳税人出售物品的；④利用职权向纳税人介绍经营业务，谋取不正当利益的；⑤违反规定要求纳税人购买、使用指定的税控装置的。

税务机关私分、挪用、截留、非法占有税款、滞纳金、罚款或者查封、扣押的财物以及纳税担保财物的，对有关责任人员，给予记大过处分；情节较重的，给予降级或者撤职处分；情节严重的，给予开除处分。

税务机关及税务人员有下列行为之一的，对有关责任人员，给予记过或者记大过处分；情节较重的，给予降级或者撤职处分；情节严重的，给予开除处分：①隐匿、毁损、伪造、变造税收违法案件证据的；②提供虚假税务协查函件的；③出具虚假涉税证明的。

有下列行为之一的，对有关责任人员，给予警告或者记过处分；情节较重的，给予记大过或者降级处分；情节严重的，给予撤职处分：①违反规定作出涉及税收优惠的资格认定、审批的；②未按规定要求当事人出示税收完税凭证或者免税凭证而为其办理行政登记、许可、审批等事项的；③违反规定办理纳税担保的；④违反规定提前征收、延缓征收税款的。

有下列行为之一的，对有关责任人员，给予记过或者记大过处分；情节较重的，给予降级或者撤职处分；情节严重的，给予开除处分：①违反法律、行政法规的规定，摊派税款的；②违反法律、行政法规的规定，擅自作出税收的开征、停征或者减税、免税、退税、补税以及其他同税收法律、行政法规相抵触的决定的。

不依法履行代扣代缴、代收代缴税款义务，致使国家税款遭受损失的，对有关责任人员，给予记过或者记大过处分；情节较重的，给予降级或者撤职处分；情节严重的，给予开除处分。

未经税务机关依法委托征收税款，或者虽经税务机关依法委托但未按照有关法律、行政法规的规定征收税款的，对有关责任人员，给予警告或者记过处分；情节较重的，给予记大过或者降级处分；情节严重的，给予撤职处分。

有下列行为之一的，对有关责任人员，给予记大过处分；情节较重的，给予降级或者撤职处分；情节严重的，给予开除处分：①违反规定为纳税人、扣缴义务人提供银行账户、发票、证明或者便利条件，导致未缴、少缴税款或者骗取国家出口退税款的；②向纳税人、扣缴义务人通风报信、提供便利或者以其他形式帮助其逃避税务行政处罚的；③逃避缴纳税款、抗税、逃避追缴欠税、骗取出口退税的；④伪造、变造、非法买卖发票的；⑤故意使用伪造、变造、非法买卖的发票，造成不良后果的。税务人员有前款第②项所列行为的，从重处分。

【知识点3】 其他规定

受到处分的人员对处分决定不服的，可以依照《中华人民共和国行政监察法》《中华人民共和国公务员法》《行政机关公务员处分条例》等有关规定申请复核或者申诉。

任免机关、监察机关和税务行政主管部门建立案件移送制度。任免机关、监察机关查处税收违法违纪案件，认为应当由税务行政主管部门予以处理的，应当及时将有关案件材料移送税务行政主管部门。税务行政主管部门应当依法及时查处，并将处理结果书面告知任免机关、监察机关。

税务行政主管部门查处税收管理违法案件，认为应当由任免机关或者监察机关给予处分的，应当及时将有关案件材料移送任免机关或者监察机关。

任免机关或者监察机关应当依法及时查处，并将处理结果书面告知税务行政主管部门。

有税收违法违纪行为，应当给予党纪处分的，移送党的纪律检查机关处理。涉嫌犯罪的，移送司法机关依法追究刑事责任。

四 税务职务犯罪及其刑事法律责任

【知识点1】 税务职务犯罪的概念

广义上的税务职务犯罪，是指税务人员在执法过程中，利用自己所掌握的税收执法权或行政管理权，以牺牲国家或集体权益为手段，为个人或他人谋取私利，应受刑法处罚的行为。包括其他国家机关工作人员和其他社会团体、企（事）业单位中依照法律法规或组织章程等从事公务的人员都可能出现的犯罪行为，如贪污受贿、挪用公款等。狭义的税务职务犯罪，即严格意义上的税务职务犯罪指只有税务工作人员才有可能发生的犯罪行为。

狭义的税务职务犯罪，专指《中华人民共和国刑法》规定的只能由税务人员构成的职务犯罪，包括两个罪名：徇私舞弊不征、少征税款罪和徇私舞弊发售发票、抵扣税款、出口退税罪。

【知识点2】 税务职务犯罪的成因

思想根源。理想信念动摇、法纪观念淡薄是产生职务犯罪的根本原因。

体制、制度根源。目前，我们国家的经济已经基本完成向社会主义市场经济转型的巨大转变，但是管理体制中的一些制度还不完善，使社会抑制职务犯罪的机制在一定程度上有所削弱，从而增强了那些意志比较薄弱的税务干部的侥幸心理和投机心理，利用职务之便实施犯罪。

法制根源。我国现行法制对预防税务职务犯罪还存在许多缺陷：一是在预防环节的立法相当薄弱，缺乏超前性和预见性，对一般税收违法行为的发生以及一般税收违法行为转化为税务职务犯罪的抑制性不强。二是现行税收法律、法规中对罚款规定的弹性过大，导致税收执法自由裁量权和随意性过大。三是税务部门内部的执法制约机制不够健全。

【知识点3】 税务职务犯罪的表现形式

占有型职务犯罪。这类犯罪人员利用职务上的便利，将国家税款或公款据为已有，使国家利益遭受重大损失，构成挪用公款罪、贪污罪、私分国有资产罪。具体表现有：收税不开票，开大头小尾票，贪污税款、异地转移税款、从中谋取非法利益予以私分，中饱私囊，将公款、公物占为已有。

渎职型职务犯罪。这类犯罪人员在工作中严重不尽职、不负责，导致国家税款严重流失。具体表现为：收入情税、关系税，超越权限减免税收，不符合一般纳税人认定标准的擅自认定，不该停业、废业的办理停业废业；玩忽职守，致使国家税收少征漏征，误退、多退；违反执法程序，超越职权，滥用税收保全、税收强制执行措施，不该查封、扣押的违法查扣，严重侵犯纳税人的权利，造成严重政治影响。

交易型职务犯罪。这类犯罪人员利用工作职务作为交换资本，以权谋私，以税谋私，具体表现为利用税务检查、违法违章处罚、人事管理等权利索贿受贿、收受礼品礼金或有价证券，严重影响公务活动；利用职务之便向纳税人或下级机关私人开支的费用；以各种名义和借口向所管辖的纳税人借钱借物，借交通工具和通讯工具；收受或索要纳税人礼品、礼金和证券。

徇私舞弊型职务犯罪。这类犯罪人员往往出于个人的不法或不正当目的，以这种徇私舞弊的行为，损害国家和人民利益，具体表现为：工作责任心差，随心所欲，徇私枉法，不能尽职尽责，该收不收，该查不查，少征或不征税款。

【知识点4】 税务职务犯罪的预防

加大教育力度，营造预防税务职务犯罪的浓厚氛围。要始终不渝、坚持不懈地开展思想政治工作，在每个税务干部的思想上筑起反腐倡廉、恪尽职守的防火墙，让大家在思想上不想犯法。

进一步健全完善各种工作制度，完善监督制约机制。必须要用制度来规范税收执法权力和行政管理权力，在税收征收、管理、稽查各个工作环节，明晰工作标准，健全和完善工作制度，从税务登记，一般纳税人认定，发票出售，税款缴纳，户籍巡查，税收检查、审理、执行，以及税款入库等各个方面实行规范管理；在行政事务管理方面从车辆管理、基建招标及物品采购登记等方面进一步完善并严格执行各项规章制度。

查处案件，惩治腐败。查处也是一种预防，是对税务职务犯罪的特殊预防。对税务违法犯罪的查处，既惩治了腐败问题，维护了党纪国法的严肃性，又能起到警示作用，达到威慑效果。

>> 习题演练

一 单项选择题

1. (　　　)是国家的根本大法，是我国法的主要渊源。

A. 民法　　　　　　B. 刑法　　　　　　C. 宪法　　　　　　D. 党章

【参考答案】C

【答案解析】宪法是我国的根本大法，具有最高的法律效力。一切法律、行政法规、地方性法规、自治条例和单行条例、规章都不得同宪法相抵触。

2. 税务行政相对人是税务行政法律关系要素中的(　　　)。

A. 客体　　　　　　B. 主体　　　　　　C. 内容　　　　　　D. 对象

【参考答案】B

【答案解析】税务行政相对人是在税务行政法律关系中被税务行政主体管理的一方当事人，即与税务行政主体相对应的，受行政权力作用或行政行为约束的另一方主体。

3. 以行政行为的对象是否特定为标准，行政行为可分为(　　　)。

A. 抽象行政行为与具体行政行为

B. 内部行政行为与外部行政行为

C. 羁束行政行为与自由裁量行政行为

D. 依职权的行政行为与依申请的行政行为

【参考答案】A

【答案解析】以行政行为的适用与效力作用的对象范围为标准，行政行为分为内部行政行为与外部行政行为。以行政行为受法律约束的程度为标准，行政行为分为羁束行政行为与自由裁量行政行为。以行政主体是否可以主动作出行政行为为标准,行政行为分为依职权的行政行为与依申请的行政行为。以行政行为的对象是否特定为标准,行政行为分为抽象行政行为与具体行政行为。

4. 行政机关应当自行政处罚案件立案之日起(   )日内作出行政处罚决定。

A. 60　　　　　B. 90　　　　　C. 120　　　　　D. 180

【参考答案】C

【答案解析】根据《中华人民共和国行政处罚法》第六十条规定,应从立案之日起90日内作行政处罚决定。

5. 行政机关采用公告方式送达强制执行文书时,要适用民事诉讼法满(   )日方视为送达的期限规定。

A. 30　　　　　B. 60　　　　　C. 90　　　　　D. 15

【参考答案】B

【答案解析】根据《中华人民共和国民事诉讼法》的规定,公告满60日视为送达。

6. 复议机关在复议程序中收集和补充的证据,或者作出原具体行政行为的行政机关在复议程序中未向复议机关提交的证据,(   )作为人民法院认定原具体行政行为合法的依据。

A. 可以　　　　B. 不能　　　　C. 视情况　　　　D. 应该

【参考答案】B

【答案解析】根据《中华人民共和国行政诉讼法》的规定,以原行政行为本身作为人民法院认定原具体行政行为合法的依据。

7. (   )是危害税收征管犯罪中唯一涉及侵犯人身权利的犯罪,是一种行为犯。

A. 逃税罪　　　　　　　　B. 逃避追缴欠税罪

C. 抗税罪　　　　　　　　D. 骗取出口退税罪

【参考答案】C

【答案解析】抗税罪是以暴力、威胁方法拒不缴纳税款的行为。抗税罪是危害税收征管罪中手段最恶劣、影响最坏的行为。它会直接危害税务人员的人身安全。

8. 逃税罪的立案标准是(   )。

A. 纳税人采取欺骗、隐瞒手段进行虚假纳税申报或者不申报

B. 逃避缴纳税款数额较大并且占应纳税额10%以上

C. 同时符合选项A、B条件

D. 符合选项A、B条件之一

【参考答案】C

【答案解析】纳税人采取欺骗、隐瞒手段进行虚假纳税申报或者不申报，逃避缴纳税款数额较大并且占应纳税额10%以上的即构成逃税罪，有数额和比例的双重要求。

9. 中级人民法院对以下行政案件没有管辖权的是(   )。

A. 对县级以上地方人民政府所作的行政行为提起诉讼的案件

B. 海关处理的案件

C. 本辖区内重大、复杂的案件

D. 涉及专利权纠纷的案件

【参考答案】D

【参考答案】选项D应由基层人民法院管辖。

10. 2个以上人民法院都有管辖权的案件，可以选择其中1个人民法院提起诉讼的主体是(   )。

A. 原告   B. 被告   C. 法院   D. 原告和被告

【参考答案】A

【答案解析】根据《中华人民共和国行政诉讼法》的规定，由原告选择人民法院提起诉讼。

11. 税收执法责任由岗位职责、工作规程、评议考核和过错责任追究四部分构成。下列说法错误的是(   )。

A. 岗位职责是基础   B. 工作规程是关键

C. 评议考核是保障   D. 过错责任追究是表现

【参考答案】D

【答案解析】没有选项D的说法。

12. 税收执法过错责任追究的实施主体是(   )以上税务机关，其他税

务机关不负责实施税收执法过错责任追究。

A. 市级　　　　　B. 县级　　　　　C. 乡级　　　　　D. 省级

【参考答案】B

【答案解析】按照规定，县级以上税务机关行政责任追究职责。

13. 未经税务机关依法委托征收税款，或者虽经税务机关依法委托但未按照有关法律、行政法规的规定征收税款的，情节严重的，对有关责任人员，给予(　　)处分。

A. 警告　　　　　B. 记过　　　　　C. 撤职　　　　　D. 开除

【参考答案】C

【答案解析】未经税务机关依法委托征收税款，或者虽经税务机关依法委托但未按照有关法律、行政法规的规定征收税款的，对有关责任人员，给予警告或者记过处分；情节较重的，给予记大过或者降级处分；情节严重的，给予撤职处分。

14. 对税务所（分局）、各级税务局的稽查局的具体行政行为不服的，向(　　)申请行政复议。

A. 所属税务局　　　　　　　　　　B. 所属税务局的上级税务局

C. 原行为单位　　　　　　　　　　D. 当地人民政府

【参考答案】A

【答案解析】按照税务行政复议规则，应向所属税务局申请行政复议。

15. 税收保全措施的手段，一般不包括(　　)。

A. 查封　　　　　B. 拍卖　　　　　C. 扣押　　　　　D. 冻结

【参考答案】B

【答案解析】税收保全措施的手段一般是查封、扣押和冻结，税务行政强制执行的方式是扣缴和拍卖、变卖。

二 多项选择题

1. 法的特征包括(　　)。

A. 规范性　　　　B. 国家意志性　　C. 国家强制性　　D. 普遍性

【参考答案】ABCD

【答案解析】以上4个选项都是法的基本特征。

2. 下列关于行政许可的说法，正确的有( )。

A. 行政许可是依申请的行政行为

B. 行政许可是要式行政行为

C. 行政许可是授益性行政行为

D. 行政许可是外部行政行为

【参考答案】ABCD

【答案解析】行政许可是国家管理社会经济事务的一种有效手段，是行政机关根据公民、法人或者其他组织的申请，经依法审查，准予其从事特定活动的行为，以上说法都是行政许可的特征。

3. 税务行政处罚的基本原则有( )。

A. 处罚法定原则　　　　　B. 处罚公正、公开原则

C. 处罚与教育相结合原则　D. 职能统一原则

【参考答案】ABC

【答案解析】在行政机关内部运用分权原则，要求行政机关将其内部的某些相关职能加以分离，使之分属于不同的机构或不同的工作人员掌管或行使，以便在行政机关内部建立起相互制约机制，控制权力专断，因此选项D错误。

4. 目前法律、法规、规章明确的税务行政处罚的种类有( )。

A. 警告　　　　　　　　　B. 没收非法财物、没收违法所得

C. 停止办理出口退税权　　D. 吊销发票准印证

【参考答案】BCD

【答案解析】税务行政处罚的种类有：罚款；没收非法财物、没收违法所得；停止办理出口退税权以及吊销发票准印证4种，因此选项A不选。

5. 行政强制措施的种类包括( )。

A. 限制公民人身自由　　　B. 查封场所、设施或者财物

C. 冻结存款、汇款　　　　D. 加处罚款或者滞纳金

【参考答案】ABC

【答案解析】加处罚款或者滞纳金是行政强制执行。

6. 当事人向人民法院提供证人证言的，应当符合的要求有( )。

A. 写明证人的姓名、年龄、性别、职业、住址等基本情况

B. 有证人的签名，不能签名的，应当以盖章等方式证明

C. 注明出具日期

D. 附有居民身份证复印件等证明证人身份的文件

【参考答案】ABCD

【答案解析】4 个选项都是人民法院对提供证人证言的要求。

7. 下列证据不能单独作为定案依据的有(　　)。

A. 与一方当事人有亲属关系或者其他密切关系的证人所作的对该当事人有利的证言

B. 未成年人所作的证言

C. 应当出庭作证而无正当理由不出庭作证的证人证言

D. 无法与原件、原物核对的复制件或者复制品

【参考答案】ACD

【答案解析】选项 B 应为未成年人所作的与其年龄和智力状况不相适应的证言。

8. 税务行政复议由复议机关对该具体行政行为的(　　)进行审查并作出决定。

A. 合法性　　　　B. 真实性　　　　C. 合理性　　　　D. 正当性

【参考答案】AC

【答案解析】税务行政复议，是指纳税人及其他当事人认为税务机关及其工作人员作出的税务具体行政行为侵犯其合法权益，依法向行政复议机关提出审查该具体行政行为的申请，由复议机关对该具体行政行为的合法性和合理性进行审查并作出决定的制度和活动。

9. 税务行政复议活动中止的具体情形包括(　　)。

A. 作为申请人的公民死亡，其近亲属尚未确定是否参加行政复议的

B. 作为申请人的公民丧失参加行政复议的能力，尚未确定法定代理人参加行政复议的

C. 作为申请人的法人或者其他组织终止，尚未确定权利义务承受人的

D. 作为申请人的公民下落不明或者被宣告失踪的

【参考答案】ABCD

【答案解析】4 个选项都是税务行政复议活动中止的情形。

10. 以下关于行政诉讼被告的说法，正确的有( )。

A. 经复议的案件，作出原行政行为的行政机关和复议机关是共同被告

B. 复议机关在法定期限内未作出复议决定，公民、法人或者其他组织起诉原行政行为的，作出原行政行为的行政机关是被告

C. 2个以上行政机关作出同一行政行为的，共同作出行政行为的行政机关是共同被告

D. 行政机关委托的组织所作的行政行为，委托的行政机关是被告

【参考答案】BCD

【答案解析】经复议的案件，复议机关决定维持原行政行为的，作出原行政行为的行政机关和复议机关是共同被告；复议机关改变原行政行为的，复议机关是被告。

11. 下列关于执法过错责任的说法，正确的有( )。

A. 因承办人的个人原因造成执法过错的，由承办人承担全部过错责任

B. 承办人为2人或2人以上的，根据过错责任大小分别承担主要责任、次要责任

C. 承办人的过错行为经过批准的，由承办人和批准人共同承担责任，批准人承担主要责任，承办人承担次要责任

D. 因承办人弄虚作假导致批准错误的，由承办人承担全部过错责任

【参考答案】ABCD

【答案解析】4个选项都符合执法责任制的规定。

12. 以下关于强制执行费用的说法，正确的有( )。

A. 税务行政强制执行会产生一定数额的费用，应该先扣除相关费用后，再按照税款、滞纳金、罚款和加处罚款顺序进行清偿

B. 清偿后剩余部分应当在3日内退还被执行人

C. 税务机关因查封、扣押而产生的保管费用，由行政机关承担

D. 税务机关因查封、扣押而产生的保管费用，由行政相对方承担

【参考答案】ABC

【答案解析】根据《中华人民共和国行政强制法》的规定，税务机关因查封、扣押而产生的保管费用，由行政机关承担。

13. 原告或者第三人不能自行收集，但能够提供确切线索的，可以申请人

民法院调取下列证据材料的情形有(　　　)。

A. 由国家有关部门保存而须由人民法院调取的证据材料

B. 涉及国家利益、公共利益或者他人合法权益的事实认定的

C. 涉及国家秘密、商业秘密、个人隐私的证据材料

D. 确因客观原因不能自行收集的其他证据材料

【参考答案】ACD

【答案解析】涉及国家利益、公共利益或者他人合法权益的事实认定属于人民法院有权向有关行政机关以及其他组织、公民调取证据的情形。

14. 税务行政赔偿的构成要件包括(　　　)。

A. 侵权主体是行使国家税收征管职权的税务机关及其工作人员

B. 必须是税务机关及其工作人员行使税收征管职权的行为

C. 必须有公民、法人和其他组织的合法权益受到损害的事实

D. 必须是违法行为与损害后果有因果关系

【参考答案】ABCD

【答案解析】根据相关规定,4个选项都正确。

三　判断题

1. 法律溯及力,是指新的法律生效后,对其生效前所发生的事件和行为是否适用的问题。如果适用,新法就不具有溯及力,如果不能适用,则说明新法具有溯及力。　　　　　　　(　　)

【参考答案】错误

【答案解析】应为如果适用,新法就具有溯及力,如果不能适用,则说明新法不具有溯及力。

2. 税务行政关系的客体是指税务行政相对人。　　　　　(　　)

【参考答案】错误

【答案解析】税务行政关系的客体,是指税务行政法律关系主体的权利义务所指向的标的、目标或对象,包括物和行为两大类。

3. 听证是作出税务行政许可决定的必经程序。　　　　　(　　)

【参考答案】错误

【答案解析】根据税务行政许可的相关规定，听证不是作出税务行政许可决定的必经程序。

4. 对当事人的同一个违法行为，不得给予两次以上的行政处罚。（ ）

【参考答案】错误

【答案解析】对当事人的同一个违法行为，不得给予两次以上罚款的行政处罚。

5. 行政强制措施，是指行政机关或者行政机关申请人民法院对不履行行政决定的公民、法人或者其他组织依法强制履行义务的行为。（ ）

【参考答案】错误

【答案解析】行政强制措施，是指行政机关在行政管理过程中，为制止违法行为、防止证据损毁、避免危害发生、控制危险扩大等情形，依法对公民的人身自由实施暂时性限制，或者对公民、法人或者其他组织的财物实施暂时性控制的行为。题干是行政强制执行的定义。

6. 原告提供的证据不成立的，不免除被告对被诉具体行政行为合法性的举证责任。（ ）

【参考答案】正确

7. 虚开发票罪是指虚开增值税专用发票、用于骗取出口退税、抵扣税款发票，情节严重，依法应受处罚的行为。（ ）

【参考答案】错误

【答案解析】虚开发票罪，是指虚开增值税专用发票、用于骗取出口退税、抵扣税款发票以外发票的行为。

8. 公民、法人或者其他组织同被诉行政行为有利害关系但没有提起诉讼，或者同案件处理结果有利害关系的，可以作为第三人申请参加诉讼，或者由人民法院通知参加诉讼。（ ）

【参考答案】正确

9. 赔偿请求人请求税务行政赔偿的时效为 3 年，自税务行政人员行使职权的时点起计算。（ ）

【参考答案】错误

【答案解析】赔偿请求人请求税务行政赔偿的时效为 2 年，自税务行政人员行使职权时的行为被依法确认为违法之日起计算。

10. 公务员定期考核的结果分为优秀、称职、基本称职和不称职四个等次。 （ ）

【参考答案】正确

四 简答题

1. 我国社会主义法治的总目标是什么？

【参考答案】我国社会主义法治的总目标是建设中国特色社会主义法治体系，建设社会主义法治国家。在中国共产党领导下，坚持中国特色社会主义制度，贯彻中国特色社会主义法治理论，形成完备的法律规范体系、高效的法治实施体系、严密的法治监督体系、有力的法治保障体系，形成完善的党内法规体系，坚持依法治国、依法执政、依法行政共同推进，坚持法治国家、法治政府、法治社会一体建设，实现科学立法、严格执法、公正司法、全民守法，促进国家治理体系和治理能力现代化。

2. 请简述三项制度的内容。

【参考答案】三项制度，是指行政执法公示制度、行政执法全过程记录制度和重大执法决定法制审核制度。行政执法公示制度，是指行政机关在行政执法事前、事中和事后三个环节，依法及时主动向行政相对人和社会，公开有关行政执法信息的活动。行政执法全过程记录制度，是指行政机关采用文字、音像记录的形式，对税务执法的启动、调查取证、审核决定、送达执行等全部过程进行记录，并全面系统归档保存，实现执法全过程留痕和可回溯管理的活动。重大执法决定法制审核制度是指行政机关作出重大执法决定前，由法制审核机构对决定的合法性进行审核的活动。

五 论述题

请结合岗位实际，谈谈税务职务犯罪如何预防？

【参考答案】（1）加大教育力度，营造预防税务职务犯罪的浓厚氛围。要始终不渝、坚持不懈地开展思想政治工作，在每个税务干部的思想上筑起反腐倡廉、恪尽职守的防火墙，让大家在思想上不想犯法。

（2）进一步健全完善各种工作制度，完善监督制约机制。必须要用制度来规范税收执法权力和行政管理权力，在税收征收、管理、稽查各个工作环节，明晰工作标准，健全和完善工作制度，从税务登记，一般纳税人认定，发票出售，税款缴纳，户籍巡查，税收检查、审理、执行，以及税款入库等各个方面实行规范管理；在行政事务管理方面从车辆管理，基建招标及物品采购登记等方面进一步完善并严格执行各项规章制度。

（3）查处案件，惩治腐败。查处也是一种预防，是对税务职务犯罪的特殊预防。对税务违法犯罪的查处，既惩治了腐败问题，维护了党纪国法的严肃性，又能起到警示作用，达到威慑效果。

第五章

国际税收

>> 第一节
税收管辖权

一 国际税收的概念

【知识点】 国际税收概念

国际税收，是指两个（或两个以上的）国家政府，由于行使其各自的课税主权，在对跨国纳税人进行分别课税而形成的征纳关系中，所发生的国家之间的税收分配关系。国家间对商品服务、所得、财产课税的制度差异是国际税收产生的基础。国际税收的本质是利益在多个国家之间的分配，是各国政府对跨国公司所得的再分配的过程。

国际重复征税、国际双重不征税、国际避税与反避税、国际税收合作是常见的国际税收问题和税收现象。国际税收需要解决的主要问题是防止或者缓解国际重复征税和防范国际避税。

二 税收管辖权主要内容

【知识点1】 税收管辖权的含义

税收管辖权，是指主权国家根据其法律所拥有和行使的征税权力，是国际法公认的国家基本权利，属于国家主权在税收领域中的体现。税收管辖权表现在一国政府有权对哪些人征税、征何种税、征多少税及如何征税等方面。

【知识点2】 税收管辖权的分类

税收管辖权划分原则主要有属人原则和属地原则。

税收管辖权大致分为三类：居民管辖权、公民管辖权和地域管辖权。其中，前两者可以合称为居民（公民）管辖权，遵循的是属人原则，后者遵循的是属地原则。

【知识点 3】 税收管辖权的行使

各国对税收管辖权的行使主要有三种情况。

1. 仅行使地域管辖权

一国只对来源于本国境内的所得行使征税权，其中包括本国居民的境内所得和外国居民的境内所得，但对本国居民的境外所得不行使征税权。

2. 同时行使地域管辖权和居民管辖权

一国对本国居民的境内所得、境外所得，以及外国居民的境内所得这 3 类所得都行使征税权。其中，对本国居民境外所得征税所依据的是居民管辖权，对外国居民在本国境内所得征税所依据的是地域管辖权。

3. 同时行使地域管辖权、居民管辖权和公民管辖权

这种情况主要发生在个别强调本国征税范围的国家，其个人所得税除了行使地域管辖权和居民管辖权之外，还坚持行使公民管辖权。

中国是同时行使地域管辖权和居民管辖权的国家之一。

【知识点 4】 税收管辖权的优先原则

大多数国家在兼用居民（公民）管辖权和地域管辖权的同时，认同并遵循地域税收管辖权优先原则。

>> 第二节
非居民企业及个人税收管理

一 非居民企业税收管理概述

【知识点 1】 非居民企业的纳税义务

非居民企业在中国境内设立机构、场所的，应当就其所设机构、场所取得的来源于中国境内的所得，以及发生在中国境外但与其所设机构、场所有实际联系的所得，缴纳企业所得税。

非居民企业在中国境内未设立机构、场所的，或者虽设立机构、场所但取得的所得与其所设机构、场所没有实际联系的，应当就其来源于中国境内的所得缴纳企业所得税。

【知识点2】 对外支付税务备案

境内机构和个人向境外单笔支付等值5万美元以上（不含等值5万美元），下列外汇资金，除规定的情形外，均应向所在地主管税务机关进行备案。

1. 境外机构或个人从境内获得的包括运输、旅游、通信、建筑安装及劳务承包、保险服务、金融服务、计算机和信息服务、专有权利使用和特许、体育文化和娱乐服务、其他商业服务、政府服务等服务贸易收入。

2. 境外个人在境内的工作报酬，境外机构或个人从境内获得的股息、红利、利润、直接债务利息、担保费以及非资本转移的捐赠、赔偿、税收、偶然性所得等收益和经常转移收入。

3. 境外机构或个人从境内获得的融资租赁租金、不动产的转让收入、股权转让所得以及外国投资者其他合法所得。

境内机构和个人对同一笔合同需要多次对外支付的，仅需在首次付汇前办理税务备案。

【知识点3】 无需办理税务备案

境内机构和个人对外支付下列外汇资金，无需办理和提交《服务贸易等项目对外支付税务备案表》：

1. 境内机构在境外发生的差旅、会议、商品展销等各项费用。

2. 境内机构在境外代表机构的办公经费，以及境内机构在境外承包工程的工程款。

3. 境内机构发生在境外的进出口贸易佣金、保险费、赔偿款。

4. 进口贸易项下境外机构获得的国际运输费用。

5. 保险项下保费、保险金等相关费用。

6. 从事运输或远洋渔业的境内机构在境外发生的修理、油料、港杂等各项费用。

7. 境内旅行社从事出境旅游业务的团费以及代订、代办的住宿、交通等相关费用。

8. 亚洲开发银行和世界银行集团下属的国际金融公司从我国取得的所得或收入，包括投资合营企业分得的利润和转让股份所得、在华财产（含房产）出租或转让收入以及贷款给我国境内机构取得的利息。

9. 外国政府和国际金融组织向我国提供的外国政府（转）贷款［含外国政府混合（转）贷款］和国际金融组织贷款项下的利息。这里所称国际金融组织是指国际货币基金组织、世界银行集团、国际开发协会、国际农业发展基金组织、欧洲投资银行等。

10. 外汇指定银行或财务公司自身对外融资，如境外借款、境外同业拆借、海外代付以及其他债务等项下的利息。

11. 我国省级以上国家机关对外无偿捐赠援助资金。

12. 境内证券公司或登记结算公司向境外机构或境外个人支付其依法获得的股息、红利、利息收入及有价证券卖出所得收益。

13. 境内个人境外留学、旅游、探亲等因私用汇。

14. 境内机构和个人办理服务贸易、收益和经常转移项下退汇。

15. 外国投资者以境内直接投资合法所得在境内再投资。

16. 财政预算内机关、事业单位、社会团体非贸易非经营性付汇业务。

17. 国家规定的其他情形。

【知识点4】 递延纳税基本规定

自2017年1月1日起，对境外投资者从中国境内居民企业分配的利润，直接投资于鼓励类投资项目，凡符合规定条件的，实行递延纳税政策，暂不征收预提所得税。自2018年1月1日起，对境外投资者从中国境内居民企业分配的利润，用于境内直接投资暂不征收预提所得税政策的适用范围，由外商投资鼓励类项目扩大至所有非禁止外商投资的项目和领域。

境外投资者暂不征收预提所得税须同时满足以下条件：

（1）境外投资者以分得利润进行的直接投资，包括境外投资者以分得利润进行的增资、新建、股权收购等权益性投资行为，但不包括新增、转增、收购上市公司股份（符合条件的战略投资除外）。具体是指：

①新增或转增中国境内居民企业实收资本或者资本公积；

②在中国境内投资新建居民企业；

③从非关联方收购中国境内居民企业股权；

④财政部、税务总局规定的其他方式。

境外投资者采取上述投资行为所投资的企业统称为被投资企业。

（2）境外投资者分得的利润属于中国境内居民企业向投资者实际分配已经实现的留存收益而形成的股息、红利等权益性投资收益。

（3）境外投资者用于直接投资的利润以现金形式支付的，相关款项从利润分配企业的账户直接转入被投资企业或股权转让方账户，在直接投资前不得在境内外其他账户周转；境外投资者用于直接投资的利润以实物、有价证券等非现金形式支付的，相关资产所有权直接从利润分配企业转入被投资企业或股权转让方，在直接投资前不得由其他企业、个人代为持有或临时持有。

【知识点5】 境外机构投资境内债券市场企业所得税、 增值税政策

自 2018 年 11 月 7 日起至 2025 年 11 月 6 日止，对境外机构投资境内债券市场取得的债券利息收入暂免征收企业所得税和增值税。

上述暂免征收企业所得税的范围不包括境外机构在境内设立的机构、场所取得的与该机构、场所有实际联系的债券利息。

二 非居民企业税收管理的主要内容

【知识点1】 有机构、 场所的非居民企业管理

设立机构、场所的非居民企业，取得规定的所得，其企业所得税由机构、场所所在地主管税务机关负责税收管理。有机构、场所的非居民企业管理主要包括常驻代表机构、从事工程作业和提供劳务、国际运输等的税务管理。按征收方式分为据实征收和核定征收两类。

1. 非居民承包工程作业和提供劳务税收管理

承包工程作业，是指在中国境内承包建筑、安装、装配、修缮、装饰、勘探及其他工程作业。

提供劳务是指在中国境内从事加工、修理修配、交通运输、仓储租赁、咨

询经纪、设计、文化体育、技术服务、教育培训、旅游、娱乐及其他劳务活动。

非居民企业在中国境内承包工程作业或提供劳务的，应当自项目合同或协议（以下简称合同）签订之日起30日内，向项目所在地主管税务机关办理税务登记手续。

依照法律、行政法规规定负有税款扣缴义务的境内机构和个人，应当自扣缴义务发生之日起30日内，向所在地主管税务机关办理扣缴税款登记手续。

非居民企业在中国境内承包工程作业或提供劳务项目的，企业所得税按纳税年度计算、分季预缴，年终汇算清缴，并在工程项目完工或劳务合同履行完毕后结清税款。

税务机关应当建立税源监控机制，获取并利用发改委、建设、外汇管理、商务、教育、文化、体育等部门关于非居民在中国境内承包工程作业和提供劳务的相关信息，并可根据工作需要，将信息使用情况反馈给有关部门。

主管税务机关应当按项目建档、分项管理的原则，建立非居民承包工程作业和提供劳务项目的管理台账和纳税档案，及时准确掌握工程和劳务项目的合同执行、施工进度、价款支付、对外付汇、税款缴纳等情况。

2. 常驻代表机构税收管理

外国企业常驻代表机构，是指按照国务院有关规定，在工商行政管理部门登记或经有关部门批准，设立在中国境内的外国企业（包括港澳台企业）及其他组织的常驻代表机构（以下简称代表机构）。

代表机构应当就其归属所得依法申报缴纳企业所得税，就其应税收入依法申报缴纳增值税。

代表机构应当自领取工商登记证件（或有关部门批准）之日起30日内，持有关资料，向其所在地主管税务机关申报办理税务登记。

代表机构应当按照有关法律、行政法规和国务院财政、税务主管部门的规定设置账簿，根据合法、有效凭证记账，进行核算，并应按照实际履行的功能和承担的风险相配比的原则，准确计算其应税收入和应纳税所得额，在规定期限内向主管税务机关据实申报缴纳增值税和企业所得税。

对账簿不健全，不能准确核算收入或成本费用，以及无法按照规定据实申报的代表机构，税务机关有权核定其应纳税所得额。

3. 汇算清缴管理

依照外国（地区）法律成立且实际管理机构不在中国境内，但在中国境内设立机构、场所的非居民企业，无论盈利或者亏损，均应按照《企业所得税法》及《非居民企业所得税汇算清缴管理办法》（国税发〔2009〕6号）的规定参加所得税汇算清缴。

非居民企业具有下列情形之一的，可不参加当年度的所得税汇算清缴：

（1）临时来华承包工程和提供劳务不足一年，在年度中间终止经营活动，且已经结清税款。

（2）汇算清缴期内已办理注销。

（3）其他经主管税务机关批准可不参加当年度所得税汇算清缴。

非居民企业应当自年度终了之日起5个月内，向税务机关报送年度企业所得税纳税申报表，并汇算清缴，结清应缴应退税款。

企业在年度中间终止经营活动的，应当自实际经营终止之日起60日内，向税务机关办理当期企业所得税汇算清缴。

4. 核定征收管理

非居民企业因会计账簿不健全，资料残缺难以查账，或者其他原因不能准确计算并据实申报其应纳税所得额的，税务机关有权采取一定的方法核定其应纳税所得额。

税务机关可按照以下标准确定非居民企业的利润率：

（1）从事承包工程作业、设计和咨询劳务的，利润率为15%～30%；

（2）从事管理服务的，利润率为30%～50%；

（3）从事其他劳务或劳务以外经营活动的，利润率不低于15%。

采取核定征收方式征收企业所得税的非居民企业，在中国境内从事适用不同核定利润率的经营活动，并取得应税所得的，应分别核算并适用相应的利润率计算缴纳企业所得税；凡不能分别核算的，应从高适用利润率，计算缴纳企业所得税。

【知识点2】 源泉扣缴管理

对非居民企业取得来源于中国境内的股息、红利等权益性投资收益和利息、租金、特许权使用费所得、转让财产所得以及其他所得应当缴纳的企业所得税,实行源泉扣缴。

1. 扣缴义务发生时间

税款由扣缴义务人在每次支付或者到期应支付时,从支付或者到期应支付的款项中扣缴。

非居民企业取得应源泉扣缴的所得为股息、红利等权益性投资收益的,相关应纳税款扣缴义务发生之日为股息、红利等权益性投资收益实际支付之日。

非居民企业采取分期收款方式取得应源泉扣缴所得税的同一项转让财产所得的,其分期收取的款项可先视为收回以前投资财产的成本,待成本全部收回后,再计算并扣缴应扣税款。

中国境内企业和非居民企业签订与利息、租金、特许权使用费等所得有关的合同或协议,如果未按照合同或协议约定的日期支付上述所得款项,或者变更或修改合同或协议延期支付,但已计入企业当期成本、费用,并在企业所得税年度纳税申报中作税前扣除的,应在企业所得税年度纳税申报时按照企业所得税法有关规定代扣代缴企业所得税。如果企业上述到期未支付的所得款项,不是一次性计入当期成本、费用,而是计入相应资产原价或企业筹办费,在该类资产投入使用或开始生产经营后分期摊入成本、费用,分年度在企业所得税前扣除的,应在企业计入相关资产的年度纳税申报时就上述所得全额代扣代缴企业所得税。

2. 扣缴税款的申报缴纳

扣缴义务人应当自扣缴义务发生之日起7日内向扣缴义务人所在地主管税务机关申报和解缴代扣税款。扣缴义务人在申报和解缴应扣税款时,应填报《中华人民共和国扣缴企业所得税报告表》。

三　非居民个人纳税义务

【知识点】 非居民个人纳税义务

在中国境内无住所又不居住,或者无住所而一个纳税年度内在中国境内居住累计不满183天的个人,为非居民个人。纳税年度,自公历1月1日起至12月31日止。在中国境内有住所,是指因户籍、家庭、经济利益关系而在中国境内习惯性居住。

在中国境内无住所的个人，在中国境内居住累计满 183 天的年度连续不满 6 年的，经向主管税务机关备案，其来源于中国境外且由境外单位或者个人支付的所得，免予缴纳个人所得税；在中国境内居住累计满 183 天的任一年度中有一次离境超过 30 天的，其在中国境内居住累计满 183 天的年度的连续年限重新起算。

在中国境内无住所的个人，在一个纳税年度内在中国境内居住累计不超过 90 天的，其来源于中国境内的所得，由境外雇主支付并且不由该雇主在中国境内的机构、场所负担的部分，免予缴纳个人所得税。

四 境外所得有关个人所得税政策

【知识点】 境外所得有关个人所得税政策

1. 下列所得，为来源于中国境外的所得：

（1）因任职、受雇、履约等在中国境外提供劳务取得的所得。

（2）中国境外企业以及其他组织支付且负担的稿酬所得。

（3）许可各种特许权在中国境外使用而取得的所得。

（4）在中国境外从事生产、经营活动而取得的与生产、经营活动相关的所得。

（5）从中国境外企业、其他组织以及非居民个人取得的利息、股息、红利所得。

（6）将财产出租给承租人在中国境外使用而取得的所得。

（7）转让中国境外的不动产、转让对中国境外企业以及其他组织投资形成的股票、股权以及其他权益性资产（以下称权益性资产）或者在中国境外转让其他财产取得的所得。但转让对中国境外企业以及其他组织投资形成的权益性资产，该权益性资产被转让前三年（连续 36 个公历月份）内的任一时间，被投资企业或其他组织的资产公允价值 50% 以上直接或间接来自位于中国境内的不动产的，取得的所得为来源于中国境内的所得。

（8）中国境外企业、其他组织以及非居民个人支付且负担的偶然所得。

（9）财政部、税务总局另有规定的，按照相关规定执行。

2. 居民个人应当依照《个人所得税法》及其实施条例规定，按照以下方

法计算当期境内和境外所得应纳税额:

(1) 居民个人来源于中国境外的综合所得,应当与境内综合所得合并计算应纳税额。

(2) 居民个人来源于中国境外的经营所得,应当与境内经营所得合并计算应纳税额。居民个人来源于境外的经营所得,按照《个人所得税法》及其实施条例的有关规定计算的亏损,不得抵减其境内或他国(地区)的应纳税所得额,但可以用来源于同一国家(地区)以后年度的经营所得按中国税法规定弥补。

(3) 居民个人来源于中国境外的利息、股息、红利所得,财产租赁所得,财产转让所得和偶然所得(以下称其他分类所得),不与境内所得合并,应当分别单独计算应纳税额。

3. 居民个人在一个纳税年度内来源于中国境外的所得,依照所得来源国家(地区)税收法律规定在中国境外已缴纳的所得税税额允许在抵免限额内从其该纳税年度应纳税额中抵免。

居民个人来源于一国(地区)的综合所得、经营所得以及其他分类所得项目的应纳税额为其抵免限额,按照下列公式计算:

(1) 来源于一国(地区)综合所得的抵免限额 = 中国境内和境外综合所得依照上述第 2 项规定计算的综合所得应纳税额 × 来源于该国(地区)的综合所得收入额 ÷ 中国境内和境外综合所得收入额合计

(2) 来源于一国(地区)经营所得的抵免限额 = 中国境内和境外经营所得依照上述第 2 项规定计算的经营所得应纳税额 × 来源于该国(地区)的经营所得应纳税所得额 ÷ 中国境内和境外经营所得应纳税所得额合计

(3) 来源于一国(地区)其他分类所得的抵免限额 = 该国(地区)的其他分类所得依照上述第 2 项规定计算的应纳税额

(4) 来源于一国(地区)所得的抵免限额 = 来源于该国(地区)综合所得抵免限额 + 来源于该国(地区)经营所得抵免限额 + 来源于该国(地区)其他分类所得抵免限额

4. 可抵免的境外所得税税额,是指居民个人取得境外所得,依照该所得来源国(地区)税收法律应当缴纳且实际已经缴纳的所得税性质的税额。可抵免的境外所得税额不包括以下情形:

（1）按照境外所得税法律属于错缴或错征的境外所得税税额；

（2）按照我国政府签订的避免双重征税协定以及内地与香港、澳门签订的避免双重征税安排（以下统称税收协定）规定不应征收的境外所得税税额；

（3）因少缴或迟缴境外所得税而追加的利息、滞纳金或罚款；

（4）境外所得税纳税人或者其利害关系人从境外征税主体得到实际返还或补偿的境外所得税税款；

（5）按照我国《个人所得税法》及其实施条例规定，已经免税的境外所得负担的境外所得税税款。

5. 居民个人从与我国签订税收协定的国家（地区）取得的所得，按照该国（地区）税收法律享受免税或减税待遇，且该免税或减税的数额按照税收协定饶让条款规定应视同已缴税额在中国的应纳税额中抵免的，该免税或减税数额可作为居民个人实际缴纳的境外所得税税额按规定申报税收抵免。

6. 居民个人一个纳税年度内来源于一国（地区）的所得实际已经缴纳的所得税税额，低于依照上述第 3 项规定计算出的来源于该国（地区）该纳税年度所得的抵免限额的，应以实际缴纳税额作为抵免额进行抵免；超过来源于该国（地区）该纳税年度所得的抵免限额的，应在限额内进行抵免，超过部分可以在以后 5 个纳税年度内结转抵免。

7. 居民个人从中国境外取得所得的，应当在取得所得的次年 3 月 1 日至 6 月 30 日内申报纳税。

8. 居民个人取得境外所得，应当向中国境内任职、受雇单位所在地主管税务机关办理纳税申报；在中国境内没有任职、受雇单位的，向户籍所在地或中国境内经常居住地主管税务机关办理纳税申报；户籍所在地与中国境内经常居住地不一致的，选择其中一地主管税务机关办理纳税申报；在中国境内没有户籍的，向中国境内经常居住地主管税务机关办理纳税申报。

9. 居民个人取得境外所得的境外纳税年度与公历年度不一致的，取得境外所得的境外纳税年度最后一日所在的公历年度，为境外所得对应的我国纳税年度。

10. 居民个人申报境外所得税收抵免时，除另有规定外，应当提供境外征税主体出具的税款所属年度的完税证明、税收缴款书或者纳税记录等纳税凭证，未提供符合要求的纳税凭证，不予抵免。

居民个人已申报境外所得、未进行税收抵免,在以后纳税年度取得纳税凭证并申报境外所得税收抵免的,可以追溯至该境外所得所属纳税年度进行抵免,但追溯年度不得超过 5 年。自取得该项境外所得的 5 个年度内,境外征税主体出具的税款所属纳税年度纳税凭证载明的实际缴纳税额发生变化的,按实际缴纳税额重新计算并办理补退税,不加收税收滞纳金,不退还利息。

纳税人确实无法提供纳税凭证的,可同时凭境外所得纳税申报表(或者境外征税主体确认的缴税通知书)以及对应的银行缴款凭证办理境外所得抵免事宜。

11. 居民个人被境内企业、单位、其他组织(以下称派出单位)派往境外工作,取得的工资薪金所得或者劳务报酬所得,由派出单位或者其他境内单位支付或负担的,派出单位或者其他境内单位应按照《个人所得税法》及其实施条例规定预扣预缴税款。

居民个人被派出单位派往境外工作,取得的工资薪金所得或者劳务报酬所得,由境外单位支付或负担的,如果境外单位为境外任职、受雇的中方机构(以下称中方机构)的,可以由境外任职、受雇的中方机构预扣税款,并委托派出单位向主管税务机关申报纳税。中方机构未预扣税款的或者境外单位不是中方机构的,派出单位应当于次年 2 月 28 日前向其主管税务机关报送外派人员情况,包括:外派人员的姓名、身份证件类型及身份证件号码、职务、派往国家和地区、境外工作单位名称和地址、派遣期限、境内外收入及缴税情况等。

中方机构包括中国境内企业、事业单位、其他经济组织以及国家机关所属的境外分支机构、子公司、使(领)馆、代表处等。

12. 居民个人取得来源于境外的所得或者实际已经在境外缴纳的所得税税额为人民币以外货币,应当按照《个人所得税法实施条例》第三十二条折合计算。

13. 纳税人和扣缴义务人未按以上规定申报缴纳、扣缴境外所得个人所得税以及报送资料的,按照《税收征管法》和《个人所得税法》及其实施条例等有关规定处理,并按规定纳入个人纳税信用管理。

>> **第三节**
反避税及 BEPS 行动计划

一 国际避税的概念及产生原因

【知识点1】 国际避税的概念

国际避税，是指纳税人利用两个或两个以上国家的税法和国家间的税收协定的漏洞、特例和缺陷，规避或减轻其全球总纳税义务的行为。

【知识点2】 国际避税产生的原因

从内在动机来说，国际避税是由纳税人想尽各种办法，尽可能减轻税收负担的强烈愿望所导致的。从外部因素来说，国际避税主要是国家间的税收政策差异所造成的。

二 国际避税的基本方法

【知识点】 国际避税的基本方法

在国际经济活动中，跨国纳税人利用各国税收的差异进行避税的手法多种多样，常采用的避税方法如下。

1. 采取人员流动避税

（1）转移住所。将个人住所或公司的管理机构真正迁出高税国；或者利用有关国家国内法关于公司或个人的居民身份界限的不同规定，以实现虚假迁出，即仅仅在法律上不再成为高税国的居民；或者通过短暂迁出和成为别的国家临时居民的办法，以求得对方国家的特殊税收优惠。

（2）税收流亡。在实行居民管辖权的国家里，对个人居民身份的确立，除了采用上述标准外，不少国家还采用时间标准。即以在一国境内连续或累计停留时间达到一定标准为界限。对于居住时间的规定，各个国家规定不尽相同，有的规定为半年（183 天），有的则规定 1 年（365 天），这就给跨国纳税人避税提供了可利用的机会。他们可以自由地游离于各国之间，确保自己不成为任何一个国家的居民，既能从这些国家取得收入，又可避免承担其中任何一个国家的居民纳税义务。

2. 通过资金、货物或劳务流动避税

相对于人的流动，资金、货物或劳务的流动则更隐蔽，对各国税务当局来说更难于控制。纳税人（主要是法人）把资金、货物或劳务等转移出高税国，通常是利用常设机构和子公司以及所在国其他税法规定等进行流动。

3. 利用企业组织形式避税

当一国企业决定对外投资时，是选择建立分支机构还是设立子公司，往往经过反复经济测算，权衡各种利弊，最后才作出跨国纳税人认为最有利的选择。分支机构与子公司往往在享受税收待遇方面差异很大，在跨国纳税方面也有许多差别，各有利弊。通常在营业初期以分支机构进行经营，当分支机构开始盈利后，再变更为子公司，达到避税的目的。

4. 利用税收优惠避税

一般来说，世界各国都有各种税收优惠政策规定，例如，关于加速折旧、投资抵免、差别税率、亏损结转、延期纳税等。跨国纳税人往往可以利用税收优惠从事国际避税活动。此外，还有一些跨国纳税人设法钻税法对新办企业等缺乏严密界定的漏洞，利用新办企业的免、减税等优惠规定进行国际避税。

5. 资本弱化

资本弱化，是基于在一般情况下利息支出可以在税前扣除而股息、红利不能扣除的事实，企业所有者在投资于企业的资本中降低股本的比重，提高贷款的比重，以债权性投资替代权益性投资，从而增加利息支出来减少应税所得，实现税收负担最小目的。

6. 利用转让定价避税

转让定价，是指关联企业之间在销售货物、融通资金、提供劳务、转让无形资产和金融资产等时制定的价格。其一般做法是：高税国企业向其低税国关联企业销售货物、融通资金、提供劳务、转让无形资产或者金融资产时制定低价；低税国企业向其高税国关联企业销售货物、融通资金、提供劳务、转让无形资产或者金融资产时制定高价。这样，利润就从高税国转移到低税国，从而达到最大限度减轻其税负的目的。

7. 利用避税地避税

通过在避税地设立诸如控股公司、投资公司、信托公司、贸易公司、咨询公司、金融公司、保险公司、海运公司和其他经营机构等所谓"海外公司"，可以比较方便地进行以这些海外公司为基地的国际避税活动，这些海外公司也被称作国际避税活动的"基地公司"。

8. 滥用税收协定

滥用税收协定往往不是通过规避成为纳税主体来规避或减轻税负，而是通过设法成为能得到税收优惠的纳税主体来规避或减轻税负。

三 国际反避税的概念

【知识点】 国际反避税的概念

国际反避税，是各国政府为维护本国税收权益而对国际避税活动采取的防范措施。国际避税的存在对有关国家的财政利益会产生很大的影响，使本应属于国家的财政收入转化为避税者的额外收益。因此，各国都采取积极措施，对国际避税加以防范。

四 国际反避税的基本方法

【知识点】 国际反避税的基本方法

近年来，许多国家通过完善单边反避税措施和加强双边或多边反避税措施，对国际避税进行防范。具体措施和方法如下：

1. 强化税收立法。制定各类反避税条款，完善法规，堵塞税收漏洞。

2. 强化纳税人义务。包括规定跨国纳税人负有延伸提供税收情报的义务，对某些交易行为要事先取得政府同意，对国际避税案件要事后提供证明。

3. 强化税制管理。如注意收集有关信息资料、加强税务调查与税务审计，争取银行合作，对跨国纳税人的账目进行审查以全面了解企业的经营活动情况等。

4. 积极开展国际合作。通过签订税收协定，加强国际税收情报交换，协同有关国家对同一案件进行同期税务检查等双边和多边的国际合作。

五　BEPS 行动计划

【知识点 1】　基本情况

税基侵蚀和利润转移（Base Erosion and Profit Shifting，BEPS），是指利用不同税收管辖区的税制差异和规则错配进行税收筹划的策略，其目的是人为造成应税利润"消失"或将利润转移到没有或几乎没有实质经营活动的低税负国家（地区），从而最大限度地避税，甚至达到双重不征税的效果，造成对各国税基的侵蚀。

2012 年 6 月，G20 财长和央行行长会议同意通过国际合作应对 BEPS 问题，并委托经济合作与发展组织（OECD）开展研究。2013 年 6 月，OECD 发布《BEPS 行动计划》，并于当年 9 月在 G20 圣彼得堡峰会上得到各国领导人背书。2015 年 10 月，OECD 发布了包括数字经济、受控外国公司规则、有害税收实践、税收协定滥用、无形资产、其他高风险交易、数据统计分析、强制披露原则、转让定价同期资料、争端解决、多边工具等共计 15 项行动计划。该行动计划试图以"税收要与实质经济活动和价值创造相匹配"为原则，重新界定国际税收规则；尤其要避免跨国企业利用国际税收规则的不足，以及各国税制差异和征管漏洞，造成对主权国家税基的侵蚀。

【知识点 2】　BEPS 15 项行动计划的主要内容

BEPS 15 项行动计划的主要内容见表 5 - 1。

表 5 - 1　　　　　　　　　BEPS 15 项行动计划的主要内容

类　别	BEPS 15 项行动计划	内容摘要	主要反避税措施
应对数字经济带来的挑战	1. 数字经济	数字经济面临的税收挑战：网络交易避免在任何地方设立有形场所，在全球范围内规避税收义务	通过其他行动计划，以及相互协调的的跨境交易增值税政策

续表

类　别	BEPS 15 项行动计划	内容摘要	主要反避税措施
协调各国企业所得税税制	2. 混合错配	国家间的税制差异对同一交易进行不同的税务处理，产生国际重复征税或重复免税	消除错配
	3. 受控外国公司规划	构建有效的 CFC 税制	加强 CFC 规划
	4. 利息扣除	制订利息扣除通用方法，建议利用固定比率规划	限制利息扣除
	5. 有害税收实践	消除或修订有害优惠；设立最低标准；税收裁定信息交换	预先裁定及其信息交换
修订现行国际税收规划	6. 反税收协定滥用	制定了（税收协定）范本规则；反协定滥用最低标准	利益限制条款；一般反滥用条款（主要目的测试）
	7. 常设机构	修订 PE 定义；设定非居民征税的门槛标准	扩大代理型常设机构的范围
	转让定价	8. 无形资产	更新转让定价规则；制定无形资产定价方法；简化产品交易和低附加值服务的定价机制	独立交易原则；定价结果与价值创造一致；重视风险分析；地域市场因素；难估值无形资产的事后调整机制
		9. 风险和资本		
		10. 其他高风险交易		

续表

类　别	BEPS 15 项行动计划	内容摘要	主要反避税措施
提高税收透明度和确定性	11. 数据统计分析	设计 BEPS 的规模和经济影响相关指标	
	12. 强制披露原则	强性披露制度	披露恶意税收筹划
	13. 转让定价同期资料	修订 TP 同期资料要求；国别报告模板；设立最低标准	主文档、本地文档、国别报告
	14. 争端解决	MAP；设立最低标准；仲裁机制	提高 MAP 的效果；同行审核
开发多边工具促进行动计划实施	15. 多边工具	制定《多边工具》；应用与协定相关的 BEPS 措施	

六　"双支柱"方案

【知识点 1】"双支柱"方案概述

2021 年 7 月 1 日，130 个税收管辖区（以下简称辖区）通过 G20/OECD 包容性框架发表《关于应对经济数字化税收挑战"双支柱"方案的声明》，拟对现行国际税收规则进行改革。

支柱一旨在解决超大型跨国集团利润重新分配问题；支柱二旨在设定全球最低税，解决大型跨国集团利用低税地转移利润和税收逐底竞争问题。支柱一和支柱二共同组成了应对经济数字化税收挑战的多边方案，以确保跨国集团缴纳公平份额的税款。

【知识点 2】支柱一内容

支柱一由金额 A、金额 B 和税收确定性三部分组成。金额 A 是为应对经济数字化税收挑战，对超大型跨国集团全球利润征税权在各辖区间的重新分配，是支柱一的最重要组成部分。金额 B 是通过简化对独立交易原则的运用，确定对跨国集团所从事的基本营销和分销活动的回报。税收确定性是指，对于金额 A 适用范围内的跨国集团，通过强制有约束力的争议预防与解决机制，避免金额 A 的双重征税。

【知识点 3】 支柱二内容

支柱二包括基于国内规则的全球反税基侵蚀（GLoBE）规则和基于双边税收协定的应税规则。支柱二又被广泛称为"全球最低税"。

GLoBE 规则由相互关联的收入纳入规则和低税支付规则组成。收入纳入规则是指对跨国集团成员低税所得向母公司补征税款至最低税负水平。低税支付规则是指通过拒绝扣除或要求同等调整，就跨国集团成员低税所得补征税款至最低税负水平，但限于未适用收入纳入规则的部分。收入纳入规则和低税支付规则共同执行的最低税负水平即为全球最低税率。

应税规则允许所得来源辖区对收款方税率低于应税规则最低税率的某些关联支付进行有限征税。

>> 第四节
税收协定

一 税收协定基础理论

【知识点 1】 税收协定概述

税收协定（含安排/协议）又称避免双重征税协定，是两个或两个以上主权国家（或税收管辖区），为协调相互之间的税收管辖关系和处理有关税务问题，通过谈判缔结的书面协议。税收协定主要是通过降低所得来源国税率或提高征税门槛，来限制其按照国内税收法律征税的权利，同时规定居民国对境外已纳税所得给予税收抵免。

税收协定的主要作用包括降低"走出去"企业在东道国的税负、有效消除双重征税、提高税收确定性和通过相互协商机制妥善解决涉税争议等。

通常税收协定通过缔结具体条款，主要解决下列问题：

（1）消除双重征税；

（2）稳定税收待遇；

（3）适当降低税率，分享税收收入；

（4）减少管理成本，合理归属利润；

（5）防止偷漏税；

（6）实行无差别待遇；

（7）建立有效争端解决机制。

20 世纪 60 年代《经合组织范本》（《OECD 范本》）和《联合国范本》（《UN 范本》）产生。《经合组织范本》旨在通过限制来源国依据国内法征税的权利，为跨境纳税人减轻税收负担，消除重复征税。《联合国范本》旨在为发展中国家对外谈签税收协定提供可遵循的原则，因而比《经合组织范本》更加注重维护来源国征税权。

【知识点 2 】 税收协定与国内税法的关系

国际税收协定是以国内税法为基础的，在处理国际税收协定与其他国内税法的地位关系时，有两种模式：第一种模式为国际税收协定优于国内税法；第二种模式为国际税收协定与国内税法具有同等的法律效力。当出现冲突时，按照"新法优于旧法"和"特别法优于普通法"等处理法律冲突的一般性原则来协调。在中国，当协定与国内法发生冲突时，协定优先，但国内法规定的待遇优于协定时，则适用国内法。

二 税收协定条款

【知识点】 税收协定条款

税收协定条款主要包括三个部分：第一部分为适用的范围及有关定义，包括人的范围、税种范围、一般定义、居民、常设机构；第二部分为对所得和财产征税划分的规定以及如何消除双重征税，包括不动产所得、营业利润、国际运输、关联企业、股息、利息、特许权使用费、财产收益等及消除双重征税方法；第三部分为一些特别规定，包括非歧视待遇、相互协商程序、信息交换、外交代表和领事官员、生效、终止等。

三 税收协定解释和执行

【知识点1】 享受税收协定待遇管理

1. 申请享受协定待遇的对象

（1）从我国取得所得的非居民企业或个人。

（2）在境外取得所得及境外所交税款要求抵免其国内税收的我国居民企业或个人。

2. 非居民纳税人享受税收协定待遇管理

非居民纳税人自行申报的，应当自行判断能否享受协定待遇，如实申报并按规定报送相关报告表和资料。非居民纳税人自行申报的，应当就每一个经营项目、营业场所或劳务提供项目分别向主管税务机关报送规定的报告表和资料。

在源泉扣缴和指定扣缴情况下，非居民纳税人认为自身符合享受协定待遇条件，需要享受协定待遇的，应当主动向扣缴义务人提出，并向扣缴义务人提供规定的相关报告表和资料。源泉扣缴和指定扣缴情况下，非居民纳税人有多个扣缴义务人的，应当向每一个扣缴义务人分别提供规定的报告表和资料。各扣缴义务人在依协定规定扣缴时，分别向主管税务机关报送相关报告表和资料。

3. 税务机关后续管理

各级税务机关应当通过加强对非居民纳税人享受协定待遇的后续管理，准确执行税收协定和国际运输协定，防范协定滥用和逃避税风险。

主管税务机关在后续管理或税款退还查实工作过程中，发现依据报告表和资料不足以证明非居民纳税人符合享受协定待遇条件，或非居民纳税人存在逃避税嫌疑的，可要求非居民纳税人或扣缴义务人限期提供其他补充资料并配合调查。

主管税务机关在后续管理过程中，发现非居民纳税人不符合享受协定待遇条件而享受了协定待遇，并少缴或未缴税款的，应通知非居民纳税人限期补缴税款。

主管税务机关在后续管理过程中，发现需要适用税收协定或国内税收法律规定中的一般反避税规则的，可以启动一般反避税调查程序。

【知识点2】 税收居民身份证明

企业或者个人为享受中国政府对外签署的税收协定（含与中国香港、澳门和台湾地区签署的税收安排或者协议）、航空协定税收条款、海运协定税收条款、汽车运输协定税收条款、互免国际运输收入税收协议或者换函（以下统称税收协定）待遇，可以向主管其所得税的税务机关申请开具《中国税收居民身份证明》。

申请人应向主管其所得税的县税务局（以下称主管税务机关）申请开具《中国税收居民身份证明》。

中国居民企业的境内、境外分支机构应当通过其中国总机构向总机构主管税务机关提出申请。合伙企业应当以其中国居民合伙人作为申请人，向中国居民合伙人主管税务机关提出申请。

主管税务机关根据《企业所得税法》及其实施条例、《个人所得税法》及其实施条例等规定，结合纳税人登记注册、在中国境内住所及居住时间等情况对居民身份进行判定，在受理申请之日起10个工作日内，由负责人签发《中国税收居民身份证明》并加盖公章或者将不予开具的理由书面告知申请人。

申请人申请开具《中国税收居民身份证明》应向主管税务机关提交以下资料：

（1）《中国税收居民身份证明》申请表；

（2）与拟享受税收协定待遇收入有关的合同、协议、董事会或者股东会决议、相关支付凭证等证明资料；

（3）申请人为个人且在中国境内有住所的，提供因户籍、家庭、经济利益关系而在中国境内习惯性居住的证明材料，包括申请人身份信息、住所情况说明等资料；

（4）申请人为个人且在中国境内无住所，而一个纳税年度内在中国境内居住累计满 183 天的，提供在中国境内实际居住时间的证明材料，包括出入境信息等资料；

（5）境内、境外分支机构通过其总机构提出申请时，还需提供总分机构的登记注册情况；

（6）合伙企业的中国居民合伙人作为申请人提出申请时，还需提供合伙企业登记注册情况。

上述填报或提供的资料应提交中文文本，相关资料原件为外文文本的，应当同时提供中文译本。申请人向主管税务机关提交上述资料的复印件时，应在复印件上加盖申请人印章或签字，主管税务机关核验原件后留存复印件。

四 防止税收协定滥用

【知识点 1】 滥用税收协定的概念

滥用税收协定是指非缔约国居民利用国际税收协定的某些优惠条款，设法使自己的应税行为符合税收协定的某些优惠条款，从而享受到本不应由其享有的税收优惠待遇，以达到规避或减轻税负的目的。

【知识点 2】 防止税收协定滥用的措施

国际税收协定滥用作为国际避税的常用方式，对协定缔约国，特别是收入来源地国家（或地区）的税收权益造成了损害。许多国家（或地区）针对税收协定滥用，采取了相关措施以保护正当税收利益。就目前情况看，在国际税收实践中，各国（或地区）主要采取下列方法来判定境外公司的身份以制止第三国居民纳税人滥用税收协定。

1. 禁止法

禁止法要求一国应避免与低税国家（或地区）或易于建立导管公司的国家（或地区）签订税收协定，尤其是应尽量避免与那种被认为是避税地的国家（或地区）签订税收协定。导管公司包括直接导管公司和踏脚石导管公司，前者是指介于两个公司之间能享受有关税收协定优惠的一个中介公司；后者是指介于两个公司之间能享受有关税收协定优惠的两个或两个以上的中介公司。

2. 排除法

排除法把被课以低税的居民公司（比如控股基地公司）排除在享受协定优惠待遇的范围之外，从而使这类公司虽然身为缔约国另一方的居民，却无资格享受协定优惠，无法被第三方居民所利用。

3. 详查法

根据详查法，判断一个公司是否能够享受税收协定优惠，不仅取决于公司所在的居住国，而且要看其股东的居住国。

4. 征税法

征税法规定享受税收协定优惠，是以获自一国的所得，在另一国要实际承受的税负为基础。这是为了避免跨国公司的同一笔所得，在缔约国双方均不征税，而形成双重免税。

5. 渠道法

渠道法规定，如果公司一定比例的毛所得被用来支付不居住在缔约国任何一方的个人或公司所收取的费用，那么该公司付出的股息、利息、特许权使用费不给予协定优惠。这是针对导管公司的一种防范方法，它可以制止将中介公司的所得以营业费用的形式支付给相关联的公司或个人。

6. 真实法

真实法规定那些不是出于真实的生产经营目的，而只是为了谋求税收协定优惠的纳税人，不得享受协定优惠。

>> 第五节
国际情报交换及 CRS

一　国际税收情报交换基本内容

【知识点 1】　情报交换概念

情报交换，是指我国与相关税收协定缔约国家的主管当局为了正确执行税收协定及其所涉及税种的国内法而相互交换所需信息的行为。

【知识点2】 情报交换种类

情报交换的类型包括专项情报交换、自动情报交换、自发情报交换以及同期税务检查、授权代表访问和行业范围情报交换等。

1. 专项情报交换，是指缔约国一方主管当局就国内某一税务案件提出具体问题，并依据税收协定请求缔约国另一方主管当局提供相关情报，协助查证的行为。

2. 自动情报交换，是指缔约国双方主管当局之间根据约定，以批量形式自动提供有关纳税人取得专项收入的税收情报的行为。

3. 自发情报交换，是指缔约国一方主管当局将在税收执法过程中获取的其认为有助于缔约国另一方主管当局执行税收协定及其所涉及税种的国内法的信息，主动提供给缔约国另一方主管当局的行为。

4. 同期税务检查，是指缔约国主管当局之间根据同期检查协议，独立地在各自有效行使税收管辖权的区域内，对有共同或相关利益的纳税人的涉税事项同时进行检查，并互相交流或交换检查中获取的税收情报的行为。

5. 授权代表访问，是指缔约国双方主管当局根据授权代表的访问协议，经双方主管当局同意，相互间到对方有效行使税收管辖权的区域进行实地访问，以获取、查证税收情报的行为。

6. 行业范围情报交换，是指缔约国双方主管当局共同对某一行业的运营方式、资金运作模式、价格决定方式及偷税方法等进行调查、研究和分析，并相互交换有关税收情报的行为。

二 多边公约

【知识点1】 多边税收征管互助公约

2008年爆发席卷全球的金融危机之后，国际社会高度重视税收征管协作。2009年4月，二十国集团（G20）伦敦峰会呼吁采取行动，打击国际逃避税。2010年5月，经济合作与发展组织（OECD）与欧洲委员会按照税收情报交换的国际标准，通过议定书形式对《多边税收征管互助公约》进行了修订。修订后的《多边税收征管互助公约》向全球所有国家开放，自2011年6月1

日开始生效。

经国务院批准，我国于 2013 年 8 月 27 日签署了《多边税收征管互助公约》，并于 2015 年 7 月 1 日由第十二届全国人民代表大会常务委员会第十五次会议批准。2015 年 10 月 16 日，我国向经济合作与发展组织交存了《多边税收征管互助公约》批准书。《多边税收征管互助公约》于 2016 年 2 月 1 日对我国生效，自 2017 年 1 月 1 日起开始执行。《多边税收征管互助公约》适用于根据我国法律由税务机关征收管理的税种。

【知识点 2】 实施税收协定相关措施以防止税基侵蚀和利润转移的多边公约

1. 《实施税收协定相关措施以防止税基侵蚀和利润转移的多边公约》的意义

《实施税收协定相关措施以防止税基侵蚀和利润转移的多边公约》首次联合签字仪式于 2017 年 6 月 7 日在法国巴黎的 OECD 总部举行，67 个国家和地区的政府代表共同签署了该公约。国家税务总局局长王军代表中国政府签署《实施税收协定相关措施以防止税基侵蚀和利润转移的多边公约》。截至 2018 年 6 月底，该公约已覆盖 80 个国家和地区。

《实施税收协定相关措施以防止税基侵蚀和利润转移的多边公约》是第一个在全球范围内就税收协定政策进行多边协调的法律文件，在经济全球化和生产要素全球配置的条件下，为应对纳税人跨境逃避税提供多边税收合作法律框架，有利于促进主要经济体之间协调一致，开展高效务实合作，构建公平的国际税收体系，促进世界经济包容性增长。

2. 《实施税收协定相关措施以防止税基侵蚀和利润转移的多边公约》的主要内容

《实施税收协定相关措施以防止税基侵蚀和利润转移的多边公约》共设 7 章 39 条，其中第一章为公约范围和术语解释；第二章为混合错配，纳入了 BEPS 第 2 项行动计划（消除混合错配安排的影响）的成果建议，明确了税收透明体取得或通过税收透明体取得的所得适用税收协定的问题，这一方面保证了对税收透明体的税收中性，另一方面可以应对一些混合错配安排带来的双重不征税或少征税；第三章为协定滥用，纳入了 BEPS 第 6 项行动计划（防止协定优惠的不当授予）的成果建议，主要涉及在税收协定中纳入主要目的测试（PPT）、利益限制条款（LOB）以及其他规则，以防止择协避税（treaty shopping）等协定滥用行为；第四章为规避常设机构构成，纳入了 BEPS 第 7 项行动计划（防止人为规避构成常设机构）的成果建议，主要涉及通过扩大代理型常设机构范围、为常设机构豁免情形设置条件等措施，防止通过人为规避构成常设机构侵蚀来源国税基；第五章为改进争议解决，纳入了 BEPS 第 14 项行动计划（使争议解决机制更有效）的成果建议，主要涉及提高税收协定缔约双方主管当局解决涉税争议的效率，为纳税人增加确定性；第六章为仲裁，根据 BEPS 第 14 项行动计划的成果建议，规定了强制仲裁条款；第七章为最终条款，包括签署、生效、保留、通知、解释和执行、退约等条款。

三 金融账户涉税信息自动交换标准（AEOI）

【知识点 1】 AEOI 发展历程

随着经济全球化进程的不断加快，纳税人通过境外金融机构持有和管理资产，并将收益隐匿在境外金融账户以逃避居民国纳税义务的现象日趋严重，各国对进一步加强国际税收信息交换、维护本国税收权益的意愿愈显迫切。

受二十国集团（G20）委托，2014 年 7 月，经济合作与发展组织（OECD）发布了金融账户涉税信息自动交换标准（Standard for Automatic Exchange of Financial Accounting Information，AEOI），获得当年 G20 布里斯班峰会的核准，为各国加强国际税收合作、打击跨境逃避税提供了强有力的工具。在 G20 的大力推动下，截至 2019 年 7 月，已有 106 个国家（地区）签署实施 AEOI 标准的多边主管当局协议，其中 92 个国家（地区）已开展相关信息交换。经国务院批准，我国向 G20 承诺实施 AEOI 标准，首次对外交换非居民金融账户信息的时间为 2018 年 9 月。2015 年 7 月，《多边税收征管互助公约》由第十二届全国人大常委会第十五次会议批准，于 2016 年 2 月对我国生效，为我国实施 AEOI 标准奠定了多边法律基础。2015 年 12 月，国家税务总局签署了《金融账户涉税信息自动交换多边主管当局间协议》，为我国与其他国家（地区）间相互交换金融账户涉税信息提供了操作层面的依据。2017 年 5 月，我国《非居民金融账户涉税信息尽职调查管理办法》正式发布，自

2017年7月1日起执行。

【知识点2】 AEOI标准的主要内容

AEOI标准由主管当局间协议和统一报告标准两部分内容组成。主管当局间协议是规范各国（地区）税务主管当局之间开展金融账户涉税信息自动交换的操作性文件。统一报告标准规定了金融机构识别、收集和报送非居民个人和机构账户信息的相关要求和程序。

根据AEOI标准开展金融账户涉税信息自动交换，首先由一国（地区）金融机构通过尽职调查程序识别另一国（地区）税收居民个人和企业在该金融机构开立的账户，按年向金融机构所在国（地区）主管部门报送账户持有人名称、纳税人识别号、地址、账号、账户余额或价值、利息、股息以及出售金融资产（不包括实物资产）的收入等信息，再由该国（地区）税务主管当局与账户持有人的居民国税务主管当局开展自动税收情报交换，最终为各国（地区）进行跨境税源监管提供信息支持。

四　预约定价安排管理

【知识点1】 预约定价安排基本规定

1. 企业可以与税务机关就其未来年度关联交易的定价原则和计算方法达成预约定价安排。

2. 预约定价安排的谈签与执行经过预备会谈、谈签意向、分析评估、正式申请、协商签署和监控执行6个阶段。预约定价安排包括单边、双边和多边3种类型。

3. 预约定价安排适用于主管税务机关向企业送达接收其谈签意向的《税务事项通知书》之日所属纳税年度起3至5个年度的关联交易。

企业以前年度的关联交易与预约定价安排适用年度相同或者类似的，经企业申请，税务机关可以将预约定价安排确定的定价原则和计算方法追溯适用于以前年度该关联交易的评估和调整。追溯期最长为10年。

预约定价安排的谈签不影响税务机关对企业不适用预约定价安排的年度及关联交易的特别纳税调查调整和监控管理。

4. 预约定价安排一般适用于主管税务机关向企业送达接收其谈签意向的《税务事项通知书》之日所属纳税年度前 3 个年度每年度发生的关联交易金额 4000 万元人民币以上的企业。

【知识点 2】 单边预约定价安排适用简易程序

自 2021 年 9 月 1 日起，企业按照《国家税务总局关于完善预约定价安排管理有关事项的公告》（国家税务总局公告 2016 年第 64 号，以下简称 64 号公告）的有关规定申请单边预约定价安排，符合要求的，可以适用简易程序。

1. 简易程序包括申请评估、协商签署和监控执行 3 个阶段。

2. 企业在主管税务机关向其送达受理申请的《税务事项通知书》之日所属纳税年度前 3 个年度，每年度发生的关联交易金额 4000 万元人民币以上，并符合下列条件之一的，可以申请适用简易程序。

（1）已向主管税务机关提供拟提交申请所属年度前 3 个纳税年度的、符合《国家税务总局关于完善关联申报和同期资料管理有关事项的公告》（国家税务总局公告 2016 年第 42 号）规定的同期资料；

（2）自企业提交申请之日所属纳税年度前 10 个年度内，曾执行预约定价安排，且执行结果符合安排要求的；

（3）自企业提交申请之日所属纳税年度前 10 个年度内，曾受到税务机关特别纳税调查调整且结案的。

3. 企业应当向主管税务机关提出适用简易程序的申请，主管税务机关分析评估后，决定是否受理。

4. 主管税务机关受理企业申请后，应当与企业就其关联交易是否符合独立交易原则进行协商，并于向企业送达受理申请的《税务事项通知书》之日起 6 个月内协商完毕。协商期间，主管税务机关可以要求企业补充提交相关资料，企业补充提交资料时间不计入上述 6 个月内。

5. 单边预约定价安排适用于主管税务机关向企业送达受理申请的《税务事项通知书》之日所属纳税年度起 3 至 5 个年度的关联交易。

6. 同时涉及两个或者两个以上省、自治区、直辖市和计划单列市税务机关的单边预约定价安排，暂不适用简易程序。

>> 第六节
税收服务 "走出去"

一 "一带一路" 倡议内涵

【知识点】"一带一路" 倡议内涵

"一带一路"是"丝绸之路经济带"和"21 世纪海上丝绸之路"的简称。"一带一路"将充分依靠中国与有关国家既有的双多边机制，借助既有的、行之有效的区域合作平台，旨在借用古代"丝绸之路"的历史符号，高举和平发展的旗帜，积极发展与沿线国家的经济合作伙伴关系，共同打造政治互信、经济融合、文化包容的利益共同体、命运共同体和责任共同体。

当前，中国经济和世界经济高度关联。中国将一以贯之地坚持对外开放的基本国策，构建全方位开放新格局，深度融入世界经济体系。推进"一带一路"建设既是中国扩大和深化对外开放的需要，也是加强和亚欧非及世界各国互利合作的需要。

"一带一路"建设中，中国与丝路沿途国家分享优质产能，共商项目投资、共建基础设施、共享合作成果，包括道路联通、贸易畅通、货币流通、政策沟通、人心相通等 5 个方面的合作重点。

2019 年 4 月，第一届"一带一路"税收征管合作论坛在中国乌镇召开，论坛以"共建'一带一路'：加强税收合作，改善营商环境"为主题，85 个国家（地区）税务主管当局负责人或其授权代表、16 个国际组织以及多家学术机构和跨国企业代表出席论坛。34 个国家和地区税务部门共同签署《"一带一路"税收征管合作机制谅解备忘录》，正式建立"一带一路"税收征管合作机制。

二 "一带一路"国际合作高峰论坛

【知识点】 "一带一路" 国际合作高峰论坛

2017 年 5 月，首届"一带一路"国际合作高峰论坛在北京成功召开，29 位外国元首、政府首脑，以及联合国秘书长出席论坛，140 多个国家和 80 多个国际组织的 1600 多名代表参会。这是各方共商、共建"一带一路"，共享互利合作成果的国际盛会，也是加强国际合作，对接彼此发展战略的重要合作平台。论坛形成了主要涵盖政策沟通、设施联通、贸易畅通、资金融通、民心相通 5 大类、76 大项、279 项具体成果，这些成果已全部得到落实。

2019 年 4 月，第二届"一带一路"国际合作高峰论坛继续在北京举办。37 位外国元首、政府首脑等领导人，以及联合国秘书长、国际货币基金组织总裁出席论坛，法国、德国、英国、西班牙、日本、韩国、欧盟也派出领导人委托的高级代表与会，共有来自 150 多个国家和 90 多个国际组织的 6000 多位外宾出席，涵盖了全球五大洲各个地区。本次论坛各国政府、地方、企业等达成一系列合作共识、重要举措及务实成果，中国作为东道国对其中具有代表性的一些成果进行了梳理和汇总，形成了第二届高峰论坛成果清单。清单包括中方提出的举措或发起的合作倡议、在高峰论坛期间或前夕签署的多双边合作文件、在高峰论坛框架下建立的多边合作平台、投资类项目及项目清单、融资类项目、中外地方政府和企业开展的合作项目，共 6 大类 283 项。

三 税收服务"一带一路"建设的主要内容

【知识点】 税收服务 "一带一路" 建设的主要内容

税收作为全球经济治理的重要组成部分，有助于优化生产要素配置、消除跨境投资障碍、推动国际经济合作，对推进"一带一路"建设发挥着重要作用。各级税务机关要充分认识"一带一路"建设的重要意义，主动服务国家对外开放大局，进一步完善税收服务"一带一路"工作体系，为我国企业参与国际经济合作创造良好的税收环境。

1. 做好税收协定执行

落实税收协定政策，营造优良营商环境，保障我国"走出去"企业的合法权益。加强我国居民享受税收协定待遇的服务、管理、统计分析工作，跟踪我国对外投资企业经营情况，及时反映境外涉税争议，配合国家税务总局与"一带一路"沿线国家税务主管当局就跨境纳税人提起的涉税争议开展相互协商。

2. 落实相关国内税收政策

结合全面推开营改增试点工作，落实跨境应税服务退税或免税政策、天然气等资源进口税收优惠政策、对外投资和对外承包工程出口货物退（免）税政策；按照所得税政策规定，落实境外所得税收抵免政策，减轻企业税收负担，促进国际资源共享和国际产能合作。

3. 优化"走出去"税收服务

落实"放管服"改革要求，推动税收服务优化升级。落实出口退（免）税企业分类管理、简化出口退（免）税流程、简化消除双重征税政策适用手续等规定，进一步减轻纳税人办税负担。做好《中国税收居民身份证明》开具工作，便利纳税人境外享受税收协定待遇，助力"走出去"企业和"一带一路"建设重点项目。创新境外税收服务模式与内容，提高服务的针对性和有效性，探索对"走出去"纳税人实行分类服务。针对大型跨国企业着重提供政策确定性相关的个性化服务，针对中小型企业着重提供政策宣传辅导的普惠性服务。发挥优势，运用"互联网＋"思维，提升国际税收办税便利度。

4. 深化国别税收信息研究

深入推进国别税收信息研究工作，做好境外税收政策跟踪和更新，配合国家税务总局陆续发布国别投资税收指南，进一步完善和丰富纳税人可获取的境外税收信息。

5. 完善税收政策咨询

丰富政策咨询途径，有条件的地区要加强 12366 国际税收服务专席或"走出去"服务专线建设。按照"互联网＋税务"工作要求，丰富网站、微信、微博等税收咨询服务渠道，提升咨询服务水平。以"走出去"企业涉税风险为重点，探索为纳税人提供专家咨询、定制咨询、预约咨询等服务，响应涉税需求，促进纳税遵从。建立和完善国际税收知识库，整理并发布国际税收问题答疑手册。

6. 开展税收宣传与辅导

开展"走出去"税收政策大宣传、大辅导。按照国家税务总局总体工作要求，配合"一带一路"国际合作高峰论坛，结合"便民办税春风行动"，集中开展主题鲜明、形式多样、内容丰富的"走出去"专题宣传与辅导。结合《国家税务总局关于完善关联申报和同期资料管理有关事项的公告》（国家税务总局公告 2016 年第 42 号）、《国家税务总局关于完善预约定价安排管理有关事项的公告》（国家税务总局公告 2016 年第 64 号）、《国家税务总局关于发布〈特别纳税调查调整及相互协商程序管理办法〉的公告》（国家税务总局公告 2017 年第 6 号）等重要文件，就 G20 国际税改及 BEPS 行动计划成果落地、国际税收征管改革、税收协定解释和执行、国际税收其他政策更新等及时做好政策宣传与辅导。

7. 加强数据统计分析

各地税务机关应积极落实对外投资、所得报告相关制度，结合各地区特点以及"走出去"企业类型、所属行业、对外投资目的地等，有针对性地开展数据统计和税收分析，并在此基础上归纳税收风险类型，有针对地为纳税人提示风险。

8. 深化国际税收合作

落实好已签署的双边合作备忘录，加强与毗邻国家税务部门的信息交流与合作；积极参与亚欧博览会、中阿博览会等区域性交流合作平台，推动税收在相关交流活动中发挥更加突出的作用。

>> 习题演练

单项选择题

1. 根据《企业所得税法》及其实施条例规定，下列属于非居民企业的是（ ）。

A. 在湖北省工商局登记注册的企业

B. 在美国注册但实际管理机构在武汉的外商独资企业

C. 在美国注册的企业设在武汉的办事处

D. 在湖北省注册但在中东开展工程承包的企业

【参考答案】C

【答案解析】《企业所得税法》所称非居民企业，是指依照外国（地区）法律成立且实际管理机构不在中国境内，但在中国境内设立机构、场所的企业。

2. 适用于母子公司之间的税收抵免方法是（　　）。

A. 全额免税法　　　　　　　　B. 累进免税法

C. 直接抵免法　　　　　　　　D. 间接抵免法

【参考答案】D

【答案解析】间接抵免一般适用于母子公司之间的税收抵免，直接抵免适用于总分公司之间。

3. 扣缴义务人支付或者到期应支付的款项以人民币以外的货币支付或计价的，以下说法错误的是（　　）。

A. 扣缴义务人扣缴企业所得税的，应当按照扣缴义务发生之日人民币汇率中间价折合成人民币，计算非居民企业应纳税所得额

B. 取得收入的非居民企业在主管税务机关责令限期缴纳税款前自行申报缴纳应源泉扣缴税款的，应当按照填开税收缴款书之日前一日人民币汇率中间价折合成人民币，计算非居民企业应纳税所得额

C. 主管税务机关责令取得收入的非居民企业限期缴纳应源泉扣缴税款的，应当按照主管税务机关作出限期缴税决定之日前一日人民币汇率中间价折合成人民币，计算非居民企业应纳税所得额

D. 扣缴义务人扣缴企业所得税的，应当按照扣缴申报之日人民币汇率中间价折合成人民币，计算非居民企业应纳税所得额

【参考答案】D

【答案解析】扣缴义务人支付或者到期应支付的款项以人民币以外的货币支付或计价的，分别按以下情形进行外币折算：

（1）扣缴义务人扣缴企业所得税的，应当按照扣缴义务发生之日人民币汇率中间价折合成人民币，计算非居民企业应纳税所得额。扣缴义务发生之日为相关款项实际支付或者到期应支付之日。

（2）取得收入的非居民企业在主管税务机关责令限期缴纳税款前自行申报缴纳应源泉扣缴税款的，应当按照填开税收缴款书之日前一日人民币汇率中间价折合成人民币，计算非居民企业应纳税所得额。

（3）主管税务机关责令取得收入的非居民企业限期缴纳应源泉扣缴税款的，应当按照主管税务机关作出限期缴税决定之日前一日人民币汇率中间价折合成人民币，计算非居民企业应纳税所得额。

4. 在境内设有机构、场所的某非居民企业取得营业收入 100 万元，成本费用 70 万元，已知企业收入不能准确核算，税务机关核定的利润率为 10%，则其应纳企业所得税为（　　）万元。

A. 1. 95　　　　　B. 1. 85　　　　　C. 2. 05　　　　　D. 2. 15

【参考答案】A

【答案解析】应纳税所得额 = 70 ÷（1 – 10%）×10% = 7. 78（万元），应纳企业所得税 = 7. 78 ×25% = 1. 95（万元）。

5. 非居民企业与中国居民企业签订机器设备或货物销售合同，合同既未列明安装劳务收费金额，又无参照标准的，主管税务机关可以根据实际情况，以不低于销售货物合同总价款的（　　）为原则，确定非居民企业的劳务收入。

A. 5%　　　　　B. 10%　　　　　C. 15%　　　　　D. 25%

【参考答案】B

【答案解析】根据《非居民企业所得税核定征收管理办法》（国税发〔2010〕19 号）第六条规定，主管税务机关可以根据以不低于销售货物合同总价款的 10% 为原则，确定非居民企业的劳务收入。

6. 根据内地与中国香港特区政府签署的税收安排，香港公司从内地取得的特许权使用费，可减按 7% 的税率征税。2018 年 9 月，香港的 X 公司从内地 M 公司取得技术使用费收入为人民币 100 万元及相关的图纸费收入为人民币 10 万元，香港的 X 公司未主动向扣缴义务人提出需要享受协定待遇，未向扣缴义务人提供规定的相关报告表和资料。假设不考虑其他税费，则 M 公司应扣缴 X 公司企业所得税（　　）万元。

A. 7　　　　　B. 10　　　　　C. 7. 7　　　　　D. 11

【参考答案】D

【答案解析】根据《非居民纳税人享受税收协定待遇管理办法》（国家税务总局公告 2015 年第 60 号）以及内地与中国香港特区政府签署的税收安排，M 公司应扣缴 X 公司企业所得税 = $110 \times 10\% = 11$（万元）。

7. 在中国境内未设立机构、场所的非居民企业 A 从中国境内 B 企业取得特许权使用费所得 200 万元，并向 B 企业转让位于我国境内的一处房产，取得转让收入 500 万元，该房产净值为 400 万元。假设不考虑其他税费，B 企业应代扣 A 企业的预提所得税为（　　）万元。

A. 30　　　　　　　B. 28　　　　　　　C. 26　　　　　　　D. 20

【参考答案】A

【答案解析】预提所得税 = $200 \times 10\% + (500 - 400) \times 10\% = 20 + 10 = 30$（万元）

8. 企业与另一企业之间存在持股关系或者同为第三方持股，双方之间借贷资金总额占任一方实收资本比例达到 50% 以上，或企业借贷资金总额的（　　）是由另一企业（独立金融机构除外）担保的，可判定为关联企业。

A. 50%　　　　　　B. 25%　　　　　　C. 20%　　　　　　D. 10%

【参考答案】D

【答案解析】根据《特别纳税调整实施办法（试行）》（国税发〔2009〕2 号）第九条、《企业所得税法实施条例》第一百零九条及《税收征管法实施细则》第五十一条规定，关联关系，是指一方与另一方（独立金融机构除外）之间借贷资金占一方实收资本的 50% 以上，或者一方借贷资金总额的 10% 以上是由另一方（独立金融机构除外）担保。

9. 某非居民企业从事承包工程作业，税务机关核定的利润率为（　　）。

A. 5% ~ 10%　　　　　　　　　　B. 10% ~ 20%

C. 15% ~ 30%　　　　　　　　　　D. 20% ~ 40%

【参考答案】C

【答案解析】根据《非居民企业所得税核定征收管理办法》（国税发〔2010〕19 号）规定，税务机关可按照以下标准确定非居民企业的利润率：

（1）从事承包工程作业、设计和咨询劳务的，利润率为 15% ~ 30%。

（2）从事管理服务的，利润率为 30% ~ 50%。

（3）从事其他劳务或劳务以外经营活动的，利润率不低于 15%。

10. 非居民企业取得应源泉扣缴的所得为股息、红利等权益性投资收益的，相关应纳税款扣缴义务发生之日为（   ）。

A. 股息、红利等权益性投资实际支付之日

B. 董事会决议派息日

C. 账务处理日

D. 年度终了之日起五个月内

【参考答案】A

【答案解析】根据《国家税务总局关于非居民企业所得税源泉扣缴有关问题的公告》（国家税务总局公告 2017 年第 37 号）规定，非居民企业取得应源泉扣缴的所得为股息、红利等权益性投资收益的，相关应纳税款扣缴义务发生之日为股息、红利等权益性投资收益实际支付之日。

11. 当前，各国税法和国际税收协定允许采用的减除国际重复征税的方法主要有 4 种，我国在参考国际惯例的基础上，出于维护本国税收利益的考虑，采用了（   ）。

A. 扣除法　　　　B. 免税法　　　　C. 减免法　　　　D. 抵免法

【参考答案】D

【答案解析】我国在参考国际惯例的基础上，出于维护本国税收利益的考虑，采用抵免法减除国际重复征税。

12. 某非居民企业在中国境内未设立机构、场所，但在中国境内取得利息所得，按照《企业所得税法》规定，该非居民企业应当按照（   ）的税率计算缴纳企业所得税。

A. 25%　　　　B. 20%　　　　C. 15%　　　　D. 10%

【参考答案】D

【答案解析】根据《企业所得税法实施条例》第九十一条规定，减按 10% 的税率征收企业所得税。

13. 多数国家为了维护本国的税收权益，在税收管辖权方面（   ）。

A. 只实行所得来源地管辖权

B. 只实行居民（公民）管辖权

C. 同时实行所得来源地管辖权和居民（公民）管辖权

D. 只实行地域管辖权

【参考答案】C

【答案解析】大多数国家都采取实行所得来源地管辖权和居民（公民）管辖权并行的方法。

14. 非居民企业所得税源泉扣缴时，扣缴义务人应当自扣缴义务发生之日起（　　）日内向扣缴义务人所在地主管税务机关申报和解缴代扣税款。

A. 7　　　　　　　　B. 15　　　　　　　　C. 30　　　　　　　　D. 次

【参考答案】A

【答案解析】根据《国家税务总局关于非居民企业所得税源泉扣缴有关问题的公告》（国家税务总局公告 2017 年第 37 号）规定，扣缴义务人应当自扣缴义务发生之日起 7 日内向扣缴义务人所在地主管税务机关申报和解缴代扣税款。

15. 2019 年 4 月，第一届"一带一路"税收征管合作论坛在中国乌镇召开，与会国家和地区税务部门共同签署的文件是（　　）。

A.《"一带一路"税收征管合作机制谅解备忘录》

B.《"一带一路"税务合作备忘录》

C. 税收国际合作协议

D. 税收共治行动计划

【参考答案】A

【答案解析】在第一届"一带一路"税收征管合作论坛上，34 个国家和地区税务部门共同签署《"一带一路"税收征管合作机制谅解备忘录》。

16. 下列关于避税与节税主要区别的表述，正确的是（　　）。

A. 避税合法但不合理，节税合法又合理

B. 避税不合法但合理，节税合法但不合理

C. 避税不违法但有违国家税收政策导向和意图，节税合法

D. 避税合理，节税合法又合理

【参考答案】C

【答案解析】避税不违法但有违国家税收政策导向和意图，节税合法。

17. 我国与外国政府（地区）签署的税收协定（安排）对非居民企业取得的股息征收预提所得税的税率有 5%、7%、8%、10%、15%、20% 等，而我国现行《企业所得税法》规定为 10%，在征收预提所得税时适用税率为（　　）。

A. 按国内法10%的税率

B. 按协定规定的税率

C. 低于10%的，按协定规定的税率；等于或高于10%的，按10%

D. 低于或等于10%的，按10%；高于10%的，按协定规定的税率

【参考答案】C

【答案解析】按照孰优原则执行。

18. 境内机构和个人向境外单笔支付等值（　　）美元以上服务贸易、收益、经常转移和部分资本项目外汇资金时，须向外汇指定银行（或外管部门）提交由税务机关出具的《对外支付备案表》。

A. 30000　　　　B. 10000　　　　C. 20000　　　　D. 50000

【参考答案】D

【答案解析】境内机构和个人向境外单笔支付等值50000美元以上服务贸易、收益、经常转移和部分资本项目外汇资金时，须向外汇指定银行（或外管部门）提交由税务机关出具的《对外支付备案表》。

19. 在我国同发达国家谈判的协定中，建筑工地，建筑、装配或安装工程，或者与其有关的监督管理活动，一般以连续超过（　　）个月的为常设机构。

A. 3　　　　　　B. 6　　　　　　C. 9　　　　　　D. 12

【参考答案】B

【答案解析】在我国同发达国家谈判的协定中，建筑工地，建筑、装配或安装工程，或者与其有关的监督管理活动，一般以连续超过6个月的为常设机构。

20. 当与我国签订税收协定的缔约国居民申请享受税收协定待遇时，需要对申请人的"受益所有人"的身份进行认定。认定时，下列说法正确的是（　　）。

A. 其代理人可以认定为受益所有人

B. 一些情况下，导管公司也可认定为受益所有人

C. 要按照"实质重于形式"的原则来认定受益所有人

D. 申请人是公司，虽然其资产、规模和人员配置很少，与所得数额难以匹配，但因款项由申请人收取，应当认定其是受益所有人

【参考答案】C

【答案解析】要按照"实质重于形式"的原则来认定受益所有人。

二 多项选择题

1. 已办理税务登记且税务机关将其认定为非居民企业的纳税人,登记注册类型包括( )。

A. (港、澳、台商)企业常驻代表机构

B. 外国企业常驻代表机构

C. 国际运输企业

D. 有出口业务的境内企业

【参考答案】ABC

【答案解析】根据《企业所得税法》第二条规定,非居民企业,是指依照外国(地区)法律成立且实际管理机构不在中国境内,但在中国境内设立机构、场所的,或者在中国境内未设立机构、场所,但有来源于中国境内所得的企业。

2. 非居民企业在中华人民共和国境内取得工程作业和劳务所得应缴纳的所得税,税务机关可以指定为扣缴义务人的有( )。

A. 纳税人   B. 关联企业

C. 工程价款的支付人   D. 劳务费的支付人

【参考答案】CD

【答案解析】根据《企业所得税法》第三十八条规定,对非居民企业在中国境内取得工程作业和劳务所得应缴纳的所得税,税务机关可以指定工程价款或者劳务费的支付人为扣缴义务人。

3. 非居民企业取得的下列所得可以免征企业所得税的有( )。

A. 外国政府向中国政府提供贷款取得的利息所得

B. 国际金融组织向中国政府和居民企业提供优惠贷款取得的利息所得

C. 非政府组织向中国政府提供贷款取得的利息所得

D. 经国务院批准的其他所得

【参考答案】ABD

【答案解析】根据《企业所得税法实施条例》第九十一条规定，非居民企业取得下列所得可以免征企业所得税：①外国政府向中国政府提供贷款取得的利息所得；②国际金融组织向中国政府和居民企业提供优惠贷款取得的利息所得；③经国务院批准的其他所得。

4. 根据《企业所得税法》规定，非居民企业在中国境内取得工程作业和劳务所得应缴纳的所得税，税务机关可以指定工程价款或者劳务费的支付人为扣缴义务人的情形包括（　　）。

A. 不单独进行会计核算，没有在银行开立账户的

B. 预计工程作业或者提供劳务期限不足一个纳税年度，且有证据表明不履行纳税义务的

C. 未按照规定期限办理企业所得税纳税申报或者预缴申报的

D. 没有办理税务登记或者临时税务登记，且未委托中国境内的代理人履行纳税义务的

【参考答案】BCD

【答案解析】根据《企业所得税法实施条例》第一百零六条规定，《企业所得税法》第三十八条规定的可以指定扣缴义务人的情形，包括：①预计工程作业或者提供劳务期限不足一个纳税年度，且有证据表明不履行纳税义务的；②没有办理税务登记或者临时税务登记，且未委托中国境内的代理人履行纳税义务的；③未按照规定期限办理企业所得税纳税申报或者预缴申报的。

5. 对外国企业常驻代表机构征收企业所得税的征收方法有（　　）。

A. 按核定收入计算征税

B. 按实际申报收入计算纳税

C. 按收入减去一定费用支出后的余额计征

D. 按经费支出额换算为收入额计征

【参考答案】ABD

【答案解析】根据《外国企业常驻代表机构税收管理暂行办法》（国税发〔2010〕18号）规定，对外国企业常驻代表机构征收企业所得税的征收方法有：①按核定收入计算征税；②按实际申报收入计算纳税；③按经费支出额换算为收入额计征。

6. 下列关于企业所得税境外所得应纳税额抵扣限额的计算的表述，正确

的有（　　　）。

A. 纳税人来源于境外所得在境外实际缴纳的税额，低于按规定计算的扣除限额，可从应纳税额中据实扣除

B. 纳税人来源于境外所得在境外实际缴纳的税额，超过扣除限额的，其超过部分不得在本年度应纳税额中扣除

C. 纳税人来源于境外所得在境外实际缴纳的税额，超过扣除限额的，其超过部分可作为费用列支

D. 纳税人来源于境外所得在境外实际缴纳的税额，超过扣除限额的，其超过部分可用以后年度税额扣除的余额补扣，补扣期限最长不得超过 5 年

【参考答案】ABD

【答案解析】根据《企业所得税法》第二十三条规定，企业取得的下列所得已在境外缴纳的所得税税额，可以从其当期应纳税额中抵免，抵免限额为该项所得依照规定计算的应纳税额；超过抵免限额的部分，可以在以后 5 个年度内，用每年度抵免限额抵免当年应抵税额后的余额进行抵补。

7. 下列非居民企业均未在我国设立机构、场所，其从我国境内取得的各项所得中，以收入全额为应纳税所得额计算缴纳企业所得税的有（　　　）。

A. 杰克公司出租一台机器给西安市某公司取得的租金

B. 约翰公司转让一套旧设备给扬州市某公司取得的所得

C. 山本公司自南京市某公司取得的特许权使用费所得

D. 琳达公司投资长沙市某企业分得的权益性投资收益

【参考答案】ACD

【答案解析】财产转让所得以转让净值为应纳税所得额。

8. 对非居民企业在中国境内取得工程作业和劳务所得应缴纳的所得税，税务机关可以指定工程价款或者劳务费的支付人为扣缴义务人，并同时告知扣缴义务人所扣税款的（　　　）。

A. 计算依据　　　B. 计算方法　　　C. 扣缴期限　　　D. 扣缴日期

【参考答案】ABC

【答案解析】根据《企业所得税法实施条例》第一百零六条规定，告知扣缴义务人所扣税款的包括：计算依据、计算方法、扣缴期限、扣缴方式。

9. 境外中资企业被判定其为实际管理机构在中国境内的居民企业，应同

时符合（　　）。

A. 企业负责实施日常生产经营管理运作的高层管理人员及其高层管理部门履行职责的场所主要位于中国境内

B. 企业的财务决策（如借款、放款、融资、财务风险管理等）和人事决策（如任命、解聘和薪酬等）由位于中国境内的机构或人员决定，或需要得到位于中国境内的机构或人员批准

C. 企业的主要财产、会计账簿、公司印章、董事会和股东会议纪要档案等位于或存放于中国境内

D. 企业1/2（含1/2）以上有投票权的董事或高层管理人员经常居住于中国境内

【参考答案】ABCD

【答案解析】根据《国家税务总局关于境外注册中资控股企业依据实际管理机构标准认定为居民企业有关问题的通知》（国税发〔2009〕82号）第二条规定，境外中资企业同时符合以下条件的，根据《企业所得税法》第二条第二款和《企业所得税法实施条例》第四条规定，应判定其为实际管理机构在中国境内的居民企业，并实施相应的税收管理，就其来源于中国境内、境外的所得征收企业所得税：①企业负责实施日常生产经营管理运作的高层管理人员及其高层管理部门履行职责的场所主要位于中国境内；②企业的财务决策（如借款、放款、融资、财务风险管理等）和人事决策（如任命、解聘和薪酬等）由位于中国境内的机构或人员决定，或需要得到位于中国境内的机构或人员批准；③企业的主要财产、会计账簿、公司印章、董事会和股东会议纪要档案等位于或存放于中国境内；④企业1/2（含1/2）以上有投票权的董事或高层管理人员经常居住于中国境内。

10. 在国际税收协定管理中，"受益所有人"包括（　　）。

A. 从事生产经营的个人　　　　　B. 从事生产经营的企业

C. 代理公司　　　　　　　　　　D. 导管公司

【参考答案】AB

【答案解析】"受益所有人"一般从事实质性的经营活动，可以是个人、公司或其他任何团体。代理人、导管公司等不属于"受益所有人"。导管公司是指通常以逃避或减少税收、转移或累积利润等为目的而设立的公司，这类

公司仅在所在国登记注册，以满足法律所要求的组织形式，而不从事制造、经销、管理等实质性经营活动。

11. 对于在中国境内未设立机构、场所的，或者虽设立机构、场所但取得的所得与其所设机构、场所没有实际联系的非居民企业的所得，下列计算应纳税所得额的方法正确的有（　　　）。

A. 转让财产所得，以收入全额为应纳税所得额

B. 利息所得，以收入全额为应纳税所得额

C. 租金所得，以收入全额为应纳税所得额

D. 特许权使用费所得，以收入全额为应纳税所得额

【参考答案】BCD

【答案解析】选项 A，以收入全额减除财产净值后的余额为应纳税所得额。

12. 下列关于转让定价方法的表述，正确的有（　　　）。

A. 可比非受控价格法可以适用于所有类型的关联交易

B. 再销售价格法以关联方购进商品再销售给非关联方的价格减去可比非关联交易毛利后的金额作为关联方购进商品的公平成交价格

C. 成本加成法通常适用于有形资产的购销、转让和使用，劳务提供或资金融通的关联交易

D. 可比非受控价格法以关联交易发生的合理成本加上可比非关联交易毛利作为关联交易的公平成交价格

【参考答案】ABC

【答案解析】选项 D，成本加成法以关联交易发生的合理成本加上可比非关联交易毛利作为关联交易的公平成交价格。

13. 在国际税收中，境外税额抵免办法分为（　　　）。

A. 直接抵免　　　B. 间接抵免　　　C. 全部抵免　　　D. 部分抵免

【参考答案】AB

【答案解析】境外税额抵免分为直接抵免和间接抵免。直接抵免适用于同一经济实体的跨国纳税人，如总公司与境外分公司之间汇总利润的税收抵免，以及股息、红利、租金，特许权使用费，财产转让所得在境外被源泉扣缴的预提所得税；间接抵免适用于跨国母、子公司的税收抵免。

14. 下列情况不适用《一般反避税管理办法（试行）》的有（   ）。

A. 与跨境交易或者支付无关的安排

B. 涉嫌逃避缴纳税款和涉嫌逃避追缴欠税

C. 骗税、抗税

D. 虚开发票

【参考答案】ABCD

【答案解析】下列情况不适用《一般反避税管理办法（试行）》（国家税务总局令第 32 号）规定：①与跨境交易或者支付无关的安排；②涉嫌逃避缴纳税款、逃避追缴欠税、骗税、抗税以及虚开发票等税收违法行为。

15. 按我国税法对居民的判定标准，个人居民包括（   ）。

A. 天津市常住居民

B. 在境内有住所的外国侨民

C. 在境内居住，且一个纳税年度内，一次离境不超过 30 日，或多次累计不超过 90 日

D. 台湾同胞

【参考答案】ABC

【答案解析】我国的港、澳、台同胞不属于我国税法上的居民。

16. "一带一路"是指（   ）。

A. 丝绸之路经济带　　　　　　B. 21 世纪海上丝绸之路

C. 海上丝绸之路经济带　　　　D. 陆上丝绸之路

【参考答案】AB

【答案解析】本题考查"一带一路"的概念和内涵。

17. 税收管辖权是一国政府在征税方面的主权，从目前世界各国的税制来看，税收管辖权实施的类型主要有（   ）。

A. 单一地域税收管辖权

B. 居民税收管辖权

C. 公民税收管辖权

D. 地域税收管辖权兼居民税收管辖权

【参考答案】AD

【答案解析】税收管辖权是一国政府在征税方面的主权，从目前世界各国

的税制来看，税收管辖权的实施主要有单一地域税收管辖权、地域税收管辖权兼居民税收管辖权等类型。

18. 国际税收协定，是指国与国之间签订的避免对所得和资本双重征税和防止偷逃税的协定，是对签订国具有约束力的法律文件，属于国际法的范畴，其主要的意义和必要性表现在（　　　）。

A. 具有优先于国内法的法律地位

B. 避免纳税人居住国与所得来源国之间征税权的矛盾

C. 弥补国内法在解决重复征税问题上存在的缺陷

D. 为各国在防止跨国偷逃税方面加强国际合作提供法律保障

【参考答案】BCD

【答案解析】国际税收协定的作用包括降低"走出去"企业在东道国的税负，有效消除双重征税、提高税收确定性和通过相互协商机制妥善解决涉税争议等。

19. 《中日税收协定》规定，日本企业通过设在中国的常设机构进行营业的，其取得的利润可以在中国征税。现有一家位于东京的日本居民公司向青岛某企业销售了 20 台设备，取得了 10 亿日元的收入。根据《中日税收协定》规定，针对这家日本公司是否在中国缴纳企业所得税的问题，需要分析的关键点有（　　　）。

A. 关键要看销售合同是否在中国签署

B. 关键要看这家日本公司在我国是否有常设机构

C. 关键要看这笔交易是否是通过该常设机构进行

D. 关键要看该日本公司是否派员来青岛

【参考答案】BC

【答案解析】根据税收协定常设机构判析日本公司在华是否有纳税义务，前提是只有属于常设机构的所得方可征税。

20. 我国在税法上对居民企业的判定标准有（　　　）。

A. 总机构所在地标准　　　　　B. 实际管理机构地标准

C. 生产经营所在地标准　　　　D. 登记注册地标准

【参考答案】BD

【答案解析】我国在税法上对居民企业的判定标准有登记注册地标准、实际管理机构地标准。

三 判断题

1. 境外中资企业居民身份的认定，属于依职权事项，在税务机关调查发现时予以认定。 （　）

【参考答案】错误

【答案解析】根据《国家税务总局关于印发〈境外注册中资控股居民企业所得税管理办法（试行）〉的公告》（国家税务总局公告 2011 年第 45 号）第六条规定，境外中资企业居民身份的认定，采用企业自行判定提请税务机关认定和税务机关调查发现予以认定两种形式。

2. 根据《企业所得税法》规定，依照外国（地区）法律成立且实际管理机构不在中国境内，但在中国境内设立机构、场所的，或者在中国境内未设立机构、场所，但有来源于中国境内所得的企业，是居民企业。 （　）

【参考答案】错误

【答案解析】根据《企业所得税法》第二条规定，依照外国（地区）法律成立且实际管理机构不在中国境内，但在中国境内设立机构、场所的，或者在中国境内未设立机构、场所，但有来源于中国境内所得的企业，是非居民企业。

3. 某商贸公司经我国的工商部门批准依法设立，其在国内、国外均设立了分支机构，该公司在申报纳税时，应只就国内的所得部分缴纳企业所得税。 （　）

【参考答案】错误

【答案解析】根据《企业所得税法》第三条规定，居民企业应当就其来源于中国境内、境外的所得缴纳企业所得税。

4. 非居民企业在我国提供劳务，逾期仍未缴纳税款的，因纳税人属于外国企业，税务机关可以放弃追缴该笔税款。 （　）

【参考答案】错误

【答案解析】根据《非居民承包工程作业和提供劳务税收管理暂行办法》（国家税务总局令第 19 号）第十七条规定，非居民企业逾期仍未缴纳税款的，项目所在地主管税务机关应自逾期之日起 15 日内，收集该非居民企业从中国境内取得其他收入项目的信息，包括收入类型，支付人的名称、地址，支付金额、方式和日期等，并向其他收入项目支付人发出《非居民企业欠税追缴告知书》，并依法追缴税款和滞纳金。

5. 依照外国（地区）法律成立且实际管理机构不在中国境内，但在中国境内设立机构、场所的非居民企业，无论是否盈利均应按照《企业所得税法》及《非居民企业所得税汇算清缴管理办法》参加所得税汇算清缴。　　（　　）

【参考答案】正确

【答案解析】根据《非居民企业所得税汇算清缴管理办法》（国税发〔2009〕6号）第一条规定，依照外国（地区）法律成立且实际管理机构不在中国境内，但在中国境内设立机构、场所的非居民企业，无论盈利或者亏损，均应按照《企业所得税法》及该办法规定参加所得税汇算清缴。

6. 采取核定征收方式征收企业所得税的非居民企业，在中国境内从事适用不同核定利润率的经营活动，并取得应税所得的，应分别核算并适用相应的利润率计算缴纳企业所得税。　　　　　　　　　　　　（　　）

【参考答案】正确

【答案解析】根据《非居民企业所得税核定征收管理办法》（国税发〔2010〕19号）第八条规定，采取核定征收方式征收企业所得税的非居民企业，在中国境内从事适用不同核定利润率的经营活动，并取得应税所得的，应分别核算并适用相应的利润率计算缴纳企业所得税；凡不能分别核算的，应从高适用利润率，计算缴纳企业所得税。

7. 中国境内居民企业向未在中国境内设立机构、场所的非居民企业分配股息、红利等权益性投资收益，应在利润支付的日期代扣代缴企业所得税。

（　　）

【参考答案】错误

【答案解析】根据《企业所得税法实施条例》第十七条规定，《企业所得税法》第六条所称股息、红利等权益性投资收益，是指企业因权益性投资从被投资方取得的收入。股息、红利等权益性投资收益，除国务院财政、税务主管部门另有规定外，按照被投资方作出利润分配决定的日期确认收入的实现。

8. 纳税人对一国政府的纳税义务与该国实行的税收管辖权类型、税收征

收制度以及纳税人在该国的居民身份密切相关。 （　）

【参考答案】正确

【答案解析】纳税人对一国政府的纳税义务与该国实行的税收管辖权类型、税收征收制度以及纳税人在该国的居民身份密切相关。

9. 根据《企业所得税法》规定，作为我国的居民企业必须对我国政府承担无限纳税义务，而作为我国的非居民企业则只需承担有限纳税义务。 （　）

【参考答案】正确

【答案解析】根据《企业所得税法》第三条规定，居民企业应当就其来源于中国境内、境外的所得缴纳企业所得税。非居民企业在中国境内设立机构、场所的，应当就其所设机构、场所取得的来源于中国境内的所得，以及发生在中国境外但与其所设机构、场所有实际联系的所得，缴纳企业所得税。非居民企业在中国境内未设立机构、场所的，或者虽设立机构、场所但取得的所得与其所设机构、场所没有实际联系的，应当就其来源于中国境内的所得缴纳企业所得税。

10. 非居民企业向其直接控股的另一非居民企业转让其拥有的居民企业股权时，境内居民企业只需要调整实收资本明细科目即可，不涉及其他会计处理。 （　）

【参考答案】正确

【答案解析】非居民企业向其直接控股的另一非居民企业转让其拥有的居民企业股权时，境内居民企业只需要调整实收资本明细科目即可，不涉及其他会计处理。

四　简答题

1. 简述国际税收的未来发展趋势。

【参考答案】

（1）在商品课税领域，增值税和消费税的国际协调将逐步取代关税的国际协调成为商品课税国际协调的核心内容。

（2）在所得税领域，国与国之间的税收竞争更为激烈，为了防止"财政降格"或公司所得税税率"一降到底"，国际社会有必要对各国资本所得的课税制度进行协调。

（3）随着地区性国际经济一体化的不断发展，区域性的国际税收协调将会有更广阔的前景。

（4）各国之间将加强税收征管方面的国际合作，共同对付跨国纳税人国际避税和偷税行为。

（5）随着电子商务的发展，国际税收领域将出现新的课题，亟待各国政府和国际社会解决。

2. 跨国纳税人进行国际避税的主要手段有哪些？

【参考答案】

跨国纳税人国际避税的主要手段：①利用转让定价转移利润；②滥用国际税收协定；③利用信托方式转移财产；④组建内部保险公司；⑤资本弱化；⑥选择有利的公司组织形式；⑦纳税人通过移居避免成为高税国的税收居民。

3. 简述偷税与避税的异同。

【参考答案】

二者都是纳税人有意采取的减轻自己税收负担的行为，但二者又存在本质的区别，主要体现在以下3个方面：

（1）偷税是指纳税人在纳税义务已经发生的情况下，通过种种违法手段达到不缴税目的；而避税则是指纳税人利用现行税法的不明之处，实现规避、减少或延迟纳税义务目的。

（2）偷税直接违反税法，是一种违法行为；而避税是钻税法的漏洞，并不直接违法税法，因而从形式上看，它一般不构成违法犯罪。

（3）偷税不仅仅违反税法，而且往往借助犯罪手段，比如做假账、伪造凭证等，所以偷税应受到法律的制裁；而避税一般并不构成违法犯罪，所以通常不受到法律的制裁。

五 综合案例题

1. 某市大型国有控股有限公司2018年度境内经营应纳税所得额为3000万元，该公司在A、B两国分别设有分支机构。A国分支机构当年应纳税所得额900万元，其中生产经营所得500万元，A国规定税率为20%；特许权使用费所得 400 万元，A 国规定的税率为 30%。B 国分支机构当年应纳税所得额 400 万元，其中生产经营所得 300 万元，B 国规定的税率为 30%；租金所得 100 万元，B 国规定的税率为 20%。请计算 A、B 两国分支机构境外所得可从应纳税额中扣除的税额和该公司全年应纳税额（公司选择分国不分项计算抵免限额）。

【参考答案】

企业所得税实行分国不分项计算，因此来源于 A、B 两国的所得应当分别计算抵免限额。

A 国分支机构在境外实际缴纳的税额 = 500 × 20% + 400 × 30% = 220（万元），在 A 国的分支机构境外所得的抵免限额 = （3000 + 900 + 400）× 25% × 900 ÷ （3000 + 900 + 400） = 225（万元），实际缴纳税额未超出抵免限额，应按照实际缴纳的 220 万元抵扣。

B 国分支机构在境外实际缴纳的税额 = 300 × 30% + 100 × 20% = 110（万元），在 B 国的分支机构境外所得的抵免限额 = （3000 + 900 + 400）× 25% × 400 ÷ （3000 + 900 + 400） = 100（万元），实际缴纳税额超出抵免限额，应按照限额扣除。

A、B 两国分支机构境外所得可从应纳税额中扣除的税额分别为 220 万元和 100 万元。

全年应纳税额 = （3000 + 900 + 400） × 25% − 220 − 100 = 755（万元）

2. 某公司 2018 年度账面投资收益总额 160 万元，其中：境内投资企业分回收益 100 万元，国库券转让收益 40 万元，境外投资企业分回收益 20 万元（被投资企业境外所得税率 20%）；境内生产经营所得 30 万元。请计算该公司 2018 年度的应纳所得税。

【参考答案】

该公司境内的投资收益免税，国库券转让收益和生产经营所得纳税，境外投资收益补税。该公司 2018 年应纳所得税 = （40 + 30）× 25% + 20 ÷ （1 − 20%） × （25% − 20%） = 18.75（万元）。

3. 某制衣公司是由中国内地某企业与香港特区 A 公司共同兴办的企业，双方各占 50% 的股权。该制衣公司 2006 年开业，生产销售高级品牌服装，生产所需原材料均是由中国香港 A 公司提供，产品全部返销香港特区，大部分返销香港特区 A 公司。该制衣公司 2018 年外销产品 300649.05 元，账面上盈利 60122 元。该制衣公司 2018 年度销售给香港特区 A 公司的时装每打定价为 1800 元，共销售 611 打，总金额为 1099800 元，而该制衣公司销售给另一家同在香港的非关联公司的同样产品的价格却为每打 5520 元，共销售 585 打，总金额为 3229200 元，是该公司销售给其关联公司价格的 3 倍多。（该制衣公司适用的税率为 25%）

请根据上述资料，回答下列问题：

（1）该制衣公司与香港特区 A 公司是否为关联企业？为什么？

（2）该制衣公司与香港特区 A 公司 2018 年度的上述的业务往来是否为不合理转移定价？

（3）如被税务局判定为不合理转移定价，可用何种方法进行调整？并请计算其调整所得以及应补缴的企业所得税。

【参考答案】（1）该制衣公司与香港特区 A 公司是关联企业。因为香港特区 A 公司为该制衣公司的股东，持股比例超过 25%。

（2）是。因为双方的关联交易价格低于市价超过 3 倍，该制衣公司与其关联公司之间的业务往来实施了不合理转移定价，违背了独立交易原则。

（3）因为存在非受控的非关联方交易价格，因此可用"可比非受控价格方法"进行调整。即每打 5520 元，调整其与关联公司的销售价格，调整收入 = （5520 – 1800）× 611 = 2272920（元），相应调增该制衣公司 2018 年度企业利润 2272920 元。

2018 年度该制衣公司应补缴企业所得税 = 2272920 × 25% = 568230（元）

第六章
税收信息化

>> 第一节
计算机终端基础知识

一 计算机系统的基本组成

【知识点】 计算机系统的基本组成

计算机系统由两大部分组成，一部分是存储数据并执行各种运算和处理的电子设备，称为计算机的硬件；另一部分是指挥计算机完成任务的指令序列，称为计算机软件。一个完整的计算机系统由硬件系统和软件系统组成。

二 硬件系统的组成部分和各部分功能

【知识点1】 硬件系统的组成部分

计算机硬件一般由主机和外部设备组成，其中主机包含中央处理器和内存储器，外部设备包含外部存储器、输入设备、输出设备等。其中，中央处理器主要由运算器、控制器和寄存器构成。

【知识点2】 中央处理器

中央处理器（Central Processing Unit，CPU），是一台计算机的运算核心和控制核心。其功能主要是解释计算机指令以及处理计算机软件中的数据。CPU由运算器、控制器、寄存器、高速缓存及实现它们之间联系的数据、控制及状态的总线构成。

【知识点3】 内存

内存（Memory）也被称为内部存储器，其作用是暂时存放CPU中的运算数据，以及与硬盘等外部存储器交换的数据。只要计算机在运行中，CPU就会把需要运算的数据调到内存中进行运算，当运算完成后再将结果传送出来，内存的运行决定了计算机的运行。

【知识点 4】 硬盘

硬盘属于外部存储器，由金属磁片制成，利用磁片的记忆功能存储数据，存储到磁片上的数据不论是在开机状态，还是关机状态，都不会丢失。硬盘接口有 IDE、SATA、SCSI 等，其中 SATA 接口最普遍。

固态硬盘是固态驱动器（Solid State Disk，SSD）的俗称，固态硬盘是用固态电子存储芯片阵列而制成的硬盘。固态硬盘具有以下优点：①启动快。②读取延迟极小。③相对固定的读取时间。④基于 DRAM 的固态硬盘写入速度极快。⑤无噪声。⑥低容量的基于闪存的固态硬盘在工作状态下能耗和发热量较低，但高端或大容量产品能耗仍较高。⑦不会发生机械故障，也不怕碰撞、冲击、振动。⑧工作温度范围更大。⑨低容量的固态硬盘比同容量硬盘体积小、重量轻。

固态硬盘不足：价格昂贵，与普通硬盘相比在价格方面没有任何优势；另外固态硬盘容量小，无法满足大量存储数据的需求。

【知识点 5】 电源

电源是将 220V 交流电转换为计算机使用的 5V、12V、3.3V 直流电，其性能的好坏直接影响到其他设备工作的稳定性，进而会影响整机的稳定性。

【知识点 6】 主板

主板是计算机各个部件工作的一个平台，主板把计算机的各个部件紧密连接在一起，各个部件通过主板进行数据传输，主板工作的稳定性影响着整机工作的稳定性。

声卡是组成多媒体计算机必不可少的一个硬件设备，其作用是当发出播放命令后，将声音数字信号转换成模拟信号送到音箱上发出声音。

显卡在工作时与显示器配合输出图形和文字，显卡的作用是将计算机系统所需要显示的信息进行转换驱动，并向显示器提供行扫描信号，控制显示器的正确显示，是连接显示器和个人计算机主板的重要元件，是"人机对话"的重要设备之一。

网卡是工作在数据链路层的网路组件，是局域网中连接计算机和传输介质的接口。网卡的作用是充当计算机与网线之间的桥梁，是用来建立局域网并连接到互联网的重要设备之一。在整合型主板中常把声卡、显卡、网卡部分或全部集成在主板上。

【知识点7】 光驱

光驱是计算机用来读写光碟内容的设备，也是在台式机和笔记本便携式计算机里比较常见的一个部件。光驱可分为 CD – ROM 驱动器、DVD 光驱（DVD – ROM）、康宝（COMBO）和刻录机。

【知识点8】 常见输出设备

显示器有大有小，有薄有厚，品种多样，其作用是把计算机处理完的结果显示出来。它是一个输出设备，是计算机必不可少的部件之一，分为 CRT、LCD、LED 三大类，常见接口有 VGA、DVI 和 HDMI 3 类。

音箱是一种输出设备，其作用是把音频电能转换成相应的声能，并把它辐射到空间中。

通过打印机可以把计算机中的文件打印到纸上，它是重要的输出设备之一。打印机主要有针式打印机、喷墨打印机、激光打印机三种主流产品，各具优点，可满足用户不同的需求。

【知识点9】 常见输入设备

键盘是主要的输入设备，通常为 104 键或 105 键，用于实现文字、数字、字符等的输入。

鼠标。当人们移动鼠标时，计算机屏幕上就会有一个箭头指针跟着移动，快速地在屏幕上定位，它是人们使用计算机不可缺少的部件之一。键盘鼠标接口有 PS/2、USB、无线 3 种。

视频设备。常见的视频设备包括摄像头、扫描仪、数码相机、数码摄像机、电视卡等，用于处理视频信号。

【知识点10】 其他存储设备

存储卡是利用闪存（Flash Memory）技术存储电子信息的存储器，一般应用在数码相机、掌上电脑、MP3、MP4 等小型数码产品中作为存储介质，样子小巧，犹如一张卡片，所以称为闪存卡。根据不同的生产厂商和不同的应用，闪存卡有 Smart Media（SM 卡）、Compact Flash（CF 卡）、Multi Media Card（MMC 卡）、Secure Digital（SD 卡）、Memory Stick（记忆棒）、TF 卡等多种类型，这些闪存卡虽然外观、规格各不同，但是技术原理都是相同的。

闪存卡本身并不能被计算机直接辨认，读卡器就是一个两者的沟通桥梁。读卡器（Card Reader）可用于很多种存储卡，如 Compact Flash 或 Smart Media 或 Microdrive 存储卡等。作为存储卡的信息存取装置，读卡器使用 USB1.1/USB2.0 传输界面，支持热拔插。与普通 USB 设备一样，只需将读卡器插入计算机的 USB 端口，然后插入存储卡就可以使用了。读卡器按照速度划分有 USB1.1、USB2.0 和 USB3.0；按用途划分有单一读卡器和多合一读卡器。

三　软件系统各部分功能

【知识点 1】　软件系统的组成部分

所谓计算机软件，是指为方便使用计算机和提高使用效率而组织的程序以及用于开发、使用和维护的有关文档。软件可分为系统软件和应用软件两大类。

【知识点 2】　系统软件

系统软件由一组控制计算机系统并管理其资源的程序组成，其主要功能包括启动计算机，存储、加载和执行应用程序，对文件进行排序、检索，将程序语言翻译成机器语言等。实际上，系统软件可以看作用户与计算机的接口，它为应用软件和用户提供了控制、访问硬件的手段，这些功能主要由操作系统完成。此外，编译系统和各种工具软件也属此类，它们从另一方面辅助用户使用计算机。

【知识点 3】　操作系统

操作系统是管理、控制和监督计算机软件、硬件资源协调运行的程序系统，由一系列具有不同控制和管理功能的程序组成，它是直接运行在计算机硬件上的、最基本的系统软件，是系统软件的核心。操作系统是计算机发展中的产物，它的主要用途有两个：一是方便用户使用计算机，是用户和计算机的接口。二是统一管理计算机系统的全部资源，合理组织计算机工作流程，以便充分、合理地发挥计算机的效率。

操作系统通常应包括下列 5 大功能模块：

（1）处理器管理。当多个程序同时运行时，解决处理器（CPU）时间的分配问题。

（2）作业管理。将完成某个独立任务的程序及其所需的数据称为一个作业。作业管理的任务主要是为用户提供一个使用计算机的界面使其方便地运行自己的作业，并对所有进入系统的作业进行调度和控制，尽可能高效地利用整个系统的资源。

（3）存储器管理。为各个程序及其使用的数据分配存储空间，并保证它们互不干扰。

（4）设备管理。根据用户提出的使用设备请求进行设备分配，同时还能随时接收设备的请求（称为中断），如要求输入信息。

（5）文件管理。主要负责文件的存储、检索、共享和保护，为用户提供文件操作的便利性。

操作系统的种类繁多，依其功能和特性可分为批处理操作系统、分时操作系统和实时操作系统等；依同时管理用户数的多少可分为单用户操作系统和多用户操作系统。

PC 操作系统随着 PC（Personal Computer，个人计算机）硬件技术的发展而发展的，经历了一个从简单到复杂的过程。主要的操作系统有以下几种。

DOS 是美国微软公司发行的字符界面磁盘操作系统，它通过命令方式来管理系统。它对磁盘信息进行的管理和使用都是以文件为单位的 MS – DOS 版本很多，DOS 在 IBM PC 兼容机市场上占有举足轻重的地位，常见的是 MS – DOS 6. 22 版本。

Windows 1. 0 是 Windows 系列的第一个产品，于 1985 年 11 月开始发行。Windows 1. 0 是微软公司第一次对个人计算机操作平台尝试使用用户图形界面。Windows 1. 0 基于 MS – DOS 操作系统。

1995 年 8 月发行的 Windows 95 带来了更强大、更稳定、更实用的桌面图形用户界面，同时也结束了桌面操作系统间的竞争。

Windows 10 是由美国微软公司开发的应用于计算机和平板电脑的操作系统，于 2015 年 7 月 29 日发布正式版。Windows 10 操作系统在易用性和安全性方面有了极大的提升，除了针对云服务、智能移动设备、自然人机交互等新技术进行融合外，还对固态硬盘、生物识别、高分辨率屏幕等硬件进行了优化完善与支持。

【知识点 4】 语言处理系统 （翻译程序）

计算机编码，即二进制编码，是计算机内字母或数字的表示形式。人和计算机交流信息使用的语言称为计算机语言或称程序设计语言。计算机语言通常分为机器语言、汇编语言和高级语言三类。

机器语言是一种指令集的体系。这种指令集被称为机器码，是电脑的 CPU 可直接解读的数据。在计算机上运行高级语言程序就必须配备程序语言翻译程序。

翻译的方法有以下两种：一种称为"解释"。它调用机器配备的程序语言"解释程序"，在运行高级语言源程序时，逐条把该语言的源程序语句进行解释和执行，它不保留目标程序代码，即不产生可执行文件。这种方式速度较慢，每次运行都要经过"解释"，边解释边执行。另一种称为"编译"。它调用相应语言的编译程序，把源程序变成目标程序（以 . OBJ 为扩展名），然后再用连接程序，把目标程序与库文件相连接形成可执行文件。尽管编译的过程复杂一些，但它形成的可执行文件（以 . exe 为扩展名）可以反复执行，速度较快。运行程序时只要键入可执行程序的文件名，再按 Enter 键即可。对源程序进行解释和编译任务的程序分别叫作编译程序和解释程序。例如，FORTRAN、COBOL、PASCAL 和 C 等高级语言使用时需有相应的编译程序；BASIC、LISP 等高级语言使用时需用相应的解释程序。

【知识点 5】 数据库管理系统

数据库，是指按照一定联系存储的数据集合，可为多种应用共享。数据库管理系统（Data Base Management System，DBMS）是能够对数据库进行加工、管理的系统软件。其主要功能是建立、消除、维护数据库及对库中数据进行各种操作。数据库系统主要由数据库（DB）、数据库管理系统（DBMS）以及相应的应用程序组成。数据库系统不但能够存放大量的数据，更重要的是能迅速、自动地对数据进行检索、修改、统计、排序、合并等操作，以得到所需的信息。这一点是传统的文件柜无法做到的。

【知识点6】 应用软件

为解决各类实际问题而设计的程序系统称为应用软件，与系统软件相对应。从其服务对象的角度又可分为通用软件、专用软件、中间件三类。应用软件可以拓宽计算机系统的应用领域，放大硬件的功能。

税务系统常见的通用软件有 Microsoft Office 系列软件、WPS 办公软件、360 安全卫士、360 杀毒软件等。

专用软件是为专业用途提供服务的软件，常见的专业软件有财务软件、图像处理软件、多媒体处理软件等。税务系统使用的综合办公系统、人事管理系统、金税三期管理系统等都属于专用软件的范畴。

中间件是一种独立的系统软件或服务程序，分布式应用软件借助这种软件可在不同的技术之间共享资源。中间件位于客户机/服务器的操作系统之上，管理计算机资源和网络通信，是连接两个独立应用程序或独立系统的软件。税务系统常用的中间件主要有 Oracle 公司的 Web Logic、IMB 公司的 Web Sphere MQ 及 Sun 公司的 Tomcat 等。

四 计算机操作系统相关操作

【知识点1】 个人计算机操作系统

（1）Windows 操作系统是美国微软公司开发的多任务图形化操作系统，是目前个人计算机领域普及程度很高的操作系统。具有优异的人机操作性、支持的应用软件多、对硬件支持良好等优点。目前用户主要使用的 Windows 操作系统有 Windows 8、Windows 10、Windows 11，Windows 7 也有不少用户仍在使用。

（2）Mac 操作系统是美国苹果公司开发的运行于 Mac 系列电脑上的操作系统，是首个商用领域成功的图形用户界面操作系统。与 Windows 操作系统相比，Mac 操作系统很少受到病毒的攻击。一般情况下，在非 Mac 系列电脑上无法安装该系统。

（3）Linux 操作系统是基于 POSIX 多用户、多任务、支持多线程和多 CPU 的类 UNIX 操作系统，具有良好的字符界面和图形界面，并支持多种平台。对比 Windows 操作系统，Linux 系统具有更好的稳定性能。

（4）国产操作系统多为基于 Linux 和安卓二次开发的操作系统。目前常用的国产操作系统有优麒麟操作系统、中标麒麟操作系统、Deepin 深度操作系统等。

【知识点 2】 网络操作系统

（1）网络操作系统是网络上各计算机能方便而有效地共享网络资源，为网络用户提供所需的各种服务的软件和有关规程的集合。网络操作系统除了具有通常操作系统管理功能外，还具有以下两大功能：提供高效、可靠的网络通信能力；提供多种网络服务功能。

（2）Windows 网络操作系统版本有 Windows NT、Windows Server 2008、Windows Server 2012、Windows Server 2016、Windows Server 2019 等。

（3）UNIX 操作系统是针对小型机主机环境开发的操作系统，目前常用的 UNIX 网络操作系统版本主要有：Unix SUR4.0、HP – UX 11.0，SUN 的 Solaris 8.0 等。

>> 第二节
常用软件应用

一 浏览器的使用

【知识点 1】 浏览器的概念

网页浏览器（Web browser），常被简称为浏览器，是一种用于检索并展示万维网信息资源的应用程序。这些信息资源可为网页、图片、影音或其他内容，它们由统一资源标志符标志。信息资源中的超链接可使用户方便地浏览相关信息。网页浏览器虽然主要用于使用万维网，但也可用于获取专用网络中网页服务器之信息或文件系统内之文件。主流网页浏览器有 Mozilla Firefox、Internet Explorer、Microsoft Edge、Google Chrome 等。

【知识点2】 浏览器的组成

浏览器一般由 7 个模块组成，用户界面、浏览器引擎、渲染引擎、网络、js 解释器、UI 后端、数据持久化存储。

【知识点3】 浏览器内核

浏览器内核通常认为是浏览器所采用的渲染引擎，渲染引擎决定了浏览器如何显示网页的内容以及页面的格式信息。主流浏览器的内核有以下几种。

（1）Trident（IE 内核）：Trident 内核代表产品 Internet Explorer，又称其为 IE 内核。使用 Trident 内核的浏览器有 IE、傲游、世界之窗浏览器、Avant、猎豹安全浏览器、360 极速浏览器、百度浏览器等。Trident 的优点是占有率高，缺点是和 W3C 标准脱节，对真正的网页标准支持不是很好，同时存在许多安全 Bug。Window 10 发布后，IE 使用了新内核 Edge 引擎。

（2）Gecko 是一款开源的网页排版引擎，使用 Gecko 内核的浏览器有 Firefox、Netscape。优点就是功能强大、丰富，可以支持很多复杂网页效果和浏览器扩展接口，缺点是消耗很多的资源，速度较慢。

（3）Webkit 是苹果的 Safari 浏览器使用的内核。使用 Webkit 内核的浏览器有 Apple Safari、Symbian 手机浏览器、Android 默认浏览器、傲游浏览器 3。优点就是 Webkit 拥有清晰的源码结构、极快的渲染速度，缺点是对网页代码的兼容性较低，会使一些编写不标准的网页无法正确显示。

Blink 是由 Google 和 Opera Software 开发的浏览器排版引擎。现在 Chrome 内核是 Blink。Blink 其实是 webkit 的分支。

（4）Presto 是一个由 Opera Software 开发的浏览器排版引擎，Presto 内核被称为公认的浏览网页速度最快的内核，同时也是处理 JS 脚本最兼容的内核，能在 Windows、Mac 及 Linux 操作系统下完美运行。

【知识点4】 IE 浏览器的使用

浏览器兼容性。很多程序或软件是基于低版本的浏览器开发的，当在高版本浏览器中打开该程序或软件时，如果不使用兼容模式，就不能运行或是使用。IE 浏览器的兼容性设置，点击"工具"选项，在下拉菜单中，选择"兼容性视图设置"选项。进入兼容性视图设置之后，填入所需要设置兼容模式的网址，点击添加。

可信站点设置。打开 IE 浏览器，点击 Internet 选项，在弹出的界面点击安全，选中"受信任的站点"，点击旁边的"站点"。在弹出的"受信任的站点"窗口，输入地址，点击"添加"按钮，如果网址不是 HTTPS 类型，则将网站列表下"对该区域中的所有站点要求服务器验证"前面的复选框取消勾选，点击关闭。最后，回到 Internet 选项窗口，直接点击"确定"即可，设置完成。

安全区设置。IE 包含了四个安全区域：Internet、本地 Intranet、可信站点、受限站点，系统默认的安全级别分别为中、中低、高和低。通过"工具/Internet 选项"菜单打开选项窗口，切换至"安全"标签页，建议每个安全区域都设置为默认的级别，然后把本地的站点，限制的站点放置到相应的区域中，并对不同的区域分别设置。把该站点放入对应安全区域的操作步骤如下：通过"工具/Internet 选项"菜单打开选项窗口；点击"安全"标签页，点选相应的安全区域；点击"站点"按钮，在弹出的窗口中，输入要添加的网址，添加到列表中即可。

Cookie 安全。Cookie（或 Cookies）指某些网站为了辨别用户身份、进行 session 跟踪而储存在用户本地终端上的数据。用户可以改变浏览器的设置，以使用或者禁用 Cookies。设置方法：点击工具—Internet 选项—隐私页，调节滑块或者点击"高级"，进行设置。

分级审查。通过设置分级审查功能，可帮助用户控制计算机可访问的 Internet 信息内容的类型。设置方法：通过"工具/Internet 选项"菜单打开选项窗口；切换至"内容标签页"，在分级审查区域中单击"启用"按钮；在弹出的"内容审查程序"窗口中，点"分级"标签页将"分级级别"调到最低，也就是零；点"许可站点"标签页，添加网址单击"始终"按钮将保证该网站，用同样的办法加入网站；按"确定"按钮创建监护人密码。重新启动 IE 后，分级审查生效。IE 11 的分级审查可以打开组策略 – 理模板 – Windows 组件 – Internet explorer – 内容页 – 在"Internet 选项"上显示"内容审查程序"，该方法适合计算机本身有组策略功能。

二 金税三期征收管理系统的使用

【知识点 1】 金税三期征收管理系统概述

金税三期系统是我国税收管理信息系统工程的总称。围绕"一个平台、两级处理、三个覆盖、四个系统"的总体目标而建立。一个平台，是指包含网络硬件和基础软件的统一的技术基础平台；两级处理，是指依托统一的技术基础平台，逐步实现数据信息在总局和省局集中处理；三个覆盖，是指应用内容逐步覆盖所有税种、税收工作重要环节、各级税务局并与有关部门联网；四个系统，是指通过业务重组、优化和规范，逐步形成一个以征管业务系统为主，包括行政管理、外部信息和决策支持在内的四大应用系统软件。

【知识点 2】 登录设置

首次登录使用金税三期征收管理系统需要设置可信站点、关闭弹出窗口阻止程序，并安装相关控件。使用用户名、默认密码登录后，需要将默认密码修改为符合安全规格的密码。

三 杀毒软件的使用

【知识点 1】 病毒和木马的概念

计算机病毒是编制者在计算机程序中插入的破坏计算机功能或者数据的代码，能影响计算机使用，能自我复制的一组计算机指令或程序代码。计算机病毒具有传播性、隐蔽性、感染性、潜伏性、可继发性、表现性或破坏性等特征。计算机病毒按病毒存在的媒体可分为网络病毒、文件病毒和引导型病毒。计算机病毒按寄生方式分，可分为引导型病毒、文件型病毒和混合型病毒。

木马，是指隐藏在正常程序中的一段具有特殊功能的恶意代码，是具备破坏和删除文件、发送密码、记录键盘等特殊功能的后门程序。木马其实是计算机黑客用于远程控制计算机的程序，将控制程序寄生于被控制的计算机系统中，里应外合，对被感染木马程序的计算机实施操作。木马通常被认为是病毒的一种，与一般病毒的主要区别是病毒具有感染性，而木马一般不具有感染性。另外病毒发作会被察觉到，而木马在后台工作难以察觉。因此将木马从病毒中独立出来，称为木马程序。

【知识点2】 电脑感染病毒的症状

电脑感染病毒的主要症状有：莫名其妙死机；突然重新启动或无法启动；程序不能运行；磁盘坏簇无故增多；磁盘空间变小；系统启动变慢；数据和程序丢失；出现异常的声音、音乐或出现一些无意义的画面问候语等显示；正常的外设使用异常，如打印出现问题，键盘输入的字符与屏幕显示不一致等；异常要求用户输入口令。

【知识点3】 杀毒软件

杀毒软件，也称反病毒软件或防毒软件，是用于消除电脑病毒、木马程序和恶意软件等计算机威胁的一类软件。杀毒软件通常集成监控识别、病毒扫描和清除、自动升级、主动防御等功能，有的杀毒软件还带有数据恢复、防范黑客入侵、网络流量控制等功能，是计算机防御系统的重要组成部分。

360天擎终端安全管理系统是360面向政府、企业、金融、军队、医疗、教育、制造业等大型企事业单位推出的集防病毒与终端安全管控于一体的解决方案。360天擎终端安全管理系统，以大数据技术为支撑、以可靠服务为保障，它能够为用户精确检测已知病毒木马、未知恶意代码，有效防御APT攻击，并提供终端资产管理、漏洞补丁管理、安全运维管控、网络安全准入、移动存储管理、终端安全审计、XP盾甲防护诸多功能。目前税务系统广泛使用360天擎终端安全管理系统。

市场上常见的杀毒软件品牌有金山、瑞星、360、卡巴斯基、诺顿等。

【知识点4】 杀毒软件的使用

选择合适的杀毒软件。杀毒软件种类繁多，各有优缺点，要结合自身和电脑的情况，选用合适的杀毒软件。例如卡巴斯基和诺顿杀毒软件功能强大，防御性能好，但是占用系统资源较大，而且需要付费；360杀毒软件功能齐全，内存占用不高，并且是免费的；金山杀毒软件内存占用小，也是免费的。

不要在一台电脑上同时安装两款及以上杀毒软件。杀毒软件安全级别会有冲突，会造成卡机、无法上网，甚至无法启动等情况。

养成定期查杀病毒的习惯。安装了杀毒软件，如果不能定期查杀病毒，那么杀毒软件的作用就会大打折扣。

及时更新病毒库。长时间不更新病毒库，会造成新出现的病毒无法查杀的问题。

对从网络下载的资源和外部拷贝过来的数据，应该先查杀病毒，再使用。

有些不是病毒的程序会被杀毒软件误报，比如一些盗版软件的注册机（用来自动生成注册码的程序）。

四 电子邮件的使用

【知识点1】 电子邮件的概念

电子邮件是一种用电子手段提供信息交换的通信方式，是互联网应用最广的服务。电子邮件的内容可以是文字、图像、声音等多种形式。人们可以通过电子邮件方便地在世界各地进行远程沟通交流。

【知识点2】 Outlook 的便用

Outlook 是微软办公软件套装的组件之一，它对 Windows 系统自带的 Outlook express 的功能进行了扩充。Outlook 的功能很多，可以用它来收发电子邮件、管理联系人信息、记日记、安排日程、分配任务。目前最新版为 Outlook 2019。

Outlook 具体使用方法如下：

（1）邮件定时发送。登录 Outlook 邮箱账号后，依次单击新建电子邮件——

选项—延迟传递，在弹出的属性界面中，单击"传递不早于"，即可设置发送时间。

（2）邮件分类。大量邮件来往时，可以指定邮件收发规则，将邮件归档处理。打开"规则和通知"，新建规则，可选择按照发件人或收件人、主题中包含某些词语、标记的重要性敏感度等条件来筛选出对应的邮件，查看邮件时选择对应的文件夹即可。

（3）时间管理。Outlook 的企业版用户可直接使用日历共享功能，个人版用户可以查看对方的日历安排，如果收到对方的日历邮件，也可以进行日历时间安排共享。打开 Outlook "日历"，电子邮件日历，即可发送自己的日历。

【知识点3】 预防垃圾邮件

避免泄露邮件地址。邮件地址不要轻易告诉别人，朋友之间互相留信箱地址时可采取图片方式替代文字方式。

利用邮件服务提供商的邮件管理、过滤功能。用户可通过设置过滤器中的邮件域名、邮件主题、来源、长度等规则对邮件进行过滤。

利用邮件服务提供商的"黑名单"功能。一旦发现同一个邮件地址给您发送垃圾邮件，登录邮箱设置"黑名单"或"拒收该地址"即可避免收到对方发的垃圾邮件。

其他有益的方法。如使用反垃圾邮件的专门软件；不回复收到的垃圾邮件；收到垃圾邮件后，及时举报和反馈垃圾邮件；使用服务好的邮箱软件；多个邮箱分工使用等。

>> 第三节
网络与网络安全

一 计算机网络分类

【知识点1】 计算机网络概念

计算机网络是把分散的、具有独立功能的计算机系统通过通信设备和通信线路互相连接起来，在特定的通信协议和网络系统软件的支持下，彼此互相通信并共享资源的系统。

计算机网络按逻辑功能分为通信子网与资源子网。资源子网由主机、终端及软件等组成，提供访问网络和处理数据的能力；通信子网由网络节点、通信链路及信号变换器等组成，负责数据在网络中的传输与通信控制。

【知识点2】 计算机网络分类

按网络覆盖的范围大小可分为局域网、城域网和广域网。局域网（Local Area Network，LAN）覆盖地理范围一般在几千米内。城域网（Metropolitan Area Network，MAN）的使用范围是一个城市，它是适应多种业务、多种网络协议及多种数据传输速率的网络连接。广域网（Wide Area Network，WAN）使用范围通常为几十到几千千米，是长距离传输数据的网络连接。

按网络拓扑结构可分为总线型网络、星型网络、环形网络、树型网络和网状网络。

按信号频带占用方式可分为基带网和宽带网。

按网络的数据传输与交换系统的所有权可分为专用网和公用网。公用网是由国家电信部门组建、经营管理、提供公众服务的网络；专用网由一个政府部门、行业或一个公司等组建经营，未经许可其他部门和单位不得使用。

按通信介质可分为有线网和无线网。有线网是采用同轴电缆、双绞线、光纤等物理介质来传输数据的网络；无线网是采用卫星、微波、电磁波等无线形式来传输数据的网络。

二 互联网应用

【知识点1】 互联网应用的概念

互联网（Internet），是指网络与网络之间所串连成的庞大网络。这些网络以一组通用的协定相连，形成逻辑上的单一巨大国际网络。

互联网应用通常指在互联网上运行的各类网络应用程序。互联网应用的特征在于其互联网特性，部署在互联网的公众平台上，针对互联网的特性，在系统架构设计上考虑其可扩展性，来满足互联网平台访问用户多面临的压力。此外，互联网应用的安全性尤其重要，互联网应用必须要做针对性的设计。

【知识点 2】 互联网应用的分类

互联网应用按其载体可以分为传统互联网应用和移动互联网应用。传统互联网应用即 PC 互联网应用，依靠传统计算机连接的互联网运行的各类网络应用程序。移动互联网应用，即手机互联网应用，依靠移动通信和互联网结合为一体的移动互联网运行的各类网络应用程序。

【知识点 3】 常见的互联网应用

互联网金融：指传统金融机构与互联网企业利用互联网技术和信息通信技术实现资金融通、支付、投资和信息中介服务的新型金融业务模式。互联网金融有网络支付、网上银行、数字货币等。目前常见的第三方支付平台有支付宝、微信支付，很多银行都有相对应的网上银行和手机银行，数字货币有比特币、以太币等。

即时通信：能即时发送或接收互联网消息的应用软件。目前，即时通信软件已经发展成集交流、资讯、娱乐、搜索、电子商务、办公协作和企业客户服务等为一体的综合化信息平台。目前常见的即使通信软件有微信、QQ、钉钉、Skype、MSN 等。

搜索引擎：根据用户的需求，运用一定的算法和特定策略从互联网中检索出信息反馈给用户的检索技术。搜索引擎运用了网络爬虫技术、检索排序技术、网页处理技术、大数据处理技术、自然语言处理技术等。

网络游戏：以互联网为传输媒介，以游戏运营商服务器和用户计算机为处理终端，以游戏客户端软件为信息交互窗口的旨在实现娱乐、休闲、交流和取得虚拟成就的具有可持续性的个体性多人在线游戏。

网络新闻：以网络为载体的新闻，具有快速、多面化、多渠道、多媒体、互动等特点。突破了传统的新闻传播概念，在视、听、感方面给受众全新的体验。

网上购物：通过互联网检索商品信息，并通过电子订购单发出购物请求，然后填上私人支票账号或信用卡的号码，厂商通过邮购的方式发货，或是通过快递公司送货上门。

视频网站：互联网用户在线浏览发布和分享视频作品的网络媒体。

电子邮件：用电子手段提供信息交换的通信方式，通过网络的电子邮件系统，用户可以快速、便捷地与世界上任何一个角落的网络用户联系。

微博：基于用户关系信息分享、传播以及获取的通过关注机制分享简短实时信息的广播式的社交媒体、网络平台，用户可以通过 PC、手机等终端接入，以文字、图片、视频等多媒体形式，实现信息的即时分享、传播互动。

移动互联网的应用领域主要有手机游戏、移动音乐、移动 IM、手机视频、手机支付等。

三 税务系统网络安全防护体系

【知识点 1】 网络安全

访问控制。税务系统多使用虚拟局域网（Virtual Local Area Network，VLAN）技术，防止跨部门之间的非法网络访问，在局域网与骨干网络边界处部署了防火墙、入侵检测、病毒网关等，一定程度实现了访问控制。

内外网隔离。物理隔离，是指内部网络与外部网络在物理上没有相互连接的通道，两个系统在物理上完全独立。物理隔离技术主要有用户级物理隔离和网络级物理隔离。

病毒防范。税务系统网络安装了 360 天擎终端管理系统，病毒代码库的更新采用统一升级、统一管理，统一分发到计算机终端，

【知识点 2】 应用安全

身份认证。税务信息系统的身份认证大都基于操作系统或数据块管理系统的账号和口令，应用系统也采用基于账号和口令的身份认证技术。

访问控制。税务信息系统一般通过对账号进行授权，并通过账号进行访问控制。授权遵循"最小化"原则，并且禁止共用账户、使用别人账户，对调离、离岗、退休等人员及时收回账户权限。

数据安全保护。采用访问控制限制不同用户对信息的访问、使用和处理，实现对信息的安全保护。

安全审计。部署日志审计系统，收集操作系统、网络设备和安全设备等系统日志，并对日志进行关联分析。

【知识点 3 】 物理安全

建设符合安全标准的数据中心。建设不间断运行、常年控制温度的空调系统和通风系统，配备机房报警系统，建设机房消防系统，为机房配备符合规格的灭火器材等。

建设完善的监控系统。实时对机房重点部位或全方位进行 24 小时视频监控；运用大量的报警设备；采用门禁系统等等。

启用不间断电源、发电机。使用不间断电源（UPS）供电、发电机组供电来保证机房供电稳定。

进行冗余备份。对重要数据库服务器、应用服务器和网络设备等重要设施进行了冗余备份，提高设备和系统的可靠性和可用性。

机构组织建设。各级税务机关建立"信息安全领导小组"等相应的机构负责安全问题，制定安全规则制度。

四 税务系统个人信息安全管理

【知识点 1 】 移动存储介质管理

移动存储介质主要包括 U 盘、移动硬盘、可刻录光盘、手机、MP3、MP4、MD 卡、SD 卡，以及各类闪存磁盘（Flash Disk）产品等。在税务系统，可以采用安全 U 盘等方式，避免内外网病毒交叉感染和数据泄密。

【知识点 2 】 病毒防护

计算机终端使用 360 天擎终端安全管理系统，定时对使用的计算机进行全面查杀病毒，及时更新病毒库，对外来移动存储先查杀病毒，再使用。

【知识点 3 】 计算机终端管理

对个人的计算机终端，设置符合规定的系统开机密码，在离开计算机终端时，可以选择关机、注销或者启用"恢复时使用密码保护"的屏保。

【知识点4】 数据安全管理

妥善保管工作中使用的敏感数据，不得泄露纳税人相关税收数据，禁止在外网上使用电子邮箱、即时通信工具等不安全的方式传输敏感数据。

【知识点5】 应用权限管理

根据授权使用税务系统内部应用系统，禁止使用公用账户，不得借用他人账户操作，应按照最小化原则初始化权限。

【知识点6】 引起违规外联的情形

税务专网计算机连接智能手机：连接手机无线热点；连接手机蓝牙；连接手机网络。

税务专网计算机接入无线传输设备：接入无线上网卡；接入无线网络接收器。

税务专网计算机维修：专网计算机终端接入互联网；专网计算机需要还原 GHOST 系统，原 GHOST 系统有违规外联记录，还原后数据上报，造成违规外联。

税务专网设备连接其他网络：专网计算机通过代理服务器连接其他网络，造成违规外联；未按规定采取安全防护措施与当地电子政务外网直接连接，造成违规外联。

五 网络安全法、数据安全法等法律法规

【知识点1】 网络安全法

《中华人民共和国网络安全法》是我国第一部全面规范网络空间安全管理问题的基础性法律，于 2017 年 6 月 1 日起正式施行。主要内容有：①将信息安全等级保护制度上升为法律；②明确了网络产品和服务提供者的安全义务和个人信息保护义务；③明确了关键信息基础设施的范围和关键信息基础设施保护制度的主要内容；④明确了国家网信部门对网络安全工作的统筹协调职责和相关监督管理职责；⑤确定网络实名制，并明确了网络运营者对公安

机关、国际安全机关维护网络安全和侦查犯罪的活动提供技术支持和协助的义务；⑥进一步完善了网络运营者收集、使用个人信息的规则及其保护个人信息安全的义务与责任；⑦明确建立国家统一的监测预警、信息通报和应急处置制度和体系。对支持、促进网络安全发展的措施作了规定。

【知识点2】 数据安全法

《中华人民共和国数据安全法》是为了规范数据处理活动，保障数据安全，促进数据开发利用，保护个人、组织的合法权益，维护国家主权、安全和发展利益，制定的法律，于2021年9月1日起施行。数据安全法主要内容有：①明确数据安全监管制约职责；②完善数据分类分级保护制度；③全局覆盖数据安全风险评估机制；④健全数据交易管理制度，建立安全审查制度；⑤实施数据出口管制，推行行业拍照管理制度；⑥政府率先落实数据安全保护责任；⑦强化违法行为处罚力度。

【知识点3】 个人信息保护法

个人信息保护法是一部保护个人信息的法律，于2021年11月1日正式施行。个人信息保护法确立"告知－同意"为核心的个人信息处理规则，明确个人信息跨境提供规则，界定了个人信息处理活动中个人的权利和处理者义务，明确了个人信息保护职责的部门，并规定了相应的法律后果。

>> 第四节
智慧税务与信息化

一 智慧税务有关信息化应用场景

【知识点】 智慧税务相关要求

1. 加快推进智慧税务建设

充分运用大数据、云计算、人工智能、移动互联网等现代信息技术，着力推进内外部涉税数据汇聚联通、线上线下有机贯通，驱动税务执法、服务、监管制度创新和业务变革，进一步优化组织体系和资源配置。2022 年基本实现法人税费信息"一户式"、自然人税费信息"一人式"智能归集，2023 年基本实现税务机关信息"一局式"、税务人员信息"一员式"智能归集，深入推进对纳税人缴费人行为的自动分析管理、对税务人员履责的全过程自控考核考评、对税务决策信息和任务的自主分类推送。2025 年实现税务执法、服务、监管与大数据智能化应用深度融合、高效联动、全面升级。

2. 深化税收大数据共享应用

探索区块链技术在社会保险费征收、房地产交易和不动产登记等方面的应用，并持续拓展在促进涉税涉费信息共享等领域的应用。不断完善税收大数据云平台，加强数据资源开发利用，持续推进与国家及有关部门信息系统互联互通。2025 年建成税务部门与相关部门常态化、制度化数据共享协调机制，依法保障涉税涉费必要信息获取；健全涉税涉费信息对外提供机制，打造规模大、类型多、价值高、颗粒度细的税收大数据，高效发挥数据要素驱动作用。完善税收大数据安全治理体系和管理制度，加强安全态势感知平台建设，常态化开展数据安全风险评估和检查，健全监测预警和应急处置机制，确保数据全生命周期安全。加强智能化税收大数据分析，不断强化税收大数据在经济运行研判和社会管理等领域的深层次应用。

二 发票电子化相关政策和工作

【知识点 1】 发票电子化相关工作

为适应经济社会发展和税收现代化建设需要，国家税务总局自 2015 年起分步推行了增值税电子普通发票（以下简称电子普票）。电子普票推行后，因开具便捷、保管便利、查验及时、节约成本等优点，受到越来越多的纳税人欢迎。

为贯彻落实国务院关于加快电子发票推广应用的部署安排，本着积极稳妥的原则，决定采用先在部分地区新设立登记的纳税人（以下简称新办纳税人）中实行增值税专用发票电子化（以下简称专票电子化），此后逐步扩大地区和纳税人范围的工作策略。一是先在新办纳税人中实行专票电子化，在完善系统、积累经验的基础上，下一步再考虑在其他纳税人中实行专票电子化。

二是对于新办纳税人,从 2020 年 9 月 1 日起先逐步在宁波、石家庄和杭州开展专票电子化试点,在此基础上再分两步在全国实行:第一步,自 2020 年 12 月 21 日起,在天津等 11 个地区的新办纳税人中实行专票电子化,受票方范围为全国;第二步,自 2021 年 1 月 21 日起,在北京等 25 个地区的新办纳税人中实行专票电子化,受票方范围为全国。

增值税电子专用发票采用电子签名代替原发票专用章,其法律效力、基本用途、基本使用规定与增值税纸质专用发票一致。增值税电子专用发票具有发票样式更简洁、领用方式更便捷、远程交付更便利、财务管理更高效、存储保管更经济、社会效益更显著等优点。

【知识点2】 发票电子化相关政策

根据《国家税务总局关于在新办纳税人中实行增值税专用发票电子化有关事项的公告》(国家税务总局公告 2020 年第 22 号)规定:

(1) 自 2020 年 12 月 21 日起,在天津、河北、上海、江苏、浙江、安徽、广东、重庆、四川、宁波和深圳等 11 个地区的新办纳税人中实行专票电子化,受票方范围为全国。其中,宁波、石家庄和杭州等 3 个地区已试点纳税人开具电子专票的受票方范围扩至全国。

自 2021 年 1 月 21 日起,在北京、山西、内蒙古、辽宁、吉林、黑龙江、福建、江西、山东、河南、湖北、湖南、广西、海南、贵州、云南、西藏、陕西、甘肃、青海、宁夏、新疆、大连、厦门和青岛等 25 个地区的新办纳税人中实行专票电子化,受票方范围为全国。

(2) 电子专票的发票代码为 12 位,编码规则:第 1 位为 0,第 2~5 位代表省、自治区、直辖市和计划单列市,第 6~7 位代表年度,第 8~10 位代表批次,第 11~12 位为 13。发票号码为 8 位,按年度、分批次编制。

三 电子税务局的特点和使用方法

【知识点1】 电子税务局的特点

电子税务局的特点主要包括:

(1) 提高办税效率,降低征纳双方的成本。电子税务局突破了实体税务局时间、空间的限制，纳税人可以足不出户，享受 7×24 小时不间断的纳税服务。用影像资料、电子数据替代了过去的纸质资料，降低了征纳双方的成本。

（2）推动了税务公开，更好促进依法治税。纳税人可以通过电子税务局发起办税流程，随时了解事项办理情况。办税流程和办税事项通过电子税务局实现了透明化和公开化。

（3）有利于税务部门决策的科学化、民主化。电子税务局使用互联网技术和数据库技术，使税务部门获取信息资源的能力比实体税务局得到了很大的提高，可以获取更多的数据信息用于决策。并且为税务部门加强与公众的交流提供了极为顺畅、便捷的通道。

（4）有利于纳税知识的宣传普及。传统的实体电子税务局通常采用发放纸质的税务资料、举办各类税务知识培训班和面对面进行宣传咨询等方式，传播的受众较小，使用的成本也比较高。电子税务局通过链接门户网站的信息公开、新闻动态、政策文件、纳税服务、互动交流等模块，方便纳税人获取相关咨询和信息。

【知识点 2 】 电子税务局的使用

登录路径。可以通过域名地址登录各省的电子税务局，将电子税务局的地址收藏以便以后使用。各省税务局的门户网站一般也会有该省电子税务局的链接。登录后，首先进行环境检测，在下载区下载安装所需的控件和组件。

注册及登录。电子税务局的注册有 2 种方式：一种是在线注册；另一种是到所在地税务机关的办税大厅注册。电子税务局常用登录方式有 CA 数字证书登录、手机号码登录、短信登录、证件号码登录等方式。

业务办理。各省的电子税务局页面设置不尽相同，但主要业务功能类似。电子税务局支持纳税人日常办理综合信息报告、发票使用、税费申报与缴纳、税收减免、证明开具、税务行政许可、核定管理、一般退（抵）税管理、出口退税管理、增值税抵扣凭证管理、纳税信用、涉税专业服务机构管理、服务事项、风险管理等业务事项。

查询。纳税人可以查询相关的涉税信息，涵盖了办税进度及结果信息查询、发票信息查询、申报信息查询、缴款信息查询、欠税信息查询、优惠信息查询、个体工商户核定定额信息查询、证明信息查询、涉税中介机构信息查询、纳税信用状态信息查询、违法违章信息查询、历史办税操作查询、应申报清册查询、邮寄信息统计查询、物流信息查询、财务会计制度备案查询、失信行为查询等功能。

便捷功能。电子税务局为纳税人提供待办工作、服务提醒等模块，待办工作涵盖纳税人征期内未申报等待办事项，服务提醒包括纳税人申请发起涉税事项处理进度等。

互动与服务。纳税人可以通过电子税务局与税务机关进行在线交互，实现了互联互通。还可以通过电子税务局查看通知公告等信息，享受咨询辅导等服务，实现公众查询等功能。

四　自然人税收管理系统（ITS）的特点和使用方法

【知识点1】 自然人税收管理系统 （ITS） 概述

根据税务总局部署，原"金税三期个人所得税扣缴系统"升级为"自然人税收管理系统扣缴客户端"。

税务大厅端。面向税务人员的业务办理渠道，与金税三期系统统一门户，支持依申报的办税业务、依职权的日常管理业务办理。

扣缴客户端。面向扣缴单位办税人员的远程业务办理渠道，主要支持办税人员实名注册、个人所得税预扣预缴申报和缴税业务办理。

手机端。直接面向自然人纳税人的远程业务办理渠道，采用手机 APP 形式，主要支持个人实名注册、个人所得税预扣预缴申报和缴税业务办理。

网页端。直接面向自然人纳税人的远程业务办理渠道，与各省电子税务局集成，主要支持个人实名注册、个人所得税预扣预缴申报和缴税业务办理。

【知识点2】 自然人税收管理系统 （ITS） 客户端的使用

实名管理。自然人需要实名注册和登录，实名注册可以采用税务大厅注册码注册和人脸识别认证注册 2 种方式。

完善个人信息。包括个人信息、任职受雇信息、家庭成员信息、银行卡、安全中心。

专项附加扣除。大病医疗专项附加扣除；子女教育专项附加扣除；房贷利息专项附加扣除；房屋租金专项附加扣除；继续教育专项附加扣除；赡养老人专项附加扣除。

纳税申报。自然人的申报纳税分为2个部分：分类所得个人所得税自行申报和申报更正、作废。

【知识点3】 自然人税收管理系统 （ITS） 扣缴客户端的使用

人员信息采集。输入扣缴纳税人的个人信息，发送到自然人税收管理系统服务器端进行审核。审核通过的方可办理扣缴业务。

专项附加扣除。可以下载模板，把所有员工的专项附加扣除信息表导入到系统内。若员工自己通过APP端或Web端采集过专项抵扣信息的，可以通过单击"更新"按钮下载，无需再次报送。

预扣预缴申报。选择使用自动导人正常工资薪金数据向导，选择已采集过信息的员工，系统会自动带出已采集的专项附加扣除信息。

申报辅助功能。申报成功后，不管是否完成缴税，都可以进行"申报更正"。启动申报更正后，可以直接在原申报基础上进行修改。若该申报已经扣款，更正申报后多退少补，多交的税款至办税服务厅办理退税。

税款缴纳。本次申报成功后，点击立即缴款可以跳转至网上缴款菜单，获取相关的三方协议等信息，选中报表点击立即缴款可发起缴税业务。没有立即缴款的，在下次系统登录时，会弹出缴款的提醒。

>> 习题演练

一 单项选择题

1. ( )不是中央处理器CPU组成部分。

A. 运算器　　　　B. 存储器　　　　C. 控制器　　　　D. 寄存器

【参考答案】B

【答案解析】CPU主要由运算器、控制器和寄存器构成。

2. 计算机软件，是指为方便使用计算机和提高使用效率而组织的程序以及用于开发、使用和维护的有关( )。

A. 源代码　　　　B. 注释　　　　C. 文档　　　　D. 数据

【参考答案】C

【答案解析】计算机软件，是指为方便使用计算机和提高使用效率而组织的程序以及用于开发、使用和维护的有关文档。

3. 能直接被计算机识别的语言是(　　)。

A. 高级语言　　　　B. 汇编语言　　　　C. 低级语言　　　　D. 机器语言

【参考答案】D

【答案解析】机器语言可以被计算机直接识别。

4. 根据中华人民共和国网络安全法规定，相关的网络日志最少留存时间是(　　)。

A. 一个月　　　　　　　　　　B. 两个月

C. 六个月　　　　　　　　　　D. 十二个月

【参考答案】C

【答案解析】网络安全法明确要求相关网络日志至少留存六个月。

5. 税务部门的应用系统对岗责授权应遵循(　　)原则。

A. 最大化　　　　　　　　　　B. 相对较大化

C. 最小化　　　　　　　　　　D. 相对较小化

【参考答案】C

【答案解析】应用系统对岗责授权应遵循最小化原则。

6. 计算机病毒是(　　)。

A. 编写出错的程序　　　　　　B. 被损坏的程序

C. 一组特制的程序代码　　　　D. 硬件故障

【参考答案】C

【答案解析】计算机病毒是编制者在计算机程序中插入的破坏计算机功能或者破坏数据，影响计算机使用并且能够自我复制的一组计算机指令或者程序代码。

7. 根据软件的功能和特点，计算机软件一般可分为(　　)。

A. 实用软件和管理软件　　　　B. 编辑软件和服务软件

C. 管理软件和网络软件　　　　D. 系统软件和应用软件

【参考答案】D

【答案解析】软件系统可分为系统软件和应用软件两大类。

8. 系统软件中的核心部分是( )。

A. 数据库管理系统　　　　　　　B. 操作系统

C. 各种工具软件　　　　　　　　D. 语言处理程序

【参考答案】B

【答案解析】操作系统是系统软件的核心部分。

9. 计算机内部用于处理数据和指令的编码是( )。

A. 十进制码　　　B. 二进制码　　　C. ASCII 码　　　D. 汉字编码

【参考答案】B

【答案解析】计算机内部的编码都是二进制编码。

10. 计算机中的应用软件是指( )。

A. 所有计算机上都应使用的软件

B. 能被各用户共同使用的软件

C. 专门为某一应用目的而编制的软件

D. 计算机上必须使用的软件

【参考答案】C

【答案解析】专门为某一应用目的而编制的软件称为应用软件。

11. 不属于税务部门常用的中间件的是( )。

A. Web Logic　　　　　　　　　B. Tomcat

C. RedHat　　　　　　　　　　D. Web SphereMQ

【参考答案】C

【答案解析】RedHat 是一种 Linux 操作系统。

12. 计算机操作系统不需要考虑的问题是( )。

A. 计算机系统中硬件资源的管理

B. 计算机系统中软件资源的管理

C. 用户与计算机之间的接口

D. 语言编译器的设计实现

【参考答案】D

【答案解析】操作系统是管理、控制和监督计算机软件、硬件资源协调运行的程序系统，由一系列具有不同控制和管理功能的程序组成，它是直接运行在计算机硬件上的、最基本的系统软件，是用户与计算机之间的接口。

13. 下列属于计算机输入设备的是( )。

A. 扫描仪　　　　　　　　　B. 打印机

C. 显示器　　　　　　　　　D. 音箱

【参考答案】A

【答案解析】扫描仪属于计算机输入设备，打印机、显示器、音箱均属于输出设备。

14. 下列不属于税务机关需要为纳税人保密的信息的是( )。

A. 纳税人的税收违法行为信息　　B. 纳税人商业秘密

C. 纳税人个人隐私　　　　　　　D. 纳税人开票信息

【参考答案】A

【答案解析】根据《纳税人涉税保密信息管理暂行办法》（国税发〔2008〕93 号发布）的规定，纳税人的税收违法行为信息不属于税务机关需要保密的信息。

15. 计算机病毒与其他程序一样，可以作为一段可执行代码而被存储和运行，下列选项中不属于计算机病毒特征的是( )。

A. 寄生性　　　　B. 自发性　　　　C. 传染性　　　　D. 潜伏性

【参考答案】B

【答案解析】计算机病毒具有寄生性、传染性、潜伏性、隐蔽性、破坏性、可触发性等特征。

16. 文件传输协议（File Transfer Protocol，FTP）是用于在网络上进行文件传输的一套标准协议。FTP 是基于( )协议的，属于网络传输协议的应用层。

A. TCP　　　　　　B. UDP　　　　　　C. IP　　　　　　D. HTTP

【参考答案】A

【答案解析】文件传输协议（File Transfer Protocol，FTP）是用于在网络上进行文件传输的一套标准协议。FTP 是基于 TCP 协议的，属于网络传输协议的应用层。

17. 满足互联网平台访问用户多面临的压力，互联网应用应当在系统架构设计上考虑其( )。

A. 开放性　　　　B. 安全性　　　　C. 可扩展性　　　　D. 开源性

【参考答案】C

【答案解析】互联网应用的特征在于其互联网特性，部署在互联网的公众平台上，针对互联网的特性，在系统架构设计上考虑其可扩展性，来满足互联网平台访问用户多面临的压力。

18. 下列浏览器模块中，通常被称为浏览器内核的是( )。

A. 浏览器引擎   B. 渲染引擎

C. 数据持久化存储   D. UI 后端

【参考答案】B

【答案解析】浏览器内核通常认为是浏览器所采用的渲染引擎，渲染引擎决定了浏览器如何显示网页的内容以及页面的格式信息。

19. 以下内核属于 IE 内核的是( )。

A. Trident   B. Gecko   C. Webkit   D. Presto

【参考答案】A

【答案解析】Trident 内核代表产品为 Internet Explorer，又称其为 IE 内核。

20. 下列操作系统不属于国产操作系统的是( )。

A. 优麒麟 操作系统   B. 中标麒麟操作系统

C. Deepin 深度操作系统   D. Mac 操作系统

【参考答案】D

【答案解析】Mac 操作系统是美国苹果公司开发的操作系统。

二 多项选择题

1. 下列属于操作系统功能模块的有( )。

A. 处理器管理   B. 存储器管理   C. 控制器管理   D. 设备管理

【参考答案】ABD

【答案解析】操作系统通常应包括下列 5 大功能模块：①处理器管理；②作业管理；③存储器管理；④设备管理；⑤文件管理。

2. 根据网络安全法的规定，建设关键信息基础设施应当确保其具有支持业务稳定、持续运行的性能，并保证安全技术措施( )。

A. 同步使用   B. 同步建设

C. 同步规划　　　　　　　　　　D. 同步修改

【参考答案】ABC

【答案解析】网络安全法中规定的网络安全"三同步"是指同步规划、同步建设、同步使用。

3. 计算机硬件一般由主机和外部设备组成，其中外部设备包含（　　）。

A. 中央处理器　　B. 外部存储器　　C. 输入设备　　　D. 输出设备

【参考答案】BCD

【答案解析】计算机硬件一般由主机和外部设备组成，其中，主机包含中央处理器和内部存储器，外部设备包含外部存储器、输入设备、输出设备等。

4. 操作系统的种类繁多，依其功能和特性可分为（　　）。

A. 批处理操作系统　　　　　　　B. 分时操作系统

C. 实时操作系统　　　　　　　　D. 多用户操作系统

【参考答案】ABC

【答案解析】操作系统的种类繁多，依其功能和特性可分为批处理操作系统、分时操作系统和实时操作系统等；依同时管理用户数的多少可分为单用户操作系统和多用户操作系统。

5. 自然人税收管理系统（ITS）客户端实名注册方式包括（　　）。

A. 税务大厅注册码注册　　　　　B. 人脸识别认证注册

C. 身份证号码认证注册　　　　　D. 手机号码认证注册

【参考答案】AB

【答案解析】自然人需要实名注册和登录，实名注册可以采用税务大厅注册码注册和人脸识别认证注册两种方式。

6. 电子税务局的注册方式有（　　）。

A. CA 证书注册　　　　　　　　B. 在线注册

C. 所在地税务机关的办税大厅注册　D. 短信注册

【参考答案】BC

【答案解析】电子税务局的注册方式有 2 种：一种是在线注册；另一种是到所在地税务机关的办税大厅注册。

7. 自然人税收管理系统（ITS）包括（　　）。

A. 网页端　　　　　　　　　　　B. 手机端

C. 扣缴客户端　　　　　　　　　　D. 税务大厅端

【参考答案】ABCD

【答案解析】自然人税收管理系统（ITS）包括税务大厅端、扣缴客户端、手机端和网页端。

8. 计算机网络按网络拓扑结构可分为(　　)。

A. 总线型网络　　B. 星型网络　　C. 无线网络　　D. 树型网络

【参考答案】ABD

【答案解析】计算机网络按网络拓扑结构可分为总线型网络、星型网络、环形网络、树型网络和网状网络。

9. 税务工作人员离开工作计算机时，应(　　)。

A. 激活带口令的屏幕保护　　　　　B. 注销

C. 关机　　　　　　　　　　　　　D. 关掉显示器电源

【参考答案】ABC

【答案解析】税务工作人员离开工作计算机时，应激活带口令的屏幕保护、注销或者关机。

10. 下列属于 Office 办公软件的是(　　)。

A. Word　　　　B. Excel　　　　C. Powerpoint　　　　D. Photoshop

【参考答案】ABC

【答案解析】Word、Excel、Powerpoint（PPT）都属于 Office 系列办公软件，而 Photoshop 属于图像处理软件。

11. 应用软件从其服务对象的角度可分为(　　)。

A. 系统软件　　B. 通用软件　　C. 专用软件　　D. 中间件

【参考答案】BCD

【答案解析】应用软件从其服务对象的角度又可分为通用软件、专用软件、中间件 3 类。

12. 目前，税务系统工作人员内网计算机终端常用的操作系统有(　　)。

A. Windows 7　　　　　　　　　　B. Unix

C. Windows 10　　　　　　　　　　D. AIX

【参考答案】AC

【答案解析】Windows 7、Windows 10 常用于个人计算机，Unix、AIX 主

要用于大型机或小型机上。

13. 关于杀毒软件的使用，下列说法中正确的有（　　）。

A. 选择合适的杀毒软件

B. 为提高安全等级，在一台计算机上安装多个杀毒软件

C. 对从网络下载的资源和外部拷贝过来的数据，应该先查杀病毒，再使用

D. 及时更新病毒库，定期查杀病毒

【参考答案】ACD

【答案解析】不要在一台电脑上同时安装两款及以上杀毒软件。杀毒软件安全级别会有冲突，会造成卡机、无法上网，甚至无法启动等情况。

14. 自然人税收管理系统（ITS）客户端中，完善个人信息模块包括（　　）。

A. 个人信息　　　　　　　　　　B. 任职受雇信息

C. 银行卡　　　　　　　　　　　D. 家庭成员信息

【参考答案】ABCD

【答案解析】完善个人信息模块包括个人信息、任职受雇信息、家庭成员信息、银行卡、安全中心。

15. 电子税务局与传统实体税务局相比具有的优点包括（　　）。

A. 提高了办税的效率　　　　　　B. 推动了税务公开

C. 提供个性化的服务　　　　　　D. 增强了获取信息资源的能力

【参考答案】ABD

【答案解析】电子税务局与传统实体税务局相比具有以下特点：①提高办税效率，降低征纳双方的成本；②推动税务公开，更好促进依法治税；③有利于税务部门决策的科学化、民主化；④有利于纳税知识的宣传普及。

16. 下列互联网应用中，属于互联网金融的有（　　）。

A. 支付宝　　　B. 比特币　　　C. 手机银行　　　D. 腾讯 QQ

【参考答案】ABC

【答案解析】互联网金融有网络支付、网上银行、数字货币等。

17. 根据我国个人信息保护法，个人信息的处理包括个人信息的（　　）等。

A. 存储　　　　B. 使用　　　　C. 加工　　　　D. 传输

【参考答案】ABCD

【答案解析】根据个人信息保护法，个人信息的处理包括个人信息的搜集、加工、使用、传输、存储、提供、公开、删除等。

18. 下列属于浏览器组成模块的有( )。

A. 浏览器引擎 B. 渲染引擎

C. 数据持久化存储 D. UI 后端

【参考答案】ABCD

【答案解析】浏览器一般由 7 个模块组成：用户界面、浏览器引擎、渲染引擎、网络、JavaScript 解释器、UI 后端、数据持久化存储。

19. 电子税务局常用登录方式有( )。

A. CA 数字证书登录 B. 手机号码登录

C. 短信登录 D. 证件号码登录

【参考答案】ABCD

【答案解析】电子税务局常用登录方式有 CA 数字证书登录、手机号码登录、短信登录、证件号码登录等。

20. 加快推进智慧税务建设，可以利用的现代信息技术有( )。

A. 大数据 B. 云计算

C. 人工智能 D. 移动互联网

【参考答案】ABCD

【答案解析】智慧税务建设中，要充分利用大数据、云计算、人工智能、移动互联网等现代信息技术。

三 判断题

1. 在自然人税收管理系统（ITS）扣缴客户端申报成功后，没有完成缴税的，方可进行"申报更正"。 ( )

【参考答案】错误

【答案解析】不管是否完成缴税，都可以进行"申报更正"。启动申报更正后，可以直接在原申报基础上进行修改。若该申报已经扣款，更正申报后多退少补，多交的税款至办税服务厅办理退税。

2. 纳税人取得增值税电子专用发票后，如需用于抵扣增值税进项税额或

申请出日退税、代办退税，与增值税纸质专用发票的处理方式一致。（　　）

【参考答案】正确

【答案解析】增值税电子专用发票和增值税纸质专用发票处理方式一致，应当登录本省（市）增值税发票服务平台确认用途。

3. 当收到垃圾邮件时，应回复对方不要再发邮件给自己以避免受到打扰。（　　）

【参考答案】错误

【答案解析】不回复收到的垃圾邮件。

4. 计算机网络按信号频带占用方式可分为总线型网络、星型网络、环形网络、树型网络和网状网络。（　　）

【参考答案】错误

【试题解析】计算机网络按网络拓扑结构可分为总线型网络、星型网络、环形网络、树型网络和网状网络。

5. 税务干部小王下周要出差，为不影响工作开展，并报经部门领导同意，将自己的金税三期征管系统账号借给同部门的小李使用。（　　）

【参考答案】错误

【答案解析】根据税务系统个人信息安全管理相关规定不得将金税三期征管系统账号借用他人。

6. 办公软件 Microsoft Office 属于系统软件。（　　）

【参考答案】错误

【答案解析】办公软件 Microsoft Office 属于应用软件。

7. 税务内网电脑如果要通过无线设备连接到其他网络查看资料，必须先将内网断开，结束时要清除所有查看的资料信息。（　　）

【参考答案】错误

【答案解析】税务专网与互联网物理隔离，不得将税务专网计算机终端随意接人互联网。

8. 税务工作人员离开工作计算机时，应激活带口令的屏幕保护或注销、关机。（　　）

【参考答案】正确

9. 数据保护法建立了数据分类分级保护的制度，确定重要数据目录，加

强对重要数据的保护。 （　　）

【参考答案】正确

【答案解析】各行业、各部门应当根据数据分类分级保护制度，确定本行业或本部门的重要数据目录，对列入目录的数据进行重点保护。

10. 计算机病毒按病毒的寄生方式可分为：网络型病毒、文件型病毒、引导型病毒。 （　　）

【参考答案】错误

【答案解析】计算机病毒按寄生方式可分为引导型病毒、文件型病毒和混合型病毒。

四　简答题

1. 简述增值税电子专用发票的优点。

【参考答案】增值税电子专用发票具有发票样式更简洁、领用方式更便捷、远程交付更便利、财务管理更高效、存储保管更经济、社会效益更显著等优点。

2. 在电子邮件使用过程中，如何预防垃圾邮件？

【参考答案】（1）避免泄露邮件地址。邮件地址不要轻易告诉别人，朋友之间互相留信箱地址时可采取图片方式替代文字方式。

（2）利用邮件服务提供商的邮件管理、过滤功能。用户可通过设置过滤器中的邮件域名、邮件主题、来源、长度等规则对邮件进行过滤。

（3）利用邮件服务提供商的"黑名单"功能。一旦发现同一个邮件地址给您发送垃圾邮件，登录邮箱设置"黑名单"或"拒收该地址"即可避免对方再给您发垃圾邮件。

（4）其他有益的方法。如使用反垃圾邮件的专门软件；不回复收到的垃圾邮件；收到垃圾邮件后，及时举报和反馈垃圾邮件；使用服务好的邮箱软件；多个邮箱分工使用等。

3. 在杀毒软件使用过程中，需要注意的方面有哪些？

【参考答案】（1）选择合适的杀毒软件。杀毒软件种类繁多，各有优缺点，要结合自身和电脑的情况，选用合适的杀毒软件。比如卡巴斯基和诺顿杀毒软件功能强大，防御性能好，但是占用系统资源较大，而且需要付费；360杀毒软件功能齐全，内存占用不高，并且是免费的；金山杀毒软件内存占用小，也是免费的。

（2）不要在一台电脑上同时安装两款及以上杀毒软件。杀毒软件安全级别会有冲突，会造成卡机、无法上网，甚至无法启动等情况。

（3）养成定期查杀病毒的习惯。安装了杀毒软件，如果不能定期查杀病毒，那么杀毒软件的作用就会大打折扣。

（4）及时更新病毒库。长时间不更新病毒库，会造成新出现的病毒无法查杀的问题。

（5）对从网络下载的资源和外部拷贝过来的数据，应该先查杀病毒，再使用。

（6）有些不是病毒的程序会被杀毒软件误报，比如一些盗版软件的注册机（用来自动生成注册码的程序）。

五 案例分析题

小李是基层税务分局的税务干部。某个工作日，小李正在工作计算机前处理税务数据，一家企业的财务人员过来报送资料，小李接过U盘，插入到工作电脑上，这时部门领导通知小李商量事情，小李让财务人员等一下，就匆忙去了领导办公室。小李回来后，发现手机电量不足，没有找到手机充电器，就直接通过USB线接入内网计算机充电。企业财务人员在等待时间，从小李电脑上看到其竞争对手的财务数据和其重要项目的相关资料，就央求小李复制一份电子数据，小李认为税务局应为企业财务数据保密，所以只将重要项目的相关资料拷贝给了财务人员。

（1）请问上述案例中，小李哪些行为不符合税务部门的安全规范？

（2）简述哪些行为能引起违规外联。

（3）论述如何做好税务数据的安全管理工作。

【参考答案】（1）税务干部离开工作计算机，应该启用带密码保护的屏保、注销或者关机；外部接入的移动存储，应该先查杀病毒，再使用；不得将智能手机接入专网计算机；税务机关应该为纳税人的税务数据、个人隐私、商业秘密等信息保密。

（2）引起违规外联的几种情形：①税务专网计算机连接智能手机：连接手机无线热点；连接手机蓝牙；连接手机网络；②税务专网计算机接入无线传输设备：接入无线上网卡；接入无线网络接收器；③税务专网计算机维修：专网计算机终端接入互联网；专网计算机需要还原 GHOST 系统，原 GHOST 系统有违规外联记录，还原后数据上报，造成违规外联；④税务专网设备连接其他网络：专网计算机通过代理服务器连接其他网络，造成违规外联；未按规定采取安全防护措施与当地电子政务外网直接连接，造成违规外联。

（3）可以从以下几个方面加强税务数据的安全管理工作：①各应用系统进行身份认证，应用系统的登录通过用户名、密码，密码需要不小于八位，数字与字母的组合；②访问控制，税务信息系统一般通过对账号进行授权，并通过账号进行访问控制；③授权遵循"最小化"原则，并且禁止公用账户，禁止使用他人账号，使用别人账户，对调离、离岗、退休等人员及时收回账户权限；④采用堡垒机等信息技术手段对数据访问进行控制；⑤部署日志审计系统，收集操作系统、数据库、应用系统等系统日志，并对日志进行关联分析。